JN409980

東洋古典譯註叢書 110

譯註 政經·牧民心鑑

附 索引

저자 眞德秀 朱逢吉
책임번역 洪起殷 공동번역 全百燦

전통문화연구회

東洋古典譯註叢書를 발간하면서

우리의 古典國譯事業은 민족문화 진흥의 기초사업으로 1960년대부터 政府 支援으로 古文獻 現代化 작업을 추진하여 많은 成果를 거두었다. 당시 이 사업 추진의 先行課題로 東洋古典이라 일컬어지는 중국의 基本古典을 먼저 飜譯하여야 한다는 學界의 주장이 있었음에도 불구하고 우리 고전이 아니라는 일부의 偏狹한 視角과 財政 事情 등으로 인하여 배제되어 왔다.

전통적으로 중국의 기본고전은 우리 歷史와 함께 숨쉬며 각종 교육기관의 敎科書로 활용됨은 물론이고 지식인들의 必讀書가 되어 왔으며, 우리 文化의 基底에 자리잡고 거의 모든 방면의 體系와 根幹을 형성하여 왔다. 그래서 학문연구의 기본서 역할을 해 왔을 뿐만 아니라 오늘날에도 우리의 國學徒 및 東洋學 硏究者들에게 같은 역할을 하고 있음은 주지의 사실이다. 그럼에도 불구하고 中國古典은 우리 것이 아니라 하여 專門機關의 飜譯對象에 포함하지 않음으로써, 대부분 原典에서의 직접 번역이 아닌 重譯이나 拔萃譯의 방식이 주를 이루면서 敎養水準으로 出版되어 왔다.

오늘날 東洋 三國 중에서 우리의 東洋學 연구가 가장 부진한 이유는, 東洋基本古典에 대한 폭넓은 이해의 부족과 漢文古典 讀解力의 저하에 기인함을 우리는 솔직히 인정하여야 한다. 따라서 이들 중국고전에 대한 신뢰할 만한 國譯이 이루어지는 것이 한국학 연구를 촉진시키는 시급한 先行課題라 할 수 있다.

이에 韓國學 및 東洋學의 연구와 古典現代化의 基盤構築을 위해서는, 전문기관으로 하여금 동양고전을 단기간에 각 분야의 專門 硏究者와 漢學者가 상호 협동하여 연구번역하여 飜譯의 傳統性과 效率性, 硏究의 專門性을 높일 수 있도록 政策的 配慮가 있어야 한다.

이에 本會에서는 元老 및 中堅 漢學者와 斯界의 專攻者로 하여금 協同硏究飜譯하여 공부하는 사람들이 믿고 引用하거나 깊이 있는 註釋 등을 활용할 수 있게 하고, 知識人들의 敎養을 증진시켜 줄 수 있는 東洋古典의 國譯書 간행을 지속적으로 추진해 왔다. 근래에 다행히 이 사업에 대하여 각계 지도층의 폭넓은 이해와 지원에 힘입어 2001년도부터 國庫補助를 받아 東洋古典譯註叢書를 간행하게 되었다. 이를 계기로 우리 先學의 註釋과 見解를 반영하는 등 국역사업의 內實을 기하게 되었음을 이 자리를 빌어 衷心으로 감사드리며, 아울러 國譯에 參與하신 관계자 여러분의 勞苦에 깊은 謝意를 표한다.

끝으로 우리의 이러한 작업은 오랜 역사 위에 축적된 先賢들의 業績과 現代學問을 이어주는 튼튼한 架橋와 礎石이 되어 진정한 韓國學과 東洋學 발전에 기여할 것을 굳게 믿으며, 21세기를 우리 文化의 世紀로 열어 가는 밑거름이 되도록 우리의 力量을 本 事業에 경주하고자 한다. 江湖諸賢의 부단한 관심과 지원을 기대해 마지않는다.

社團法人 傳統文化硏究會 會長 李啓晃

≪政經≫ 解題

全百燦[*)]

1. 들어가는 말

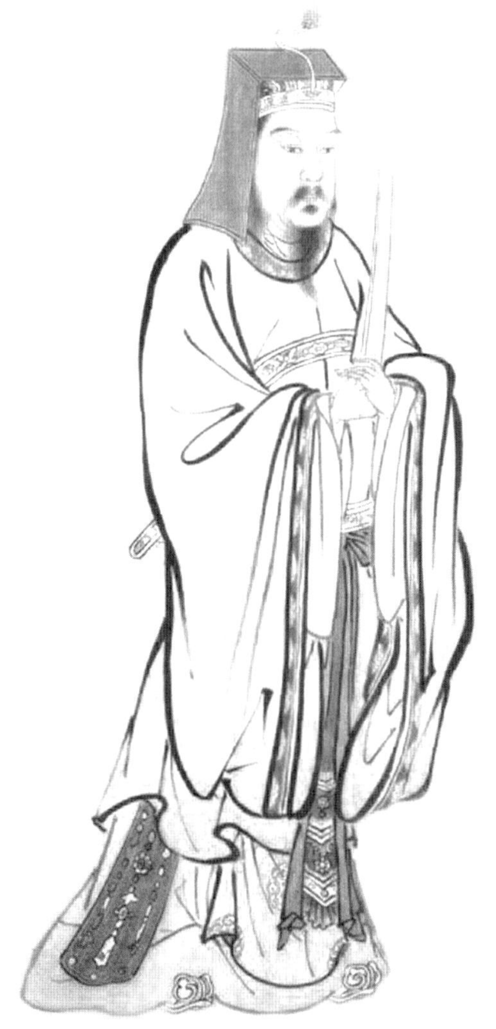
眞德秀

이 책은 南宋 때의 학자 眞德秀(1178~1235)가 편찬한 ≪政經≫을 번역한 것이다. ≪정경≫은 政事를 하는데 常經이 되는 원칙을 수록한 책으로, 앞부분은 經文과 傳文을 인용한 것이고 후반부는 진덕수가 潭州와 泉州의 知事로 재직하면서 그 지역의 백성들과 동료들에게 告諭했던 布告文이나 勸諭文 등을 수록한 것이다. 그리고 이 가운데 특히 수령이 갖추어야 할 네 가지 도덕성인 '四事'와 수령이 정치에서 제거해야 할 열 가지 폐단인 '十害'는 이 책의 핵심 내용에 해당한다. 진덕수의 사상과 학문적 업적, 그리고 ≪정경≫의 편찬 의의를 살펴보기 위해서는 지금까지 학계에 보고된 다양한 자료를 살펴보는 것이 우선일 것이다. 그중에서 진덕수의 ≪政經≫·≪心經≫·≪大學衍義≫ 등에 대한 연구를 주목할 필요가 있다.

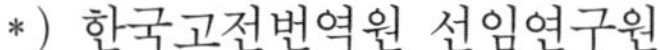

*) 한국고전번역원 선임연구원

한승일은 박사학위 논문에서 "≪政經≫은 인식 주체에 대한 고민 속에, 인간을 어떻게 이해하느냐는 문제와 頌辭를 이해하고 해결하려는 시도에 초점을 맞추고 있다. 이러한 노력을 통해 頌辭라는 윤리적 문제를 인간 이해라는 인식론으로 이해할 수 있는 시각을 제공한다."1)라고 하였는데, 이 논문은 진덕수가 자신의 개인적인 생각은 經文 인용을 통하여 그 근거를 마련하고 자신의 경험을 통한 해결방안은 인간 이해라는 기본적인 측면에서 접근했다는 점을 밝혔다는 데 의의가 있다.

유권종은 ≪心經≫에 대해 "진덕수는 위로는 임금, 그리고 학교와 지인들에게 자신의 마음 인식 혹은 마음 경험에 의하여 확인된 진리를 전파하고자 노력하였다. 그럼으로써 그는 당시 僞學으로 지목받고 그 학문적 활동이 위축되었던 朱子學을 心學의 맥락에서 재건하였고, 그로 인하여 朱子學的 心學의 맥락이 확립되고 후대에 전승될 수 있는 기반이 생겼다. 따라서 ≪心經≫은 그러한 心學의 맥락 형성과 전승의 과정에서 매우 중요한 역할을 한 經傳으로 평가된다."2)라고 하였다. 이와 같은 논의는 진덕수가 주자학의 재건을 위해 노력한 점과 당시 朱熹에 의해 이론화된 마음과 관련된 경험을 계승, 발전시켰다는 점을 확인할 수 있다.

이범학은 "진덕수의 ≪大學衍義≫ 저술 목적이 순수 학술적인 데에 있지 않고 정치적이라는 점, 광범위한 내용을 담고 있는 帝王學을 제시했다는 점, 군자가 신하를 대하고 제어하는 데에 있어 臨機應變 하는 술책과 현실주의적인 관점을 담고 있다는 점 등을 통해 經世的 경향을 볼 수 있다."3)라고 하였다. ≪大學衍義≫의 저술 목적이 경세적 경향이 있다는 점에서 진덕수의 실용적 면모를 엿볼 수 있고, 이러한 실용성은 곧 ≪政經≫에도 반영되어 자신의 다양한 경험을 통해 민생의 문제를 해결하기 위해 노력하는 모습으로 나타난다.

또한 오세진은 "영미권에서 수행된 주목할 만한 연구로는 드 베리(de bary), 베르트(H. De Weerdt)의 논문이 있다. 드 베리에 따르면, ① ≪大學衍義≫에서는 진덕수의 '황제의 통치〔imperial rule〕'에 대한 관심을 볼 수 있고, ② ≪政經≫에서는 진덕수의 '지방

---

1) 한승일, 〈윤리적 인식론을 위한 試論 - 眞德秀의 ≪政經≫을 중심으로〉, 성균관대학교 박사학위 논문, 2016.

2) 유권종, 〈구성적 실재론의 관점에 입각한 ≪心經≫의 유교 도덕심성 구성원리 고찰〉, ≪철학탐구≫ 20, 중앙대학교 중앙철학연구소, 2006.

3) 이범학, 〈眞德秀 經世理學의 成立과 그 背景 - 南宋 後期 理學의 官學化와 그 意義〉, ≪한국학논총≫ 20, 국민대학교 한국학연구소, 1997.

정부〔local governance〕'에 대한 관심을 볼 수 있다."[4]라고 하였다. 이러한 논의를 통해 살펴보면 ≪心經≫은 心學, ≪政經≫은 經世論을 정립한 저술이고, ≪大學衍義≫는 이러한 심학과 경세론을 하나의 체계 속에 넣은 저술이라고 구분 지을 수 있을 것이다.

이 외에도 조남욱(2005) 〈세종의 정치이념과 ≪大學衍義≫〉, 지준호(2012) 〈주자학과 진덕수의 ≪大學≫ 이해〉, 권상우(2014) 〈주자학에서 '도덕적 경영'에서 '경영적 도덕'으로 패러다임의 전환에 관한 연구〉, 김광일(2015) 〈환관과 지식인 - 진덕수 ≪大學衍義≫ 〈嚴內治〉의 구조와 의미〉 등 다양한 연구가 발표되었다. 따라서 위 연구 자료를 수합하고 정리하여 진덕수와 ≪政經≫에 대한 학술적 의의를 탐색하고 ≪政經≫의 내용을 간략히 소개하여 해제에 갈음하고자 한다.

2. 眞德秀의 삶과 행적

진덕수는 慶元黨禁(1196~1202)의 시대적 배경 속에서 활동하였는데, 寧宗 慶元 2년(1196) 8월에 재상 韓侂胄(1152~1207)가 朱熹(1130~1200)와 趙汝愚(1140~1196)를 폄박하고 다시 僞學이라는 이름으로 名士들을 배척하다가 嘉泰 2년(1202) 2월에 解禁되었다. 그는 이러한 시대적 상황 속에서 僞學의 禁을 풀고 주희의 학문을 官學化 하는 데에 일조했다고 평가받는다. 진덕수가 처한 위와 같은 상황은 ≪宋史≫ 〈儒林列傳〉과 청나라 때 黃宗羲가 지은 ≪宋元學案≫에서도 확인할 수 있다.

> 진덕수의 字는 景元인데 후에 希元으로 고쳤다. 福建 浦城 사람이다. 4세에 책을 받아 수업하였는데 보면 바로 암송하였다. 15세에 부친이 세상을 떠났는데, 어머니 吳氏는 가난한 가운데서도 교육을 위해 힘썼다. 같은 고을에 살던 楊圭가 그의 영특함을 보고 기특하게 여겨 諸子의 학문을 함께 공부하고 마침내 딸을 시집보냈다. 慶元 5년(1199) 進士에 급제하였다.[5]
>
> 여러 차례 관직을 옮겨 起居舍人 兼太常少卿에 올랐다. 지방관으로 나가 江東轉運副使가 되었고 泉州·隆興·潭州의 지사를 역임하였다. 理宗(1205~1264)이

4) 오세진, 〈≪大學衍義≫에서 修養論과 經世論의 관계 연구〉, 연세대학교 석사학위 논문, 2012.
5) ≪宋史≫ 권437 〈儒林列傳〉. "眞德秀 字景元 後更爲希元 建之浦城人 四歲受書 過目成誦 十五而孤 母吳氏力貧敎之 同郡楊圭見而異之 使歸共諸子學 卒妻以女 登慶元五年進士第"

즉위하여 中書舍人으로 召命을 내리고 禮部侍郎에 발탁하였는데, 史彌遠(1164~1233)이 탄핵하여 벼슬에서 물러났다. 紹定 5년(1232) 다시 소명을 받아 泉州·福州 지사로 벼슬에 나아갔다가 소명을 받고 戶部尙書가 되었으니, 이때는 벼슬을 떠난 지 이미 10년이 되는 해였다.6)

진덕수는 주희와 같은 福建 사람으로 어려서부터 명석하여 中央에서뿐만 아니라 여러 곳의 지방관을 역임하였다. 그러나 당시는 한탁주와 사미원 등이 조정을 장악하고 있으면서 황후와 인척, 환관들과 합세하여 권력을 壟斷하였기 때문에 왕권이 미약했던 시기였다. 이러한 상황 속에서 진덕수를 비롯한 여러 학자들은 권신들의 전횡을 극복하기 위하여 천자의 도덕적 권위의 회복과 아울러 사대부들의 도덕적 실천과 비판 능력의 제고에 큰 노력을 기울였는데, 이것이 바로 朱子學의 복원이라는 결과로 드러나게 되었다. 당시 조정을 장악하고 있던 무리들은 주자학의 實踐倫理에 '거짓 학문〔僞學〕', '위학의 당〔僞學之黨〕', '逆黨' 등의 죄명을 덧씌우고 이들을 중앙정부로부터 축출하거나 정계에서 완전히 제거하였는데, 이러한 시대적 배경 속에서 진덕수는 朱子學을 官學化하는 기반을 조성하였다.7) 따라서 이와 같은 진덕수의 功은 암울한 시대상황 속에서 경세가로서의 실천지향적인 삶을 살았다고 평가할 수 있겠다.

그는 일생 동안 20여 년의 관직 생활을 하였는데, "조정에서 벼슬한 지 채 10년이 되기도 전에 奏疏가 무려 수십만 言에 이르렀으며 이는 모두 당시에 긴요한 급무를 직언으로 조정에 건의한 것이었다."8)라고 평가될 정도로 활발하게 활동하였다. 또한 이러한 그의 정치적 행보는 백성들로부터 두터운 신임과 명망을 얻었다. 특히 지방관으로 재임하던 기간 성리학의 愛民 정신에 입각한 儒家의 정치적 이상을 실제 정치에서 펼쳐 사회에 만연한 폐해를 제거하고 백성들을 위한 이익을 증진시켰다. 이러한 지방관으로의 경험이

6) ≪宋元學案≫ 권81 〈西山眞氏學案 眞德秀〉. "累官起居舍人兼太常少卿 出爲江東轉運副使 歷知泉州隆興潭州 理宗卽位 召爲中書舍人 擢禮部侍郎 史彌遠憚之 落職 紹定五年 起知泉州福州 召爲戶部尙書 時去國已十年矣"

7) ≪宋史≫ 권437 〈儒林列傳〉에 "한탁주가 僞學의 이름을 세워 善類를 禁錮함으로부터 무릇 근세 大儒의 서적들을 모두 드러내어 금지하여 끊어버렸는데 진덕수가 뒤에 나와 홀로 개연히 斯文을 자임하고 講習하여 실천에 옮겼으니, 黨禁이 열리고 正學이 마침내 천하 후세에 밝아지게 된 데에는 진덕수의 공이 많다.〔自韓侂胄立僞學之名以錮善類 凡近世大儒之書 皆顯禁絶之 德秀晩出 獨慨然以斯文自任 講習而服行之 黨禁旣開 正學遂明于後世 德秀之力爲多〕"라고 하였다.

8) ≪宋史≫ 권437 〈儒林列傳〉. "立朝不滿十年 奏疏無慮數十萬言 皆切當世要務 直聲震朝廷"

나중에 그의 경세 사상으로 형성되었고, 마침내 그가 지방 사회에 내린 布告令과 指令, 規範 등이 ≪政經≫의 내용을 구성하게 된 것이다.

진덕수의 저서로는 ≪文章正宗≫(20권, 續集 20권), ≪三禮考≫(1권), ≪四書集編≫(26권), ≪讀書記≫(61권), ≪心經≫(1권), ≪政經≫(1권), ≪西山文集≫(55권) 등이 있다.

3. ≪政經≫의 편찬과 간행

≪心經≫은 진덕수가 경전과 도학자들의 저술에서 심성 수양에 관한 격언을 모아 편집한 책이다. 그러나 이에 반해 ≪政經≫은 진덕수가 직접 의도를 가지고 만든 것이 아니라는 견해가 있으니, 바로 程敏政(1445~1499)이 ≪心經附註≫를 편찬하고 그 말미에 붙인 〈心經後序〉가 그것이다.

> 西山先生의 ≪心經≫과 ≪政經≫ 두 책이 간행된 지 이미 오래다. 그러나 일찍이 자세히 살펴보니 ≪心經≫은 선생이 직접 지은 贊이 있어서 직접 修訂을 거쳐 나왔다는 데에 의심의 여지가 없지만, ≪政經≫과 같은 경우에는 비록 경전의 가르침을 앞에 놓았지만 漢·晉·隋·唐나라 수령들의 일을 붙이고 무릇 선생이 역임했던 州郡에 榜文으로 揭示하고 諭示했던 글들 또한 섞어 붙였으니, 스스로 經이라 명명한 것은 옳지 않은 듯하다. 아마 선생은 經書와 史書 가운데 백성을 다스리는 요점이 되는 내용을 손수 기록한 뒤 보고 살피는 데에 대비하려 했는데, 후인들이 附會하여 책으로 만든 다음 ≪心經≫과 서로 짝하게 하려 했던 까닭이 아니겠는가.[9]

이 말에 따르면 ≪政經≫은 진덕수가 직접 저술한 것이라기보다는, 제자들이 그가 지방에서 관리로 쌓은 경험과 행정 활동 등을 통해 만들어진 훈도, 권고, 선포 등과 같은 글들을 ≪心經≫과 짝이 되도록 편집하여 만든 것이라는 의미이다. 한편 이에 대해서는

---

9) ≪篁墩文集≫ 권39 〈跋眞西山先生心經附註〉. "西山先生心政二經 梓行已久 然嘗諦觀之 心經有先生所自贊 其出于手訂 無可疑者 若政經則雖首以經訓 而附以漢晉隋唐守令之事 凡先生所歷州郡榜示諭告之文 亦雜附之 乃自名之爲經 竊恐未然 豈先生嘗手錄經史牧民之要備省覽 而後人附會以成之 欲與心經相媲故邪"

오세진도 그의 논문에서 "≪心經≫은 확실하게 진덕수가 저술한 것인데 반해, ≪政經≫은 진덕수 자신이 직접 만들 의도를 가지고 만든 것이 아니라, 지방 정치 경험 속에서 진덕수가 남긴 글들을 제자들이 모아서 만든 것이다."[10]라고 언급한 바 있다. 그러나 이러한 평가에도 불구하고 ≪정경≫이 진덕수의 경험에서 우러나온 실천적 정치사상이라는 점에는 이론의 여지가 없다고 간주된다.

≪政經≫의 판본은 국내에는 서울대학교 규장각 한국학연구원(규장각 奎中 1740, 奎中 1757, 奎中 1869, 奎中 1870, 奎中 1916, 奎中 1986), 국립중앙도서관(B11240-3), 한국학중앙연구원 장서각(장서각 K3-120), 숙명여자대학교 도서관(CL320-진덕수-정), 연세대학교 도서관에 소장되어 있다. 또한 해외에는 일본 大阪府立 中之島 圖書館과 미국 컬럼비아대학교 도서관(Columbia University Library)에 소장되어 있다. 모두 1747년(英祖 23)에 왕명으로 예문관에서 간행한 목판본으로 10行 17字 不分卷 형식의 1冊 분량이고 판본은 戊申字本으로 추정된다. 본서는 규장각 소장본을 저본으로 하여 번역한 것이다.

≪政經≫의 책머리에는 1687년(肅宗 13)에 肅宗이 지은 〈肅廟御製政經贊〉과 〈次眞文忠公韻〉이 있고 〈當宁御製小識〉와 〈敬次經訓贊〉, 〈敬次御韻〉이 있는데 이것이 이 책의 서문에 해당한다. 서문에 해당하는 贊과 次韻詩는 政事의 근본은 백성이며 聖人의 뜻을 깊이 체득한다면 올바른 정사를 행할 수 있다는 내용으로, 깊은 愛民 의식이 내포되어 있다. 또한 〈當宁御製小識〉에 "이에 王署의 대제학에게 명하여 詩文을 잘 筆寫하게 하고 공경히 芸館에 주어 板刻하여 널리 유포하게 해서 예전에 政事의 근본을 소중히 여기고 백성을 사랑하신 성대한 뜻을 靑丘에서 사라지지 않게 하고, 감히 〈經訓贊〉에 차운하고 御製詩에 차운하여 아래에 적는다."[11]라고 하였는데, 이 말을 통해 ≪政經≫을 판각하고 유포한 목적을 분명히 확인할 수 있다. 또한 앞서 언급하였듯이 진덕수는 朱子의 사상을 충실히 계승하였던 인물이었다. 그러므로 이 책을 朝鮮에서 간행하였다는 사실은 아직 그 여건이 무르익지는 않았지만, 주자의 정치사상을 조선의 정치 현실에서 구현하고자 하는 노력의 하나로 볼 수 있을 것이다.

---

10) 오세진, 앞의 논문, 2012, 64~65쪽.

11) ≪政經≫ 〈當宁御製小識〉. "爰命王署之長 繕寫詩文 敬付芸館 鋟梓廣印 使昔年重政本愛元元之盛意 不泯於靑丘 而敢以賡贊賡韻 書左云爾"

4. ≪政經≫의 구성과 내용

앞서 언급하였듯이 ≪政經≫은 크게 세 부분으로 구분된다. 우선 經文과 傳文에서는 경전과 역사서에서 정사에 관련되는 긴요한 내용을 발췌하여 인용하였고, 다음 附錄에서는 조세를 독촉할 때 지방관리가 자주 마주치게 되는 여섯 가지의 문제를 보충 설명하고 아울러 자신의 경험을 예로 들어 구체적인 건의와 방법을 내놓았다. 마지막으로 文忠公의 政迹에서는 宋代의 지방행정과 그리고 지방관으로 있을 당시 자신이 행한 행정 및 정치에 관한 내용을 적고 있는데, 주로 지방에서 행한 통치의 실제 과정과 방법을 말하고 있다.

가. 經文과 傳文

≪政經≫의 본론에 해당하는 데, 여러 가지 경전과 역사서에서 정사에 관련되는 긴요한 내용을 발췌하여 인용한 것이다. 경문은 ≪書經≫·≪周易≫·≪論語≫·≪大學≫·≪禮記≫·≪孔子家語≫·≪孟子≫ 등 7종에서 발췌한 것으로 爲政者의 기본적인 자세와 이와 관련되는 愛民, 孝弟, 公私의 구분 등을 강조하고 있다. 한승일의 논문에서 ≪政經≫에 인용된 經의 출전을 분석하였는데 이것을 다시 요약하여 정리하면 다음과 같다.[12]

≪政經≫ 經의 출전 및 인용 횟수

<table>
<tr><th>인용경전</th><th>출전</th><th>편(장)</th><th>합계</th><th>인용경전</th><th>출전</th><th>편(장)</th><th>합계</th></tr>
<tr><td rowspan="14">書經</td><td rowspan="3">周書·康誥</td><td>6</td><td rowspan="3">3</td><td rowspan="14">論語</td><td>學而</td><td>5</td><td>1</td></tr>
<tr><td>9</td><td rowspan="3">爲政</td><td>3</td><td rowspan="3">3</td></tr>
<tr><td>12</td><td>19</td></tr>
<tr><td rowspan="6">周書·周官</td><td>15</td><td rowspan="6">6</td><td>20</td></tr>
<tr><td>16</td><td>雍也</td><td>1</td><td>1</td></tr>
<tr><td>17</td><td rowspan="7">顔淵</td><td>7</td><td rowspan="7">7</td></tr>
<tr><td>18</td><td>12</td></tr>
<tr><td>19</td><td>13</td></tr>
<tr><td>20</td><td>14</td></tr>
<tr><td rowspan="5">周書·君陳</td><td>1</td><td rowspan="5">8</td><td>17</td></tr>
<tr><td>4</td><td>18</td></tr>
<tr><td>5</td><td>19</td></tr>
<tr><td>7</td><td rowspan="2">子路</td><td>1</td><td rowspan="2">8</td></tr>
<tr><td>11</td><td>2</td></tr>
</table>

12) 한승일, 앞의 논문, 2016, 48~49쪽.

인용경전	출전	편(장)	합계	인용경전	출전	편(장)	합계
	周書·君陳	12	8		子路	4	8
		13				6	
		14				9	
	周書·君牙	4	2			13	
		5				16	
	周書·呂刑	14	6			17	
		15			憲問	44	1
		16			衛靈公	32	1
		17			陽貨	4	2
		20				6	
		21			子張	19	1
史記	世家·魯周公	1	1		堯曰	2	2
周易	賁 象	1	4			1	
	旅 象	1		禮記	王制	1	1
	豊 象	1		孔子家語	辯政	1	1
	中孚 象	1		孟子	離婁 下	2	4
大學	傳	4	3		離婁 上	1	
		9			盡心 上	14	
		10			離婁 下	20	

7개의 서종 66개의 章에서 인용하였는데, 모두 그 大文만을 선별하였다는 점이 특징이다. 그 가운데 ≪論語≫는 27개를 인용하여 빈도수가 가장 많았고 ≪書經≫은 25개, ≪周易≫과 ≪孟子≫는 각각 4개씩 인용하였다. 그리고 ≪大學≫은 3개, ≪史記≫, ≪禮記≫, ≪孔子家語≫는 각 1개씩 인용하였다. 특히 처음으로 인용한 ≪書經≫ 〈康誥〉는 武王이 康叔을 衛侯로 삼고 誥命한 내용으로, 상대방의 아픔을 나의 아픔으로 여길 줄 알아야 하고 또한 마음을 다해 백성을 다스리며 부지런히 정사에 임해야 한다는 것이다. 또한 가장 많이 인용한 ≪論語≫에서는 〈爲政〉의 "引導하기를 法으로 하고 가지런히 하기를 刑罰로 하면, 백성들이 형벌을 免할 수는 있으나 부끄러워함은 없을 것이다. 引導하기를 德으로 하고 가지런히 하기를 禮로써 하면, 백성들이 부끄러워함이 있고 또 善에 이르게 될 것이다."13)를 인용하였는데, 이는 백성을 다스릴 때 法과 刑罰로 하지 않으면 통제할 방법이 없다고 여기는 일반적인 정치론에서 벗어나 法과 刑罰보다는 德과 禮로 백성들을 보살펴 줄 때 백성들이 부끄러움을 느끼고 德과 禮에 감화되어 사회 질서를 회복하는 세상이 될 수 있다고 생각한 것이다. 이외 다른 경문들도 이와 궤를 같이하여 위정자가 갖추어야 할 기본적인 마음을 제시하고 있다. 마지막으로 ≪孟子≫ 〈離婁 下〉의 '視民如傷(백성 보기

13) ≪論語≫ 〈爲政〉. "道之以政 齊之以刑 民免而無恥 道之以德 齊之以禮 有恥且格"

를 다치지나 않을까 염려하셨다.)'을 인용하였는데, 이는 우리 속담에 '불면 날아갈 듯 쥐면 깨질 듯'과 같이 백성들을 깊이 사랑해야 함을 다시 한 번 강조한 것이다. 더 나아가 爲政者는 스스로 만족스럽게 여기지 않고 종일토록 부지런히 힘써야 한다는 의미로 보인다. 즉 위정자가 정치를 행할 때는 백성을 위한 정치를 펼쳐야 한다는 근거가 되는 셈이다.

傳文은 ≪春秋左氏傳≫·≪國語≫·≪孔子家語≫·≪史記≫·≪漢書≫·≪後漢書≫·≪北齊書≫·≪隋書≫ 등을 비롯한 여러 史書에서 政事에 관련된 기록을 선별·편집한 것이다. 모두 23개의 스토리로 구성되어 있는데 善政을 베풀었던 여러 인물들의 행적을 중심으로 서술하였다. 그 인물과 내용을 살펴보면 다음과 같다.

≪政經≫ 〈傳〉의 등장인물과 내용

인 물	내 용
子産, 然明, 子太叔	政事에 대한 문답으로 정사는 백성을 자식처럼 보고 不仁한 자는 가차 없이 처벌해야 하며, 정사는 농사의 功과 같아 일의 순서에 따라 밤낮으로 부지런히 백성을 다스려야 함을 언급한 대화
鬬子文	사람들은 부귀함을 추구하기 마련이지만 정사에 종사하는 사람은 백성을 보호하는 사람이기에 백성의 재물을 빼앗아 자신의 부를 축적해서는 안 됨을 언급한 일화
季羔	公私를 명확히 구분하여 형벌을 내리고, 형벌을 내릴 때는 차마하지 못하는 마음으로 한다면 백성들이 진심으로 따른다는 일화
蓋公	蓋公이 나라를 다스릴 때 청렴하고 순결함을 귀하게 여긴다면 백성들이 절로 안정될 수 있다고 언급한 일화
張歐	자신이 성실하게 처신한다면 밑에 있는 官屬들도 모두 감동하여 따르게 된다는 일화
吳公, 文翁	자신을 삼가고 솔선수범하며, 청렴하고 공평하게 처신한다면 엄격하게 규제하지 않아도 백성들이 교화에 따르게 된다는 일화
汲黯	일을 맡긴 후엔 大體만을 따질 뿐 작은 일로 번거롭게 하지 않음을 언급한 일화
黃霸	다스리는 방도는 지나치게 잘못된 것을 제거하면 될 뿐이니 백성들에게 관대하고 스스로를 밝게 살펴야 함을 언급한 일화
朱邑	청렴, 공평하게 다스리고 백성들에게 가혹하게 하지 않는다면 아전과 백성들이 사랑하고 공경하게 될 것을 언급한 일화
龔遂	亂民을 다스릴 때는 급하게 해서는 안 되고 느슨하게 한 후에 다스릴 수 있으므로 난민들이 기본적으로 살 수 있는 환경을 우선 조성해주어야 한다는 일화
邵信臣	政事를 함에 백성들을 자식처럼 사랑해야 하고 넉넉하게 살 수 있도록 다양한 방법을 마련해주어야 한다는 일화
卓茂	백성들을 자식처럼 사랑하여 善한 사람을 들어 가르치고 입으로 나쁜 말을 하지 않는다면 관리와 백성들이 따를 것임을 언급한 일화
魯恭	德化로 다스리고 刑罰을 함부로 쓰지 말아야 하며 訟事를 공평하게 처리해야 함을 언급한 일화

인 물	내 용
劉寬	백성들에게 가혹한 형벌을 주지 않고 功이 있을 때는 남을 추천하고 孝弟로 백성들을 권면하여 날로 교화시켰다는 일화
任延, 錫光	任延이 백성들을 넉넉히 살게 해준 방법 및 예법을 가르쳐 백성이 교화되었다는 일화와 錫光이 예의로 백성을 교화시킨 일화
劉昆	劉昆의 德政으로 화재가 발생하였을 때 불을 향해 머리를 조아리니 비가 내리고 바람이 그쳤다는 것과 교화가 크게 행해져 호랑이들이 모두 새끼를 업고 황하를 떠났다는 일화
孟嘗	孟嘗이 관아의 폐단을 혁파하고 백성들의 문제점을 찾아내 해결한 일화
劉矩	爭訟하는 자들이 감동하여 각기 소송을 파기한 일화
劉寵	번거롭고 가혹한 규정을 가려 제거하고 불법을 금하여 잘 다스려진 일화
仇覽	농사가 끝나면 젊은이들로 하여금 여럿이 함께 모여 학업에 정진하여 교화가 일어났다는 일화
王暢	너그러운 政事를 숭상하고 刑을 삼가며 罰을 간략하게 하니 敎化가 행해졌다는 일화
蘇瓊	형제의 友愛에 대한 일화
辛公義	백성들이 서로 慈愛하여 풍속을 바꾼 일화

위에 제시된 일화들은 대부분 위정자가 어떤 고을에 부임하여 그 지방의 풍속을 교화시키거나, 백성들을 자식처럼 아끼고 사랑하며 백성의 삶을 윤택하게 만들어주었다는 것으로 요약된다. 또한 孝弟로 백성들을 인도하고 訟事는 공평하며 형벌은 최소화해야 한다는 진덕수의 애민정신과, 위정자는 백성의 고통을 먼저 살펴서 政事를 행해야 한다는 실제적인 사실을 제시함으로써 올바른 위정자의 모습을 피력하고 있다.

나. 附錄

부록은 ≪四庫全書≫에 수록된 ≪政經≫에 의하면 '催徵'이라는 제목이 붙어있는데, 그 내용은 주로 조세를 독촉할 때 지방관리가 자주 마주치게 되는 여섯 가지의 문제를 보충 설명하고 아울러 자신의 경험을 예로 들어 구체적인 의견과 방법을 제시한 것이다. 여섯 가지의 문제에 대해 살펴보면 다음과 같다.

① 세금을 거둘 때는 일정한 장부를 만들어 그 장부에 근거하여 징수해야 한다는 것으로, 장부에 근거하여 세금을 거두게 된다면 수납에 관한 내용을 일목요연하게 살필 수 있어 백성들에게 공평함을 보여줄 수 있다고 강조하고 있다. 당시에도 세금을 징수할 때 일정한 법이 존재했지만 법을 집행하는 관리나 아전들의 부패로 백성들의 수탈이 심했기 때문에 이것을 첫 번째 조항으로 설정한 듯하다. ② 장부에 첫 번째 줄에는 각각의 人戶

를 적고 두 번째 줄에는 幹事人 세 글자를 적고 세 번째 줄에는 掌攬人 세 글자를 적은 다음 本都의 保長에서부터 稅戶에까지 전하여 체계적으로 취합한다면 都의 民戶에서 내는 부세를 빠짐없이 알고 거주지를 떠난 사람에 대해서도 세금을 독촉하기가 더욱 편리하다는 것으로, 세금 징수를 체계적으로 행하여 백성들에게 공평함을 보여주어야 한다고 언급하였다. ③ 장부관리를 면밀하게 하여 이름을 속이고 公吏와 身役을 마친 사람 등이 함부로 충원되는 폐단이 없도록 해야 한다는 것이다. ④ 백성을 다스릴 때 法만으로 강제하기보다는 誠意로 백성을 다스린다면 그 효과가 매우 클 것이라고 언급하였다. 결국 經文에 인용한 ≪論語≫ 〈爲政〉 3장의 말을 근거로 하여 德과 禮로 백성들을 다스려야 한다는 내용으로, 진덕수의 애민 의식과 실용 정신을 구체적으로 실행하기 위한 방안인 것이다. ⑤ 引展에 대한 문제를 지적하면서 비록 사소한 일이라도 모범을 만든다면 백성과 아전 모두 은혜를 입을 수 있다고 언급하였다. ⑥ 수령이 형벌을 가혹하게 행하지 않고 명확한 근거에 의해 형벌을 내린다면 형벌은 줄어들고 백성들은 자연스럽게 따르게 된다는 것을 강조하였다.

이 여섯 가지를 종합해보면 세금 거두는 권한을 아전에게 맡겨둔다면 백성들이 동요될 수도 있으므로 직접 살펴야 하며, 장부를 마련하여 공정하고 명확하게 세금을 징수해야 한다는 것이다. 결국 위정자는 세금 징수에 있어서 조금이라도 사적인 이익을 추구하지 말고 명확한 근거에 의해 공정하게 집행해야 한다는 것이 이 편의 핵심이 된다.

다. 文忠公의 政迹

≪政經≫의 가장 많은 부분을 차지하는 내용은 진덕수가 수령이 되었을 때 백성과 관료들에게 勸誘하고 曉諭한 글 및 당시 시행했던 政令과 그 하위 條目들을 모아놓은 것으로, 이것이 文忠公의 政迹이다. 그 첫 번째는 〈西山이 長沙를 다스릴 때 咨目을 두 通判 및 職曹官에 올리다〔西山帥長沙咨目呈兩通判及職曹官〕〉로 "몸을 바르게 하는 道가 지극하지 못하고 사람을 사랑하는 뜻이 미덥지 못하면 비록 가르쳐 諭告할 말이 있더라도 백성은 반드시 따르지 않을 것이다. 그러므로 나는 동료 관원들과 더불어 각각 '四事'로 스스로를 勉勵하고 백성들을 위하여 '十害'를 없애기를 원한다.〔正己之道未至 愛人之意不孚 則雖有敎告而民未必從 故某願與同僚 各以四事自勉 而爲民去其十害〕"라고 하며, ≪政經≫의 주요 골자에 해당하는 四事와 十害를 언급하였다. 四事는 '청렴함으로 몸을 다스리는 것〔律己以廉〕', '仁으로 백성을 어루만지는 것〔撫民以仁〕', '마음을 공정하게 가지는 것〔存心以公〕', '일에

임하여 부지런한 것〔涖事以勤〕'인데, 모두 자신의 몸가짐을 바르게 하여 백성을 부지런히 다스려야 한다는 내용으로 牧民官이 갖추어야 할 4가지 덕목이라 규정할 수 있다. 그리고 十害는 '訟獄을 판단함에 공정하지 못한 것〔斷獄不公〕', '訟事를 처리함에 제대로 살피지 못하는 것〔聽訟不審〕', '구금 기간을 지연시키는 것〔淹延囚繫〕', '참혹하게 用刑하는 것〔慘酷用刑〕', '追呼를 지나치게 남용하는 것〔汎濫追呼〕', '고발하기를 종용하는 것〔招引告訐〕', '중첩하여 납세를 독촉하는 것〔重疊催稅〕', '벌금을 부과하여 재물을 착취하는 것〔科罰取財〕', '아전들을 풀어 시골에 내려보내는 것〔縱吏下鄕〕', '싼 가격으로 물건을 사는 것〔低價買物〕'인데, 목민관이 訟事를 처리함에 공정해야 하고 형벌을 지나치게 남용해서는 안 된다는 경고이며 백성들에게 해를 끼치지 말아야 한다는 내용이다. 이러한 기술은 이 시기를 전후로 등장하는 일련의 牧民書 및 조선시대 향촌의 자치규약인 鄕約과도 그 의미가 상통한다고 할 수 있다.

두 번째 〈현의 의론을 맡고 있는 12현의 知事들과 회동하였다가 詩로써 전송하다〔會集十二縣知縣議事以詩送〕〉에서는 "우리들은 漢나라의 循吏처럼 되어야 할 것일세.〔我輩當如漢吏循〕"라는 구절을 통해, 법을 지키고 이치를 따라 公法을 잘 수행하기를 바란다는 다짐과 권유를 확인할 수 있다.

세 번째 〈風俗에 대해 曉諭하는 榜文〔諭俗榜文〕〉은 '諭俗三事'에 대한 설명이 자세하다. 諭俗三事는 ① 父子간의 은혜와 長幼 사이의 의리를 근본으로 삼아 소홀히 하지 말 것 ② 宗族 간에 서로 권면하고 솔선하며 이웃 간의 즐거움을 두터이 하고 爭訟의 단서를 열어 원한을 맺는 데 이르지 말 것 ③ 四事를 스스로 면려하고 백성을 위해 十害를 없앨 것이다. 결국 諭俗三事는 백성이 지키고 따라야 한다는 내용일 뿐만 아니라 政事를 행하는 사람들도 변해야 함을 언급한 것인데, 이 점은 당시 권위적인 사회 상황을 고려하였을 때 더욱 의미가 있다.

네 번째 〈泉州 軍州事로 부임했을 때〔知泉州軍州事〕〉는 재차 泉州의 군주사로 부임하여 지난번보다 더욱 잘 다스리고자 하는 마음을 피력하였다. 또한 지금 이후로 郡政에 혹 事宜에 맞지 않는 일이 있으면 지적해주기를 부탁하고 신속히 잘못된 것을 바로잡아 옛 모습을 회복하려는 마음을 보여준다. 이는 자기반성뿐만 아니라 타인들이 충고하는 말에 대해서도 충분히 받아들이려는 진덕수의 열린 마음을 엿볼 수 있다.

다섯 번째 〈권유문〔勸諭文〕〉은 4字 154句로 이루어진 韻文 형식의 글이다. 이 글에서 운문 형식을 취한 것은 아마도 백성들이 쉽게 이해하도록 하려는 진덕수의 실용정신이

깃든 것으로 추측할 수 있다. 그 내용도 백성은 효도와 공경을 먼저 해야 하고 형제와 화합하며, 이웃 간에는 환란을 만나면 서로 부지하고 은의를 베풀어야 한다. 그리고 망령된 訟事를 일으키지 말고 남을 속이는 행동을 하지 말아야 한다고 하였다. 또한 지나친 음주를 절제하고 도박을 하면 안 된다는 등 일상생활에서 주의해야 하는 것을 권유하고 있으며, 이 권유문과 같이 행동한다면 영원한 樂國이 될 것이라고 하여, 백성들이 쉽게 간과할 수 있는 사소한 일들에 대해 자세하게 언급하고 있다.

여섯 번째 〈州縣의 관료에게 曉喩하는 글〔諭州縣官僚文〕〉은 관료들이 가져야 할 기본적인 마음가짐을 네 가지로 설명하고 있는데, ① '四知를 두려워하는 마음', '聖賢의 가르침인 謹獨' 등 굳게 절조를 지키며 청백하게 생활할 것 ② 잔인하고 착취하는 정사를 경계할 것 ③ 공정한 마음과 공정한 도리를 지켜서 사사로운 정에 빠지지 않을 것 ④ 아침저녁으로 백성의 일에 부지런히 힘쓸 것을 말한 내용으로, 모두 백성을 위한 정치를 행해야 한다는 점을 강조하고 있다.

일곱 번째 〈勸誘하는 일을 뒤에 붙이다〔勸誘事件于后〕〉는 앞서 재임하던 날에 약속했던 일과 이번에 다시 부임한 후로 마땅히 행해야 할 일들을 검토하고 거론한 다음, '풍교를 숭상함〔崇風敎〕', '獄犴을 맑게 함〔淸獄犴〕', '부세를 공평하게 함〔平賦稅〕', '아전이 가혹하여 백성을 소란하게 하는 일을 금함〔禁苛擾〕'을 차례대로 서술하였다.

'풍교를 숭상함〔崇風敎〕'은 ① 사람의 도리에서 孝弟가 가장 중요하다는 것 ② 詞訟을 들을 때 항상 명분을 바르게 하고 풍속을 두터이 하는 것을 우선으로 삼는 것 ③ 學校는 風化를 시행하는 가장 중요한 곳이기 때문에 선비들을 양성한다면 유용한 인재가 될 수 있다는 것 ④ 재주가 있는 데 영달을 구하려 하지 않는 사람을 마땅히 예를 갖추어 학교로 초청해서 師法이 있게 해야 한다는 것으로, 진덕수는 교육을 통해 충분한 교화를 이룰 수 있다고 생각하고 있다. '獄犴을 맑게 함〔淸獄犴〕'은 ① 獄이란 백성의 목숨이 달려 있는 것이니, 수령 된 자는 매번 반드시 직접 살펴서 남용하는 일이 없어야 한다는 것 ② 獄事를 중요하게 여기고 털끝만 한 사심도 용납해서는 안 되며 전적으로 직접 주관해야 함을 말하고 있다. '부세를 공평하게 함〔平賦稅〕'은 ① 정한 기한이 되었을 때만 조세를 독촉하고 公吏가 사적으로 預借하는 폐단을 근절시켜야 한다는 것 ② 조세를 정한 한도보다 과도하게 거두는 일이 없도록 해야 하는 것 ③ 조세와 관련하여 백성에게 해를 입히는 것들은 모두 혁파해야 한다는 것으로, 조세를 거두는 公吏들의 폐단을 지적하고 개혁함을 언급하였다. '아전이 가혹하여 백성을 소란하게 하는 일을 금함〔禁苛擾〕'은 ① 公吏가 사사로이 재물을 요구하는 폐단을 근절시키는 것 ② 公吏와 保司가 민호를 수탈하여 소요를 일으키지 못하게 하는 것 ③ 聖節에 宴會를 빌미로 백성을 수탈해서는 안 되니 향후 이러한 것으로 죄를 범한 자가 있으면 모두 무겁게 죄를 줄 것 ④ 縣吏들이 두루 科配를 행하는 일이 없게 하는 것 ⑤ 屬縣에서 혹 縣衙를 수리하는 일로 인해 문득 널리 科配는 일이 없게 하는 것 ⑥ 屬縣에서 公事로 인해 벌금을 부과하여 백성의 재물을 갈취하지 못하게 하는 것 ⑦ 아전을 차출한 다음 시골로 내려보내 강제로 開戶하고 分析하지 못하게 하는 것 ⑧ 本役을 제외하고 함부로 가혹하게 하는 일이 없도록 하는 것 ⑨ 법에 따라 수납해야 하는 것 외에 비상용으로 징수하는 것은 모두 면제시키는 것으로, 아전들의 다양한 폐단을 지적하고 근절시키려고 노력하였다.

여덟 번째 〈福建을 다스릴 때의 효유문〔帥福建曉諭文〕〉은 ① 관리가 어질어야 백성이 편안하고 백성이 편안해야 盜賊이 사라지고 도적이 사라져야 兵甲이 안정되기 때문에 병갑과 도적을 전적으로 관리가 관장해야 한다는 것 ② 財用을 절약하여 부모를 봉양하고 부모께서 주신 몸을 스스로 보존하여 有司의 법을 범하지 않아야 한다는 것으로, 관리의 의무와 백성이 지켜야 할 것을 깨우치는 글이다.

아홉 번째 〈長沙를 다스릴 때 민간에 義廪을 두도록 권유하는 글〔帥長沙勸民間置義廪文〕〉은 公私가 협력해서 함께 백성을 구제하여 굶주려 流離하는 고통이 없게 하려는 것이 목적이다. 이에 義廪을 두어야 하는데 義廪이란 소유한 곡식을 덜어내어 주는 것이 아니고 단지 소유한 곡식을 꺼내어 糶貸하는 것일 뿐이니, 부유한 집에는 손해가 없고 가난한 백성에게는 실로 이익이 되기 때문에 설치할 필요가 있다는 점을 권유하였다.

이상 文忠公의 政迹은 진덕수 자신이 다시 부임한 곳에서 더욱 善政을 펼쳐보겠다는 의지와 주변 관리들에게 백성을 위한 정치를 함께 펼치자는 勸諭와 曉諭로 그 조목이 매우 자세하다.

5. ≪政經≫이 우리나라 牧民書에 미친 영향

≪政經≫은 우리나라 牧民書에도 다양한 영향을 미쳤다. 그 대표적인 것이 ≪四事十害≫와 ≪諭邑宰文≫이니, 이 책들은 모두 ≪政經≫을 저본으로 했다는 공통점을 지니고 있다. 특히 ≪四事十害≫는 1459년(世祖 4) 鄭陟(1390~1475)의 요청으로 간행되었는데, 진덕수가 지방관으로 재직하면서 지었던 글들을 인용하여 구성하였다.[14] 또한 鄭澈

(1536~1593)이 지은 ≪諭邑宰文≫은 長沙와 泉州에서 진덕수가 관원과 민간인을 대상으로 공표하고 실행한 諭文을 인용하며 조선 현실에서의 여러 폐단에 대한 자신의 생각을 세 가지 요소로 정리하였는데, 그는 진덕수의 사유를 바탕으로 조선 지방 행정에 나타나는 폐단을 지적하여 지방 수령들이 염두에 두어야할 사항들을 정리하여 제시했던 것이다. 따라서 ≪諭邑宰文≫은 그 성격상, 宣化의 책임을 맡은 감사가 예하 수령들에게 내려보낸 행정 지침서이면서 동시에 宋代 性理學의 지방정치론을 근간으로 하여 조선의 지방관들이 유의해야 할 내용을 담아낸 목민 자료였던 것이다.[15] 그리고 茶山 丁若鏞(1762~1836)은 〈牧民心書序〉에서 "옛적에 傅琰은 ≪理縣譜≫를 지었고 劉彝는 ≪法範≫을 지었으며, 王素는 ≪獨斷≫이 있고 張詠은 ≪戒民集≫이 있으며, 眞德秀는 ≪政經≫을 지었고 胡太初는 ≪緒言≫을 지었으며, 鄭漢奉은 ≪宦澤篇≫을 지었으니, 모두 이른바 목민에 관한 서적인 것이다."[16]라고 하여, 목민서의 연원에 ≪政經≫의 위상이 상당히 컸다는 사실을 언급하였다.

6. 나오는 말

≪政經≫은 진덕수가 ≪書經≫ 등의 여러 경서로부터 정치에 관한 원론적 언설을 모으고 거기에 지방관 시절 반포했던 글을 합쳐 만든 政論書로, 수령의 지방행정의 원칙을 제시한 자료라고 할 수 있다. 구성이 그다지 복잡하지 않고 내용 또한 學理的 언어로 표현되지는 않았지만, 진덕수의 정치사상이 지방 정치의 현장과 어떻게 접맥되고 현실화되는가를 살필 수 있는 책이다.

≪政經≫은 우선 7개의 서종에서 66개의 章을 인용하여 爲政者가 갖추어야 할 기본적인 마음을 밝힌 '經文'과 23개의 스토리로 善政을 베풀었던 여러 인물들의 행적을 중심으로 기술한 '傳文'으로 구성하였다. 그리고 조세를 독촉할 때 지방관리가 자주 마주치게 되

14) 정호훈, 〈18세기 牧民書의 발달 양상과 ≪牧民心書≫〉, ≪다산학≫ 28, 다산학술문화재단, 2016 참조.

15) 정호훈, 〈15~6세기 목민서의 전개와 목민학〉, ≪한국사상사학≫ 36, 한국사상사학회, 2010 참조.

16) ≪茶山詩文集≫ 12권 〈牧民心書序〉. "昔傅琰作理縣譜 劉彝作法範 王素有獨斷 張詠有戒民集 眞德秀作政經 胡大初作緒言 鄭漢奉作宦澤篇 皆所謂牧民之書也"

는 여섯 가지의 문제를 '附錄'으로 제시하였고, 마지막으로 가장 많은 분량을 차지하고 있는 '文忠公의 政迹'은 9가지 勸諭文와 曉諭文을 통해 그가 지방사회에 교육을 보급하기 위해 한 노력들, 도덕적 가르침을 통한 민중 교화, 산적을 진압하는 문제, 訴訟의 문제, 세금 수취의 효율성과 수탈의 문제, 관리들의 부패 문제 등을 제시하였다. 또한 본서의 골자인 '四事'와 '十害' 등 牧民官이 갖추어야 할 덕과 백성에게 해로운 폐단에 관한 기술은 이 시기를 전후로 등장하는 일련의 牧民書 및 조선시대 향촌의 자치규약인 鄕約과도 그 의미가 상통하는 것이다. 그러므로 본서의 간행은 당시의 보편적인 의식이 반영되어 이루어진 것이라고 유추할 수 있겠다. 더욱이 왕명에 의해 예문관에서 간행되었다는 사실로 미루어볼 때 본서는 국가적인 요구에 의해 만들어진 것이고, 때문에 그 내용이 조선시대 지방통치체제의 형성과 유지에 기여한 영향이 상당하였을 것이라는 점을 쉽게 짐작할 수 있다. 따라서 이 책은 왕조시대의 지방행정체제와 자치규약 등을 연구하는 데 매우 중요한 자료로 활용될 수 있을 것이다.

참고문헌

1. 원전자료

- ≪大學衍義≫, 眞德秀 撰, 文淵閣四庫全書, 臺灣商務印書館, 1986.
- ≪宋史≫, 脫脫 等 撰, 中華書局, 1985.
- ≪心經≫, 眞德秀 撰, 文淵閣四庫全書, 臺灣商務印書館, 1986.
- ≪政經≫, 眞德秀 撰, 규장각 소장본(奎中1740), 1747.

2. 논문자료

- 권상우, 〈朱子學에서 '道德的 經營'에서 '經營的 道德'으로 패러다임의 전환에 관한 연구〉, ≪유교사상문화연구≫ 55, 한국유교학회, 2014.
- 김광일, 〈환관과 지식인 – 陳德秀 ≪大學衍義≫ 〈嚴內治〉의 구조와 의미〉, ≪중어중문학≫ 60, 한국중어중문학회, 2015.
- 오세진, 〈≪大學衍義≫에서 修養論과 經世論의 관계 연구〉, 연세대학교 석사학위 논문, 2012.

- 유권종, 〈구성적 실재론의 관점에 입각한 ≪心經≫의 유교 도덕심성 구성원리 고찰〉, ≪철학탐구≫ 20, 중앙대학교 중앙철학연구소, 2006.
- 이범학, 〈眞德秀 經世理學의 成立과 그 背景 - 南宋 後期 理學의 官學化와 그 意義〉, ≪한국학논총≫ 20, 국민대학교 한국학연구소, 1997.
- 정호훈, 〈15~6세기 牧民書의 전개와 牧民學〉, ≪한국사상사학≫ 36, 한국사상학회, 2010.
- 정호훈, 〈18세기 牧民書의 발달 양상과 ≪牧民心書≫〉, ≪다산학≫ 28, 다산학술문화재단, 2016.
- 조남욱, 〈세종의 정치이념과 ≪大學衍義≫〉, ≪유교사상문화연구≫ 23, 한국유교학회, 2015.
- 지준호, 〈성리학의 발전에 있어서 ≪大學衍義≫의 사상사적 위치〉, ≪동양고전연구≫ 45, 동양고전학회, 2011.
- 지준호, 〈주자학과 眞德秀의 ≪대학≫ 이해〉, ≪한국철학논집≫ 33, 한국철학사연구회, 2012.
- 한승일, 〈윤리적 인식론을 위한 試論 - 眞德秀의 ≪政經≫을 중심으로〉, 성균관대학교 박사학위 논문, 2016.

≪牧民心鑑≫ 解題

洪起殷*)

1. 머리말

조선은 郡縣制를 채택하여 지방 통치의 근간으로 삼았으므로, 지방의 守令이 얼마나 자신의 직무를 잘 수행하느냐는 국가의 존립과 관계된 매우 중차대한 문제였다. 그렇기 때문에 조선에서는 일찍부터 수령의 마음가짐과 정사 처리 방법 등에 대해 기술한 이른바 牧民書(중국에서는 官箴 혹은 官箴書로 불림)에 대한 관심이 많았다.

목민서류 저술은 중국에서 이미 秦漢 시대 때부터 등장하기 시작하였으며,[1] 四部 분류에서는 史部 職官類에 '官箴之屬'을 두어 관련 서적을 수집해두었을 정도로 그 전통이 깊다. 우리나라에서는 특히 麗末鮮初에 중국의 목민서들이 본격적으로 수입되어 유통되기 시작하였으며, 15세기 이후로는 기존에 수입된 중국 목민서들의 기초 하에 우리나라 학자들이 직접 저술한 목민서들이 등장하여 조선 후기에 널리 유행하게 된다.

여말선초에 우리나라에 유입된 중국의 목민서 중에서 元나라 張養浩의 ≪牧民忠告≫와 더불어 많은 영향을 미쳤던 서적이 바로 明나라 朱逢吉의 ≪牧民心鑑≫이다. 이 책은 중국에서 간행됨과 거의 동시에 조선에 수입되어 간행 및 유통이 이루어졌으며, 조선 초기에는 지방 수령들의 필독서로 여겨졌던 것으로 보인다. 뿐만 아니라 이 책은 일본에 전해져서 일본의 牧民學에도 많은 영향을 미쳤던 만큼, 조선의 목민학뿐만 아니라 동아시아 목민학을 종합적으로 이해하는 데 반드시 참고가 필요한 자료라고 할 수 있다.

여기에서는 ≪목민심감≫의 저자와 간행 경위, 구성과 내용, 후대에의 영향 등을 전반적으로 살펴봄으로써 이 책에 대한 이해를 높이는 데 기여하고자 한다.

---

*) 한국고전번역원 책임연구원

1) 葛荃, 〈官箴論略〉, ≪華僑大學學報≫, 1998, 제1기 참조.

2. 저자에 대하여

본서의 저자는 元末明初에 생존하였던 文人 朱逢吉이다. 그는 ≪明史≫에 立傳되지 못하였을 뿐더러, 그의 생애를 종합적으로 정리한 자료는 발견되지 않는다. 다만 각종 문헌에 전기적 사실들이 산재되어 있는 바, 이를 종합하여 그의 사적을 정리하면 다음과 같다.

주봉길의 생몰년은 확인되지 않으나 관련 기록들을 통해 보았을 때 대략 14세기 후반에서 15세기 초반에 걸쳐 생존하였던 것으로 보인다. 그의 자는 以貞, 호는 懶樵이며, 嘉興 출신이다. 출신지를 崇德(지금의 浙江省 桐鄉市) 또는 檇李, 嘉禾 등으로 적기도 하는데 모두 嘉興府의 지명들이다. ≪千頃堂書目≫에 따르면 그는 명나라 洪武 초에 〈用賢五事〉를 올려 寧津縣의 현령으로 발탁되었다고 한다.[2] 그가 올렸던 〈용현오사〉의 내용은 현재 확인이 불가능하나, 제목을 통해 볼 때 인재를 올바로 등용하여 쓰는 다섯 가지 방법에 대해 논술한 내용이었던 것으로 추정된다. 그는 이곳에서 몇 년간 봉직하면서 현의 城을 중수하고, 1370년(洪武 3)에는 學校를 중건하는 등의 치적을 쌓았던 것으로 확인된다.[3] 이러한 업적을 인정받아 湖廣按察司 僉事로 승진하였고, 이후 大理寺 丞 등의 벼슬을 지냈다. 1402년(建文 4)에는 李景隆(?~?), 解縉(1369~1415) 등이 주도하여 이루어졌던 ≪明太祖實錄≫의 수정 편찬 작업에 참여하기도 하였다.[4]

그는 홍무 연간의 문인들과 두루 교류하였다. 王紱(1362~1416), 徐有貞(1407~1472) 등이 그의 작품에 和韻한 시를 남기고 있으며, 錢子義와 그의 조카 錢仲益(1332~1412)은 그에게 시를 보낸 바 있다. 그는 특히 明初의 저명한 詩人이었던 貝瓊(1314~1379)과 함께 이른바 殳山詩社를 결성하여 활동하기도 하였다.[5] 이러한 사실들을 통해 볼 때 그는 시인으로서도 당대에 활발히 활동하며 명성을 얻었던 것으로 생각된다.

주봉길의 저술로는 본서인 ≪牧民心鑑≫ 2권 외에, ≪童子習≫ 1권이 ≪明史≫〈藝文志〉, ≪千頃堂書目≫ 등에 저록되어 있다. ≪동자습≫은 인간으로서의 기본 도리, 일상 예절 등을 17개의 주제로 분류하여 정리한 초학자용 교과서로, 규장각, 한국학중앙연구

---

2) ≪千頃堂書目≫ 권17. "洪武初 應詔陳用賢五事 授寧津知縣"

3) ≪畿輔通志≫ 권25. "寧津縣城……明洪武初 知縣朱逢吉增修"; 권28. "寧津縣學……明洪武三年 知縣朱逢吉重建"

4) 解縉이 明나라 ≪太祖實錄≫의 重修 작업을 마치고 책과 함께 올린 表文의 내용 중 편찬에 참여한 인원의 명단에서 주봉길의 이름이 보인다.(≪明文衡≫ 권5 〈進實錄表〉)

5) ≪嘉禾百咏≫. "明初 貝淸江朱以貞 結殳山詩社"

원 장서각 등에 소장되어 있다. ≪목민심감≫에 서문을 썼던 周子冶는 1402년에 이 책에도 서문을 쓰면서, ≪小學≫이 ≪大學≫의 기초가 되는 것처럼 ≪동자습≫은 ≪小學≫의 기초가 되는 책이라고 하여 그 성격을 대략 짐작할 수 있게 해준다. 이 책은 조선에서 목판으로 인쇄되고 언해가 되는 등 조선시대에 비교적 널리 읽혔다. 이는 특히 조선의 학자들이 ≪소학≫을 중시하였던 경향과 밀접하게 관련이 있으리라 짐작된다.

한편 ≪浙江通志≫, ≪千頃堂書目≫ 등의 기록에 의하면 별도로 문집 ≪朱以貞集≫ 4권이 있었다고 하나 현전하지 않는다. 대신 시와 산문 몇 편이 여러 문헌에 산재되어 전한다. 시는 모두 9편이 전하는데 이 중 8편은 淸代 沈季友가 嘉興 지역 시인들의 시를 모은 ≪檇李詩繫≫에 수록되어 있다. 수록 작품의 목록을 제시하면 다음과 같다.

〈千乘梨雲〉, 〈錢林李雪〉, 〈錢節婦詞〉, 〈同貝季翔飮客樓酒半作〉, 〈寄張世衡〉, 〈送姑蘇劉孟功之官〉, 〈謝東白上人遺惠泉〉, 〈題雲林畫〉

이 중 〈寄張世衡〉은 ≪御選明詩≫와 ≪明詩綜≫ 두 책에 모두 주봉길의 작품으로는 유일하게 수록되어 이 작품이 그의 대표작임을 알 수 있다. 〈寄張世衡〉의 내용은 아래와 같다.

文穆公家四世孫	문목공 집안의 사세손이
淸朝今見幾人存	맑은 조정에 지금 몇 사람이 남아 있나
衣冠入市爭投刺	저자에 들어가면 사대부들 다투어 인사 건네고
風雨讀書深閉門	독서를 하면 비바람이 문을 굳게 닫는다네
坐詠遠山楓葉寺	단풍 든 먼 산의 절에 앉아 시를 읊고
歸從新酒杏花村	살구꽃 핀 마을에 들러 새로 빚은 술 마시고 돌아오면
玉灣橋下莓苔路	옥만교 아래 이끼 낀 길에
應有徵車故轍痕	현자를 부르러 온 사자의 수레바퀴자국 남아 있으리

이외에도 ≪海塘錄≫에는 7언율시 〈題納雲軒〉이 수록되어 전한다.

산문작품으로는 ≪吳都文粹≫ 속집에 1403년에 지은 〈甘白先生後集序〉, 1404년에 지은 〈遊石湖記〉가 실려 있다. 전자는 문학은 학력과 식견도 중요하지만 무엇보다 마음이 근본이 되어야 한다는 그의 문학관을 살필 수 있는 자료이며, 후자는 姑蘇 지역의 石湖를 유람하고 지은 기문으로 1,100여 자에 이르는 장편이다. 그 밖에 〈崇惠寺記〉 등을 남겼다고 하나 내용은 전해지지 않는다.

3. 간행 경위와 판본

≪목민심감≫은 한중일 삼국에서 모두 간행되어 유통되었다. 중국에서는 1404년에 처음 간행되었다. 같은 해에 지어진 周子治의 서문의 내용에 따르면 "湖廣憲僉을 지낸 나의 벗 檇李 朱君이 다시 ≪牧民心鑑≫ 한 편을 저술하였으니……建陽邑의 수령 吳興 사람 潘君이 이 책의 내용을 취하여 百里의 지방을 善治할 수 있다고 여겼고, 또 그 책을 간행하여 세상에 퍼뜨리니 그 마음이 또한 어질다."[6]라고 하여 주봉길이 저술한 책을 吳興의 潘君[7]이 간행하였음을 밝히고 있다.

이 초간본 ≪목민심감≫은 목판으로 간행되고서 오래지 않아 조선에 유입되어 모두 두 차례 간행되었다. 첫 번째는 1412년(太宗 12)에 이루어졌는데, 초간본을 대본으로 삼았던 것으로 보인다. 중국에서 간행된 책이 불과 8년의 시차를 두고 조선에서 다시 간행된 점은 조선에서 이 책에 얼마나 많은 관심을 불러일으켰는가를 보여주는 근거이기도 하다. 이 조선 간행본은 책 말미에 刊記가 있어 간행과 관련된 정황을 확인할 수 있게 해주는 바, 해당 내용은 아래와 같다.

> 今上(太宗) 11년(1410) 여름에 내가 이 縣의 監務로 내려올 때 正郎 郭存中이 ≪牧民心鑑≫ 한 책을 나에게 주면서 간행하여 후세에 전해지게 하라고 하였다. 내가 읽어보니 참으로 백성과 가까이 있는 자가 읽어야 할 책이었다. 감사인 永嘉 權緩 공에게 보고하고 經歷 金明理 군이 縣學에서 간행하여 널리 전해지게 하였다. 永樂 10년(1412) 7월 일에 通善郞 砥平監務 겸 勸農兵馬團練判官 咸寧 金熙(字 晦之)는 삼가 쓴다.[8]

---

6) ≪牧民心鑑≫ 〈牧民心鑑序〉. "吾友前湖廣憲僉檇李朱君 復爲牧民心鑑一編……建陽邑大夫吳興潘君 旣取其言 以爲百里之善治 而又梓傳其書 以公于天下 其心亦仁矣哉"

7) 吳興의 潘君은 누구인지 밝혀져 있지 않다. 그는 ≪목민심감≫ 외에 주봉길의 ≪童子習≫ 간행에도 앞장섰던 인물로, 여러 모로 주봉길과의 관계가 가까워 보인다.

이에 따르면 郭存中(?~1428)이 자신이 소장하고 있던 ≪목민심감≫을 金熙에게 주어 간행을 부탁하였다고 한다. 곽존중은 1396년(太祖 5)에 문과에 급제하여 禮曹參判, 慶昌府尹 등을 역임한 인물로, 1424년(世宗 6)에 進香·陳慰·賀登極 三使를 겸하여 명나라에 다녀온 바 있다.

선행 연구에서는 그가 이때 ≪목민심감≫을 들여온 것으로 추정하고 있으나[9] 곽존중의 使行은 이 책의 간행 이후의 일이므로 이때 책을 들여왔다고 보기는 힘들다. 다만 곽존중이 1414년(태종 14)에 ≪農桑輯要≫의 간행을 담당하고, 이후 이 책의 養蠶 관련 내용에 俚語로 주석을 다는 일을 맡는 등 정부의 출판 사업에 여러 모로 관여하였던 인물이었으므로[10] 어떤 경로를 통해서든 간에 이 책을 입수하여 그 가치를 알아보고 간행을 권유한 것 또한 충분히 납득할 만한 일이다.

곽존중의 부탁을 받은 김희는 자신이 근무하던 砥平에서 이 책을 간행하였는데, 간행의 실무는 金明理(經歷을 지낸 것 외에 자세한 행적은 미상)가 담당하고 김희는 직접 말미에 刊記를 지어 붙였다. 永樂木版本으로 불리는 이 간행본은 서울대 규장각(奎中 2367), 국립중앙도서관(한貴古朝31-491) 등에 소장되어 있다.

두 번째 간행은 1555년(명종 10)에 제주도에서 이루어졌다. 이 작업의 책임을 맡았던 사람은 당시 제주목사로 재임 중이던 金秀文(?~1568)이었다. 자세한 간행 과정은 관련 기록의 부재로 확인이 곤란하다. 嘉靖本으로 불리는 이 판본은 국내에는 남아 있지 않고, 일본 국회도서관에 유일본이 소장되어 있다.(YD-古-3874)[11]

한편 ≪목민심감≫은 일본에도 전래되어 막부 말기에 간행되었다. 즉 1799년(寬政 11)에 ≪官板 牧民心鑑≫ 上下 2卷 1冊이 간행되어 널리 유포되었던 것이다. 이 책은 1852년(嘉永 5)에도 重刊되어 꾸준히 애독되었다. 특히 일본에서는 18세기 이후 목민학에 대한 관심이 증대됨에 따라 이 책 역시 수요가 적지 않았던 것으로 보인다. 그 관심은 오히려

---

8) ≪牧民心鑑≫ 〈牧民心鑑序〉. "上之十一年夏 熙來守玆縣 郭正郎存中以牧民心鑑一本囑余鋟梓以傳諸後 余試讀之 眞近民者之所當講也 以報監司永嘉權公 綏經歷金君明理刊之縣學 用廣厥傳 永樂十年七月日 通善郎砥平監務兼勸農兵馬團練判官咸寧金熙晦之謹誌"

9) 김성준, ≪목민심감 연구≫, 고려대 민족문화연구원, 1990에 수록된 〈≪牧民心鑑≫과 ≪居官要覽≫의 비교연구〉, 30쪽 참조.

10) ≪朝鮮王朝實錄≫ 太宗 14년 12월 6일 기사 참조.

11) 일본 국회도서관에 소장된 嘉靖本 ≪牧民心鑑≫에 대해서는, 김성준, 앞의 논문, 1990, 30~31쪽 참조.

조선의 그것을 뛰어넘는 것이었다. 이 책이 중간되고 이듬해인 1853년에는 오사카에서 히라츠카 효사이(平塚飄齋)의 ≪牧民心鑑解≫가, 에도에서 나가이 세이가(長井旌峨)의 ≪牧民心鑑譯解≫가 각각 출판되었다.[12]

조선 간본과 일본 간본 및 역주본을 비교해보면 일부 내용 출입이 있는데 특히 목차 부분이 그러하다. 다만 본문의 내용은 크게 출입이 발견되지 않는다.

4. 구성과 내용

본서는 상하 두 권으로 구성되어 있으며, 13개의 주제 하에 총 104조목을 수록하였다. 전체 구성 및 항목을 제시하면 다음과 같다.[13]

卷之上

1. 謹始(4) : 度己分 / 立志節 / 克偏見 / 求則法
2. 初政(6) : 愼登堂 / 正禮儀 / 重言語 / 明戒約 / 詢舊事 / 誓神詞(祠)
3. 正家(7) : 戒家人 / 訓子弟 / 先孝養 / 愼門禁 / 嚴市買 / 薄自奉 / 厚親族
4. 莅事(17) : 立規程 / 勤日記 / 身先勞 / 究根本 / 責實効 / 務精思 / 察事情 / 愼發落 / 明賞罰 / 密關防 / 絶奸弊 / 精法律 / 詳案牘 / 覈錢穀 / 驗公器 / 嚴巡儆 / 嚴祀典
5. 宣化(12) : 厚風俗 / 立教條 / 明國制 / 重農務 / 崇學校 / 恤貧困 / 戢强悪 / 旌善行 / 禁游惰 / 抑邪術 / 止浮言 / 表先哲
6. 聽訟(17) : 弭訟源 / 察初情 / 和聽納 / 詳推讞 / 審重輕 / 分故誤 / 別善惡 / 存公平 / 戒延蔓 / 止穢詈 / 恕愚戇 / 謹刑具 / 愼鞭扑 / 早疏決 / 親視獄 / 重視屍 / 緩親訟

12) 이희복, 〈프리즘에 굴절된 근세동아시아의 목민사상〉, ≪비교일본학≫ 34집, 한양대 일본학국제비교연구소, 2015, 159~161쪽 참조.

13) 괄호 안의 숫자는 각 편별 조목 수이며, 각 조목의 제목에 괄호로 병기된 한자는 조선 간본을 기준으로 일본 간본과 목차 글자의 차이를 밝힌 것이다. 조선본의 목차는 卷首의 목차와 본문 안의 목차에 차이가 있어 본문 안의 목차를 기준으로 작성하였다.

卷之下

7. 徵科(6) : 原賦役 / 平需求 / 均力役 / 善收納 / 量限期 / 戒多取
8. 營繕(3) : 察緩急 / 審農時 / 立遠圖
9. 事上(6) : 恪守職 / 推誠心 / 加禮貌 / 奉條約 / 絶非謗 / 審悖理
10. 馭下(9) : 處胥吏 / 戒里甲 / 愼耆老 / 嚴隷卒 / 斥讒間 / 絶饋遺 / 杜干請 / 審在(左)使 / 詳委任
11. 交人(9) : 和同寅 / 睦隣屬 / 重眞賢 / 周患難 / 務誠信 / 尙謙和 / 戒誇衒 / 絶邪類 / 引已(己)咎
12. 備荒(5) : 預隄防 / 誠祈禱 / 申實跡 / 陳民艱 / 請賑給
13. 善終(3) : 禮新官 / 告舊政 / 委行槖

목차를 보면 처음 부임할 때의 일이 맨 앞에 제시되고 移任할 때의 일은 맨 마지막에 제시되어 나름대로 체계를 갖추고 있음을 알 수 있다. 한편 각 조목마다 3글자로 된 소제목을 붙여두어서 전반적인 내용을 개괄하는데 효과적으로 도움을 주고 있는 점이 눈에 띈다. 각 편별로 주요 내용은 아래와 같다.

상권의 〈謹始〉편은 수령으로 나가기 전에 마음가짐을 새로 하고 의지를 다지며 편견을 극복할 것을 주문하는 내용으로 모두 4조목으로 구성되었다. 특히 수령이 지녀야 하는 네 가지 덕목으로 청렴함〔廉〕, 신중함〔愼〕, 공정함〔公〕, 부지런함〔勤〕을 들고 있는데, 이는 결국 관리로서의 修身이 올바른 통치의 시작임을 주장하고 있는 것이다.

〈初政〉편은 처음 부임하여 임무를 시작할 때 해야 할 것들에 대해 정리한 내용으로 모두 6조목으로 구성되어 있다. 주로 수령의 올바른 자세를 강조하는 내용이 중심이 되어 있다. 즉 행동을 신중히 하고, 예의에 맞게 잘 행동하며, 말을 진중하게 하고, 전임자와 업무의 책임을 명확하게 구분해야 한다는 등의 지침을 서술하였다.

〈正家〉편은 수령이 되어 어떻게 집안을 단속해야 하는지에 대해 서술한 내용으로 모두 7조목이다. 예나 지금이나 권력자의 주변에는 그에게 아부하여 이권을 챙기려 하는 무리들이 있게 마련이므로, 부정한 청탁을 원천적으로 봉쇄해야 함을 거듭 강조한 점이 특징적이다. 이 편은 앞의 〈근시〉편과 서로 연관이 된다고 할 수 있다. 즉 〈근시〉편이 수령으로서의 '修身'을 강조하는 내용이었다면, 〈정가〉편은 수령이 자신의 직무를 원활히 수행하기 위해서는 집안 단속이 꼭 필요하다고 함으로써 '治國'을 위한 '齊家'의 필요성을 강조하였다.

〈莅事〉편은 일상적인 업무 처리에 있어서 필요한 내용을 정리한 것으로 모두 17조목이다. 일상 업무는 수령이 가장 빈번하게 처리해야 하는 일이기 때문에 주봉길은 특히 이 편에 전체 편 중에서 가장 많은 17조목을 할애하여 구체적 업무 처리 절차를 자세히 설명하였다. 이를테면 일지를 매일 작성해야 함을 강조한 〈勤日記〉조목은 일지를 작성하는 방법을 설명하면서 글자의 색, 점을 찍는 방법 등에 이르기까지 세세한 부분도 하나하나 구체적으로 설명하고 있음을 볼 수 있다. 이는 실제로 주봉길이 寧津縣에 근무할 때 실천했던 방법으로, 본서의 편찬 당시까지도 그는 자신이 기록했던 일지를 보관하고 있었던 것으로 보인다. 이러한 내용을 통해 자신의 경험을 ≪목민심감≫에 적극적으로 반영하는 그의 저술 태도를 읽을 수 있다.

〈宣化〉편은 지역의 풍속을 교화시키기 위해 지방관이 해야 하는 일들에 대해 서술한 것으로 모두 12조목이다. 풍속의 교화는 먼저 자신을 바르게 하는 것〔正己〕에서 시작한다고 하여 수령으로서의 통치 이전에 자기 자신의 마음을 바로 해야 할 것을 주문하였다. 이 편에서도 주봉길은 구체적인 실천 방법을 하나하나 매우 세밀하게 묘사하여 수령들이 실제로 자신이 제시한 방법을 실천할 수 있도록 배려하고 있다. 이를테면 100가구를 단위로 善俗堂이라는 서당을 만들어 이들이 상호 善을 권면하여 풍속을 정화할 수 있는 방법을 〈立教條〉조목에서 구체적으로 설명하고 있는데, 서당의 구조와 운영 방식뿐만 아니라 서당의 벽에 써 붙일 글의 내용에 대해서도 하나하나 설명하였다. 구체적으로 언급하지는 않았으나 이 역시 앞서 일지 기록에 대한 내용과 마찬가지로 주봉길 자신이 직접 실천하였던 방법을 제시해둔 것으로 생각된다.

〈聽訟〉편은 소송을 처리하는 방법에 대해 정리하였다. 소송은 특히 이해당사자 간의 대립이 첨예하여 이를 심사하고 판결하는 것은 수령의 중요한 책임 중 하나였다. 따라서 주봉길은 이 편에 〈莅事〉편과 더불어 가장 많은 항목인 17조목을 구성하여 소송의 처리 절차와 수령의 소송 처리 태도 등에 대해 자세히 설명하였다. 여기에서 그는 소송이 일어나지 않도록 예의를 잘 가르치는 것이 기본이지만, 부득이 소송이 발생하게 된 경우에는 인륜에 기반하여 온화하고도 공정한 태도로 소송을 처리해야 함을 강조하였다.

하권의 〈徵科〉편은 조세를 징수할 때 주의해야 하는 사항들에 대해 6조목으로 설명하였다. 특히 조세 징수는 부정이 개입하기 쉬우므로, 수령 자신이 적극적으로 개입하여 부정을 차단하고 공정한 징수가 되도록 노력해야 함을 주장하였다. 이 편에서도 역시 매우 구체적으로 단계별 실천 사항을 하나하나 세밀히 제시하여 수령들의 실천을 독려하였다.

〈營繕〉편은 관청에서 工役을 시행할 때의 주의 사항을 3조목으로 정리하였다. 여기에서 주봉길은 특히 일의 경중을 잘 살펴 계획을 세우고, 농번기를 피해 사업을 시행해야 한다고 하였다.

〈事上〉편은 수령으로서 상급 관리를 어떻게 섬겨야 하는지를 6조목에 걸쳐 설명하였다. 정해진 규정에 따라 상급 관리를 대하되 하급 관리로서 예의를 다해야 하며, 불필요한 비방이 발생하지 않도록 노력해야 함을 강조하였다.

〈馭下〉편은 〈事上〉편과 표리가 되는 것으로, 아랫사람을 어떻게 다루어야 하는지를 9조목으로 설명하였다. 즉 상대에 따라 적합하게 처신하되, 특히 공인으로서 선물이나 청탁을 엄격히 차단해야 하고, 부하가 농간을 부리는지를 잘 살펴야 한다고 주장하였다.

〈交人〉편은 동료 간의 인간관계에 대해 서술한 것으로 모두 9조목이다. 겸손하며 정성스러운 태도로 동료 관계를 다져야 하며, 자신의 책임을 다하고 간사한 무리들을 멀리해야 함을 강조하고 있다.

〈備荒〉편은 농업국가에서 피할 수 없는 흉년과 그에 따른 지역의 혼란을 극복하는 방안에 대해 6조목에 걸쳐 설명하였다. 여기에서 주봉길은 평상시의 대비책과 흉년이 닥쳤을 때의 대처 방안으로 구분하여 수령의 일처리 방법과 마음가짐을 상세히 제시하였다.

마지막 〈善終〉편은 임기를 마칠 때의 유의 사항에 대한 기록이다. 모두 3조목으로, 후임자를 예우하면서 그에게 자신의 업무를 잘 알려주고, 물건을 함부로 챙겨가지 않음으로써 비방을 남기지 않아야 한다는 것이 그 골자이다.

본서의 내용을 이상과 같이 전반적으로 개괄해보면, 크게 두 가지 특징이 드러난다고 할 수 있다.

첫째, 이 책이 수령의 마음가짐에서부터 구체적인 통치 방법에 이르기까지 수령으로서 갖추어야 하고 실천해야 하는 내용들에 대해 매우 상세히 설명하고 있다는 사실이다. 목민서는 자칫 추상적으로 수령의 마음가짐에 대해서만 언급하고 말 수 있는데, 주봉길은 이 책에서 구체적인 실천 방안을 하나하나 매우 상세하게 설명함으로써 수령들이 이 책을 실무 지침서로 활용할 수 있도록 배려하였다.

그가 본서를 저술함에 있어 이러한 태도를 유지할 수 있었던 것은 그 자신이 현령으로 근무했던 경력이 있기 때문이었다. 위에서도 몇 차례 언급하였듯 그는 자신이 직접 실천하여 효과를 거두었던 업무 처리 방법을 구체적으로 설명하여 후배 수령들이 효율적으로 수령의 임무를 완수할 수 있기를 기대하였다. 물론 경우에 따라서는 그것이 후대(혹은 조선)의 현실과 부합하지 않는 측면도 보이기는 하지만, 전반적으로 보았을 때 지방 수령이라면 누구나 시도해볼 만한 지침들을 효과적으로 제시함으로써 수령들이 자신의 임무를 잘 완수해낼 수 있도록 실질적 도움을 주는 내용들이 주를 이루고 있다.

둘째, 기존 연구에서 이미 언급되었던 바와 같이 수령의 통치 행위를 儒學, 특히 ≪大學≫의 修身齊家治國과 연관시키고 있는 점이다. 즉 〈근시〉편에서는 '수신'을, 〈정가〉편에서는 '제가'에 대해 설명하고, 이를 기반으로 나머지 조목에서는 실제 통치 즉 '치국'에 대해 설명함으로써 수령 이전에 유학을 공부하는 선비로서의 자기 실천이 수령으로서의 임무와 직접 연관된다는 점을 책의 구성을 통해 강조하였다. 이러한 특징은 특히 유교를 국시로 내세웠던 조선에서 이 책이 많은 영향력을 행사할 수 있었던 중요한 원인으로 볼 수 있을 것이다.

5. ≪목민심감≫의 활용과 그 영향

≪목민심감≫은 조선 초기에 유포되면서 국가적으로 중시된 정황이 여러 곳에서 발견된다. 이를테면 조선 초에는 수령을 제수하기 전에 承政院에서 ≪經國大典≫과 함께 ≪牧民心鑑≫을 講하여 시험을 보도록 하는 것이 이미 관례화되어 있었던 것으로 보인다. 왜냐하면 1471년(成宗 2)에 당상관을 수령에 제수할 때에도 舊例에 따라 ≪경국대전≫과 ≪목민심감≫을 講해야 하는지에 대해 조정에서 논의가 이루어지기 때문이다. 이에 대해 성종은 吏治에 통달하지 못하거나 갑자기 현달한 자에 한해서는 반드시 講을 하도록 해야 한다고 하면서, 관찰사나 절도사를 지낸 적이 있는 경우에는 講을 할 필요가 없다고 판단하였다.[14] 이를 통해 ≪목민심감≫이 수령들의 필독서로서 조선 초에 인정받고 있었음을 확인할 수 있다.

1476년(성종 7)에는 价川郡事에 임명된 崔涵이 부임하기 전에 ≪목민심감≫을 講하게

14) ≪朝鮮王朝實錄≫ 成宗 2년 7월 2일 조. "承政院啓曰 舊例 新除授守令萬戶 試講牧民心鑑經國大典 若有堂上官除此職者 亦當講乎 傳曰 有識者不必講也 然文臣有明經術 而不達吏治者 堂上有不更事驟達者 若此者皆當講 如曾經觀察使節度使者 勿講"

되었는데 제대로 하지 못하자, 성종은 그에게 ≪목민심감≫은 백성을 다스리는 데 절실하게 필요한 책인데 어째서 그 내용을 알지 못하냐고 질책하면서 이후로는 최함과 같은 인물을 서용하지 말 것을 지시하였다.15) 아직 조선 문인이 직접 저술한 목민서가 없는 상황에서, 주봉길의 ≪목민심감≫은 임금도 그 중요성을 깊이 인식하고 있었던 것이다.

뿐만 아니라 지방 통치의 개혁을 논의하는 과정에서도 ≪목민심감≫은 비중 있게 다루어졌다. 1486년(성종 17)에 襄陽府使 柳自漢은 백성의 私穀을 관부에 보관하여 낭비를 막기를 청하는 상소를 올린 바 있다. 이 글에서 유자한은 ≪목민심감≫의 내용을 인용하면서 자신의 견해를 개진하였는데, 그 내용에 대한 상세한 이해를 바탕으로 ≪목민심감≫의 내용을 비판, 보완하고 있다. 상소의 내용은 다음과 같다.

> 신이 삼가 보건대, 명나라가 처음 나라를 창건했을 때에 循吏 携李 朱氏가 ≪牧民心鑑≫을 지었으며 당시 豪傑인 吳興 潘氏가 이 책을 써서 고을을 잘 다스리게 되었는데, 그 備荒條에 이르기를 "식구가 많은 집은 한 해에 쌀이나 콩, 보리 몇 말을 비축하며 식구가 적은 집은 몇 말을 비축할지를 義廩의 제도와 같이 해서 흉년을 대비하여 上司에 보고하고, 해마다 비축분을 늘렸다가 한 번 흉년을 만나면 즉시 그 전에 비축해둔 수량만큼 스스로 나누어 지급하게 하고 官府에서는 그 일에 간여하지 않는다."라고 하였고,……주씨의 ≪목민심감≫은 식구의 많고 적음을 헤아리는 데에는 자세한데 해의 豐凶을 비교하는 데에는 소략하며,……신의 어리석은 생각으로는, 주씨의 식구를 헤아리는 법을 가지고 李悝의 해의 풍흉을 비교하는 계책을 참작하여, 만약 풍년이면 식구가 많은 집은 곡식 약간 말을 내고 식구가 적은 집은 곡식 약간 말을 내며, 평년이면 식구가 많은 집은 곡식 몇 말을 내고 식구가 적은 집은 곡식 몇 말을 내되, 흉년에도 이와 같게 하여, 많아도 한 섬에 지나지 아니하고 적어도 닷 말에 내려가지 않도록 하여 해마다 저축을 더하며, 해가 오래 쌓이면 저축한 곡식도 더욱 많아질 것이니, 어찌 다만 옛사람의 "3년을 경작하면 1년 먹을 것이 남고 9년을 경작하면 3년 먹을 것이 남는다."는 것뿐이겠습니까.……朱氏가 일찍이 河陽에 있는 寧津의 지방관을 지낸 적이 있

15) ≪朝鮮王朝實錄≫ 成宗 4년 2월 22일 조. "价川郡事崔涵辭 承政院例講牧民心鑑 涵自告不能 政院以啓 命問于吏曹曰 何用如此之人乎 吏曹對曰 涵歷任守令 故用之爾 問涵曰 爾曾經守令者也 牧民心鑑 是治民切要之書 爾豈不知乎 無乃故爲不能 欲避遠任耶 涵對以本不能 傳曰 今後如此之人 勿敍用"

고, 이어서 秦과 楚 두 郡을 按察하였는데, 그 흉년을 대비하는 일에 있어 이 일을 가장 급하게 여겨 당시에 효과를 거두었기 때문에 ≪牧民心鑑≫에 실었습니다. 그 뒤에 기록하기를 '훗날 목민관이 된 자가 나와 같은 마음으로 정사에 시행하면 循吏의 이름을 잃지 않을 것이다.'라고 하였습니다. 엎드려 생각하건대 전하께서 특별히 綸音을 내려 中外에 반포하여 이 법을 거행하면 국가에 매우 다행이겠습니다.[16]

이를 통해서 볼 때 조선 초의 인물들은 ≪목민심감≫에 대해 상당히 깊이 있게 이해하고 있었으며, 그 내용에 대해 비판을 가하면서 이를 조선의 실정에 맞게 변용하는 수준에까지 도달해 있었음을 확인할 수 있다.

한편 17세기의 문인인 尹拯(1629~1714)은 아들에게 편지를 보내면서 이 책을 함께 보낸 적이 있다. 이때 윤증은 이 책에 매우 좋고 긴요한 말들이 많이 실려 있으므로 깨끗이 베껴서 항상 참고할 것을 주문하였다.[17] 이는 조선 초기뿐만 아니라 후기에 들어서도 ≪목민심감≫이 목민서로서 꾸준히 문인들에게 애독되어 왔음을 보여주는 증거라고 할 수 있다.

성종대 이후로 목민학에 대한 관심이 높아지고 조선의 학자들이 직접 저술한 다양한 목민서가 등장하기 시작하면서 표면적으로 이 책에 대한 관심이나 언급은 현저히 줄어들게 된다. 그러나 이 책은 조선 후기 다양한 목민서의 출현에 직간접적으로 많은 영향을 미쳤다. 이를테면 조선 후기에 유행하였던 목민서 중 ≪居官要覽≫은 ≪목민심감≫의 일부를 뽑아 요약한 내용이 상당 부분을 차지하고 있음이 선행 연구에서 지적된 바 있

---

16) ≪朝鮮王朝實錄≫ 成宗 17년 12월 14일 조. "臣竊觀中朝開創之初 有循吏携李朱氏作牧民心鑑 當時豪傑吳興潘氏用之 以致百里之善治 其備荒之條乃云 大口歲積穀 或豆麥幾斗 小口積穀幾斗 制如義廩 歲歲加積 如遇凶年 卽如舊數自分給之 官府不預其事……朱氏之心鑑 詳於度口之大小 而略於較歲之豐歉……臣愚以謂以朱氏度口之法 參之以李悝較歲之策 若歲大熟則大口出粟若干斗 小口出粟若干斗 中熟則大口出粟幾斗 小口出粟幾斗 下熟亦如之 多不過於一碩 小不下於五斗 歲歲加積 積年愈久 積穀愈多 豈特古人三年耕餘一年之食九年耕餘三年之食而已哉……朱氏嘗宰河陽之寧津 繼兩持憲節歷秦楚二郡 其於備荒事 首急此事 收効一時 著諸心鑑而誌其後曰 後之牧民者 果能同其心而施諸政 亦不失循吏之名 伏惟殿下特降綸音 頒諸中外 擧行此法 則國家幸甚"

17) 尹拯, ≪明齋遺稿≫ 권28 〈與子行敎〉. "牧民心鑑一冊 極好看 極有要語 故送去 精謄而常覽可也"

다.[18] 뿐만 아니라 편자를 확인할 수 없는 목민서 ≪先覺≫도 ≪목민심감≫의 내용 중 60여 조목을 초록하여 싣고 있다. 이 책은 ≪목민심감≫의 초록과 더불어, 16세기 말~17세기 초의 名臣 李元翼(1547~1634)이 甥姪 李德沂가 수령으로 부임하자 수령의 덕목을 정리하여 보낸 편지를 함께 수록하였다. 이원익의 편지는 서적의 형태로 간행된 것은 아니지만 그 자체로서 단편의 官箴이라 부를 만하다. ≪선각≫ 역시 조선 후기에 애독된 목민서로, 여기에 ≪목민심감≫의 내용이 초록되었다는 사실은 ≪목민심감≫이 시대의 변천에도 불구하고 수령들의 주요 참고서로서 기능하였던 정황을 잘 보여준다. 이처럼 ≪목민심감≫은 수령의 활동을 위한 지침서로 조선 초기뿐만 아니라 조선시대 내내 중시되어 왔으며, 직접적으로 후대 목민서의 등장에 영향을 미친 외에도 ≪牧民心書≫ 등과 같은 서적의 출현에 간접적으로 상당한 영향을 미쳤다고 평가된다.

한편, 앞서 잠시 서술한 바와 같이 이 책은 일본에서도 여러 차례 간행 및 역주되면서 널리 읽혔다. 일본에서는 임진왜란을 기점으로 목민서들이 본격 수용되기 시작하였는데, 그중 가장 널리 읽힌 장양호의 ≪牧民忠告≫는 17세기 후반에 일본에서 여러 차례 간행되고 역주 작업도 이루어진 바 있다. ≪목민심감≫은 幕府 말기에 특히 유행하여 막부에서 직접 간행한 官版本이 나왔고, 1853년에 ≪牧民心鑑解≫, ≪牧民心鑑譯解≫가 잇달아 출간되었다.

이 두 책의 간행에는 당대의 내로라하는 지식인들의 관심이 반영되어 있다. 이를테면 히라츠키 효사이(平塚飄齋)의 ≪목민심감해≫에는 당대의 손꼽히는 학자였던 사이토 세츠도(齋藤拙堂), 쇼헤이자카 학문소(昌平坂學問所)의 우두머리인 가와다 테키사이(河田迪齋)가 서문을 써주었다. 이러한 막부 시대 후기의 목민서에 대한 관심은 주로 기근 등의 자연재해를 극복하기 위한 방법론의 제시, 막번 체제를 개혁하기 위한 사상적 기반의 마련이라는 두 가지 측면에서 이해된다.[19]

일본에서의 목민학에 대한 관심은 근대국가 성립 이후에도 이어져, 1940년에 하야시 히데이치(林秀一)에 의해 현대적 관점에서 ≪목민심감≫의 번역이 이루어지게 된다.

---

18) 김성준, 앞의 논문, 1990, 48쪽 참조.

19) 이에 대한 상세한 논의는 이희복, 앞의 논문 ; 오가와 카즈나리(小川和也), 〈일본의 목민서 수용 : ≪목민충고≫·≪목민심감≫을 중심으로〉, ≪다산학≫ 28호, 다산학술문화재단, 2016 등을 참조. 이 해제의 내용 역시 이 논문들에 힘입은 바 크다.

6. 맺음말

본서는 ≪牧民心鑑≫ 전체를 완역하고 주석한 것이다. 그간 우리나라의 목민학 연구는 丁若鏞의 ≪牧民心書≫ 등 일부 저술에 지나치게 편중되어 왔다. 그렇기 때문에 우리나라 목민학에 대한 분석과 체계적 이해는 아직 본 궤도에 들어서 있지 못하며, 앞으로 새로운 자료를 발굴하고 분석하는 작업이 지속적으로 이루어져야 한다. 이러한 상황에서 본서의 완역 출간은 조선시대 목민학의 전개 양상을 객관적인 시야에서 조망하는데 큰 도움이 될 것으로 생각한다. 조선 전기 목민학의 전개에서 이 책이 매우 중요한 지위를 차지하고 있기 때문이다.

또한 한중일 동아시아 삼국에서는 중국을 중심으로 목민학에 대한 관심과 연구가 지속적으로 이루어져 왔다. 본서는 한중일 삼국에서 모두 중시되어 여러 차례 간행되고 읽히면서 동아시아 정치와 문화에 많은 영향을 끼친 저술이다. 따라서 본서는 동아시아 삼국을 아우르는 목민학의 종합적 체계 수립에도 도움이 될 수 있을 것으로 기대한다.

마지막으로 본서는 공직자들이 공무에 임해서 갖추어야 하는 기본적인 마음 자세, 공무를 처리할 때의 바람직한 태도 등에 대해 체계적으로 상세히 설명하고 있다는 점에서 현대의 공직자들에게 시사하는 바가 매우 크다. 뿐만 아니라 삶에 도움이 될만한 조언들을 많이 담고 있다는 점에서 일반 현대인들에게도 一讀의 가치가 충분하다고 본다.

참고문헌

1. 원전자료

- ≪萬姓統譜≫, 凌迪知 撰, 文淵閣四庫全書, 臺灣商務印書館, 1986.
- ≪明史≫, 張廷玉 等 撰, 中華書局, 1974.
- ≪明齋遺稿≫, 尹拯 著, ≪韓國文集叢刊≫135~136, 民族文化推進會, 1994.
- ≪牧民心鑑≫, 朱逢吉 撰, 규장각 소장본(奎中2367), 1411.
- ≪書畵題跋記≫, 郁逢慶 撰, 文淵閣四庫全書, 臺灣商務印書館, 1986.
- ≪浙江通志≫, 嵇曾筠 外 撰, 文淵閣四庫全書, 臺灣商務印書館, 1986.
- ≪千頃堂書目≫, 黃虞稷 撰, 瞿鳳起・潘景鄭 整理, 上海古籍出判社, 2001.

- ≪檇李詩繫≫, 沈季友 撰, 文淵閣四庫全書, 臺灣商務印書館, 1986.
- ≪朝鮮王朝實錄≫

2. 논문 및 저술

- 김성준, ≪牧民心鑑 硏究≫, 고려대 민족문화연구원, 1990.
- 김선경, 〈조선후기 목민학의 계보와 ≪목민심서≫〉, ≪조선시대사학보≫ 52, 조선시대사학회, 2010.
- 김형종, 〈명청 시대 중국의 관잠서 : 황육홍과 ≪복혜전서≫를 중심으로〉, ≪다산과 현대≫ 7, 연세대 강진다산실학연구원, 2014.
- 오가와 카즈나리(小川和也) 著, 김선희 譯, 〈일본의 목민서 수용 : ≪牧民忠告≫·≪牧民心鑑≫을 중심으로〉, ≪다산학≫ 28, 다산학술문화재단, 2016.
- 이희복, 〈프리즘에 굴절된 근세동아시아의 목민사상〉, ≪비교일본학≫ 34, 한양대 일본학국제비교연구소, 2015.
- 정호훈, 〈15~6세기 牧民書의 전개와 牧民學〉, ≪한국사상사학≫ 36, 한국사상학회, 2010.

凡 例

1. 본서는 ≪譯註 政經·牧民心鑑≫이다.
2. ≪政經≫의 底本은 규장각 소장본(奎中 1740, 戊申字本, 1747)으로 하되, 국립중앙도서관 소장본 ≪政經≫(일산古1240-3, 1747), 文淵閣四庫全書本 ≪政經≫(臺灣商務印書館, 1986), ≪眞文忠公政經≫(宋刻本, 北京圖書館出版社, 2006) 등을 참고하였다.
3. ≪牧民心鑑≫의 底本은 규장각 소장본(奎中 2367, 木版本, 1412)으로 하되, 국립중앙도서관 소장본 ≪牧民心鑑≫(한古朝31-491, 1412), 와세다대학〔早稻田大學〕 도서관 소장본 ≪官板牧民心鑑≫(群玉堂, 1852) 등을 참고하였다.
4. 본서는 원전의 傳統性과 번역의 現代性을 구현하기 위해 노력하였다.
5. 原文에는 우리나라 전통방식의 懸吐를 하였다.
6. 飜譯은 原義에 충실하게 하되, 이해가 어려운 부분은 意譯 또는 補充譯을 하였다.
7. 飜譯文은 한글과 漢字를 混用하였으며, 맞춤법과 띄어쓰기는 한글 맞춤법과 표준어 규정을 따르는 것을 원칙으로 하였다.
8. 譯註는 校勘, 異說, 인용문의 出典, 故事, 역사적 사건, 전문용어, 難解語, 人物, 制度, 官職 등에 관한 사항을 밝혔다.
9. 校勘은 원문의 誤字, 脫字, 衍字, 倒文 등을 대상으로 하였다.
10. 각 篇마다 간략한 해설을 달아 독자의 이해를 돕고자 하였다.
11. 본서에 사용된 주요 符號는 다음과 같다.
    “ ” : 對話, 각종 引用
    ‘ ’ : “ ” 안에서 再引用, 强調
    「 」 : ‘ ’ 안에서 再引用, 强調
    ( ) : 원문에서는 讀音이 특수한 글자나 僻字의 音
    번역문에서는 간단한 譯註
    〔 〕 : 번역문과 뜻은 같으나 音이 다른 漢字나 句節, 譯註에서 인용한 原文

≪ ≫ : 書名

〈 〉 : 篇章名, 作品名, 補充譯

12. 본서의 校勘에 사용된 符號는 다음과 같다.

( )〔 〕: (저본의 誤字)〔교감한 正字〕

〔 〕: 저본의 脫字 補充

( ) : 저본의 衍字

參考書目

◇ 底本

- ≪政經≫, 眞德秀, 규장각 소장본(奎中 1740), 1747.
- ≪牧民心鑑≫, 朱逢吉, 규장각 소장본(奎中 2367), 1411.

◇ 底本 관련자료

- ≪政經≫, 국립중앙도서관 소장본(일산古1240-3), 1747.
- ≪政經≫, 文淵閣四庫全書, 臺灣商務印書館, 1986.
- ≪眞文忠公政經≫, 北京圖書館出版社, 2006.
- ≪牧民心鑑≫, 국립중앙도서관 소장본(한古朝31-491), 1412.
- ≪官板牧民心鑑≫, 와세다대학〔早稻田大學〕 도서관 소장본(ワ04 06316), 群玉堂, 1852.
- ≪牧民心鑑≫, 林秀一, 明德出版社, 1973.
- ≪牧民心鑑 硏究≫, 金成俊, 고려대학교 민족문화연구원, 1990.

◇ 經部

- ≪論語集註大全≫, 朱熹 集註, 胡廣 等 編, 朝鮮 內閣本, 影印本, 學民文化社.
- ≪孟子集註大全≫, 朱熹 集註, 胡廣 等 編, 朝鮮 內閣本, 影印本, 學民文化社.
- ≪大學章句大全≫, 朱熹 集註, 胡廣 等 編, 朝鮮 內閣本, 影印本, 學民文化社.
- ≪中庸章句大全≫, 朱熹 集註, 胡廣 等 編, 朝鮮 內閣本, 影印本, 學民文化社.
- ≪詩傳大全≫, 朱熹 集傳, 胡廣 等 編, 朝鮮 內閣本, 影印本, 學民文化社.
- ≪書傳大全≫, 蔡沈 集傳, 胡廣 等 編, 朝鮮 內閣本, 影印本, 學民文化社.
- ≪周易傳義大全≫, 程頤 傳, 朱熹 本義, 胡廣 等 編, 朝鮮 內閣本, 影印本, 學民文化社.
- ≪禮記集說大全≫, 陳澔 集說, 胡廣 等 編, 朝鮮 內閣本, 影印本, 學民文化社.
- ≪春秋左氏傳注疏≫, 杜預 註, 孔穎達 疏, 北京大學出版社, 2000.

◇ 史部

- ≪舊唐書≫, 劉昫 撰, 中華書局, 1975.
- ≪國語≫, 左丘明 撰, 文淵閣四庫全書, 臺灣商務印書館, 1986.
- ≪史記≫, 司馬遷 撰, 中華書局, 1999.
- ≪史記正義≫, 張守節 撰, 文淵閣四庫全書, 臺灣商務印書館, 1986.
- ≪史記集解≫, 裴駰 撰, 文淵閣四庫全書, 臺灣商務印書館, 1986.
- ≪新唐書≫, 歐陽脩・宋祁 撰, 中華書局, 1975.
- ≪晏子春秋≫, 晏嬰 撰, 文淵閣四庫全書, 臺灣商務印書館, 1986.
- ≪戰國策≫, 劉向 撰, 高誘 注, 文淵閣四庫全書, 臺灣商務印書館, 1986.
- ≪漢書≫, 班固 撰, 中華書局, 1962.
- ≪後漢書≫, 范曄・司馬彪 撰, 中華書局. 1965.

◇ 子部

- ≪古今事文類聚≫, 祝穆 撰, 文淵閣四庫全書, 臺灣商務印書館, 1986.
- ≪孔子家語≫, 王肅 注, 文淵閣四庫全書, 臺灣商務印書館, 1986.
- ≪說苑≫, 劉向 撰, 文淵閣四庫全書, 臺灣商務印書館, 1986.
- ≪世說新語≫, 劉義慶 撰, 文淵閣四庫全書, 臺灣商務印書館, 1986.
- ≪呂氏春秋≫, 呂不韋 編, 高誘 注, 文淵閣四庫全書, 臺灣商務印書館, 1986.
- ≪藝文類聚≫, 歐陽詢 撰, 文淵閣四庫全書, 臺灣商務印書館, 1986.

◇ 集部

- ≪文選≫, 蕭統 撰, 文淵閣四庫全書, 臺灣商務印書館, 1986.
- ≪楚辭補註≫, 洪興祖 撰, 文淵閣四庫全書, 臺灣商務印書館, 1986.

◇ 研究論著 및 飜譯書

〔韓國〕

- 김성준, ≪牧民心鑑 硏究≫, 고려대 민족문화연구원, 1990.
- 권상우, 〈朱子學에서 '道德的 經營'에서 '經營的 道德'으로 패러다임의 전환에 관한 연구〉, ≪유교사상문화연구≫ 55, 한국유교학회, 2014.

- 김광일, 〈환관과 지식인 - 陳德秀 ≪大學衍義≫ 〈嚴內治〉의 구조와 의미〉, ≪중어중문학≫ 60, 한국중어중문학회, 2015.
- 김선경, 〈조선 후기 목민학의 계보와 ≪목민심서≫〉, ≪조선시대사학보≫ 52, 조선시대사학회, 2010.
- 김형종, 〈명청시대 중국의 관잠서 : 황육홍과 ≪복혜전서≫를 중심으로〉, ≪다산과 현대≫ 7, 연세대 강진다산실학연구원, 2014.
- 오세진, 〈≪大學衍義≫에서 修養論과 經世論의 관계 연구〉, 연세대학교 석사학위 논문, 2012.
- 유권종, 〈구성적 실재론의 관점에 입각한 ≪心經≫의 유교 도덕심성 구성원리 고찰〉, ≪철학탐구≫ 20, 중앙대학교 중앙철학연구소, 2006.
- 이범학, 〈眞德秀 經世理學의 成立과 그 背景 - 南宋 後期 理學의 官學化와 그 意義〉, ≪한국학논총≫ 20, 국민대학교 한국학연구소, 1997.
- 이희복, 〈프리즘에 굴절된 근세동아시아의 목민사상〉, ≪비교일본학≫ 34, 한양대 일본학국제비교연구소, 2015.
- 정호훈, 〈15~6세기 牧民書의 전개와 牧民學〉, ≪한국사상사학≫ 36, 한국사상학회, 2010.
- 정호훈, 〈18세기 牧民書의 발달 양상과 ≪牧民心書≫〉, ≪다산학≫ 28, 다산학술문화재단, 2016.
- 조남욱, 〈세종의 정치이념과 ≪大學衍義≫〉, ≪유교사상문화연구≫ 23, 한국유교학회, 2005.
- 지준호, 〈성리학의 발전에 있어서 ≪大學衍義≫의 사상사적 위치〉, ≪동양고전연구≫ 45, 동양고전학회, 2011.
- 지준호, 〈주자학과 眞德秀의 ≪대학≫ 이해〉, ≪한국철학논집≫ 33, 한국철학사연구회, 2012.
- 한승일, 〈윤리적 인식론을 위한 試論 - 眞德秀의 ≪政經≫을 중심으로〉, 성균관대학교 박사학위 논문, 2016.

〔中國・日本〕

- 顳靜莉, 〈眞德秀政法思想硏究〉, 河北大學校 碩士學位 論文, 2006.

- 鄭先平,〈眞德秀≪心經≫的哲學思想〉, 上海師範大學 碩士學位 論文, 2012.
- 朱人求,〈眞德秀思想硏究述評〉, ≪哲學動態≫ 6期, 2006.
- 邦人社, ≪譯註 牧民心鑑≫, 1935
- 小川和也 著, 김선희 譯,〈일본의 목민서 수용 : ≪牧民忠告≫·≪牧民心鑑≫을 중심으로〉, ≪다산학≫ 28, 다산학술문화재단, 2016.

◇ 데이터베이스(DB) 자료

- 한국고전종합DB(http://db.itkc.or.kr)
- 동양고전종합DB(http://db.cyberseodang.or.kr)
- 尙友千古(http://www.s-sangwoo.kr)
- 電子版 文淵閣四庫全書, 上海古籍出版社.

目 次

東洋古典譯註叢書를 발간하면서
≪政 經≫ 解 題
≪牧民心鑑≫ 解 題
凡 例
參考書目

政 經

肅宗 御製 ≪政經≫찬(짧은 서문을 병기하다) 肅廟御製政經贊(幷小序) / 53
當宁의 어제 소지 當宁御製小識 / 56

1. 政事에 관한 經文 政經 / 59
2. 政事에 관한 傳文 傳 / 86
3. ≪政經≫의 부록 政經附錄 / 107
4. 文忠公의 政迹 文忠公政迹 / 113

西山이 長沙를 다스릴 때 咨目을 두 通判 및 職曹官에게 올리다 西山帥長沙咨目呈兩通判及職曹官 / 113
현의 의론을 맡고 있는 12현의 知事들과 회동하였다가 詩로써 전송하다 會集十二縣知縣議事以詩送 / 120
風俗에 대해 曉諭하는 榜文 諭俗榜文 / 121
권유문 勸諭文 / 130

州縣의 관료에게 曉喩하는 글 諭州縣官僚文 / 137
勸諭하는 일을 뒤에 붙이다 勸諭事件于后 / 144
福建을 다스릴 때의 효유문 帥福建曉諭文 / 161
長沙를 다스릴 때 민간에 義廩을 두도록 권유하는 글 帥長沙勸民間置義廩文 / 165

牧民心鑑

≪牧民心鑑≫ 서문 牧民心鑑序 / 173

牧民心鑑 卷之上

1. 처음 부임했을 때 삼가야 할 덕목 謹始 / 176

자기의 분수를 헤아릴 것 度己分 / 176
목민관으로서의 뜻을 세울 것 立志節 / 177
자기의 편견을 극복할 것 克偏見 / 177
政務를 행하는 법을 배울 것 求則法 / 178

2. 처음 政事를 볼 때 유의할 일들 初政 / 180

처음 登廳할 때 행동을 신중히 할 것 愼登堂 / 180
僚屬들에게 중도에 맞는 예의를 차릴 것 正禮儀 / 181
말을 무겁게 할 것 重言語 / 181
경계하는 말을 분명히 해둘 것 明戒約 / 182
전임자가 하던 일을 물어서 책임 소재를 분명히 할 것 詢舊事 / 182
처음 세운 뜻을 축문에 써서 신에게 맹세할 것 誓神詞 / 183

3. 관리가 집안사람을 단속하고 처신하는 도리 正家 / 184

집안의 동복을 경계시켜 외부인과 접촉하지 못하게 할 것 戒家人 / 184
任地에서의 자제 교육 訓子弟 / 185
솔선수범하여 부모께 효도할 것 先孝養 / 185

대문 출입을 통제하여 청탁의 길을 끊을 것 愼門禁 / 186
시장에서 물건을 살 때 정당하게 살 것 嚴市買 / 187
자신에 대해서 검소하고 청렴하게 할 것 薄自奉 / 187
친족들을 보살필 것 厚親族 / 188

4. 실제 政事에 임해서 해야 할 일 莅事 / 189

六曹의 업무에 대해 조목조목 정리하고 숙지할 것 立規程 / 189
날마다 日誌를 쓸 것 勤日記 / 190
솔선수범하여 수고로운 일을 피하지 않고 부지런히 할 것 身先勞 / 191
모든 일에 근본을 살필 것 究根本 / 191
실속 없는 명성을 구하지 말고 실효가 있게 할 것 責實效 / 192
모든 일을 정밀히 생각해서 처리할 것 務精思 / 192
輕重과 緩急을 살펴서 일을 처리할 것 察事情 / 193
명령을 신중히 할 것 愼發落 / 194
상벌을 명백하게 할 것 明賞罰 / 194
奸計를 사전에 치밀하게 막을 것 密關防 / 195
간사한 짓과 폐단을 근절할 것 絶奸弊 / 195
법률을 정밀하게 연구할 것 精法律 / 196
공문서를 상세히 살필 것 詳案牘 / 197
官에 있는 돈과 곡식의 수량을 확실히 조사할 것 覈錢穀 / 197
관청에 있는 기물을 조사하여 기록해둘 것 驗公器 / 198
管內의 巡察을 철저히 할 것 嚴巡徼 / 198
제사를 엄숙하게 지낼 것 嚴祀典 / 199

5. 풍속을 교화하기 위해 해야 할 일 宣化 / 200

풍속을 교화하여 淳厚하게 할 것 厚風俗 / 200
백성을 교화하는 구체적인 방법을 수립할 것 立教條 / 201
나라에서 정한 禮儀와 禁令을 백성들이 알게 할 것 明國制 / 204
농사철에 백성 부리는 것을 신중히 할 것 重農務 / 204
학교 교육을 장려하여 인재를 양성할 것 崇學校 / 205

빈곤한 사람을 구휼할 것 恤貧困 / 206
크게 흉악한 자를 엄하게 다스릴 것 戢强慝 / 206
선행이 있는 사람을 표창하여 사람들에게 선을 권면할 것 旌善行 / 207
한가롭게 놀거나 게으른 자를 징계할 것 禁游惰 / 208
바른 직업 이외의 邪術을 엄하게 금할 것 抑邪術 / 209
유언비어가 나돌지 못하게 할 것 止浮言 / 210
옛날의 선현을 表彰하여 오늘날 사람들을 권면할 것 表先哲 / 210

6. 소송을 처리할 때 유의할 것들 聽訟 / 212

禮와 義를 가르쳐서 송사의 근원을 없앨 것 弭訟源 / 212
소송이 제기된 초기에 情狀을 잘 살필 것 察初情 / 213
온화한 태도로 송사 내용을 들어서 진실을 얻을 것 和聽納 / 214
審理를 상세하게 해서 眞犯을 찾아낼 것 詳推讞 / 215
죄의 경중에 따라 공정하게 벌을 내릴 것 審重輕 / 215
고의로 죄를 범한 자와 실수로 범한 자를 구분할 것 分故誤 / 216
죄인이라도 선한 자와 악한 자를 구별해서 처벌할 것 別善惡 / 217
벌을 줄 때에 사사로움을 개입시키지 말고 공평하게 처리할 것 存公平 / 217
首犯은 엄벌하되 무고한 사람은 처벌받지 않도록 경계할 것 戒延蔓 / 218
목민관이 된 자는 죄인에게라도 욕설을 하지 말 것 止穢詈 / 218
山野에 사는 어리석은 사람의 무지한 행위를 용서할 것 恕愚戇 / 219
규격에 맞는 刑具를 사용할 것 謹刑具 / 219
채찍과 회초리를 함부로 쓰지 말 것 愼鞭扑 / 221
죄수를 오랫동안 가두어두지 말고 빨리 판결할 것 早疏決 / 222
감옥을 직접 시찰하여 죄수의 처우를 살필 것 親視獄 / 222
檢屍할 때 직접 시신을 살펴서 死因을 규명할 것 重視屍 / 223
宗族과 姻戚 간의 소송은 人倫을 우선하여 처리할 것 緩親訟 / 224

牧民心鑑 卷之下

7. 조세를 징수할 때 유의해야 할 사항 徵科 / 226

목민관이 직접 實査하여 賦와 役이 고르게 되도록 할 것 原賦役 / 226
백성들에게 徵收할 때 공평하게 하고 私利를 꾀하지 말 것 平需求 / 229
力役을 고르게 부과할 것 均力役 / 230
물품을 수납할 때 폐단이 생기지 않도록 할 것 善收納 / 231
납부 기한을 백성의 상황에 맞추어 공평하게 할 것 量限期 / 232
정해진 수량보다 많이 거두지 말 것 戒多取 / 233

8. 건물을 짓고 수리할 때 유의할 사항 營繕 / 234

완급을 살필 것 察緩急 / 234
농사 때를 살필 것 審農時 / 235
멀리 내다보고 계획을 세울 것 立遠圖 / 236

9. 상관을 섬기는 도리 事上 / 237

직분을 공경히 지킬 것 恪守職 / 237
지성스러운 마음을 미루어 섬길 것 推誠心 / 238
예의를 차릴 것 加禮貌 / 239
규정을 봉행할 것 奉條約 / 239
비방을 근절할 것 絶非謗 / 240
사리에 어긋나는 일을 살펴서 처리할 것 審悖理 / 241

10. 아랫사람을 다루는 방법 馭下 / 242

吏胥를 대하는 자세 處吏胥 / 243
里長과 甲首를 경계할 것 戒里甲 / 244
耆老 신중히 대할 것 愼耆老 / 246
奴僕을 엄하게 대할 것 嚴隷卒 / 247
남을 헐뜯는 말을 배척할 것 斥讒間 / 248
선물을 거절할 것 絶饋遺 / 249
청탁을 막을 것 杜干請 / 250
농간을 살필 것 審左使 / 251
위임을 신중히 할 것 詳委任 / 251

11. 사람을 사귀는 도리 交人 / 253

동료들과 화합할 것 和同寅 / 254
이웃 고을의 관장과 친목을 다질 것 睦隣屬 / 256
진정한 현자를 중시할 것 重眞賢 / 257
다른 사람의 患難을 구제해줄 것 周患難 / 258
정성과 신의에 힘쓸 것 務誠信 / 259
겸손하고 온화함을 숭상할 것 尙謙和 / 260
과시하고 자랑하는 것을 경계할 것 戒誇衒 / 262
간사한 무리를 단절할 것 絶邪類 / 263
자기의 허물을 책임질 것 引己咎 / 264

12. 흉년을 대비하는 도리 備荒 / 265

미리 대비할 것 預隄防 / 265
정성을 다해 기도할 것 誠祈禱 / 265
실제 상황을 보고할 것 申實跡 / 265
백성의 어려움을 보고할 것 陳民艱 / 265
조정에 賑恤을 청할 것 請賑給 / 265

13. 끝맺음을 잘하는 도리 善終 / 268

新官을 예우할 것 禮新官 / 268
舊任의 政事를 알려줄 것 告舊政 / 268
行橐을 버리고 갈 것 委行橐 / 268

≪牧民心鑑≫ 발문 牧民心鑑跋文 / 270

〔附錄 1〕

索引凡例 / 275

政經索引

1) 綜合索引 / 281

2) 人名索引 / 291

3) 引用句索引 / 296

牧民心鑑索引

1) 綜合索引 / 299

〔附錄 2〕

≪政經・牧民心鑑≫ 圖版目錄 및 出處 / 307

政經

肅宗 御製 ≪政經≫ 찬(짧은 서문을 병기하다)
肅廟御製政經贊(幷小序)

宋나라 文忠公 眞德秀[1)]의 ≪心經≫[2)]과 ≪政經≫ 두 책이 간행된 지 오래이다. 그러나 ≪정경≫은 經傳의 가르침을 앞에 놓고 그 아래에 붙여 기록한 것들이 실로 대부분 긴요하고 절실하지만 모두 문충공의 직접적인 修訂을 거쳐 나온 것인지는 알 수 없으니, ≪心經附註≫의 篇末에서 程敏政[3)]이 한 말[4)]이 이것이다. 이에 경전의 가르침으로 贊을 짓고 이어 四韻詩 1首를

---

1) 眞德秀 : 1178~1235. 南宋의 학자로 建州 浦城 사람이다. 자는 景元・希元이고, 호는 西山이며, 시호는 文忠이다. 벼슬이 參知政事에 이르렀으며 강직하기로 유명하였다. 朱子學派의 학자로 그가 남긴 저술 가운데 ≪大學衍義≫, ≪心經≫ 등은 조선 儒學의 발전에 지대한 영향을 끼쳤다. 그 외 ≪唐書考疑≫, ≪讀書記≫, ≪政經≫ 등의 저술이 있다.

2) 心經 : '마음을 다스리는 글'이란 뜻으로 원래 南宋의 朱子學派인 西山 眞德秀가 四書와 三經, 그리고 周濂溪와 程伊川, 范浚, 朱子의 글에서 마음공부〔心學〕에 관한 내용을 모아 편집한 책인데, 明나라 초기의 성리학자인 篁墩 程敏政이 이에 관계되는 해석과 송나라 유학자들의 학설을 발췌하고 보완하여 ≪心經附註≫라 명명하였다.

3) 程敏政 : 1445~1499. 明나라 때의 학자로 安徽省 徽州府 休寧 사람이다. 자는 克勤, 호는 篁墩이다. 벼슬이 禮部右侍郎 兼侍讀學士에 이르렀다. 陸九淵의 學派로 알려져 있고, 朱熹 또한 尊崇하였다. ≪篁墩集≫을 비롯한 저술이 매우 많으나, 眞德秀의 ≪心經≫에 대한 諸家의 註를 종합・보완한 ≪心經附註≫가 가장 유명하다.

4) 程敏政이 한 말 : 程敏政이 ≪心經附註≫를 편찬하고 그 말미에 붙인 〈心經後序〉에서 "西山先生의 ≪心經≫과 ≪政經≫ 두 책이 간행된 지 이미 오래이다. 그러나 일찍이 자세히 살펴보니 ≪심경≫은 선생이 스스로 지은 贊이 있어서 직접적인 修訂을 거쳐 나왔다는 데에 의심의 여지가 없다. 그러나 ≪정경≫과 같은 경우에는 비록 경전의 가르침을 앞에 놓았지만 漢・晉・隋・唐나라 수령들의 일을 붙이고 무릇 선생이 역임했던 州郡에 榜文으로 揭示하고 諭示했던 글들 또한 섞어 붙였으니, 스스로 經이라 명명한 것은 옳지 않은 듯하다. 아마 선생은 經書와 史書 가운데 백성을 다스리는 요점이 되는 내용을 손수 기록한 뒤에 보고 살피는 데에 대비하

次韻한다.

宋文忠公眞德秀心政二經이 梓行久矣라 然而政經은 首以經訓하고 其下附錄이 固多切要나 而其皆出於文忠之手訂은 有未可知者하니 心經篇末程敏政所云是也라 乃以經訓作贊하고 仍次四韻이라

경훈찬 經訓贊

한 책의 첫머리에
고인의 가르침이 분명하니
쓰기를 절도 있게 하고 백성을 사랑함[5)]
이것이 강령이 되었네
이에 천고의 격언이 되었으니
위대하도다 공성이여
그 말씀 간략하면서도 뜻이 극진하였으니
정사를 함에 무슨 어려움이 있으랴

一編之首에 古訓炳炳하니 節用愛人은 寔爲綱領이라 千古格言하니 大哉孔聖이여 約而盡矣하니 何有爲政이리오

려 했는데, 후인들이 附會하여 책으로 만든 다음 ≪심경≫과 서로 짝하게 하려 했던 까닭이 아니겠는가.〔西山先生心政二經 梓行已久 然嘗諦觀之 心經 有先生所自贊 其出于手訂 無可疑者 若政經則雖首以經訓 而附以漢晉隋唐守令之事 凡先生所歷州郡榜示諭告之文 亦雜附之 乃自名之爲經 竊恐未然 豈先生 嘗手錄經史牧民之要 備省覽 而後人 附會以成之 欲與心經相媲故邪〕"라고 한 말을 가리킨다.

5) 쓰기를……사랑함 : ≪論語≫ 〈學而〉의 "千乘의 나라를 다스리되 일을 공경하고 믿게 하며, 쓰기를 절도 있게 하고 백성을 사랑하며, 백성을 부리기를 때에 맞게 하여야 한다.〔道千乘之國 敬事而信 節用而愛人 使民以時〕"라는 구절에서 온 말이다.

眞 文忠公의 시에 次韻하다 次眞文忠公韻

나라의 기쁨과 근심은 백성에게 달렸으니
백 리의 근심 나누어[6] 날로 백성을 친근히 대해야 하네
정사를 하려면 반드시 먼저 자신을 엄히 단속해야 하고
관직에 있을 때는 모름지기 몸가짐을 조심해야 한다네
간략하고 방정한 德[7] 쉽지 않으니 곤궁한 사람 많아지고
탐욕이 풍속을 이루면 循吏[8]가 적어진다네
진실로 쓰다듬어 돌보기를 자식처럼 한다면
자연히 감화되어 온화한 봄빛을 만난 듯 편안하리

邦家休戚係生民하니 **百里分憂日與親**이라 **爲政必先嚴律己**하고 **居官須貴謹持身**이라 **簡廉未易人多困**하고 **貪墨成風吏寡循**이라 **誠以撫摩如視子**면 **自然感惠若逢春**이라

무자년(1708, 숙종 34) 겨울 12월 병인일에 적다

歲在戊子冬十二月丙寅題

---

6) 백……나누어 : '백 리'는 옛날 한 縣의 관할지가 백 리였던 데서 유래하여 흔히 郡縣을 가리키는 말로 轉用된다. '근심을 나눈다'는 것은 임금의 근심을 분담한다는 뜻으로, 지방관이 된 것을 이른 말이다.

7) 간략하고 방정한 德 : 간략하고 방정하게 시행하는 政事로, 皐陶가 禹임금에게 진언한 아홉 가지 덕〔九德〕 가운데 하나이다. 아홉 가지 덕은 너그러우면서도 장중함〔寬而栗〕, 유순하면서도 꼿꼿함〔柔而立〕, 삼가면서도 공손함〔愿而恭〕, 잘 다스려지면서도 공경함〔亂而敬〕, 익숙하면서도 굳셈〔擾而毅〕, 곧으면서도 온화함〔直而溫〕, 간략하면서도 방정함〔簡而廉〕, 굳세면서도 독실함〔剛而塞〕, 강하면서도 의를 좋아함〔彊而義〕이다.(≪書經≫ 〈皐陶謨〉)

8) 循吏 : 법을 지키고 이치를 따라 公法을 잘 수행하는 관리를 말하는데, 漢나라 때에 특히 순리가 많아서 모두 법률 문안 적용에 유능하였다고 한다. ≪史記≫ 권130 〈太史公自序〉에 "법을 지키고 이치를 따르는 관리는 자신의 공을 자랑하지 않고 재능을 과시하지 않아서 백성들이 칭송하지 않고 또한 과실도 없다.〔奉法循理之吏 不伐功矜能 百姓無稱 亦無過行〕"라고 하였다.

當宁[9]의 어제 소지 當宁御製小識

나 소자는 폭넓게 책을 읽지 못하고 하는 일마다 민첩하지 못해서 단지 ≪心經≫만 읽었을 뿐 ≪政經≫은 보지 못하였고, 御製를 읽어보기는 했으나 또한 찾아보지 못하였다. 근래에 다시 舊本 御製 가운데 〈經訓贊〉과 小序 및 眞文忠公의 시에 차운한 시를 읽음으로 인하여 寶文閣의 藏書 가운데서 이 책을 찾았는데, 곧 1권의 필사본이었다. 첫머리에 실려 있는 御製에 宸章[10]과 御寶가 완연하여 백 번을 엄숙히 읊조림에 흐르는 눈물이 얼굴을 덮었다. 이에 玉署[11]의 대제학에게 명하여 詩文을 잘 筆寫하게 하고 공경히 芸館[12]에 주어 板刻하여 널리 유포하게 해서 예전에 政事의 근본을 소중히 여기고 백성을 사랑하신 성대한 뜻[13]을 靑丘에서 사라지지 않게 하고, 감히 〈經訓贊〉에 차운하고 御製詩에 차운하여 아래에 적는다.

眇予小子는 覽書不博하고 隨事不敏하야 只覽心經이나 而未見其政經하고 其嘗奉玩御製나 而亦不能尋閱이라 近因更玩舊本御製中經訓贊小序及次眞文忠公詩韻하야 仍以得之於寶文閣藏書之中하니 卽一卷寫本이요 而御製載首에 宸章篆印이 宛然하야

9) 當宁 : 현재의 임금을 이르는 말로, 今上과 같은 뜻이다. 여기서는 英祖를 가리킨다.

10) 宸章 : 임금이 지은 詩文을 높여서 이르는 말이다.

11) 玉署 : 弘文館의 별칭이다. 궁중의 경서・사적・문서를 관리하고 왕을 자문을 담당하는 관청이다.

12) 芸館 : 校書館의 별칭이다. 經籍의 印刷頒布・香祝・印篆의 일을 맡은 관청이다.

13) 백성을……뜻 : 원문의 '元元'은 百姓을 가리키는 말이다. 戰國時代 遊說家인 蘇秦이 秦 惠王에게 "지금 천하를 倂呑하여 萬乘을 능가하며, 적국을 굴복시켜 海內를 제압하고, 백성을 애호하여 제후를 신하로 복종시키려 한다면 전쟁이 아니고는 불가합니다.〔今欲幷天下 凌萬乘 詘敵國 制海內 子元元 臣諸侯 非兵不可〕"라고 말한 데에서 보인다.(≪戰國策≫ 〈秦策 一〉)

百回莊誦에 涕泗被面이라 爰命玉署之長하야 繕寫詩文하고 敬付芸館하야 鋟梓廣印하야 使昔年重政本愛元元之盛意로 不泯於靑丘하고 而敢以賡贊賡韻하야 書左云爾라

삼가 〈經訓贊〉에 次韻하다 敬次經訓贊

편제를 받들어 읽어보니
奎章[14]이 찬란한데
孔子의 가르침을 발췌하여
특별히 강령으로 삼았네
위대하고 지극하여라
앞뒤의 성인이시여
만일 이를 깊이 체득한다면
거의 政事를 행할 수 있으리

奉覽篇題하니 奎章炳炳한대 撮取孔訓하야 特爲其領이라 大哉至哉라 前聖後聖이여 若能深體면 庶可行政이라

삼가 御製詩에 次韻하다 敬次御韻

임금과 나라 되려면 오직 백성이 있어야 하니
方伯과 守臣은 백성과 친근해야 한다네
誠意 正心은 마땅히 格物이 선행되어야 하고
齊家 治國은 반드시 修身 이후의 일이라네[15]

---

14) 奎章 : 임금이 쓴 글이나 글씨 등을 말한다. 여기서는 肅宗의 〈經訓贊〉과 御製詩를 가리킨다.

앞 사람의 실적은 모름지기 본받아야 하나니
말세의 부질없는 명예를 어찌 따를손가
언제나 다시 볼 수 있을까 태고의 풍속이 회복되어
우리 동방 팔도강산이 모두 陽春에 쌓이는 날을

爲君爲國惟生民하니 方伯守臣相與親이라 誠正宜乎先格物이요 齊治必也後修身이라 前人實績其須法하니 末世浮譽豈可循가 何日復觀太古俗하야 我東八域咸陽春이리오

정묘년(1747, 영조 23) 봄 정월 임자일에 절하고 공경히 적다.

歲在丁卯春正月壬子拜手敬題

가선대부 행홍문관부제학 지제교 兼경연참찬관 춘추관수찬관 신 趙明履[16]는 하교를 받들어 쓰다.

嘉善大夫行弘文館副提學知製敎兼經筵參贊官春秋館修撰官臣趙明履奉敎書

---

15) 誠意……일이라네 : ≪大學章句≫의 三綱領 八條目 중에서, 格物·致知·誠意·正心·修身·齊家·治國·平天下 팔조목의 先後와 本末 관계를 설명하는 말이다.

16) 趙明履 : 1697~1756. 본관은 林川, 자는 仲禮, 호는 蘆江·道川, 시호는 文憲이다. 1731년(영조 7) 문과에 급제하여 정언과 지평, 교리 등을 역임하였다. 1746년(영조 22) 2월에 李喆輔·元景夏 등과 함께 ≪御製自省編≫을 編次하였으며, 1747년 부제학으로 ≪光廟御製訓辭≫를 간행하고 그 공으로 가선대부에 올랐다. 1750년 도승지로 영흥 흑석리 비각을 서사한 공으로 加資되고, 1755년 한성부 판윤으로 승진, 찬집당상으로 ≪闡義昭鑑≫을 편찬하였다. 문집으로 ≪道川集≫이 있다.

1. 政事에 관한 經文 政經

이 편은 진덕수가 四書三經을 비롯한 여러 經書에서 政事의 강령이 될 만한 내용의 大文만을 선별하여 편집한 것이다. 인용한 경문은 ≪書經≫, ≪周易≫, ≪論語≫, ≪大學≫, ≪禮記≫, ≪孔子家語≫, ≪孟子≫ 순으로 총 7종에서 발췌하였다.

〈康誥〉[1]에 왕이 말하기를 "아! 小子 封아. 〈백성들의 불안을〉 네 몸에 병을 앓는 것처럼 아파하여 공경할지어다. 天命은 두려워할 만하나 정성스러우면 도와주거니와, 백성의 마음은 대략 볼 수 있으나 小人들은 보전하기 어렵다. 〈임지에〉 가서 네 마음을 다하여, 편안히 지내며 逸豫를 좋아하지 말아야 이에 백성을 다스릴 수 있을 것이다. 내 들으니, 백성의 원망은 큰 데 있지 않고 또한 작은 데 있지 않은지라, 이치를 순히 하고 순히 하지 않으며 힘쓰고 힘쓰지 않음에 달려 있다고 하였다." 하였다.

康誥圖

1) 康誥 : ≪書經≫ 〈周書〉의 篇名으로, 武王이 康叔을 衛侯로 삼고 誥命한 내용이다. 강숙은 文王의 아들이자 武王의 아우로 이름은 封이다.

康誥에 王曰 嗚呼라 小子封아 恫瘝乃身①하야 敬哉어다 天畏나 棐忱이어니와 民情은 大可見이나 小人은 難保니 往盡乃心하야 無康好逸豫라사 乃其乂民이니라 我聞호니 曰怨은 不在大하며 亦不在小라 惠不惠하며 懋不懋②니라

① 恫은 아프다는 뜻이요, 瘝은 병을 앓는다는 뜻이다.
恫은 痛이요 瘝은 病也라

② 한 가지 일이라도 순하지 못하고 하나의 행실이라도 힘쓰지 않으면 모두 원망을 지극히 할 것이다. 그러므로 순하지 못한 바를 순하게 하고 힘쓰지 못한 바를 힘쓴다면 저절로 원망이 없을 것이다.
一事不順하고 一行不勉이면 皆足致怨이라 故順其所不順하고 勉其所不勉이면 則自然無怨이리

若保赤子圖

또 말하기를 "赤子를 보호하는 마음으로 善한 사람을 돌본다면 백성들이 편안히 다스려질 것이다." 하였다.

又曰 若保赤子하면 惟民이 其康乂하리라

또 말하기를 "要囚[2]를 5, 6일 동안 가슴속에 두고 생각하며, 열흘이나 한 철에 이르도록 실정을 살핀 뒤에 요수를 크게 결단하라." 하였다.

---

2) 要囚 : 獄事를 처결할 때 죄수의 供辭를 면밀하게 살펴서 실정을 제대로 파악한 뒤에 판결하는 것을 말한다.

又曰 要囚를 服念五六日①하며 至于旬時②하야 丕蔽要囚③하라

① 獄事를 판단하는 중요한 結辭를 가슴속에 두고 깊이 생각한다는 의미이다.
囚之要辭를 服膺思念이라

② 旬은 열흘이고, 時는 3개월이다.
旬은 十日이요 時는 三月이라

③ 丕는 크다는 의미이고, 蔽는 결단한다는 뜻이다.
丕는 大요 蔽는 斷이라

服念要囚圖

〈周官〉[3]에 王이 말하기를 "아! 무릇 우리의 관직을 소유한 훌륭한 군자들아! 너희가 맡은 직책을 공경하며 너희가 내는 명령을 삼가라. 명령을 냄은 행하려 함이요 역행하려 함이 아니니, 公으로 私를 멸하면 백성들이 믿고 복종할 것이다. 옛법을 배우고서 官에 들어가 일을 의논하여 맞게 하여야 정사가 마침내 잘못되지 않을 것이니, 너희는 떳떳한 법을 스승으로 삼고 말 잘하는 입으로 관직을 어지럽히지 말라. 의심이 쌓이면 계책을 무너뜨리며, 게으르고 소홀히 하면 정사를 황폐시키며, 배우지 않으면 담장에 얼굴을 대고 서 있는 것과 같아서 일에 임함에 번거로울 것이다. 너희 卿士들에게 경계하노니, 功이 높음은 뜻 때문이요 業이 넓음은 부지런함 때문이니, 능히 과단하여야 뒤에 어려움이 없을 것이다. 지위는 교만함을 기약하지 않아도 교만해지고 祿은 사치함을 기약하지 않아도 사치해지니, 恭儉을 德으로 삼고 너의 거짓을

---

3) 周官 : ≪書經≫ 〈周書〉의 篇名으로, 成王이 百官에게 訓導한 내용을 史官들이 기록한 것이다.

행하지 말라. 德을 행하면 마음이 편안하여 날로 아름다워지고, 거짓을 행하면 마음이 수고로워 날로 졸렬해진다. 총애가 두터운 자리에 있으면 위태로움을 생각하여 두려워하지 않음이 없도록 하라. 두려워하지 않으면 두려움으로 들어갈 것이다. 어진 이에게 미루고 능한 이에게 사양하면 모든 관원들이 화합하고, 화합하지 않으면 정사가 잡되고 어지럽게 될 것이니, 천거한 자가 관직을 잘 수행하면 이는 너희가 능한 것이며, 천거한 자가 훌륭한 사람이 아니면 이는 너희가 책임을 감당하지 못하는 것이다." 하였다.

尹玆東郊圖

周官에 王曰 嗚呼라 凡我有官君子아 欽乃攸司하며 愼乃出令하라 令出은 惟行이라 弗惟反이니 以公滅私하면 民其允懷하리라 學古入官하야 議事以制①라사 政乃不迷하리니 其爾는 典常으로 作之師하고 無以利口로 亂厥官하라 蓄疑하면 敗謀하고 怠忽하면 荒政하며 不學하면 牆面이라 涖事惟煩하리라 戒爾卿士하노니 功崇은 惟志요 業廣은 惟勤이니 惟克果斷이라사 乃罔後艱하리라 位不期驕며 祿不期侈니 恭儉惟德이요 無載爾僞하라 作德하면 心逸하야 日休하고 作僞하면 心勞하야 日拙하나니라 居寵思危하야 罔不惟畏하라 弗畏면 入畏하리라 推賢讓能하면 庶官이 乃和하고 不和하면 政厖②하리니 擧能其官이 惟爾之能이며 稱匪其人이 惟爾不任이니라

① 〈"議事以制"는〉 일로 인하여 마땅하게 헤아린다는 의미이다.
因事制宜라
② 厖은 잡되고 어지럽다는 의미이다.
厖은 雜亂也라

〈君陳〉[4)]에 王이 말하기를 "君陳아! 너의 훌륭한 덕은 효도와 공손함이다. 오직 효도하고 형제에게 우애하여 능히 〈나라에〉 정사를 시행할 만하기 때문에 너에게 명하여 이 東郊를 다스리게 하노니, 공경하라." 하였다.

君陳에 王若曰 君陳아 惟爾令德은 孝恭이니 惟孝하며 友于兄弟하야 克施有政할새 命汝하야 尹茲東郊하노니 敬哉하라

또 말하기를 "비유하자면 너는 바람이고 下民은 풀이다.[5)] 그 정사를 도모하되 혹시라도 어렵게 여기지 않음이 없어서 폐할 것이 있고 일으킬 것이 있을 적에 의견을 내고 받아들이기를 너의 무리들로부터 헤아려서 여러 말이 같거든 다시 생각하라." 하였다.

又曰 爾惟風이요 下民은 惟草니라 圖厥政호대 莫或不艱하야 有廢有興에 出入을 自爾師虞①하야 庶言同則繹②하라

① 師는 무리의 뜻이고, 虞은 헤아린다는 의미이다.
師는 衆이요 虞는 度(탁)이라

② 繹는 단서를 이끌어낸다는 의미이니, 〈"庶言同則繹"은 같은〉 논의가 많아졌을 때 〈다시 생각하여〉 홀로 결단한다는 것이다.
繹는 紬繹也니 謀多斷獨이라

또 말하기를 "세력에 의지하여 위엄을 부리지 말고, 법에 의지하여 〈백성들을〉 侵害하지 말며, 너그러우면서도 제재가 있고, 從容히 하여 和하도록 하라." 하였다.

---

4) 君陳 : ≪書經≫ 〈周書〉의 篇名으로, 成王이 君陳으로 하여금 洛陽을 감시하게 하고 策命한 내용이다. 군진은 成王의 신하 이름이다. 처음에 周公이 殷나라의 완악한 백성들을 洛陽에 이주시켜 친히 감시하였는데, 주공이 별세하자 成王이 君陳에게 명하여 주공이 하던 일을 대신하게 하였다고 한다.

5) 비유하자면……풀이다 : 원래는 백성들이 爲政者의 德化에 쉽게 감화된다는 뜻인데, 여기서는 君陳이 周公의 가르침을 잘 따른다면 商나라 백성들 또한 君陳의 가르침을 따를 것이라는 의미이다. 季康子가 정치에 대해 묻자 공자가 "군자의 덕은 바람과 같고 소인의 덕은 풀과 같다. 풀 위에 바람이 불면 반드시 한쪽으로 눕는다.〔君子之德風 小人之德草 草上之風 必偃〕"라고 하였다.(≪論語≫ 〈顔淵〉)

又曰 無依勢作威하고 無倚法以削하며 寬而有制하고 從容以和하라

또 말하기를 "너는 완악함에 분해하거나 미워하지 말고, 한 사람에게 완비되기를 요구하지 말라. 반드시 참음이 있어야 이에 이룸이 있고, 포용함이 있어야 덕이 이에 커질 것이다. 〈직무를〉 잘 닦는 자를 선발하되 또한 혹 닦지 못하는 자를 선발하고, 어진 사람을 등용하여 혹 어질지 못한 자를 이끌게 하도록 하라. 백성들이 태어날 때는 〈性이〉 厚하나 물건에 따라 옮겨간다. 윗사람의 명령하는 바를 어기고 그 윗사람의 좋아하는 바를 따르니, 네가 능히 떳떳한 道를 공경하되 덕에 있게 하면 이에 변하지 않는 자가 없어 진실로 大道에 오를 것이다." 하였다.

又曰 爾無忿疾于頑하고 無求備于一夫하라 必有忍이라사 其乃有濟하고 有容이라사 德乃大하리라 簡厥修호대 亦簡其或不修하고 進厥良하야 以率其或不良하라 惟民生厚하나 因物有遷이라 違上所命하고 從厥攸好하나니 爾克敬典在德하면 時乃罔不變이라 允升于大猷하리라

〈君牙〉[6]에 "네 몸이 능히 바르면 감히 바르지 않음이 없을 것이다. 백성들의 마음이 中하지 못하니 너의 中으로 하여야 한다. 여름에 무덥고 비가 내리면 小民들이 원망하며 겨울에 크게 추우면 小民들이 또한 원망하니, 어려운 것이다. 〈백성들의 삶이〉 어려움을 생각하여 쉽게 해줄 것을 도모하면 백성들이 이에 편안해질 것이다." 하였다.

君牙에 爾身이 克正하면 罔敢弗正하리니 民心이 罔中이라 惟爾之中이니라 夏暑雨에 小民이 惟曰怨咨①하며 冬祁寒에 小民이 亦惟曰怨咨②하나니 厥惟艱哉인저 思其艱하야 以圖其易(이)하면 民乃寧하리라

① 怨은 한탄의 의미이고 咨는 탄식의 뜻이다.
怨은 嘆이요 咨는 嗟라
② 祁는 크게 춥다는 의미이다.
祁는 大寒也라

---

6) 君牙 : ≪書經≫ 〈周書〉의 篇名으로, 穆王이 君牙를 大司徒로 삼고 誥命한 내용이다. 군아는 목왕의 신하 이름이다.

民怨祁寒圖

民怨祁寒圖

〈呂刑〉[7]에 王이 말하기를 "아! 이리 오라. 나라를 소유하고 토지를 소유한 자들아. 너에게 상서로운 형벌을 고하노라. 이제 너에게 있어 백성들을 편안하게 하려 할진댄 무엇을 선택해야 하는가? 사람이 아니겠는가. 무엇을 공경해야 하는가? 형벌이 아니겠는가. 무엇을 헤아려야 하는가? 옥사에 미치는 것이 아니겠는가. 다투는 두 사람이 모두 法庭에 이르고 〈말과 증거가〉 구비되었으면 여러 獄官들이 五辭를 들을 것이니, 五辭에 진실하고 믿을 만하거든 다섯 가지 형벌[8]에 질정하며, 다섯 가지 형벌에 진실하지 않거든 다섯 가지 벌금형에 질정하며, 다섯 가지 벌금형에 복종하지 않거든 다

---

7) 呂刑 : ≪書經≫ 〈周書〉의 篇名이다. 穆王이 呂侯를 司寇로 삼은 뒤에 형벌에 대해 가르쳐 四方을 다스리라고 명하였는데, 史官이 그 내용을 기록한 것이다.

8) 다섯 가지 형벌 : 다섯 가지 형벌〔五刑〕은 劓(코를 베는 형벌)·刖(발뒤꿈치를 베는 형벌)·墨(얼굴에 刺字하는 형벌)·宮(거세하는 형벌)·大辟(목을 베는 형벌)을 이른다.(≪書經集註≫ 〈呂刑〉)

섯 가지 과오에 질정하라. 다섯 가지 과오의 병폐는 官權과 反과 內와 貨와 來이니 그 죄가 똑같다. 살펴서 능하게 하라. 다섯 가지 형벌에 의심스러운 것은 사면함이 있고 다섯 가지 벌금형에 의심스러운 것은 사면함이 있으니, 살펴서 능하게 하라. 진실을 조사하여 믿을 만한 것이 많거든 얼굴빛을 보고 다스림이 있으니, 진실하지 않거든 듣지 말아서 모두 하늘의 위엄을 敬畏하라." 하였다.

呂刑에 王曰 吁라 來하라 有邦有土아 告爾祥刑하노라 在今爾安百姓인댄 何擇고 非人가 何敬고 非刑가 何度(탁)고 非及①가 兩造요 具備②어든 師聽五辭③호리니 五辭에 簡(子)〔孚〕④[9]어든 正于五刑⑤하며 五刑에 不簡이어든 〔正于五罰하며〕[10] 五罰에 不服이어든 正于五過⑥하라 五過之疵⑦는 惟官⑧과 惟反⑨과 惟內⑩와 惟貨⑪와 惟來⑫니 其罪惟均⑬하니 其審克之⑭하라 五刑之疑有赦하고 五罰之疑有赦하니 其審克之하라 簡孚有衆이어든 惟貌有稽⑮니 無簡이어든 不聽하야 具嚴天威⑯하라

① 度은 자세히 헤아린다는 의미이고, 及은 獄辭가 미치는 바를 이른다.
度은 詳審也라 及은 謂獄辭所逮라
② 〈"兩造"는〉 양쪽으로 다투는 자가 모두 법정에 이른다는 의미이다.
兩爭이 俱至라
③ 師는 衆의 의미이니 獄官이고, 五辭는 다섯 가지 형벌에 해당되는 供辭(죄인의 진술)를 의미한다.
師는 衆이니 獄官이요 五辭는 五刑之辭라
④ 簡은 〈죄인의 진술이〉 미덥고 진실한지를 조사한다는 의미이다.
簡은 核孚信이라
⑤ 〈죄인의 진술에〉 의심스러운 점이 없어진 뒤에 형벌을 적용한다는 말이다.
無疑然後에 用刑이라
⑥ 〈正은〉 용서한다는 의미이다.
宥之라
⑦ 〈疵는〉 병폐라는 의미이다.
病也라
⑧ 〈官은〉 위세 있는 자리를 의미한다.
勢位라
⑨ 〈反은〉 원한에 보복하고 은덕에 보답한다는 의미이다.

---

9) (子)〔孚〕: 저본에는 '子'로 되어 있으나, 原典의 내용에 의거하여 '孚'로 바로잡았다.
10) 〔正于五罰〕: 저본에는 '正于五罰'이 없으나, 原典의 내용에 의거하여 보충하였다.

報怨과 報德이라

⑩ 〈內는〉 궁녀의 청탁을 의미한다.

女謁이라

⑪ 〈貨는〉 뇌물을 의미한다.

賄賂라

⑫ 〈來는〉 干請을 의미한다.

干請이라

⑬ 이 다섯 가지 과오로써 하기 때문에 刑을 적용해야 하는데 罰주는 경우도 있고 벌을 주어야 하는데 용서하는 경우도 있으니, 法을 犯한 자는 그 해당하는 罪에 따라 勘罪하는 것이다.

以此五者라 故有當刑而罰하고 當罰而宥者니 犯者는 以其罪罪之라

⑭ 審은 자세히 헤아린다는 말이고, 克은 私를 이긴다는 말이다.

審은 謂詳度이요 克은 謂勝私라

⑮ ≪周禮≫에 "얼굴빛을 보고 다스린다."라고 하였다.

周禮色聽이라

⑯ 하늘의 위엄을 엄숙하게 듣고 경외한다는 의미이다.

嚴敬天威라

또 말하기를 "벌금을 징수하는 것이 죽는 것은 아니지만 사람들이 지극히 괴로워하니, 말 잘하는 자가 옥사를 결단할 것이 아니라 良吏가 옥사를 결단해야 中正에 맞지 않는 일이 없을 것이다. 어긋난 점에서 말을 살펴서 자신의 생각을 따르는 것이 아니라 이치를 따르며, 가엾게 여기고 공경하여 옥사를 결단하며 刑書를 밝게 열어 여러 사람과 함께 점쳐야 모두 中正하게 될 것이니, 형과 벌을 살펴서 능하게 하라." 하였다.

又曰 罰懲이 非死나 人極于病[①]하나니 非佞이 折獄[②]이라 惟良이 折獄[③]이라사 罔非在中하리라 察辭于差[④]하야 非從惟從[⑤]하며 哀敬折獄하며 明啓刑書하야 胥占[⑥]이라사 咸庶中正하리니 其刑其罰을 其審克之하라

① 〈"罰懲非死 人極于病"은〉 재물을 내는 것이 목숨을 잃는 것과 똑같이 괴롭다는 의미이다.

財與命均이라

② 佞은 거침없이 말을 잘한다는 의미이다.

佞謂捷給이라

③ 良은 나이가 많고 후덕한 사람을 이른다.
良謂長厚라

④ 〈"察辭于差"는〉 말을 잘 들어야 한다는 의미이다.
辭聽이라

⑤ 〈"非從惟從"은〉 내 생각을 따르는 것이 아니라 오직 이치를 따라야 한다는 의미이다.
非從我意요 惟從於理라

⑥ 〈"胥占"은〉 여러 사람과 함께 점치고 헤아린다는 의미이다.
與衆占度이라

明啓刑書圖

또 말하기를 "獄事를 재물로 여기는 것은 보배가 아니고, 오직 죄상이 모여 많은 허물로 재앙의 보상을 받을 뿐이다." 하였다.

又曰 獄貨는 非寶①라 惟府辜功②하야 報以庶尤③라

① 〈"獄貨"는〉 獄事를 팔아 재물을 얻는다는 의미이다.
鬻獄得貨라

② 府는 모은다는 의미이다. 辜는 罪의 의미이고 功은 일이라는 뜻이다.
府는 聚라 辜는 罪요 功은 事라

③ 〈庶尤는〉 많은 허물을 가리킨다.
衆罪라

周公이 말하기를 "簡約하지 못하고 平易하지 못하면 백성이 가까이하지 않고, 평이하게 백성을 가까이하면 백성이 반드시 귀의할 것이다." 하였다.

周公曰 不簡不易(이)면 民不有近이요 平易近民이면 民必歸之①라

① 이는 周公의 말인데, ≪史記≫ 〈魯周公世家〉에 실려 있다. 그러므로 ≪書經≫의 뒤에 덧붙였다.
此周公之言而載于史記라 故附書之後라

≪周易≫ 賁卦 〈象傳〉에 "山 아래에 불이 있는 것이 賁이니, 君子가 보고서 여러 政事를 밝게 살피되 獄事를 決斷함에 과감히 하지 않는다."[11] 하였다.

易에 山下有火賁이니 君子以하야 明庶政하되 無敢折獄①하니라

① 산 아래에 불이 있어서 밝음이 먼 곳에 미치지 못하기 때문에 여러 정사를 밝게 살피되 감히 옥사를 결단함에 경솔하게 하지 못하는 것이다.
山下有火하야 明不(爲)〔及〕[12]遠이라 故明審庶政호되 不敢輕於斷獄이라

〈≪周易≫ 旅卦 〈象傳〉에〉 "山 위에 불이 있는 것이 旅이니, 군자가 보고서 刑罰을 씀을 밝게 하고 삼가며 獄事를 지체하지 않는다."[13] 하였다.

山上有火旅니 君子以하야 明愼用刑하며 而不留獄①하니라

① 불이 높은 곳에 있음에 밝음이 비추지 않음이 없으나 밝음을 믿으면 경솔해지기 때문에 삼

11) 山 아래에……않는다 : 〈序卦傳〉에 "卦됨이 山 아래에 불이 있으니, 山은 草木과 온갖 물건이 모이는 곳이요, 아래에 불이 있으면 그 위를 비춰서 초목과 물건들이 모두 그 광채를 입으니, 꾸미는 象이 있다. 이 때문에 賁라 한 것이다.〔爲卦 山下有火 山者 草木百物之所聚也 下有火 則照見其上 草木品彙皆被其光彩 有賁飾之象 故爲賁也〕"라고 하였다.

12) (爲)〔及〕 : 저본에는 '爲'로 되어 있으나, 原典의 내용에 의거하여 '及'으로 바로잡았다. 四庫全書本 ≪政經≫에도 '及'으로 되어 있다.

13) 山 위에……않는다 : 〈序卦傳〉에 "卦됨이 離가 위에 있고 艮이 아래에 있으니, 山은 멈추어 움직이지 않고 火는 행하여 머물지 아니하여 떠나가서 거처하지 않는 象이다. 그러므로 旅가 되었고, 또 밖에 걸려 있음은 또한 나그네〔旅〕의 象이다.〔爲卦 離上艮下 山 止而不遷 火 行而不居 違去而不處之象 故爲旅也 又麗乎外 亦旅之象〕"라고 하였다.

가라고 말하였고, 삼감이 지나치면 獄事를 지체하기 때문에 지체하지 말라고 한 것이다.
火之在高에 明無不照나 恃明則輕이라 故言謹하고 謹之過則留獄이라 故言不留라

〈≪周易≫ 豊卦 〈象傳〉에〉 "우레와 번개가 모두 이르는 것이 豊이니, 君子가 보고서 獄事를 決斷하고 刑罰을 가한다."[14] 하였다.

雷電皆至豊이니 君子以하야 折獄致刑①하니라

① 離는 밝음이니 비추어 살피는 象이기 때문에 옥사를 결단하고, 震은 동함이니 위엄으로 決斷하는 象이기 때문에 刑을 가하는 것이다.
離은 明이니 照察之象이라 故以折獄하고 震은 動이니 威斷之象이라 〔故〕[15] 以致刑이라

〈≪周易≫ 中孚卦 〈象傳〉에〉 "못 위에 바람이 있는 것이 中孚이니, 君子가 보고서 獄事를 의논하며 죽임을 늦춘다."[16] 하였다.

澤上有風이 中孚니 君子以하야 議獄하며 緩死①하니라

① 바람이 감동시키고 물이 받는 것이 中孚의 象이고, 獄事를 의논하고 죽임을 늦추는 것이 중부의 뜻이다.
風感水受 中孚之象이요 議獄緩死 中孚之意라

14) 우레와……가한다 : 〈序卦傳〉에 "卦됨이 震이 위에 있고 離가 아래에 있으니, 震은 動함이요 離는 밝음이다. 밝음으로써 동하고 동하되 밝음은 모두 豊盛함을 이루는 道이니, 밝음이 비출 수 있고, 동함이 亨通할 수 있은 뒤에 豊大함을 이룬다.〔爲卦 震上離下 震 動也 離 明也 以明而動 動而能明 皆致豊之道 明足以照 動足以亨然後 能致豊大也〕"라고 하였다.

15) 〔故〕 : 저본에는 '故'가 없으나, 四庫全書本 ≪政經≫에 의거하여 보충하였다.

16) 못……늦춘다 : 〈序卦傳〉에 "卦됨이 못 위에 바람이 있으니, 바람이 못 위에 행하여 물속을 감동시킴은 中孚의 象이 되니, 感은 감촉하여 동함을 이른다. 안과 밖이 모두 實하고 가운데가 비어 있음은 中孚의 象이 되고, 또 二爻와 五爻가 모두 陽이어서 中이 實하니, 또한 孚信의 뜻이 된다. 두 體에 있으면 中이 實하고 全體에 있으면 中이 虛하니, 中이 虛함은 信의 근본이요 中이 實함은 信의 바탕이다.〔爲卦 澤上有風 風行澤上而感于水中 爲中孚之象 感 謂感而動也 內外皆實而中虛 爲中孚之象 又二五皆陽而中實 亦爲孚義 在二體則中實 在全體則中虛 中虛 信之本 中實 信之質〕"라고 하였다.

孔子께서 말하기를 "千乘의 나라를 다스리되 일을 신중히 처리하고 〈백성에게〉 미덥게 하며, 쓰기를 절도 있게 하고 백성을 사랑하며, 백성을 부리기를 알맞은 때(농한기)에 하여야 한다." 하였다.[17)]

子曰 道千乘之國호되 敬事而信하며 節用而愛人하며 使民以時니라

孔子께서 말하기를 "引導하기를 法으로 하고 가지런히 하기를 刑罰로 하면, 백성들이 형벌을 면할 수는 있으나 부끄러워함은 없을 것이다. 인도하기를 德으로 하고 가지런히 하기를 禮로써 하면, 백성들이 부끄러워함이 있고 또 善에 이르게 될 것이다." 하였다.[18)]

子曰 道之以政하고 齊之以刑이면 民免而無恥니라 道之以德하고 齊之以禮면 有恥且格이니라

哀公이 묻기를 "어떻게 하면 백성이 복종합니까?"라고 하자,

孔子께서 대답하기를 "정직한 사람을 들어 쓰고 모든 굽은 사람을 버려두면 백성들이 복종하며, 굽은 사람을 들어 쓰고 모든 정직한 사람을 버려두면 백성들이 복종하지 않습니다." 하였다.[19)]

哀公問曰 何爲則民服이니잇고 孔子對曰 擧直錯(조)諸枉이면 則民服하고 擧枉錯諸直이면 則民不服이니이다

季康子가 묻기를 "백성으로 하여금 윗사람을 恭敬하고 忠誠하게 하며, 이것을 〈서로에게〉 勸勉하게 하려는데, 어찌하면 되겠습니까?"라고 하자,

孔子께서 말하기를 "백성들을 莊嚴하게 대하면 백성들이 恭敬하고, 부모에게 孝道하고 백성들을 사랑하면 백성들이 忠誠하고, 이것을 잘하는 자를 들어 쓰고 이것을 잘 못하는 자를 가르치면 勸勉될 것입니다." 하였다.[20)]

---

17) 孔子께서……하였다 : ≪論語≫ 〈學而〉에 보인다.
18) 孔子께서……하였다 : ≪論語≫ 〈爲政〉에 보인다.
19) 哀公이……하였다 : ≪論語≫ 〈爲政〉에 보인다.
20) 季康子가……하였다 : ≪論語≫ 〈爲政〉에 보인다.

季康子問 使民敬忠以勸호되 如之何잇고 子曰 臨之以莊則敬하고 孝慈則忠하고 擧善而敎不能則勸이니라

冉雍

孔子께서 말하기를 "冉雍(仲弓)은 君王의 位에 앉게 할 만하다." 하였다.

仲弓이 子桑伯子에 대하여 물으니, 공자께서 대답하기를 "그의 간략함도 괜찮다." 하였다.

중궁이 말하기를 "자신이 敬에 처해 있으면서 간략함을 행하여 백성들을 대한다면 괜찮지 않겠습니까? 자신이 간략함에 처하고 다시 간략함을 행한다면 너무 간략한 것이 아니겠습니까?"라고 하니,

공자께서 말하기를 "冉雍의 말이 옳다." 하였다.[21]

子曰 雍也는 可使南面이로다 仲弓이 問子桑伯子한대 子曰 可也簡이니라 仲弓曰 居敬而行簡하야 以臨其民이면 不亦可乎잇가 居簡而行簡이면 無乃太簡乎잇가 子曰 雍之言이 然하다

子貢이 政事에 대해 묻자, 孔子께서 말하기를 "양식을 풍족히 하고 병력을 풍족히 하면 백성이 믿을 것이다." 하였다.

자공이 말하기를 "반드시 부득이해서 버린다면 이 세 가지 중에 무엇을 먼저 해야 합니까?" 하니, 공자께서 말하기를 "병력을 버려야 한다." 하였다.

자공이 말하기를 "반드시 부득이해서 버린다면 이 두 가지 중에 무엇을 먼저 해야 합니까?" 하니, 공자께서 말하기를 "양식을 버려야 하니, 예로부터 사람은 누구나 다

---

21) 孔子께서……하였다 : ≪論語≫ 〈雍也〉에 보인다.

죽음이 있었지만, 백성이 〈위정자에 대한〉 신의가 없으면 〈나라가〉 설 수 없는 것이다." 하였다.[22]

子貢이 問政한대 子曰 足食足兵이면 民信之矣리라 子貢曰 必不得已而去인댄 於斯三者에 何先이리잇고 曰 去兵이니라 子貢曰 必不得已而去인댄 於斯二者에 何先이리잇고 曰 去食이니 自古皆有死어니와 民無信不立이니라

孔子께서 말하기를 "반 마디 말에 獄事를 결단할 수 있는 사람은 子路일 것이다. 자로는 승낙한 것을 묵힌 적이 없었다." 하였다.[23]

子曰 片言에 可以折獄者는 其由也與인저 子路無宿諾이러라

孔子께서 말하기를 "訟事를 결단함은 나도 남과 같이 하겠으나 반드시 사람들로 하여금 訟事함이 없게 하겠다." 하였다.[24]

子曰 聽訟이 吾猶人也나 必也使無訟乎인저

子張이 政事에 대해 묻자, 孔子께서 말하기를 "마음가짐을 게을리하지 말며, 행동하기를 忠으로써 해야 한다." 하였다.[25]

子張問政한대 子曰 居之無倦이요 行之以忠이니라

季康子가 孔子에게 政事에 대해 묻자, 공자께서 대답하기를 "政事란 바로잡는다는 의미이니, 그대가 바름으로써 솔선수범한다면 누가 감히 바르게 하지 않겠습니까." 하였다.[26]

季康子問政於孔子한대 孔子對曰 政者는 正也니 子帥以正이면 孰敢不正이리오

---

22) 子貢이……하였다 : ≪論語≫ 〈顔淵〉에 보인다.
23) 孔子께서……하였다 : ≪論語≫ 〈顔淵〉에 보인다.
24) 孔子께서……하였다 : ≪論語≫ 〈顔淵〉에 보인다.
25) 子張이……하였다 : ≪論語≫ 〈顔淵〉에 보인다.
26) 季康子가……하였다 : ≪論語≫ 〈顔淵〉에 보인다.

季康子가 도둑을 걱정하여 孔子에게 대책을 묻자, 공자께서 대답하기를 "만일 그대가 탐욕을 부리지 않는다면 비록 백성들에게 상을 주면서 도둑질하게 하더라도 도둑질하지 않을 것입니다." 하였다.[27]

季康子患盜하야 問於孔子한대 孔子對曰 苟子之不欲이면 雖賞之라도 不竊하리라

季康子가 孔子에게 政事에 대해 묻기를 "만일 無道한 자를 죽여서 道가 있는 데로 나아가게 하면 어떻겠습니까?" 하니,

공자께서 대답하기를 "그대는 政事를 함에 어찌 죽임을 쓰려 하십니까. 그대가 善하고자 하면 백성들이 善해지는 것이니, 君子의 德은 바람이고 小人의 덕은 풀입니다. 풀 위에 바람이 가해지면 풀은 반드시 바람이 부는 쪽으로 쓰러지는 법입니다." 하였다.[28]

季康子問政於孔子曰 如殺無道하야 以就有道인댄 何如하니잇고 孔子對曰 子爲政에 焉用殺이리오 子欲善이면 而民善矣리니 君子之德은 風이요 小人之德은 草라 草上之風이면 必偃하나니라

子路

子路가 政事에 대해 묻자, 孔子께서 말하기를 "솔선수범할 것이며 부지런히 해야 한다." 하였다.

더 자세히 말해주기를 청하자, 공자께서 말하기를 "게을리하지 말아야 한다." 하였다.[29]

子路問政한대 子曰 先之勞之①니라 請益한대

27) 季康子가……하였다 : ≪論語≫ 〈顔淵〉에 보인다.
28) 季康子가……하였다 : ≪論語≫ 〈顔淵〉에 보인다.
29) 子路가……하였다 : ≪論語≫ 〈子路〉에 보인다.

曰 無倦이니라

① 勞(노력하다, 부지런히 하다)는 본음대로 읽는다.
勞는 如字라

仲弓이 季氏의 家臣이 되어 政事에 대해 묻자, 孔子께서 말하기를 "有司에게 먼저 일을 맡기고, 작은 허물을 용서해주며, 어질고 유능한 이를 등용해야 한다." 하였다. 중궁이 묻기를 "어떻게 어질고 유능한 이를 알아 등용합니까?"라고 하자, 공자께서 대답하기를 "네가 아는 어질고 유능한 이를 등용하면 네가 미처 모르는 자를 남들이 내버려두겠느냐." 하였다.[30]

仲弓이 爲季氏宰하야 問政한대 子曰 先有司요 赦小過하며 擧賢才니라 曰 焉知賢才而擧之이릿고 曰 擧爾所知면 爾所不知를 人其舍諸아

樊遲가 농사일 배우기를 청하자, 孔子께서 말하기를 "나는 늙은 農夫만 못하다." 하였다. 菜田을 가꾸는 것을 배우기를 청하자, 대답하기를 "나는 늙은 원예사만 못하다." 하였다. 번지가 나가자 공자께서 말하기를 "小人이구나! 樊須(樊遲의 名)여! 윗사람이 禮를 좋아하면 백성들이 윗사람을 공경하지 않는 이가 없고, 윗사람이 義를 좋아하면 백성들이 윗사람에게 복종하지 않는 이가 없고, 윗사람이 信을 좋아하면 백성들이 감히 실정대로 하지 않는 이가 없을 것이다. 이렇게 되면 四方의 백성들이 자식을 포대기에 업고 올 것이니, 어찌 농사짓는 것을 쓸 필요가 있겠는가." 하였다.[31]

樊須

30) 仲弓이……하였다 : ≪論語≫ 〈子路〉에 보인다.
31) 樊遲가……하였다 : ≪論語≫ 〈子路〉에 보인다.

樊遲請學稼한대 子曰 吾不如老農호라 請學爲圃한대 曰 吾不如老圃호라 樊遲出커늘 子曰 小人哉라 樊須也여 上好禮면 則民莫敢不敬하고 上好義면 則民莫敢不服하고 上好信이면 則民莫敢不用情이니 夫如是면 則四方之民이 襁負其子而至矣리니 焉用稼리오

孔子께서 말하기를 "자기 자신이 바르면 명령하지 않아도 행해지고, 자신이 바르지 못하면 비록 명령한다 하더라도 따르지 않는다." 하였다.[32]

子曰 其身正이면 不令而行하고 其身不正이면 雖令不從이니라

孔子께서 衛나라에 갈 때 冉有가 수레를 몰았는데, 孔子께서 말하기를 "백성들이 많기도 하구나." 하였다.

염유가 "백성들이 많으면 또 무엇을 더하여야 합니까?"라고 묻자, 공자께서 말하기를 "富裕하게 해주어야 한다." 하였다.

염유가 "富裕해지면 또 무엇을 더하여야 합니까?"라고 묻자, 공자께서 말하기를 "가르쳐야 한다." 하였다.[33]

子適衛하실새 冉有僕이러니 子曰 庶矣哉라 冉有曰 旣庶矣어든 又何加焉이리잇고 曰 富之니라 曰 旣富矣어든 又何加焉이리잇고 曰 敎之니라

冉有

孔子께서 말하기를 "〈爲政者가〉 참으로 자신을 바르게 한다면 정치하는

32) 孔子께서……하였다 : ≪論語≫ 〈子路〉에 보인다.
33) 孔子께서……하였다 : ≪論語≫ 〈子路〉에 보인다.

데에 무슨 어려움이 있겠으며, 자신을 바르게 할 수 없다면 어떻게 남을 바르게 할 수 있겠는가." 하였다.[34)]

子曰 苟正其身矣면 於從政乎에 何有며 不能正其身이면 如正人에 何오

葉公問政

葉公(섭공)이 정치에 대해 물었는데, 孔子께서 말하기를 "가까이 있는 자들을 기쁘게 하며, 먼 곳에 있는 자들이 오게 하여야 한다." 하였다.[35)]

葉公이 問政한대 子曰 近者說(열)하며 遠者來니라

子夏가 莒父의 邑宰가 되어 정사를 물었는데, 孔子께서 말하기를 "속히 하려고 하지 말고 조그만 이익을 보지 말아야 한다. 속히 하려고 하면 제대로 하지 못하고, 조그만 이익을 보면 큰일을 이루지 못한다." 하였다.[36)]

子夏爲莒父宰하야 問政한대 子曰 無欲速하며 無見小利니 欲速則不達하고 見小利則大事不成이니라

孔子께서 말하기를 "윗사람이 禮를 좋아하면 백성을 부리기 쉽다." 하였다.[37)]

---

34) 孔子께서……하였다 : ≪論語≫ 〈子路〉에 보인다.
35) 葉公이……하였다 : ≪論語≫ 〈子路〉에 보인다.
36) 子夏가……하였다 : ≪論語≫ 〈子路〉에 보인다.

子曰 上好禮則民易(이)使也니라

子夏

孔子께서 말하기를 "지혜가 〈職位에〉 미치더라도 仁이 그것을 지켜낼 수 없으면 비록 얻더라도 반드시 잃는다. 지혜가 거기에 미치며 仁이 그것을 지켜낼 수 있더라도 장엄함으로써 백성들에게 임하지 않으면 백성들이 그를 공경하지 않는다. 지혜가 미치며 仁이 지켜낼 수 있으며 장엄함으로써 백성들에게 임하더라도 백성들을 興動시키기를 禮로써 하지 않는다면 〈백성들이〉 善하지 못하다." 하였다.[38)]

子曰 知及之라도 仁不能守之면 雖得之나 必失之니라 知及之하며 仁能守之라노 不莊以涖之면 則民不敬이니라 知及之하며 仁能守之하며 莊以涖之라도 動之不以禮면 未善也니라

孔子께서 武城에 가서 弦樂에 맞추어 부르는 노랫소리를 들었다. 夫子께서 빙그레 웃으며 말하기를 "닭을 잡는 데, 어찌 소 잡는 칼을 쓰느냐?" 하니, 子游가 대답하기를 "예전에 제가 선생님께 듣자오니 '君子가 道를 배우면 사람을 사랑하고 小人이 道를 배우면 부리기가 쉽다.'라고 하셨습니다." 하였다.

그러자 공자께서 말하기를 "그대들아, 言偃(子游)의 말이 옳다. 방금 내가 한 말은 농담이니라." 하였다.[39)]

子之武城하사 聞弦歌之聲하시고 夫子莞爾而笑曰 割雞에 焉用牛刀리오하니 子游對曰 昔者에

37) 孔子께서……하였다 : ≪論語≫ 〈憲問〉에 보인다.
38) 孔子께서……하였다 : ≪論語≫ 〈衛靈公〉에 보인다.
39) 孔子께서……하였다 : ≪論語≫ 〈陽貨〉에 보인다.

偃也聞諸夫子호니 曰 君子學道則愛人이요 小人學道則易使也라호이다 子曰 二三子아 偃之言이 是也니 前言은 戲之耳니라

子張이 孔子에게 仁에 대해 여쭈었는데, 공자께서 말하기를 "능히 다섯 가지를 天下에 행할 수 있으면 仁이 된다." 하였다. 子張이 가르쳐 주기를 청하니, 공자께서 말하기를 "공손함, 너그러움, 미더움, 민첩함, 은혜로움이니, 공손하면 업신여김을 받지 않고, 너그러우면 여러 사람들을 얻게 되고, 미더우면 남들이 의지하게 되고, 민첩하면 공이 있게 되고, 은혜로우면 충분히 남들을 부릴 수 있게 된다." 하였다.[40)]

子張이 問仁於孔子한대 孔子曰 能行五者於天下면 爲仁矣니라 請問之한대 曰 恭寬信敏惠니 恭則不侮하고 寬則得衆하고 信則人任焉하고 敏則有功하고 惠則足以使人이니라

子張

孟氏가 陽膚를 士師로 임명하자, 양부가 曾子에게 〈獄事의 처리에 관하여〉 물으니, 증자가 말하기를 "윗사람이 도리를 잃어 백성들이 離叛한 지가 오래되었다. 만일 犯法한 실정을 파악했으면 불쌍히 여기고 기뻐하지 말아야 한다." 하였다.[41)]

孟氏 使陽膚爲士師라 問於曾子한대 曾子曰 上失其道하야 民散이 久矣니 如得其情이면 則哀矜而勿喜니라

40) 子張이……하였다 : ≪論語≫ 〈陽貨〉에 보인다.

41) 孟氏가……하였다 : ≪論語≫ 〈子張〉에 보인다.

子張이 孔子께 묻기를 "어떠하여야 政事에 종사할 수 있습니까?" 하니, 공자께서 대답하기를 "五美를 높이고 四惡을 물리치면 이에 政事에 종사할 수 있다." 하였다.

자장이 묻기를 "무엇을 五美라 합니까?" 하니, 공자께서 대답하기를 "君子는 은혜를 베풀되 허비하지 않으며, 〈백성들을〉 수고롭게 하되 원망을 받지 않으며, 하고자 하면서도 탐하지 않으며, 태연하면서도 교만하지 않으며, 위엄스러우면서도 사납지 않은 것이다." 하였다.

자장이 묻기를 "무엇을 은혜를 베풀되 허비하지 않는 것이라 합니까?" 하니, 공자께서 대답하기를 "백성들이 이롭게 여기는 것을 인하여 이롭게 해주니, 이것이 은혜를 베풀되 허비하지 않는 것이 아니겠는가. 〈백성들을〉 수고롭게 할 만한 일을 선택하여 수고롭게 하니, 또 누가 원망하겠는가. 仁을 하고자 하여 仁을 얻으니 또 무엇을 탐하겠는가. 君子는 많거나 적거나 크거나 작거나에 관계없이 감히 교만함이 없으니, 이것이 태연하면서도 교만하지 않은 것이 아니겠는가. 君子는 衣冠을 바르게 하며 瞻視를 존엄히 하여 엄숙해서 사람들이 바라보고 스스로 두려워하니, 이것이 위엄스러우면서도 사납지 않은 것이 아니겠는가." 하였다.

자장이 묻기를 "무엇을 四惡이라 합니까?" 하니, 공자께서 대답하기를 "미리 가르치지 않고 〈잘못을 범하면〉 죽이는 것을 虐이라 하고, 미리 경계하지 않고 成功을 요구하는 것을 暴라 하고, 명령을 태만히 하고 期日을 각박하게 하는 것을 賊이라 하고, 똑같이 남에게 주면서도 출납할 때에 인색하게 하는 것을 有司라고 한다." 하였다.[42)]

子張이 問於孔子曰 何如라야 斯可以從政矣니잇고 子曰 尊五美하며 屛四惡이면 斯可以從政矣리라 子張曰 何謂五美니잇고 子曰 君子는 惠而不費하며 勞而不怨하며 欲而不貪하며 泰而不驕하며 威而不猛이니라 子張曰 何謂惠而不費니잇고 子曰 因民之所利而利之니 斯不亦惠而不費乎아 擇可勞而勞之니 又誰怨이리오 欲仁而得仁이니 又焉貪이리오 君子는 無衆寡하며 無小大히 無敢慢하나니 斯不亦泰而不驕乎아 君子는 正其衣冠하며 尊其瞻視하야 儼然人望而畏之하나니 斯不亦威而不猛乎아 子張曰 何謂四惡이니잇고 子曰 不教而殺을 謂之虐이요 不戒視成을 謂之暴요 慢令致期를 謂之賊이요 猶之與人也로되 出納之吝을 謂之有司니라

42) 子張이……하였다 : ≪論語≫ 〈堯曰〉에 보인다.

〈공자께서 말하기를〉 "너그러우면 大衆을 얻고, 信義가 있으면 백성들이 신임하고, 민첩하면 功績이 있고, 公正하면 사람들이 기뻐한다." 하였다.[43)]

寬則得衆하고 信則民任焉하고 敏則有功하고 公則說(열)이라

≪大學≫에 "孔子께서 말씀하기를 '訟事를 결단하는 것은 나도 남과 같이 하겠지만 반드시 사람들로 하여금 訟事함이 없게 하겠다.' 하셨다. 實情이 없는 자가 그 거짓말을 다하지 못하게 하는 것은 백성의 마음을 크게 두렵게 하기 때문이니, 이것을 일러 근본을 안다고 하는 것이다."[44)] 하였다.

大學에 子曰 聽訟이 吾猶人也나 必也使無訟乎인저하시니 無情者不得盡其辭는 大畏民志니 此謂知本이니라

〈≪大學≫에〉 "≪書經≫ 〈康誥〉에 이르기를 '赤子를 보호하듯이 한다.' 하였으니, 마음에 진실로 구하면 비록 꼭 맞지는 않으나 멀지 않을 것이다."[45)] 하였다.

康誥에 曰 如保赤子라하니 心誠求之면 雖不中이나 不遠矣라

〈≪大學≫에〉 "≪詩經≫에 이르기를 '즐거우신 君子여, 백성의 父母이다.' 하였으니, 백성들이 좋아하는 바를 좋아하고, 백성들이 싫어하는 바를 싫어함, 이를 일러 백성들의 부모라 하는 것이다."[46)] 하였다.

詩云 樂只君子여 民之父母라하니 民之所好를 好之하며 民之所惡(오)를 惡之 此之謂民之父母니라

≪禮記≫ 〈王制〉에 "무릇 五刑을 제정하되 반드시 天論에 맞추어 죄에 해당하는 벌을 事實에 부합하게 해야 한다. 무릇 五刑의 송사를 심리하되 반드시 父子의 親愛를

---

43) 너그러우면……하였다 : ≪論語≫ 〈堯曰〉에 보인다.

44) ≪大學≫에……하였다 : ≪大學≫ 傳 4章에 보인다. '訟事를……하겠다.'라는 공자의 말은 ≪論語≫ 〈顔淵〉에서 인용한 것이다.

45) ≪書經≫……것이다 : ≪大學≫ 傳 9章에 보인다.

46) ≪詩經≫에……것이다 : ≪大學≫ 傳 10章에 보인다. 詩는 ≪詩經≫ 〈小雅 南山有臺〉에서 인용한 구절이다.

이해하고 君臣의 義理를 세워 저울질해야 하고, 뜻으로 輕重의 순서를 논하고 조심스럽게 淺深의 限量을 헤아려 분별해야 하며, 그 귀의 청각과 눈의 시력을 다하고 忠과 愛를 모조리 쏟아 극진히 해야 한다. 의심이 나는 獄事는 널리 여러 사람과 같이 알아보되 여러 사람이 의심을 내거든 용서해주고 반드시 사건의 크고 작은 전례를 참작하여 판결해야 한다." 하였다.

王制에 凡制五刑호되 必卽天論하야 郵罰을 麗於事①니라 凡聽五刑之訟에 必原父子之親하야 立君臣之義하야 以權之하며 意論輕重之序하고 愼測淺深之量하야 以別之하며 悉其聰明하고 致其忠愛하야 以盡之라 疑獄은 汜與衆共之호되 衆疑어든 赦之하고 必察小大之比하야 以成之②니라

① "必卽天論"은 天意가 논의에 합치된다는 의미이다. 혹은 〈'論'이〉 '倫'자로 되어 있으니 倫은 理의 의미이다. 郵는 허물이고 麗는 붙인다는 의미이니, 사람을 허물하고 사람을 벌 줄 때에는 마땅히 명실이 그 사실에 부합하게 해서, 다른 일에 가탁하여 기뻐하고 노여워하지 말아야 한다는 뜻이다.
必卽天論은 言與天意合論이라 或爲倫〔字〕[47]하니 倫은 理也라 郵는 過也요 麗는 附也니 過人罰人에 當名附於其事하야 不可假他以喜怒라

② 小大는 輕重과 같다. 이미 지난 일이기 때문에 比라고 하였다. 比(선례)는 必과 利의 反切이니, 例의 의미이다.
小大는 猶輕重이라 (也)〔已〕[48]行故事曰比라 比는 必利反이니 例也라

〈또 말하기를〉 "刑이란 侀의 뜻이고 侀이란 이룬다는 의미이니, 〈형벌의 집행이〉 한 번 이루어지면 바꿀 수 없다. 그러므로 군자는 〈송사를 심리하는 데에〉 마음을 다하는 것이다." 하였다.[49]

刑者는 侀也요 侀者는 成也니 一成而不可變이라 故君子盡心焉이니라

子路가 蒲 땅을 다스린 지 3년이 되었을 때 孔子께서 그곳을 방문하였는데, 그 境內에 들어가서는 말씀하기를 "훌륭하구나, 자로여! 恭敬하여 신의가 있도다." 하시고,

---

47) 〔字〕: 저본에는 '字'가 없으나, 四庫全書本 《政經》에 의거하여 보충하였다.
48) (也)〔已〕: 저본에는 '也'로 되어 있으나, 四庫全書本 《政經》에 의거하여 '已'로 바로잡았다.
49) 刑이란……하였다 : 《禮記》 〈王制〉에 보인다.

그 邑內로 들어가서는 말씀하기를 "훌륭하구나, 자로여! 忠信하여 관대하도다." 하시고, 관청에 이르러서는 말씀하기를 "훌륭하구나, 자로여! 밝게 살펴서 결단하였도다." 하셨다.

子貢

子貢이 공자의 수레를 몰다가 묻기를 "夫子께서는 자로의 政事를 보지 못하셨는데 그 훌륭함을 세 번 칭찬하셨으니, 그 생각을 들을 수 있겠습니까?" 하니, 孔子께서 대답하였다.

"나는 그 사람의 정사를 보았다. 그 경내에 들어갔을 때 田疇가 다 잘 다스려져서 황무지가 잘 개간되고 溝洫이 잘 정리되어 있었으니, 이는 그가 恭敬하여 신의가 있었기 때문에 그 백성들이 힘을 다한 것이다. 그 읍내에 들어갔을 때 墻屋이 완고하고 樹木이 매우 무성하였으니, 이는 그가 忠信하여 관대하였기 때문에 그 백성들이 게으르지 않은 것이다. 그 관청에 이르렀을 때 관청이 매우 淸閒하고 아랫사람들이 命을 잘 따랐으니, 이는 그가 밝게 살펴서 결단하였기 때문에 정사가 어지럽지 않은 것이다. 이로써 살펴보건대, 비록 그 훌륭함을 세 번 칭찬하더라도 어찌 그의 아름다움을 다 표현할 수 있겠는가."[50]

子路治蒲三年이어늘 孔子過之한대 入其境曰 善哉라 由也여 恭敬以信矣로다하시고 入其邑曰 善哉라 由也여 忠信而寬矣로다하시고 至庭曰 善哉라 由也여 明察而斷矣로다하시다 子貢이 執轡而問曰 夫子未見由之政이어늘 而三稱其善하시니 可得聞乎잇가 孔子曰 吾見其政也라 入其境에 田疇盡易(이)하야 草萊甚辟하고 溝洫深治하니 此其恭敬以信이라 故其民盡力也요 入其邑에 墻

50) 子路가……있겠는가 : ≪孔子家語≫ 권3 〈辯政〉에 보인다.

屋完固하고 樹木甚茂하니 此其忠信以寬이라 故其民不偸也요 至其庭에 庭甚淸閒하고 諸下用命하니 此其明察以斷이라 故政不擾也라 以此觀之컨대 雖三稱其善이라도 庸盡其美乎아

子産이 鄭나라의 정사를 다스릴 때 자기가 타는 수레를 가지고 溱水와 洧水에서 사람들을 건네주었는데, 孟子께서 말하기를 "은혜로우나 정치하는 법을 알지 못한 것이다. 11월에 도보로 다니는 자가 통행할 수 있는 다리를 완성하고, 12월에 수레가 건널 수 있는 다리를 완성하면 백성들이 물 건너는 것을 괴롭게 여기지 않는다. 君子가 政事를 공평히 한다면 出行할 때에 사람들을 辟除[51]하는 것도 가하니, 어찌 사람마다 모두 건네줄 수 있겠는가." 하였다.[52]

子産

子産이 聽鄭國之政할새 以其乘輿로 濟人於溱洧러니 孟子曰 惠而不知爲政이로다 歲十一月에 徒杠成하며 十二月에 輿梁成하면 民未病涉也니라 君子平其政이면 行辟人도 可也니 焉得人人而濟之리오

〈또 말하였다.〉 "한갓 善心만 가지고는 정사를 할 수 없으며, 한갓 法度만 가지고는 〈정사를〉 스스로 행해지게 할 수 없다."[53]

徒善이 不足以爲政이요 徒法이 不能以自行이라

---

51) 辟除 : 임금이나 지위가 높은 관리가 행차할 때, 군졸들이 큰 소리를 내며 사람들의 왕래를 금지시키고 길을 트는 일을 말한다.

52) 子産이……하였다 : ≪孟子≫ 〈離婁 下〉에 보인다.

53) 한갓……없다 : ≪孟子≫ 〈離婁 上〉에 보인다.

孟子께서 말하기를 "仁言은 仁聲이 사람에게 깊이 들어가는 것만 못하고, 善政은 善敎가 民心을 얻는 것만 못하다. 善政은 백성의 재물을 얻고 善敎는 백성의 마음을 얻는다." 하였다.[54)]

孟子曰 仁言이 不如仁聲之入人深也니라 善政이 不如善敎之得民也니라 善政은 得民財하고 善敎는 得民心이니라

〈孟子께서 말하였다.〉 "〈文王은〉 백성을 보기를 다치지나 않을까 염려하셨다."[55)]

視民如傷이니라

---

54) 孟子께서……하였다 : ≪孟子≫ 〈盡心 上〉에 보인다.

55) 백성을……염려하셨다 : ≪孟子≫ 〈離婁 下〉에 "文王은 백성을 보기를 다치지나 않을까 염려하셨으며, 道를 바라보시고도 보지 못한 듯이 여기셨다.〔文王 視民如傷 望道而未之見〕"라고 한 데서 보인다.

2. 政事에 관한 傳文　傳

이 편은 진덕수가 ≪春秋左氏傳≫을 비롯한 여러 史書에서 政事에 관련된 기록을 선별·편집한 것이다. 인용한 傳文은 ≪春秋左氏傳≫에서 시작하여 ≪隋書≫에 이르기까지 모두 23종이며, 내용은 善政을 베풀었던 여러 인물들의 일화를 중심으로 서술하였다.

子産[1]이 비로소 然明[2]을 알아보고[3] 그에게 政事를 묻자, 연명이 대답하기를 "백성을 자식처럼 보고, 不仁한 자를 보거든 誅殺하기를 새매가 참새를 채듯이 해야 합니다."[4] 하였다.

子太叔[5]이 子産에게 정사를 묻자, 자산이 말하기를 "정사는 농사의 功과 같으니,[6] 밤낮으로 그 방법을 생각하여 시작을 생각하고 그 결과 이루기를 생각하며, 밤낮으로

---

1) 子産 : ?~B.C. 522. 春秋時代 鄭나라의 大夫 公孫僑로 자는 子産, 子美이다. 40년 동안 國政을 장악하여 훌륭한 정사를 펼쳤다고 알려져 있다. ≪春秋左氏傳≫ 襄公 30년 기사에, 자산이 국정을 처리한 지 3년 만에 백성들이 그의 정사를 칭송하는 노래를 불렀다는 내용이 보인다.

2) 然明 : 춘추시대 鄭나라 대부 鬷蔑의 字로, 鬷明이라고도 한다. 모습은 매우 추하나 말과 행실이 어질었다고 한다. ≪春秋左氏傳≫ 襄公 31년에 子産과 鄕校를 허무는 문제에 대해 논의한 내용이 보인다.

3) 子産이……알아보고 : ≪春秋左氏傳≫ 襄公 25년에 "子産이 비로소 然明을 알아보았다.〔子産始知然明〕"라고 한 것에 대한 杜預의 注에 "전년에 然明이 '程鄭이 머지않아 죽을 것이다.'라고 豫言하였는데, 지금 그 말대로 되었기 때문에 〈그가 지혜로운 사람임을〉 알아본 것이다.〔前年然明謂程鄭將死 今如其言 故知之〕"라고 하였다.

4) 誅殺하기를……합니다 : 惡人을 처벌하는 데 조금도 私情을 두지 않는다는 의미이다.

5) 子太叔 : 鄭나라의 正卿인 太叔段이다.

6) 정사는……같으니 : 爲政者가 백성을 자식같이 보는 것이 농민이 곡식을 잘 가꾸는 것과 같고, 不仁者를 誅殺하는 것이 농민이 잡초를 제거하는 것과 같기 때문에 정사는 농사와 같다고 한 것이다.

시행하되 그 시행하는 바가 생각한 바를 벗어나지 않기를[7] 農地에 두둑이 있는 것처럼 〈순서대로〉 한다면 허물이 적을 것이다." 하였다.[8]

子産始知然明하고 問爲政焉한대 對曰 視民如子하고 見不仁者어든 誅之를 如鷹鸇(전)之逐鳥雀也라하다 子太叔이 問政於子産한대 子産曰 政如農功하니 日夜思之하야 思其始而成其終하며 朝夕而行之호대 行無越思를 如農之有畔이면 其過鮮矣라하다

鬬子文이 세 차례 令尹의 지위를 사양하고 떠났는데 집안에 하루치의 식량도 비축되어 있지 않았으니 이는 〈私財로〉 백성들을 구휼하였기 때문이다. 楚나라 成王이 투자문이 아침을 먹고 나면 저녁 먹을 양식이 없다는 말을 듣고 이에 매번 朝見할 때마다 한 묶음의 脯와 한 광주리의 쌀을 준비하여 투자문에게 주었으니, 지금에 이르러서 이것이 관례처럼 되었다. 성왕이 매번 투자문에게 봉록을 내줄 때마다 투자문은 반드시 도피하였다가 성왕이 그만두면 그 이후에야 돌아왔다. 어떤 사람이 투자문에게 말하기를 "사람은 살면서 부귀를 추구하기 마련인데 그대는 오히려 도피하니 무슨 까닭입니까?" 하자, 투자문이 대답하기를 "대체로 정치에 종사하는 자는 백성을 보호하는 사람입니다. 백성들이 대부분 빈곤한데 내가 부귀를 취한다면 이는 백성을 수고롭게 해서 나의 부귀를 축적하는 것이니, 언제 禍를 만나 죽게 될지 알 수 없는 일입니다. 나는 죽음을 도피한 것이지 부귀를 도피한 것이 아닙니다." 하였다.[9]

鬬子文三舍令尹한대 無一日之積하니 卹民之故也라 成王聞子文之朝不及夕也하고 於是乎每朝設脯一束糗一筐하야 以羞子文하니 至于今(令尹)[10]秩之라 成王每出子文之祿에 必逃라가 王止而後復하니 人謂子文曰 人生求富어늘 而子逃之하니 何也오 對曰 夫從政者는 以庇民也라 民多曠者한대 而我取富焉이면 是勤民以自封也니 死無日矣라 我逃死요 非逃富也라

---

7) 시행하는……않기를 : 이미 생각한 것은 시행하고, 생각하지 않은 것은 함부로 시행하지 않는다는 말이다.

8) 子産이……하였다 : ≪春秋左氏傳≫ 襄公 25년에 보인다.

9) 鬬子文이……하였다 : ≪國語≫ 권18 〈楚語 下〉에 보인다.

10) (令尹) : 저본에는 '令尹'이 있으나, 汪遠孫의 ≪國語明道本攷異≫에 의거하여 衍文으로 처리하였다.

季羔가 衛나라의 士師〔獄官〕가 되었을 때 어떤 사람에게 刖刑을 가한 일이 있었는데, 얼마 후 衛나라에 蒯聵의 亂[11]이 일어났을 때 계고가 난리를 피하여 성문으로 달아나니 마침 刖刑을 받은 자가 성문을 지키고 있었다. 그가 계고에게 말하기를 "저쪽에 틈이 있습니다." 하니, 계고가 말하기를 "군자는 담장을 넘지 않는다." 하였다. 그가 다시 말하기를 "저쪽에 구멍이 있습니다." 하니, 계고가 말하기를 "군자는 구멍으로 기어가지 않는다." 하였다. 그가 다시 말하기를 "여기에 집이 있습니다." 하니, 자고가 그제야 〈집으로〉 들어갔다.

얼마 후 추격하던 자들이 그쳐서 계고가 떠나려 할 때 월형을 당한 사람에게 말하기를 "나는 군주의 법을 손상시킬 수 없어서 직접 그대의 발에 월형을 가하게 하였다. 지금 내가 어려운 처지에 있으니 이는 실로 그대가 원한을 복수할 수 있는 때인데, 나를 세 번이나 도피시켜준 것은 무슨 까닭인가?" 하니, 월형을 당한 사람이 말하기를 "발뒤꿈치가 잘린 것은 참으로 저의 죄이니, 어쩔 수 없는 일입니다. 옛날 君께서 法令으로 臣을 다스릴 때 다른 사람을 먼저 처벌하고 신을 나중에 다스렸으니, 臣이 처벌을 면하게 하려는 것임을 臣은 알았습니다. 獄事가 끝나고 刑을 論定해야 할 때 君께서는 몹시 우울해 하면서 기뻐하지 않음을 보았으니, 君의 안색을 보고 臣이 또한 〈그 마음을〉 알았습니다. 君께서 어찌 臣에게 사적인 감정이 있었겠습니까. 하늘이 군자를 내셨으니, 그 도리가 참으로 그러한 것입니다. 이것이 바로 臣이 君을 좋아하는 까닭입니다." 하였다.[12]

季羔爲衛士師에 刖人之足한대 俄而衛蒯聵之亂에 季羔逃之하야 〔走〕[13]郭門하니 刖者守門焉이라 謂季羔曰 彼有隙이라하니 季羔曰 君子不踰라 又曰 彼有竇라하니 季羔曰 君子不隧라 又曰 於此有室이라하니 季羔乃入焉이라 旣而追者罷하고 季羔將去에 謂刖者曰 吾不能虧主之法하야

---

11) 蒯聵의 亂 : 衛 靈公의 세자인 蒯聵가 靈公의 부인 南子의 淫行을 증오하여 죽이려다가 실패로 돌아가자 宋나라를 거쳐 晉나라로 망명하였는데, 그 후 영공이 죽고 괴외의 아들인 輒이 즉위하였으니 이 사람이 衛 出公이다. 뒤에 괴외가 위나라로 들어가려 했으나 첩이 위나라 군대를 출동시켜 저지하였으므로 뜻을 이루지 못하다가, 출공 12년에 비로소 귀국하여 즉위하였으니, 이 사람이 衛 莊公이다. 출공은 장공이 귀국하자 魯나라로 망명했다가 장공이 己氏에게 살해된 뒤에 다시 돌아와서 복위하였다.(≪史記≫ 권37 〈衛康叔世家〉)

12) 季羔가……하였다 : ≪孔子家語≫ 권2 〈致思〉에 보인다.

13) 〔走〕: 저본에는 '走'가 없으나, ≪孔子家語≫ 原典의 내용에 의거하여 보충하였다.

而親刖子之足이라 今吾在難하니 此正子之報怨之時어늘 而逃我者三은 何故哉아 曰 斷足은 固我之罪니 無可奈何라 曩者에 君治臣以法令에 先人後臣하니 欲臣之免也를 臣知라 獄決當論에 見君愀然不樂하니 見君顔色하고 臣又知之라 君豈私臣哉아 天生君子하니 其道固然이라 此臣之所以悅君也라

漢나라 曹參[14]이 齊나라 丞相이 되었을 때 齊나라는 70개 城을 소유하고 있었다. 천하가 처음 평정되었을 때 齊나라 悼惠王이 나이가 어렸으므로 조참이 長老와 여러 儒生들을 모두 불러놓고 백성들이 편안하게 모여 살게 할 방법에 대해 물었는데, 諸生들의 수가 100명에 달했지만 사람들마다 말이 달라서 조참은 어떻게 결정해야 할지 몰랐다.

膠西 지역에 蓋公이란 사람이 黃帝와 老子의 글을 익숙하게 읽었다는 말을 듣고 사람을 보내 폐백을 후하게 마련하여 청해 오게 하였는데, 개공이 조참을 만났을 때 말하기를 "治道에 있어서 淸靜을 귀하게 여기면 백성들이 절로 안정될 것입니다."라 하였다. 그러고 나서 이것을 미루어 그 이치를 이야기해주니 조참은 이에 正堂을 양보하여 개공이 머물게 하였는데, 이후 제나라 백성들은 편안히 모여 살게 되었고 조참을 현명한 승상이라고 크게 칭송하였다.[15]

漢曹參爲齊相에 齊七十城이라 天下初定에 悼惠王富於春秋하야 參盡召長老諸生하야 問所以安集百姓한대 諸儒以百數로대 言人人殊하야 參未知所定이라 聞膠西有蓋公 善治黃老言하고 使人厚幣請之한대 旣見에 蓋公이 爲言治道貴淸靜而民自定하고 推此類具言之하니 參於是避正堂하야 舍蓋公焉한대 齊國安集하고 大稱賢相이라

張歐[16]는 관리가 되었을 때 사람을 억압하는 말을 한 적이 없었고 오로지 성실하게

---

14) 曹參 : 劉邦을 보좌하여 稱帝하게 한 개국 공신이다. 立國 후에 蕭何와 연달아 相國이 되었으므로 '蕭曹'라 일컬어진다.

15) 漢나라……칭송하였다 : ≪漢書≫ 권39 〈蕭何曹參傳〉에 보인다.

16) 張歐 : 安丘侯 張說의 庶子로, 다른 이름은 叔이다. 漢나라 文帝 때에 法家의 학설인 刑名學을 연구하여 조예가 깊었다. 인품이 德이 있는 長者의 풍모를 지니고 있었기에 景帝는 그를 각별하게 존중하여 항상 九卿의 지위에 두었고 武帝 때에는 御史大夫에 임명되었다.

처신하여 長者다운 태도로 벼슬살이를 하였으니, 官屬들도 長子로 여겨서 또한 감히 크게 속이지 못하였다.[17)]

張歐爲吏에 未嘗言按人하고 專以誠長者處官하니 官屬以爲長者하야 亦不敢大欺라

漢 文帝, 景帝 때의 循吏로 河南太守 吳公[18)]과 蜀郡太守 文翁[19)] 같은 사람은 모두 자신을 삼가고 솔선수범하였으며, 청렴하고 공평하게 처신하여 엄격하게 규제하지 않아도 백성들이 교화에 따랐다.

文翁은 어질고 백성을 사랑하였으며 教化를 좋아하였는데, 蜀 지방이 궁벽하여 오랑캐의 풍속이 있는 것을 보고 그 백성들을 善으로 인도하고자 하였다. 이에 郡縣의 小吏 가운데 사리에 밝고 총명하며 재주가 있는 사람 10여 人을 선발하여 친히 권면한 다음 京師로 보내어 博士에게 수업을 듣게 하였다. 몇 해가 지나 蜀 지방의 유생들이 모두 학업을 성취하고 돌아오니 文翁은 그들을 郡中의 높은 직책에 차례대로 살펴 등용하였는데, 〈훗날〉 관직이 郡守나 刺史에 오른 사람도 있었다.

또 成都의 市中에 學宮을 세우고 下縣의 子弟들을 불러 學官의 弟子로 삼은 뒤에 兵役을 면제해주었는데, 재주가 높은 자는 郡縣의 아전으로 補任하여 차례대로 孝弟力田科[20)]에 응시하게 하였다. 나가서 縣을 순행할 때마다 더욱 學宮의 諸生 가운데 經에 밝고 행실이 독실한 자들을 따르게 하여 함께 가서 教令을 전하게 하고 閨閤에 출입하게 하니, 아전과 관리들이 보고 영광으로 여겨서 수년 동안 다투어 學官의 弟子가 되고자 하였다. 이로부터 교화가 크게 행해져서 촉 지방에서 京師에 공부하러 가는 자들이 齊나라나 魯나라와 비슷하게 되었다.[21)]

---

17) 張歐는……못하였다 : ≪漢書≫ 권46 〈萬石衛直周張傳〉에 보인다.

18) 吳公 : 漢나라의 名臣으로 文帝 즉위 초에 河南太守로 있으면서 善政을 베풀었는데, 문제가 그를 불러 廷尉라는 관직을 제수하였다.(≪漢書≫ 권48 〈賈誼傳〉)

19) 文翁 : 漢나라 景帝 때 인물로, 蜀郡의 太守가 되었을 때 學校를 세워 文風을 크게 진작시켰다.

20) 孝弟力田科 : 漢代에 관리를 선발할 때의 시험 과목으로, 백성에게 孝弟의 덕행을 장려하고 농사에 힘쓰게 하고자 惠帝 때에 처음으로 만들어졌다. 이후 高后 呂氏 때에 '孝弟力田'이라는 관직을 두었고, 文帝 때에는 孝弟, 力田, 三老라는 鄕官을 두어 군현의 교화를 담당하는 직임을 맡겼다고 한다.(≪漢書≫ 권2 〈惠帝紀〉, 권3 〈高后紀〉, 권4 〈文帝紀〉)

21) 漢 文帝……되었다 : ≪漢書≫ 권89 〈循吏傳〉에 보인다.

文景時循吏如河南守吳公蜀守文翁之屬은 皆謹身帥先하고 居以廉平하야 不至於嚴而民從化라 翁仁愛好教化한대 見蜀地僻陋有蠻夷風하고 欲誘進之하야 乃選郡縣小吏開敏有材者十餘人하야 親自飭厲하고 遣詣京師하야 受業博士라 數歲에 蜀生皆成就還歸하니 文翁以爲右職하야 用次察擧한대 官有至郡守刺史者라 又修起學宮於成都市中하고 招下縣子弟하야 以爲學官弟子하고 爲除更繇한대 高者以補郡縣吏하야 次爲孝弟力田이라 每出行縣에 益從學宮諸生明經〔飭〕[22]行者與俱하야 使傳教令하고 出入閨閤하니 吏民見而榮之하야 數年에 爭欲爲學官弟子라 繇(유)是大化하야 蜀地學於京師者比齊魯焉이라

汲黯[23]은 官民을 다스림에 맑고 깨끗함을 좋아하였으니, 丞史를 가려 일을 맡긴 뒤에는 大體만을 책할 뿐 작은 일로 번거롭게 하지 않았다.[24]

汲黯은 治官理民에 好清淨하니 擇丞史任之에 責大指而已요 不苛小라

汲黯

黃霸[25]가 潁川太守가 되었을 때 부지런히 교화를 행하고 그 뒤에 誅罰을 시행하여, 힘쓰는 점이 백성들을 성취시키고 안전하게 하는 데 있었다. 한번은 長吏 許丞[26]이 늙고 병들어 귀가 어두웠으므로 督郵[27]가 아뢰어 축출하고자 하였는데,

22) 〔飭〕: 저본에는 '飭'이 없으나, ≪漢書≫ 〈循吏傳〉 原典의 내용에 의거하여 보충하였다.
23) 汲黯 : ?~B.C. 112. 漢 武帝 때의 강직한 賢臣으로 자는 長孺이다. 河內에 御史로 갔을 때 형편상 편의대로 창고의 곡식을 내어 빈민을 진휼하고 나서 조정의 명을 빙자해 일을 처리한 데 대한 벌을 받을 것을 청하니, 무제가 현명하게 여겨 용서해주었다.(≪史記≫ 권120 〈汲黯列傳〉)
24) 汲黯은……않았다 : ≪漢書≫ 권50 〈張馮汲鄭傳〉에 보인다.
25) 黃霸 : B.C. 130~B.C. 51. 漢나라 陽夏 사람으로 자는 次公, 시호는 定이다. 潁川太守에 임명되고 다시 丞相에 이르러 建成侯에 봉해졌다.
26) 長吏 許丞 : 長吏는 고을 수령을 말하고, 許丞은 許氏 성을 가진 縣丞을 말한다.

황패가 말하기를 "許丞은 청렴한 관리이다. 비록 늙었지만 오히려 절하고 일어나며 전송하고 맞이하는 禮式을 할 수 있으니, 귀가 조금 어두운 것이 어찌 해롭겠는가. 장차 잘 도와주면 어진 사람의 뜻을 잃지 않을 것이다." 하였다.

어떤 사람이 〈許丞을 면직하지 않은〉 까닭을 물으니 황패가 말하기를 "자주 長吏를 바꾸면 舊官을 보내고 新官을 맞이하는 비용이 들고, 또 간사한 아전들이 이 틈을 타서 문서를 없애고 재물을 도둑질하여 公私間에 허비되고 소모되는 것이 매우 많을 터이니 이 비용은 모두 백성들에게서 나오는 것이다. 그리고 바뀐 새 長吏가 또한 반드시 어진 것은 아니어서 혹 舊官만 못하게 되면 더욱 어지럽게만 될 뿐이니, 무릇 다스리는 방도는 너무 심한 것만 제거하면 될 뿐이다." 하였다. 황패는 겉으로는 관대하고 안으로는 밝아서 아전과 백성들의 마음을 얻었으니, 戶口가 해마다 증가하여 다스림이 천하에서 제일이었다.[28]

黃霸는 爲穎川太守에 力行敎化而後誅罰하야 務在成就安全이라 長吏許丞老病聾하야 督郵白欲逐之한대 霸曰 許丞은 廉吏라 雖老나 尙能拜起送迎하니 正頗重聽이 何傷고 且善助之면 毋失賢者意라한대 或問其故하니 霸曰 數易長吏면 送故迎新之費하고 及姦吏緣하야 絶簿書盜財物하야 公私費耗甚多하니 皆當出於民이라 所易新吏 又未必賢하야 或不如其故면 徒相益爲亂이니 凡治道는 去其泰甚者耳라하다 霸以外寬內明으로 得吏民心하니 戶口歲增하야 治爲天下第一이라

朱邑[29]은 젊은 시절 舒縣 桐鄕의 嗇夫[30]가 되었는데 청렴·공평하고 가혹하지 않았으며, 백성을 사랑하고 이롭게 하는 것으로 행실을 삼았다. 일찍이 사람을 때리거나 욕보인 적이 없었고 늙은이와 고아를 찾아 위문하여 만나면 은혜를 베풀었으니, 이르는 곳마다 아전과 백성들이 사랑하고 공경하였다.[31]

---

27) 督郵 : 漢나라 때 처음 설치한 벼슬이름이다. 수령의 보좌관으로 소속 지방을 순찰하며 관리들의 성적을 考課하였다.

28) 黃霸가……제일이었다 : ≪漢書≫ 권89 〈循吏傳〉에 보인다.

29) 朱邑 : 漢나라 舒縣 사람으로 자는 仲卿이다. 桐鄕嗇夫로 있으면서 선정을 베풀어 죽은 뒤에 그곳 백성들이 그의 묘 옆에 사당을 짓고 歲時에 鄕祀를 올렸다고 한다.

30) 嗇夫 : 訴訟·賦稅 등을 맡은 小官으로, 秦나라 때에 설치하여 漢·晉·宋이 다 그대로 따랐다.(≪通典≫ 〈職官典 州郡 鄕官〉)

31) 朱邑은……공경하였다 : ≪漢書≫ 권89 〈循吏傳〉에 보인다.

朱邑은 少爲舒桐鄕嗇夫한대 廉平不苛하고 以愛利爲行이라 未嘗笞辱人하고 存問耆老孤遺하야 遇之有恩하니 所至吏民愛敬이라

漢 宣帝가 즉위했을 때 渤海의 左郡과 右郡에 흉년이 들어 도적이 아울러 일어났는데, 二千石[32]이 사로잡아 제재하지 못하니 丞相과 御史가 龔遂[33]가 등용할 만하다고 천거하였다. 선제가 공수를 渤海太守로 삼고 召見하여 이르기를 "발해가 황폐하고 어지러워져서 짐이 매우 걱정스럽다. 그대는 어떻게 도적을 그치게 해서 짐의 뜻에 부응하려 하는가?" 하니, 공수가 대답하기를 "바닷가 지역은 아득히 멀어서 聖王의 德化를 입지 못하였고, 그 백성들이 飢寒에 시달리는데도 관리가 그들을 구휼하지 않았습니다. 그러므로 폐하의 赤子(백성)들로 하여금 潢池[34] 가운데서 폐하의 병장기를 훔쳐 장난치게 하였을 뿐입니다.[35] 지금 신으로 하여금 勇力으

龔遂

32) 二千石 : 郡守를 가리키니, 漢나라 제도에 郡守의 俸祿이 二千石이었기 때문에 이와 같이 불렀다.

33) 龔遂 : 漢나라 循吏로 자는 少卿이다. 宣帝 때에 渤海郡의 亂民을 다스려서 良民으로 만드는 등 치적이 있었다.

34) 潢池 : 장마물이 괴어 있는 웅덩이라는 말로, 아주 협소한 땅을 비유한다.

35) 폐하의……뿐입니다 : 도적들을 평정하기가 어렵지 않다는 것을 비유적으로 표현한 말이다. 唐나라 宣宗 때에 鷄山에서 도둑 떼가 일어나자 황제가 토벌하라고 명하니, 崔鉉이 말하기를 "이들은 모두 폐하의 赤子인데, 飢饉과 추위에 핍박을 당하다가 병장기를 훔쳐 계곡 사이에서 장난을 친 것일 뿐이니, 大軍을 수고롭게 할 필요가 없습니다." 하였으니, 또한 이 말과 같다.

로 이들을 이기게 하고자 하십니까? 아니면 장차 안정되게 하고자 하십니까?"라고 하였다. 선제가 말하기를 "현명하고 어진 사람을 선발하여 등용하는 것은 실로 안정되게 하려는 것이다." 하니, 공수가 말하기를 "신은 듣건대, 亂民을 다스리는 것은 어지럽게 헝클어진 노끈을 푸는 것과 같아서 급하게 해서는 안 되고 오직 느슨하게 한 뒤에야 풀어낼 수 있다고 하였습니다. 신은 바라건대, 승상과 어사들이 우선 法文으로 신을 구속하는 일이 없게 해서, 일체 편의대로 종사할 수 있도록 해주소서." 하였는데, 선제가 허락하였다.[36)]

宣帝卽位에 渤海左右郡歲飢하야 盜賊竝起한대 二千石不能擒制하니 丞相御史 擧龔遂可用이라 上以爲渤海太守하고 召見하야 謂遂曰 渤海廢亂하야 朕甚憂之라 君欲何以息其盜賊하야 以稱朕意오하니 遂對曰 海瀕遐遠하야 不霑聖化하고 其民困於飢寒而吏不恤이라 故使陛下赤子盜弄陛下之兵於潢池中耳니 今欲使臣勝之耶아 將安之也아하다 上曰 選用賢良은 固欲安之也라하니 遂曰 臣聞治亂民은 猶治亂繩하야 不可急也요 唯緩之然後可治라 臣願丞相御史且無拘臣以文法하야 得一切便宜從事라한대 上許焉이라

공수가 驛馬를 타고 발해의 경계에 이르니 郡에서 신임 태수가 온다는 말을 듣고 군졸을 동원하여 맞이하였는데, 공수는 이들을 모두 돌려보낸 다음 公文을 보내 屬縣을 신칙해서 도적을 追捕하는 아전들을 모두 해산시키게 하고 말하기를 "호미와 낫과 농기구를 잡은 자들은 모두 선량한 백성이니 아전들이 죄를 물어서는 안 되고, 병장기를 가진 자가 바로 도적이다."라고 하였다. 그렇게 한 다음 공수가 한 대의 수레를 타고 홀로 가서 府에 이르니, 郡中이 翕然히 교화되고 도적들 또한 모두 해산하였다. 발해에 또한 약탈이 많아서 계속 일어났는데, 공수의 敎令을 듣고는 즉시 해산하여 병장기와 쇠뇌를 버리고 낫과 호미를 잡았으니, 도적이 이에 모두 평정되고 백성들은 고향에서 편안히 살며 생업을 즐겼다. 龔遂는 이에 창고를 열어 가난한 백성들에게 곡식을 빌려주고 선량한 관리를 선발하여 등용하고 백성들을 위안하여 잘 다스렸다.

(≪通鑑釋義≫)

36) 漢 宣帝가……허락하였다 : 이 단락에서부터 95쪽 "獄訟이 종식되었다"까지는 ≪漢書≫ 권89 〈循吏傳〉에 보인다.

乘傳至渤海界하니 郡聞新大守至하고 發兵以迎한대 遂皆遣還하고 移書勅屬縣하야 悉罷逐捕盜賊吏하고 諸持鉏鉤田器者는 皆爲良民이니 吏毋得問하고 持兵者는 迺爲盜賊이라하고 遂單車로 獨行至하니 郡中翕然하고 盜賊亦皆罷라 渤海又多劫掠相隨한대 聞遂敎令하고 卽時解散하야 棄其兵弩而持鉤鉏하니 盜賊於是悉平하고 民安土樂業이라 遂乃開倉廩假貧民하고 選用良吏하고 尉安牧養焉하다

공수는 齊 땅의 풍속이 사치스러워서 末技를 좋아하고 농사짓지 않는 것을 보고 이에 몸소 검약함으로 率先하였다. 그 후 백성들에게 농업과 蠶業을 권장하여 1인당 1그루의 느릅나무, 100포기의 염교, 50포기의 파, 한 뙈기의 부추를 심게 하고, 집집마다 2마리의 암돼지, 5마리의 암탉을 기르게 하였다. 백성 중에 칼〔刀〕과 검을 차거나 지닌 자가 있으면 검을 팔아 소를 사게 하고 칼을 팔아 송아지를 사게 하며 말하기를 "어찌하여 소를 허리에 두르고 송아지를 차고 다니는가?" 하였다. 봄과 여름에는 田畝로 나가지 않을 수 없게 하고 가을과 겨울에는 수확한 것을 考課하였으며, 果實과 菱芡[37]을 더욱 비축케 하는 등 그들을 위로하면서 두루 순행하니, 고을 안의 백성들이 모두 저축한 곡식이 있고 吏民이 모두 부유해져서 獄訟이 종식되었다.

遂見齊俗奢侈하야 好末技不田作하고 迺躬率以儉約하고 勸民務農桑하야 令口種一樹楡百本薤(해)五十本葱一畦韭(구)하고 家二母彘五雞라 民有帶持劒刀者면 令賣劒買牛하고 賣刀買犢하며 曰 何爲帶牛佩犢고하다 春夏不得不趣田畝하고 秋冬課收斂하며 益畜果實菱芡(능감)하야 勞來循行하니 郡中皆有畜積하고 吏民皆富實하야 獄訟衰息이라

召信臣[38]은 穀陽 땅의 수령에 보임되었다가 高第로 천거되어 上蔡 땅의 수령이 되었는데, 政事를 함에 백성들을 자식처럼 사랑하여 가는 곳마다 칭송을 받았다. 그러다가 南陽太守로 옮겼는데, 그때에도 政事가 上蔡 땅의 수령으로 있을 때와 같았다.

소신신은 사람됨이 勤實하여 方略이 있었고, 백성을 위해 이로운 일 일으키기를 좋

---

37) 菱芡 : 菱은 마름이고, 芡은 가시연밥이니 모두 食用이 가능한 水草이다.

38) 召信臣 : 九江 壽春 사람으로, 자는 翁卿이다. 杜詩와 함께 선후로 南陽太守가 되어 德政을 베풀었으므로 민간에서 "전에는 召父가 있고 뒤에는 杜母가 있다."라고 칭송하였다.

아하여 그들을 부유하게 하는 것으로 급선무를 삼았다. 몸소 農耕을 권장하여 田野에 출입하였고, 鄕亭[39]에서 유숙하며 편안히 거처하는 때가 드물었다. 순행하며 郡內의 물과 샘을 살펴보고 도랑과 배수구를 개통하였으며 모두 수십 곳에 水門을 세우고 제방을 막아 灌漑를 확장하자 해마다 田地가 증가하여 무려 3만 頃에 이르렀으니, 백성들이 그 이익을 얻어 곡식을 쌓아놓은 것이 여유가 있었다. 소신신은 백성들과 이 물을 공평하게 이용하자는 약속을 하고 그 약속을 돌에 새겨 田地 가에 세워서 분쟁을 방지하였다.

혼인과 장례는 사치스럽게 하는 것을 금지하였으니, 힘쓰는 것이 儉約에서 비롯하였다. 府縣 관리의 집 자제들 가운데 놀기만 좋아하고 오만하여 농사를 일삼지 않는 자가 있으면 번번이 그 부형을 배척하여 파면시켰고, 심한 경우에는 不法을 저지른 내용을 조사하여 好惡를 告示하였다. 이에 그 교화가 크게 행해져서 郡內에 부지런히 농사짓지 않는 사람이 없었고, 백성들이 귀의하여 戶口가 배로 증가하고 盜賊과 獄訟이 사라졌으니, 吏民들이 그를 親愛하여 召父라고 불렀다.[40]

召信臣補穀陽長이라가 擧高第하야 遷上蔡長한데 其治視民如子하야 所居見稱述이리니 遷南陽太守에 其治如上蔡라 信臣爲人勤力有方略하고 好爲民興利하야 務在富之라 躬勸耕農하야 出入阡陌하고 止舍離鄕亭하야 稀有安居時라 行視郡中水泉하고 開通溝瀆하며 起水門堤閼凡數十處하야 以廣漑灌한대 歲歲增加하야 多至三萬頃하니 民得其利하야 畜積有餘라 信臣爲作均水約束하고 刻石立於田畔하야 以防分爭이라 禁止嫁娶送終奢靡하니 務出於儉約이라 府縣吏家子弟好游敖하야 不以田作爲事면 輒斥罷之하고 甚者案其不法하야 以視好惡(오)라 其化大行하야 郡中莫不耕稼力田하고 百姓歸之하야 戶口增倍하고 盜賊獄訟衰止하니 吏民親愛하야 號之曰召父라

卓茂[41]는 密縣의 수령이 되었을 때 노심초사 백성들을 자식처럼 사랑하여 善한 사

---

39) 鄕亭 : 鄕中의 公舍를 말한다. 漢나라 제도에 百戶가 一里가 되고 十里가 一亭이 되고 十亭이 一鄕이 되는데, 매 亭마다 公舍 一間을 설치하여 행인들에게 휴식처로 제공하였다.

40) 召信臣은……불렀다 : ≪漢書≫ 권89 〈循吏傳〉에 보인다.

41) 卓茂 : 前漢 末의 宛 땅 사람으로 字는 子康이다. 일찍이 法禮와 曆算을 익혀 通儒란 칭송을 받았으며, 平帝 때에 密縣의 令이 되어 善政을 베풀었다. 王莽이 簒位하자 연로함을 핑계로 사직하고 향리에 있었는데, 光武帝가 즉위하여 맨 먼저 탁무를 찾아 太傅를 삼고 褒德侯로 봉하

람을 들어 가르치고 입으로 나쁜 말을 하지 않았으니, 관리와 백성들이 친애하여 차마 속이지 못하였다.[42)]

卓茂爲密令에 勞心諄諄하야 視人如子하야 擧善而敎하고 口無惡言하니 吏人親愛而不忍欺之라

卓茂

魯恭[43)]이 中牟令에 임명되었을 때 오로지 德化로 다스리고 형벌을 함부로 쓰지 않았다. 訟人 許伯 등이 田地를 다툴 때 누차 명해도 판결을 낼 수가 없었는데, 노공이 曲直을 공평하게 처리하니 모두 물러나 스스로 책망하면서 밭갈이를 그만두고 서로 양보하였다.

한번은 亭長이 어떤 사람에게 소를 빌렸다가 돌려주려 하지 않아서 소 주인이 노공에게 소송을 제기한 적이 있었다. 노공이 정장을 불러 두세 차례 소를 돌려주라고 신칙하여 명하였으나 정장이 여전히 명을 따르지 않으니, 노공이 "이는 敎化가 행해지지 않은 것이다."라며 탄식한 다음 印綬를 풀어놓고 떠나려 하였다. 그러자 掾史[44)]들이 눈물을 흘리며 함께 만류하니 정장이 이에 참회하고 소를 돌려준 다음 옥으로 나아가 죄를 받았는데, 노공은 용서해주고 죄를 묻지 않았다. 이에 吏民들이 信服하였다.[45)]

였다.

42) 卓茂는……못하였다 : ≪後漢書≫ 권55 〈卓魯魏劉列傳〉에 보인다.

43) 魯恭 : 後漢 사람으로 자는 仲康이다. 肅宗 때 直言으로 천거되어 中牟令이 되었고, 여러 관직을 거쳐 大司徒에 올랐다. 中牟令으로 있을 때 德化를 중시하고 형벌을 쓰지 않자 중모 지방에 메뚜기의 피해가 발생하지 않았다고 한다.

44) 掾史 : 漢나라의 관직명으로, 중앙과 각 州縣에 두어 정무를 보좌하게 하였다.

魯恭拜中牟令에 專以德化爲理하고 不任刑罰이라 訟人許伯等爭田에 累數令不能決한대 恭爲平理曲直하니 皆退而自責하야 輟耕相讓이라 亭長從(之)〔人〕[46]借牛而不肯還之하야 牛主訟於恭이라 恭召亭長하야 勅令歸牛者再三이나 猶不從하니 恭嘆曰 是敎化不行也라하고 欲解印綬去라 掾吏泣涕共留之하니 亭長乃慙悔하고 還牛詣獄受罪어늘 恭貰不問이라 於是吏人信服이라

劉寬[47]은 세 고을을 차례로 맡아 다스릴 때 온화하고 인자하며 용서함이 많아서 비록 급한 일에 처해 있더라도 일찍이 말을 빨리 하거나 얼굴색을 갑자기 바꾼 적이 없었다. 항상 '가지런히 하기를 刑罰로 하면 백성들이 형벌을 면할 수야 있겠지만 부끄러움이 없을 것이다.'[48]라고 하면서 吏民에게 잘못이 있을 때면 단지 부들 채찍으로 벌을 주어 망신을 보일 뿐 끝내 가혹하게 형벌을 더하지 않았다. 일이 잘되어 功이 있을 때에는 남을 추천하고 자신을 낮추었으며, 災異가 혹 나타날 때에는 자신을 引責하였다. 매양 속현을 순행하면서 亭傳[49]에 머물러 쉴 때마다 번번이 學官의 祭酒(좨주) 및 處士 등 諸生을 불러서 경전을 잡고 對講하게 하였다. 父老들을 만나면 농사 이야기로 위로하고 소년들을 만나면 효도하고 공경하라는 가르침으로 권면하니, 사람들이 德行에 感興하여 날로 교화되는 바가 있었다.[50]

劉寬은 典歷三郡에 溫仁多恕하야 雖在倉卒이나 未嘗疾言遽色이라 常以爲齊之以刑이면 民免而無恥라하고 吏民有過면 但用蒲鞭罰之하야 示辱而已요 終不加苦라 事有功善이면 推之自下하고 災異或見이면 引躬克責이라 每行縣止息亭傳에 輒引學官祭酒及處士諸生하야 執經對講이라 見父老에 慰以農里之言하고 少年에 勉以孝悌之訓하니 人感德興行하야 (見)〔日〕[51]有所化라

---

45) 魯恭은……信服하였다 : ≪後漢書≫ 권55 〈卓魯魏劉列傳〉에 보인다.

46) (之)〔人〕: 저본에는 '之'로 되어 있으나, 原典의 내용에 근거하여 '人'으로 바로잡았다. 四庫全書本 ≪政經≫에도 '人'으로 되어 있다.

47) 劉寬 : 後漢 桓帝·靈帝 때 사람으로, 자는 文饒이고 시호는 昭烈이다. 성격이 매우 너그러워 좀처럼 화를 내지 않았는데, 그 부인이 그가 얼마나 너그러운가를 시험하고자 하여 조회에 들어가려고 할 때 종을 시켜서 관복에 국을 엎질렀으나 다만 "네 손이 데지나 않았느냐."라고 했을 뿐 다른 말은 없었다고 한다.

48) 가지런히……것이다 : ≪論語≫ 〈爲政〉에 나오는 孔子의 말로 본서 71쪽에 보인다.

49) 亭傳 : 여행객이나 公文을 전달하는 사람이 도중에서 쉴 수 있도록 마련한 장소이다.

50) 劉寬은……있었다 : ≪後漢書≫ 권55 〈卓魯魏劉列傳〉에 보인다.

任延[52]이 九眞太守가 되었을 때 고을 풍속이 활을 쏘아 사냥하는 것을 생업으로 삼고 소를 부려 농사짓는 것을 알지 못하여, 백성들이 交趾에서 식량을 구매하게 해달라고 청하였을 정도로 늘 困乏하게 지내고 있었다. 임연이 이에 農器를 鑄造하게 하고 농지를 개간하는 방법을 가르치니, 田疇가 해마다 넓어져서 백성들이 넉넉하게 생활할 수 있게 되었다.

또 駱越의 백성들은 시집가고 장가드는 禮法이 없어서 각자 끼리끼리 음란하게 좋아하고 일정한 배필이 없었으니, 父子간의 효도와 夫婦간의 도리를 알지 못하였다. 임연이 이에 屬縣에 公文을 보내어 각각 20세에서 50세까지의 남자와 15세에서 40세까지의 여자로 하여금 모두 나이에 따라 서로 배필이 되게 하고, 그 가운데 가난하여 예법을 갖추어 배필을 맞이하지 못하는 경우에는 長吏 이하로 하여금 각기 俸祿을 덜어서 구휼하여 도와주게 하니, 동시에 혼인하는 사람이 2천여 명이나 되었다. 이 해에 風雨가 節氣에 알맞아 농사에 풍년이 드니, 아들을 낳은 사람들은 대부분 아들의 이름을 지을 때 〈임연의〉 '任'자를 넣었다.

처음 平帝 때 錫光이 交趾太守가 되었을 때에 民夷를 敎導하여 점차 禮義로 교화시켰으니, 명성이 任延과 대등하였다.[53]

任延爲九眞太守에 俗以射獵爲業하고 不知牛耕하야 民嘗告糴交趾하야 每致困乏이라 延乃令鑄作田器하고 敎之墾闢하니 田疇歲歲開廣하야 百姓充給이라 又駱越之民은 無嫁娵禮法하야 各因淫好하고 無適對匹하니 不識父子之性과 夫婦之道라 延乃移書屬縣하야 各使男年二十至五十과 女年十五至四十으로 皆以年齒相配하고 其貧無禮聘은 令長吏以下로 各省俸祿以賑助之하니 同時相娶者 二千餘人이라 是歲風雨順節하야 穀稼豐衍하니 其産子者는 多名子爲任이라 初平帝時에 錫光爲交趾太守할새 敎導民夷하야 漸以禮義化하니 聲侔於延이라

---

51) (見)〔日〕: 저본에는 '見'으로 되어 있으나, 原典의 내용에 의거하여 '日'로 바로잡았다. 四庫全書本 ≪政經≫에도 '日'로 되어 있다.

52) 任延 : 後漢 南陽 사람으로, 자는 長孫이다. 어릴 때부터 학문이 뛰어나 '任聖童'이라 일컬어졌다. 光武帝 초기 九眞太守로 있을 때 많은 선정을 베풀어 生祠堂이 세워졌고, 그 후에도 武威太守・潁川太守 등을 역임하면서 많은 치적을 쌓았다.

53) 任延이……대등하였다 : ≪後漢書≫ 권106 〈循吏列傳〉에 보인다.

劉昆[54]이 江陵令으로 있을 때 당시 縣에 해를 이어 화재가 발생했는데, 유곤이 그때마다 불을 향해 머리를 조아리니 비가 내리고 바람이 그치는 경우가 많았다. 후에 弘農太守로 옮겼다.

이보다 앞서 崤山과 澠池의 驛道에 호랑이가 많아 行旅가 통하지 못했는데, 유곤이 정사를 시행한 지 3년 만에 어진 교화가 크게 행해지니 호랑이들이 모두 새끼를 업고 황하를 건너 떠났다. 황제가 그 말을 듣고 기이하게 여겨서 유곤을 불러 光祿勳으로 삼고 묻기를 "전에 江陵令으로 있을 때는 바람의 방향을 돌려 불이 꺼지게 했었고, 후에 弘農太守가 되었을 때는 호랑이가 하수를 건너 달아났으니, 어떤 德政을 행하였기에 이런 일이 있게 되었는가?" 하였다. 그러자 유곤이 대답하기를 "우연일 뿐입니다." 하니, 황제가 탄식하며 이르기를 "이것이 바로 長者의 말이다." 하고, 돌아보며 史策에 기록하라고 명하였다.[55]

劉昆爲江陵令에 時縣連年火災한대 昆輒向火叩頭하니 多能降雨止風이라 遷弘農太守라 先是崤澠道多虎하야 行旅不通한대 昆爲政三年에 仁化大行하니 虎皆負子渡河라 帝聞而異之하야 徵爲光祿勳하고 問曰 前在江陵에 反風滅火하고 後守弘農엔 虎北渡河하니 行何德政而致是事오한대 昆對曰 偶然耳라하니 帝嘆曰 此長者之言이라하고 顧命書諸策이라

孟嘗[56]이 合浦太守가 되었을 때 合浦郡은 곡식이 생산되지 않았지만 바다에 眞珠가 나서 옆 고을인 交趾와 일찍부터 商販을 통해 곡물로 바꾸어 양식으로 삼고 있었다. 이보다 앞서 수령들이 대부분 貪穢하여 사람들을 몰아붙여 진주를 끝도 없이 채취하게 하자, 진주가 차츰 交趾郡의 경계로 옮겨갔다. 이에 行旅가 이르지 않고 사람들은 먹고 살 밑천이 없어져서 가난한 자들이 길에서 굶어 죽어갔다. 그런데 맹상이 관아에 이르러 앞서의 폐단을 혁파하여 바꾸고 백성들의 병통을 찾아 이익이 되게 하니, 마침내 한 해가 가기 전에 떠났던 진주가 다시 돌아왔다.[57]

---

54) 劉昆 : 後漢 東昏 사람으로, 자는 桓公이다. 光武帝 때 孝廉으로 천거되었으나 따르지 않고 江陵에 가서 제자들을 敎授하고 있었는데, 광무제가 그 소문을 듣고 바로 江陵令을 제수하였다. 뒤에 弘農太守 등을 거쳐 騎都尉에 이르렀다.

55) 劉昆이……명하였다 : ≪後漢書≫ 권109 〈儒林列傳〉에 보인다.

56) 孟嘗 : 後漢 桓帝 때 사람으로, 자는 伯周이다. 合浦太守로 있을 때 治積이 있었다.

孟嘗爲合浦太守에 郡不産穀實이나 而海出珠寶하야 與交趾比境으로 嘗通商販하야 (貨)〔貿〕[58] 糴糧食이라 先時에 宰守竝多貪穢하야 詭人採求를 不知紀極하니 珠漸徙於交趾郡界라 於是에 行旅不至하고 人物無資하야 貧者死餓於道라 嘗至官하야 革易前弊하고 求民病利하니 曾未踰歲에 去珠復(부)還이라

劉矩[59]가 雍丘令이 되었을 때 백성 중에 爭訟하는 자가 있으면 유구는 늘 앞으로 데리고 와서 귀에다 대고 조용히 훈계하기를 "분노는 참을 수 있으니, 官庭은 들어올 만한 곳이 못 된다." 하고, 돌아가서 다시 생각해보게 하였다. 그럴 때면 爭訟하는 자들이 감동하여 각기 소송을 파기하고 돌아갔고, 길에 버려진 물건을 습득한 경우가 있으면 모두 그 주인을 찾아주었다.[60]

劉矩爲雍丘令에 民有爭訟이면 矩常引之於前하야 提耳訓告하야 以爲忿恚可忍이니 縣官不可入이라하고 使歸尋思하니 訟者感之하야 輒各罷去하고 其有路得遺者면 皆推尋其主라

劉寵[61]이 會稽太守가 되었을 때 山民들이 성실하고 순박하여 흰 머리의 노인들이 市井에 들어가는 일이 없었다. 그러다가 자못 관리들에 의해 소요가 일어나서 유총이 번거롭고 가혹한 규정을 가려 제거하고 불법을 금하여 살피니, 고을 안이 크게 다스려졌다. 朝廷에서 불러 將作大匠[62]으로 삼았는데, 〈유총이 京師로 돌아갈 때〉 山陰縣에 사는 눈썹이 길고 머리가 희끗희끗한 5, 6명의 노인이 若邪山 골짜기 사이에서 나와 사람마다 百錢씩을 가지고 와서 유총을 전송하였다. 유총이 위로하며 말하기를 "父老들께서 어찌 수고롭게 직접 나오셨습니까?"라고 하니, 그들이 대답하기를 "산골짝

---

57) 孟嘗이……돌아왔다 : ≪後漢書≫ 권106 〈循吏列傳〉에 보인다.

58) (貨)〔貿〕: 저본에는 '貨'로 되어 있으나, 原典의 내용에 의거하여 '貿'로 바로잡았다.

59) 劉矩 : 後漢 蕭 땅 사람으로 자는 叔方이다. 雍丘令이 되어 예의와 겸양으로 교화하여 치적이 있었는데, 뒤에 尙書令을 역임하면서 賢相이라 칭송되었다.

60) 劉矩가……찾아주었다 : ≪後漢書≫ 권106 〈循吏列傳〉에 보인다.

61) 劉寵 : 後漢 桓帝·靈帝·獻帝 때 사람으로 자는 祖榮이다. 벼슬은 豫章·會稽의 태수를 거쳐 太尉에 이르렀다.

62) 將作大匠 : 처음에는 秦나라 때 '將作少府'란 이름으로 설치되었다가 前漢 景帝 때 改稱된 官名이다. 宮室과 宗廟·陵寢 및 기타 토목 공사를 담당하였다.

의 비천한 사람들은 일찍이 郡守를 알지 못하였습니다. 그러나 다른 太守가 부임해왔을 때에는 民間에 징발하고 착취하는 아전들이 밤이 되어도 끊이지 않아서 혹 개 짖는 소리가 밤새도록 이어졌으니, 백성들이 편안히 살 수가 없었습니다. 그런데 明府께서 부임한 이래로 개들은 밤중에 짖지 않고 백성들은 아전을 보지 못하였습니다. 지금 저희들을 버리고 떠나신다는 말을 들었기 때문에 스스로 부축하고 나와서 전송하는 것입니다." 하였다. 유총이 말하기를 "나의 政事가 어찌 公들의 말씀에 미칠 수 있겠습니까. 父老들에게 수고를 끼쳤습니다." 하고는 각각의 사람들을 위해 大錢 한 개씩을 골라서 받았다.[63]

劉寵爲會稽太守에 山民愿朴하야 有白首不入市井者러니 頗爲官吏所擾하야 寵簡除煩苛하고 禁察非法하니 郡中이 大化라 徵爲將作大匠한대 山陰縣에 有五六老叟厖眉皓髮 自若邪山谷間出하야 人齎百錢하고 以送寵이라 寵勞之曰 父老何自苦오하니 對曰 山谷鄙生은 未嘗識郡朝어니와 它(時守)〔守時〕[64]엔 吏發求民間이 至夜不絶하야 或狗吠竟夕하니 民不得安이라 自明府下車以來로 狗不夜吠하고 民不見吏러니 今聞當見棄去故로 自扶奉送耳라 寵曰 吾政이 何能及公言耶아 勤苦父老라하고 爲人選一大錢하야 受之하다

仇覽[65]이 蒲亭長이 되었을 때 사람들에게 生業을 권장하고 科令(法令)을 제정하였는데, 농사가 끝나면 젊은이들로 하여금 여럿이 함께 모여서 다시 학업에 나아가게 하였다.

구람이 처음 蒲亭에 到任하였을 때 백성 중에 陳元이란 자가 홀로 어미와 살고 있었는데, 그 어미가 구람에게 와서 진원의 불효를 고발하였다. 구람이 놀라 말하기를 "내가 근래 진원의 집을 방문했을 때 집안이 잘 정돈되어 있고 제때에 밭 갈고 김매고 있었으니, 이는 나쁜 사람이 아니다. 당시에는 敎化가 이르지 않아서 그랬을 뿐이다. 그대는 과부로 수절하고 아비 없는 자식을 기르면서 고생스럽게 늙어가는데, 무엇 때문에 잠시 동안의 분을 풀기 위해 자식을 不義에 빠뜨리려 하는 것인가." 하니, 어미가

---

63) 劉寵이……받았다 : ≪後漢書≫ 권106 〈循吏列傳〉에 보인다.

64) (時守)〔守時〕 : 저본에는 '時守'로 되어 있으나, 原典의 내용에 의거하여 '守時'로 바로잡았다.

65) 仇覽 : 後漢 考城 사람으로 자는 季智이고 또 다른 이름은 香이다. 延熹(桓帝의 연호) 연간에 蒲亭長이 되어 德政으로 백성을 교화하였다.

그 말을 듣고는 감동하고 후회하면서 눈물을 흘리고 돌아갔다. 구람이 이에 직접 진원의 집에 가서 그들 母子와 함께 술을 마시고, 인하여 禍福의 말로 비유하여 人倫과 孝行에 대해 이야기해주니, 진원이 마침내 효자가 되었다.

당시 考城令 王渙이 嚴猛한 政事를 숭상하였는데, 구람이 德으로 사람을 교화하였다는 말을 듣고 그를 主簿로 임명한 다음 구람에게 말하기를 "主簿는 진원의 허물을 듣고도 처벌하지 않고 교화되게 하였다고 하니, 鷹鸇와 같은 맹렬한 뜻[66]이 부족한 게 아닌가?" 하였다. 이에 구람이 말하기를 "鷹鸇은 鸞鳳만 못합니다. 그러므로 하지 않았습니다." 하였다.[67]

仇覽爲蒲亭長에 勸人生業하고 爲制科令한대 農事既畢이면 乃令子弟群居하야 還就學이라 覽初到亭에 人有陳元者 獨與母居한대 而母詣覽告元不孝하니 覽驚曰 吾近過元舍에 廬落整頓하고 耕耘以時하니 此非惡人이라 當時敎化未至耳라 母守寡(務)〔養〕[68]孤하야 苦身投老어늘 奈何肆忿於一朝하야 欲致子於不義乎아하니 母聞感悔하야 涕泣而去라 覽乃親到元家하야 與其母子飮하고 因爲陳人倫孝行을 譬以禍福之言하니 元卒成孝子라 時考城令王渙이 政尙嚴猛이라가 聞覽以德化人하고 署爲主簿하고 謂覽曰 主簿聞陳元之過하고 不罪而化之라하니 得無少鷹鸇之志耶아하니 覽曰 以爲鷹鸇이 不若鸞鳳이라 故不爲也라하다

王暢[69]이 南陽太守가 되었을 때 위엄 있고 엄하게 정사를 시행하며 분발하였는데, 功曹(張敞)가 諫하기를 "정성스러운 마음으로 형벌을 쓰는 것은 은혜를 베푸는 것만 못하고, 부지런히 간악함을 문책하는 것은 어진 자를 예우하는 것만 못합니다. 舜임금이 皐陶를 들어 쓰시니 不仁한 자들이 멀리 사라졌고,[70] 隨會가 政事를 하자 晉나라

66) 鷹鸇와……뜻 : ≪春秋左氏傳≫ 文公 18년에 "임금에게 무례한 자를 보거든 誅殺하기를 새매가 참새를 채듯이 하라.〔見無禮於君者誅之 如鷹鸇之逐鳥雀〕"고 한 데서 온 말이다.

67) 仇覽이……하였다 : ≪後漢書≫ 권106 〈循吏列傳〉에 보인다.

68) (務)〔養〕: 저본에는 '務'로 되어 있으나, 原典의 내용에 의거하여 '養'으로 바로잡았다.

69) 王暢 : 後漢의 山陽 高平 사람으로 자는 叔茂이고 王龔의 아들이다. 어려서부터 성품이 맑고 신실하여 편당을 짓지 않았다고 칭송되었다.

70) 舜임금이……사라졌고 : ≪論語≫ 〈顔淵〉에 子夏가 孔子의 말을 풀이하면서 "舜임금이 天下를 소유함에 여러 사람들 중에서 선발해서 皐陶를 들어 쓰시니, 不仁한 자들이 멀리 사라졌다.〔舜有天下 選於衆 擧皐陶 不仁者遠矣〕"라고 한 데서 온 말이다.

의 도적이 秦나라로 달아났으며,[71] 虞와 芮의 임금이 周나라 경계에 들어옴에 사양하는 마음이 절로 생겼으니,[72] 사람을 교화하는 것은 德에 있지 형벌을 쓰는데 있지 않습니다." 하였다. 왕창이 그 간언을 받아들여 다시 너그러운 정사를 숭상하고 刑을 삼가고 罰을 간략하게 하니, 교화가 드디어 행해졌다.[73]

王暢爲南陽太守에 奮厲威猛한대 功曹(詠)〔諫〕[74]曰 懇懇用刑은 不如行恩하고 孶孶求姦은 未若禮賢이라 舜擧皐陶하니 不仁者遠하고 隨會爲政에 晉盜奔秦하고 虞芮入境에 讓心自生하니 化人在德이요 不在用刑이라하다 暢納其諫하야 更崇寬政하고 愼刑簡罰하니 敎化遂行이라

隋나라 蘇瓊[75]이 淸河太守에 제수되었을 때 백성 가운데 乙普明이란 자가 형제간에 田地를 다투어 여러 해 동안 증인으로 세운 사람이 1백여 명에 이르렀다. 소경이 을보명 형제를 불러 타이르기를 "천하에 얻기 어려운 것이 형제이고 구하기 쉬운 것은 전지이다. 가령 전지를 얻었다 하더라도 형제의 마음을 잃는다면 어떻겠는가." 하니, 여러 증인들이 눈물을 흘리며 울지 않는 자가 없었다. 이에 을보명 형제는 머리를 조아리고 밖으로 나가 다시 생각해보겠다고 하더니, 마침내 다시 한 집에서 살았다.[76]

隋蘇瓊除淸河太守에 有百姓乙普明이 兄弟爭田하야 積年援據至百人이러니 瓊召普明兄弟하야 諭之曰 天下에 難得者는 兄弟요 易(이)求者는 田地니 假令得地라도 失兄弟心이면 如何오하니 諸證이 莫不灑泣이라 普明兄弟叩頭하고 乞外更思하야 遂還同居하니라

---

71) 隨會가……달아났으며 : ≪春秋左氏傳≫ 宣公 16년에 "晉나라 士會가 군대를 거느리고 가서 赤狄의 甲氏와 留吁와 鐸辰을 擊滅하고 나서 晉侯가 士會의 관직을 올려줄 것을 청하였는데, 周王이 士會에게 中軍을 거느리도록 명하고 太傅까지 겸임하게 하니 晉나라의 도적이 모두 秦나라로 달아났다."라고 한 데서 온 말이다. 隨會는 士會를 말한다.

72) 虞와……생겼으며 : 文王이 西伯으로 있을 때 虞·芮 두 나라의 임금이 田土의 경계를 다투어 결판이 나지 않자 서백에게 물어보기 위해 周나라로 간 적이 있었는데, 周나라의 경계에 들어가서 경작하는 사람들이 밭두둑을 서로 양보하고 어린 사람이 어른에게 양보하는 것을 보고는 부끄러워서 서로 양보하고 서백을 만나보지도 않고 돌아갔다는 故事가 있다.(≪孔子家語≫ 〈好生〉)

73) 王暢이……행해졌다 : ≪後漢書≫ 권86 〈張王种陳列傳〉에 보인다.

74) (詠)〔諫〕: 저본에는 '詠'으로 되어 있으나, 原典의 내용에 의거하여 '諫'으로 바로잡았다.

75) 蘇瓊 : 北齊 사람으로 자는 珍之이다. 벼슬은 南淸河太守를 거쳐 大理卿이 되었고, 北齊가 망하자 周에 벼슬하여 博陵太守가 되었다.

76) 隋나라……살았다 : ≪北史≫ 권86 〈循吏列傳〉에 보인다.

辛公義[77])가 岷州刺史에 제수되었을 때 土俗이 병을 두려워하여 한 사람이 병에 걸리면 온 집안이 피신하고 父子와 夫婦 사이에도 서로 간호하지 않아서 孝道와 義理가 끊어졌다. 신공의가 이것을 근심하여 部內에 官人을 파견하여 질병이 있는 사람은 모두 牀轝로 실어 廳事에 안치하게 하니, 더운 달 역병이 도는 시절에는 病者가 혹 수백 명에 이르렀다. 그렇게 한 다음 신공의는 직접 걸상을 설치하여 홀로 그 사이에 앉아 있었는데, 자신이 받은 俸祿으로 모두 약을 사고 의원을 맞이해 치료하자 이에 모두 차도를 보이니 병자 집안의 자손들이 부끄러워하며 사례하였다. 이후로 병에 걸린 사람이 있으면 다투어 使君(신공의)에게 나아갔는데, 그 집에 親屬이 없을 경우에는 인하여 머물러 요양하게 하였으니, 비로소 서로 慈愛하여 이런 풍속이 드디어 바뀌었다.

幷州刺史로 옮겼을 때는 수레에서 내려 먼저 獄에 이르렀는데, 獄舍 곁에 장막도 치지 않고 앉아 친히 驗問하여 10여 일 만에 옥사를 모두 決斷하였다. 바야흐로 大廳으로 돌아왔을 때 새로운 訟事를 수령하니 文案이 제대로 갖추어지지 않았다. 그래서 當直 佐寮 한 사람을 파견하고 곁에 앉아 訊問하였는데, 獄事의 실정이 다 갖추어지지 않으면 신공의는 곧 廳舍에 묵으며 집으로 돌아가지 않았다. 사람들이 혹 諫言하기를 "이 일은 期限이 있는데, 使君께서는 어찌 스스로를 괴롭히십니까?" 하니, 신공의가 대답하기를 "刺史가 德이 없으면 이 백성들을 인도할 수 있겠는가? 더구나 백성으로 하여금 감옥에 매이게 하였으니, 어찌 사람을 구금하여 옥에 있게 하고 스스로 마음이 편안할 수 있겠는가?" 하였는데, 죄인들이 그 말을 듣고 모두 마음으로 복종하였다. 이후로 諍訟하려는 사람이 있으면 鄕閭의 父老들이 급히 서로 깨우치기를 "이것은 작은 일이니, 어찌 차마 使君을 수고롭게 할 수 있겠는가?" 하니, 쟁송하려던 사람들이 모두 서로 양보하고 그만두었다.[78])

辛公義除岷州刺史에 土俗畏病하야 一人有病이면 合家避之하고 父子夫婦不相看養하야 孝義道絶이라 公義患之하야 分遣部內하야 凡有疾病이면 皆以牀轝(여)하야 安置廳事하니 暑月疫時에 或至數百이라 公義親設榻(탑)하야 獨坐其間한대 所得俸祿으로 盡用市藥하고 迎醫療之하야 於是

77) 辛公義 : 隋나라 隴西 사람이다. 벼슬은 岷州·竝州 자사를 거쳐 司隷大夫를 지냈다.(≪隋書≫ 권73 〈辛公義列傳〉)

78) 辛公義가……그만두었다 : ≪隋書≫ 권73 〈辛公義列傳〉에 보인다.

悉差하니 諸病家子孫慙謝라 後有病者는 爭就使君한대 其家無親屬이면 因留養之하니 始相慈愛하야 此風遂革이라 遷幷州刺史엔 下車하야 先至獄한대 露坐牢側하야 親自驗問하야 十餘日에 決斷咸盡이라 方還受新訟하니 不立文案하야 遣當直佐寮一人하고 側坐訊問한대 事不盡이면 公義卽宿聽하야 不還閤이라 或諫曰 此事有程이어늘 使君何自苦오하니 答曰 刺史無德이면 可以導人가 尙令百姓繫於囹圄하니 豈有禁人在獄而心自安乎아한대 罪人聞之하고 咸自款伏이러라 後有欲(送)〔訟〕[79]者면 鄕閭父老遽相曉曰 此小事니 何忍勤勞使君고하니 訟者皆兩讓而止하다

---

79) (送)〔訟〕: 저본에는 '送'으로 되어 있으나, 四庫全書本 ≪政經≫에 의거하여 '訟'으로 바로잡았다.

3. ≪政經≫의 부록　政經附錄[1)]

이 편은 ≪政經≫의 부록에 해당하는데, 조세를 독촉하는 방법에 대해 여러 가지 사례를 인용하여 적고 있다. 그리고 마지막에 자신의 생각을 기술하였는데, 처음에 인용한 徽州 歙縣의 제도가 가장 좋다고 하면서 "지금 屬縣의 財賦가 갖추어지지 않은 것은 대체로 歙縣의 법을 사용하지 못했기 때문이다."라고 하였다.

하나, 徽州의 歙縣은 평소 조세를 독촉하는 政事에 어려움이 있었다. 嘉定[2)] 연간에 어떤 수령이 夏稅와 秋苗에 대해 조치하여 1都[3)]에 장부 한 권을 비치하고, 여러 都의 保長들과 서로 약속하여 매일 3, 4都씩 인접하되 아무 都는 아무 날을 기한으로 삼아 가까운 곳에서 먼 곳까지 인접하였다. 예컨대 1일에는 1都, 2都, 3都를 인접하고 2일에는 4都, 5都, 6都를 인접하여, 14일이 되면 여러 都를 다 인접하고 다시 16일부터 거듭 輪回하여 29일이 되면 마치게 되는 것이었다. 15일이 비는 것은 小盡日이 있기 때문이었다.[4)] 그렇게 한 다음 그 장부를 항상 宅堂 가운데 비치해두고 한가할 때마다 한 번씩 열람하였는데, 아무 날 아무 都에 대한 기한이 이르면 이 장부를 가지고 保長에게 令을 내고, 해당 廳에서 상자에 넣어 던져두면 知縣이 文案에 따라 鄕司에게 令을 내렸다. 그리고 當廳에서 승인하여 바로 押印하면 保長이 즉시 나갔으니, 이에 따

1) 政經附錄 : 章名인 '政經附錄'은 저본에 별도로 표기되어 있지 않으나, 章의 말미에 '右政經附錄'이라고 쓰여 있는 것에 의거하여 章名으로 삼았다. 四庫全書本 ≪政經≫에는 본문의 앞에 '催徵'이라는 章名이 붙어 있다. 催徵은 田賦나 租稅 따위를 재촉하여 징수하는 것을 이른다.
2) 嘉定 : 중국 南宋의 제4대 황제 寧宗의 네 번째이자 마지막 연호로 1208~1224년에 해당한다.
3) 都 : 행정구역의 단위로, 保가 모여 都가 되고 都가 모여 鄕이 되고 鄕이 모여 縣이 된다.
4) 15일이……때문이었다 : 30일까지 있는 달이 큰달이고 29일까지 있는 달이 작은달인데, 큰달의 말일을 大盡日이라 하고 작은달의 말일을 小盡日이라 한다. 큰달과 작은달 가운데 큰달을 기준으로 삼으면 작은달에 적용할 수 없으므로 작은달을 기준으로 삼는다는 말이다.

라 체류하는 고충이 없어지고 引展하는 비용이 사라졌다. 어찌 기한이 되어 오지 않을 수 있었겠는가. 또 여러 廳의 기한이 같지 않을까 염려되면 保長이 또한 반드시 틈을 엿보아 여러 廳에 關文[5]을 보내서 기한이 되는 날 함께 모였으니, 保長은 하루만 縣에 있으면 여러 廳의 기한을 마치고 바로 고을로 내려가 조세를 독촉할 수 있었다. 이렇게 하여 매번 보름 만에 한 번씩 縣에 이르렀으니, 힘을 많이 들이지 않아도 여유롭게 관청의 일을 주선할 수 있었다. 이것이 한 가지 방법이다.

一. 徽之歙縣은 催科素難이라 嘉定中에 有爲宰者 措置夏稅秋苗하야 以一都爲一簿하고 與諸都保長相約하야 每日引三四都호대 某都以某日當限하야 自近而遠이라 謂如初一日引第一第二第三都하고 初二日引第四第五第六都하야 至十四日而諸都畢하고 又自十六日再輪하야 至二十九日而畢한대 所以虛十五日者는 以其有小盡故也라 其簿居常置宅堂中하고 閑暇에 輒一繙(번)閱한대 至某日某都當限이면 則携是簿以出令保長하고 當廳抛箱이면 知縣據案令鄕司하고 當廳批(消)〔銷〕[6]하야 卽與押字면 而保長者卽出하니 無羈留之苦하고 無引展之費라 安得不如期以來리오 又慮諸廳期限之不同이면 則保長又須伺候하야 於是에 關會諸廳하야 限日悉同하니 保長以一日在縣이면 了諸廳之限하고 卽下鄕催科라 每半月纔一到縣하니 爲力不煩이라도 得以從容爲官辦事하니 此一法也라

하나, 隆興의 豐城은 民戶가 많아서 掌攬人에게 위임하여 부세를 납부하였으나 掌攬人이 제때 납입하지 않았다. 嘉定 연간에 어떤 수령이 매 都마다 한 권의 靑冊을 내도록 조치하였는데, 매 板마다 稅戶 2명씩을 開錄하였다.[7] 첫 번째 줄에는 각각의 人戶를 적고 두 번째 줄에는 幹事人 세 글자를 적고 세 번째 줄에는 掌攬人 세 글자를 적은 다음 本都의 保長에서부터 稅戶에까지 전하여 체계적으로 취합하였다. 本戶에서 스스로 납부하면 첫 번째 줄에 '自納(스스로 납부함)'이라 적고 혹 幹事人에게 위임하여 납부하면 두 번째 줄에 그 성명과 사는 곳이 어디인지 적었으며 혹 掌攬人에게 위임하여 납부하면 세 번째 줄에 그 성명과 사는 곳이 어디인지 적었다. 이렇게 하여 여러

5) 關文 : 상급 관청에서 동급, 혹은 하급 관청으로 보내는 공문서・허가서를 말한다.
6) (消)〔銷〕: 저본에는 '消'로 되어 있으나, 四庫全書本 ≪政經≫에 의거하여 '銷'로 바로잡았다.
7) 靑冊을……開錄하였다 : 靑冊은 깨끗하게 정리한 臺帳이나 帳簿를 말하며, 開錄은 상급 관청에 보내는 문서의 말미에 성명이나 이름을 적는 것을 말한다.

都의 民戶에서 내는 부세를 빠짐없이 알고 거주지를 떠난 사람에 대해서도 세금을 독촉하기가 더욱 편리하게 하였으니, 이것이 또 한 가지 방법이다.

一. 隆興豐城은 人戶多하야 委掌攬輸賦나 而掌攬不以時納이라 嘉定中有爲宰者 措置每都出一靑冊한대 每板開稅戶二名이라 第一行에 書每人戶하고 第二行에 書幹事人三字하고 第三行에 書掌攬人(二)〔三〕[8]字하야 從本都保長하야 傳至稅戶하야 取會如係라 本戶自納이면 卽於第一行云 自納이라하고 或委幹事人納이면 卽於第二行에 書其姓名과 在何處居하며 或委掌攬人納이면 卽於第三行에 書其姓名과 在何處居라 諸都人戶稅賦를 無不知하고 其去着者도 於催科爲尤便하니 此又一法也라

하나, 潭州의 여러 縣에는 모두 掌攬人에 대한 장부가 있는데, 掌攬人이 되기를 원하는 사람이 狀을 넣으면 保[9]로 불렀고 이어 抵産을 납입해야 충원하는 것을 허락하였다. 이렇게 하자 이름을 속이는 폐단이 없고 사사로이 掌攬人을 내려보내어 그 이름이 官籍에 남아 있지 않는 폐단이 없었으며 公吏와 身役을 마친 사람 등이 함부로 충원되는 폐단이 없었으니, 이것이 또 한 가지 방법이다.

一. 潭州諸縣은 皆有掌攬籍한대 願爲掌攬者入狀이어든 召保하고 仍納抵産이라야 乃許充이라 應無詭名之弊하고 無私下掌攬而名不在官之弊하고 無公吏罷役等人을 冒充之弊하니 此又一法也라

하나, 寧國의 宣城은 조세의 독촉이 또한 어려웠다. 嘉定 연간에 어떤 수령이 到任한 뒤에 제일 먼저 여러 都의 保長들을 불러놓고 술을 마시게 한 다음 약속하기를 "지금부터 官에서는 조금도 그대들을 동요되게 하지 않을 것이니, 그대들 또한 나의 信命(命令)을 어겨서는 안 될 것이다." 하였다. 그러자 동료들이 모두 그 오활함을 비웃으며 말하기를 "이곳의 保司들은 비록 매를 치는 형벌을 가하더라도 두려워하게 할 수 없는데, 어찌 한 잔의 술로 약속을 굳게 할 수 있겠는가." 하였다. 이윽고 3년 사이에 한 명도 信命을 어기는 자가 없어서 鞭朴과 束縛을 사용할 일이 없었으니, 이것은 또

8) (二)〔三〕: 저본에는 '二'로 되어 있으나, 四庫全書本 ≪政經≫에 의거하여 '三'으로 바로잡았다.
9) 保 : 戶籍 編制의 단위로, 10家가 1保가 된다.

한 誠意로 사람들을 감동시킨 효과이다.

一, 寧國宣城은 催科亦難辦이라 嘉定中有宰到官하야 首召諸都保長來하야 飮之以酒하고 而與之約曰 自今官不以一毫擾汝니 汝亦毋得以違吾信命하라한대 同僚皆哂其迂하야 謂此間保司는 雖撻罰이라도 不能使之畏어늘 豈杯酒所能堅其約乎아하다 旣而三年之間에 無一違信命者하야 鞭朴束縛而不用하니 此又以誠意感人效也라

하나, 鄕邦에 아전의 사무에 익숙한 사람이 있었는데, 일찍이 保司의 임기가 도래하자 當廳을 데리고 引展하였으니 이에 鄕司들은 모두 얻는 것이 없어졌다. 또 다른 폐단이 생길까 염려되어 밝게 令을 내고 매번 引展할 때마다 얼마간의 錢을 引展하는 문서의 허리에 매어 상자 속에 넣어 던져두었으니, 保司의 비용은 많이 들지 않았고 鄕吏들도 조금 은혜를 입을 수 있었다. 이것은 비록 사소한 일이지만 또한 法으로 삼을 만하다.

一, 鄕邦에 有老於吏事者한대 嘗於保司限到에 率當廳引展하니 鄕司輩皆無所獲이라 又恐生他弊하야 則明出令하고 每引에 以錢若干文으로 繫于引之腰하야 抛之箱中하니 保司所費不多하고 而鄕吏亦沾微潤이라 此雖瑣末이나 亦可爲法이라

하나, 潭州의 醴陵에는 慶元[10] 연간에 이름난 선비로 수령이 된 사람이 있었는데, 기한이 만료된 자들을 살펴 차례차례 점고하여 관아에 나오게 하니 10명이 올 때도 있고 6, 7명이 올 때도 있었다. 이에 수령이 이르기를 "그대들의 죄는 杖刑에 해당하지만 차마 모두 杖刑에 처할 수는 없다." 하고 〈감추어진 죄를〉 조사하여 杖刑을 받게 하였다. 그러자 杖刑에 처해지는 자는 적어지고 사람들은 모두 두려워할 줄 알았으니, 이것이 또한 한 가지 방법이다.

一, 潭之醴陵에 慶元間有名士爲宰者한대 每省限滿하야 點追到官하니 或十人하고 或六七人이라 宰謂之曰 汝等罪當杖이나 然不忍皆杖也라하고 則使探鬮(구)而受杖이라한대 被刑者少而人皆知懼하니 此又一法也라

10) 慶元 : 중국 南宋의 제4대 황제 寧宗의 첫 번째 연호로 1195~1200년에 해당한다.

이상의 몇 조목은 모두 采用할 만한 것이지만, 장부를 만들고 기한을 구분한 歙縣의 법이 더욱 절실하고 긴요하다. 대개 장부는 財賦의 근저이니, 財賦가 장부에서 나오는 것은 곡식이 田畝에서 나오는 것과 같다. 그러므로 縣令은 장부에 대하여 마땅히 과거 응시자가 經書를 공부하는 것과 같이 중시해야 한다. 그러나 근세에는 그렇지 않아서 비록 秋苗와 夏稅에 대한 장부를 비치하지 않은 적이 없었지만 守宰된 자가 그 장부를 직접 열람하는 일은 드물었으니, 조세를 독촉할 때 사용하는 것은 鄕司가 초안을 잡아놓은 장부뿐이었다. 하지만 저 장부는 평소 급하게 작성되어 産錢이 출입할 때 농간을 부리지 않은 것이 없으니, 만일 초안을 잡아놓은 장부에 의거하여 조세를 독촉할 것 같으면 아직 납부하지 않은 것을 이미 납부한 것으로 삼고, 이미 납부한 것을 아직 납부하지 않은 것으로 삼아서 모두 鄕司가 하고자 하는 대로 될 것이다. 따라서 관아의 부세가 손실되는 것과 백성들의 戶口가 동요되는 것은 모두 이것 때문이다.

만일 歙縣의 법을 사용할 것 같으면 각 都의 수납에 모자람이 있고 모자람이 없는 것이 일목요연해질 것이다. 그러므로 일찍이 "조세를 독촉하는 권한이 자신에게 있고 아전에게 있지 않으면 백성들이 동요되지 않아도 財賦가 갖추어지고, 아전에게 있고 자신에게 있지 않으면 백성들이 동요되어도 財賦는 갖추어지지 않을 것이다."라고 하였으니, 대개 이것을 말하는 것이다. 지금 屬縣의 財賦가 갖추어지지 않은 것은 대체로 歙縣의 법을 사용하지 못했기 때문이다. 그러므로 나는 이에 대해 더욱 안타까워하는 바이다.

以上數條는 皆可采用이나 而歙縣造簿分限之法이 尤爲切要라 蓋簿書는 乃財賦之根柢니 財賦之出於簿書는 猶禾稼之出於田畝也라 故縣令於簿書에 當如擧子之治本經이라 近世不然하야 雖秋夏之薄를 未嘗不置나 然爲宰者는 罕曾親閱하니 則所用以催科者는 鄕司之草簿而已라 彼其平時飛走하야 産錢出入에 賣弄無所不至하니 若據其草簿以催科면 則指未納爲已納하고 已納爲未納하야 皆惟其意所欲하니 官賦之陷失과 人戶之被擾는 皆由於此라 若用歙縣之法이면 則各都之納에 有欠無欠이 一目瞭然이라 故嘗謂催科之權 在已而不在吏면 則不擾而辦하고 在吏而不在已면 則擾而不辦하니 蓋謂此也라 今屬縣財賦之不辦은 大抵由其不能用歙縣之法이라 故予於此에 尤惓惓焉하노라

이상은 政經의 附錄이다.

右政經附錄

4. 文忠公의 政迹　文忠公政迹

이 편은 진덕수가 長沙와 福建 등의 수령이 되었을 때 백성과 관료들에게 勸誘하고 曉諭한 글 및 당시 시행했던 政令과 그 하위 條目들을 모아놓은 것으로, 당시 그 지역의 실정과 그의 심경 및 政事의 내용이 비교적 자세하다. '文忠'은 진덕수의 시호이다.

西山[1)]이 長沙[2)]를 다스릴 때 咨目을 두 通判 및 職曹官에게 올리다
西山帥長沙咨目呈兩通判及職曹官[3)]

나는 외람되이 용렬한 자질로 자격 없이 閫寄[4)]의 직임을 맡았으니, 아침저녁으로 삼가고 두려워하며 위로 조정의 은혜에 보답하고 아래로 士民의 소망에 부응하기를 생각하였다. 오직 관직의 동료들이 協心同力해준 덕분에 거의 이룰 수 있었으니, 이에 보잘것없는 나는 문득 회포가 있어서 감히 주위의 동료들에게 다음과 같이 말한다.

某猥以庸虛로 **謬當閫寄**하니 **朝夕怵惕**하야 **思所以仰答朝廷之恩**하고 **俯惠士民之望**한대 **惟賴官僚協心同力**하야 **庶克有濟**하니 **區區輒有所懷**하야 **敢以布于左右**라

대개 듣건대, 정사를 하는 근본은 風化가 먼저이다. 潭州의 풍속은 평소 古人과 같이 순박하다고 칭송되었는데, 근래에 田里를 구획하다가 그 백성들이 순박하고 공손하여 오히려 古人의 기상에 가까운 점이 있는 것을 보았으니, 옛날 사람들이 칭송한

---

1) 西山 : ≪政經≫의 저자인 陳德秀의 호이다. 이 두 글자는 四庫全書本 ≪政經≫에는 없다. 우리나라에서 판각하여 간행할 때 추가해넣은 것으로 보인다.

2) 長沙 : 宋나라 荊湖南路의 潭州에 속한 郡名이다.

3) 西山帥長沙咨目呈兩通判及職曹官 : ≪西山文集≫에는 〈諭州諭同官咨目〉으로 되어 있다.

4) 閫寄 : 閫外(王城의 밖)의 일을 위임받은 것을 이르는데, 곤외의 일이란 곧 軍事의 重任을 가리킨다.

말이 참으로 지나치지 않았다는 것을 알 수 있었다. 이제 그 본래의 풍속으로 인해 善으로 인도하고자 이미 글을 지어 諭告해서 백성들이 孝弟의 행실을 일으키고 종족과 이웃 마을의 은혜를 두터이 하게 하였으니, 불행히도 허물이 있으면 스스로 새로워지기를 허락하여 舊習에 물들지 않게 해야 할 것이다. 만일 이러한 뜻을 미루어 백성에게 알리려 한다면 이는 令佐의 책임이다.

蓋聞爲政之本은 風化是先이라 潭之爲俗은 素以淳古稱한대 比者에 經其田里라가 見其民朴且愿하야 猶有近古氣象하니 則知昔人所稱이 良不爲過라 今欲因其本俗迪之於善하야 已爲文諭告하야 俾興孝弟之行하고 而厚宗族隣里之恩하니 不幸有過면 許之自新하야 而毋狃於故習이라 若夫推此意而達之民은 則令佐之責也라

지금부터 고을 백성 가운데 일이 있어 관청에 오는 사람에 대해서는 원컨대 번거로움을 꺼리지 말고 정성스럽게 깨우치고 지성으로 감동시켜서 이 마음을 오래도록 유지해나가게 한다면 반드시 성대하게 興起하는 사람이 있을 것이다. 만일 민간에 효행이 지극히 순수하고 우애가 자자하게 드러나며, 親族과 화목하고 鄕閭를 구휼하여 여러 사람들의 推重을 받는 이가 있으면 청컨대 사실대로 찾아 本州에 보고해서 표창과 권면을 넉넉히 더해야 할 것이다. 그리고 訟事를 들을 때에 있어서는 더욱이 명분을 바르게 하고 풍속을 순후하게 하는 것을 위주로 삼아야 할 것이다.

繼今邑民으로 以事至官者는 願不憚其煩而諄曉之하고 感之以至誠하야 持之以悠久면 必有油然而興起者라 若民間有孝行純至하고 友愛著聞하고 與夫叶和親族하고 賙濟鄕閭하야 爲衆所推者면 請采訪以實하야 以上于州하야 當與優加褒勸하고 至於聽訟之際하얀 尤當以正名分厚風俗爲主라

옛날 密學 陳襄[5]이 仙居의 수령이 되었을 때 아비는 의롭고 어미는 자애로우며 형

5) 陳襄 : 北宋의 학자로 자는 述古, 호는 古靈이고 시호는 忠文이다. 神宗 때 侍御史로서 王安石의 靑苗法을 반대했다가 좌천되었으나, 뒤에 다시 등용되었다. 明州·陳州·杭州 등의 知州로 나가 학교를 일으키고 민간의 병통을 제거하는 데 힘썼으며, 經筵에 있을 때는 司馬光·韓維·蘇軾 등 많은 사람을 천거하였다. 저서에는 ≪勸學≫·≪易義≫·≪中庸義≫·≪高靈集≫ 등이 있다. 樞密直學士·兼侍講·判尙書都省 등을 역임하였다.(≪宋史≫ 권321 〈陳襄列傳〉)

은 우애롭고 아우는 공경해야 한다는 등의 내용으로 백성을 가르쳐서 사람들이 그 교화에 悅服하였다고 한다. 예나 지금이나 백성들은 天性이 동일하니, 어찌 옛날에 행해졌는데 지금은 행해지지 않을 리가 있겠는가. 오직 야박하게 그 백성을 대하지 않으면 백성들 역시 차마 야박하게 스스로를 대하지 못할 터이니, 이것이 내가 동료 관원들에게 바라는 바이다. 그러나 몸을 바르게 하는 道가 지극하지 못하고 사람을 사랑하는 뜻이 미덥지 못하면 비록 가르쳐 諭告할 말이 있더라도 백성은 반드시 따르지 않을 것이다. 그러므로 나는 동료 관원들과 더불어 각각 四事로 스스로를 勉勵하고 백성들을 위하여 十害를 없애기를 원한다.

昔密學陳公襄이 爲仙居宰에 敎民以父義母慈兄友弟恭하야 而人化服焉이라 古今之民은 同一天性하니 豈有可行於昔而不可行於今이리오 惟毋以薄待其民이면 民亦將不忍以薄自待矣니 此某之所望於同僚者也라 然而正己之道未至하고 愛人之意不孚면 則雖有教告라도 而民未必從이라 故某願與同僚로 各以四事自勉하고 而爲民去其十害라

무엇을 四事라 이르는가? 청렴함으로 몸을 다스리는 것, 仁으로 백성을 어루만지는 것, 마음을 공정하게 가지는 것, 일에 임하여 부지런한 것이 이것이다.

何謂四事오 曰律己以廉①과 撫民以仁②과 存心以公③과 涖事以勤④이 是也라

① 무릇 명색이 사대부라고 하는 사람은 萬分의 청렴과 결백도 작은 善에 그치지만 한 점의 貪汙가 大惡이 되게 하니, 청렴하지 못한 관리가 만일 불결하다는 혐의를 받게 되면 비록 다른 아름다운 점이 있더라도 스스로 속죄할 수 없게 될 것이다. 그러므로 이것을 四事의 첫째로 삼는다.
凡名士大夫者는 萬分廉潔도 止是小善이나 一點貪汙 使爲大惡이니 不廉之吏 如蒙不潔이면 雖有它美라도 莫能自贖이라 故此以爲四事之首라

② 정치를 하는 사람은 마땅히 천지가 만물을 生育하는 마음과 부모가 어린 아이를 保育하는 마음을 체득해야 할 것이니, 조금이라도 참혹하고 각박한 마음이 있으면 仁이 아니고 조금이라도 성내고 미워하는 마음이 있으면 또한 仁이 아니다.
爲政者는 當體天地生萬物之心與父母保赤子之心이니 有一毫之慘刻이면 非仁也요 有一毫之忿疾이면 亦非仁也라

③ 傳에 이르기를 "공정하면 사리를 밝게 살필 수 있다.〔公生明〕"[6]라고 하였으니, 사사로운 생각이 한번 싹트면 옳고 그름이 자리를 바꾸어서 사리에 맞게 일을 하려 해도 그렇게 할 수 없을 것이다.

傳曰 公生明이라하니 私意一萌이면 則是非易位하야 欲事之當理라도 不可得也라

④ 관직을 맡은 자가 하루의 일에 부지런하지 않으면 아랫사람 가운데 반드시 그 폐단을 받는 자가 있을 것이다. 옛날의 성현들도 오히려 해가 기울 때까지 음식을 먹지 않고 앉아서 날이 새기를 기다렸는데, 더구나 그 나머지 사람들이야 더 말할 것이 있겠는가. 지금 세상에서는 관리의 일에 부지런한 사람이 도리어 鄙俗하다는 지목을 받고, 詩 읊고 술 마시며 연회를 즐기면 風流가 高雅하다고 말하는 경우가 있는데, 이것은 政事에 병통이 많은 까닭이고 백성들이 피해를 받는 까닭이니 경계하지 않을 수 없다.

當官者 一日不勤이면 下必有受其弊者라 古之聖賢도 猶且日昃不食하고 坐以待旦이어늘 況其餘乎아 今之世엔 有勤於吏事者 反以鄙俗目之하고 而詩酒遊宴이면 則謂之風流嫺雅한대 此政之所以多疵하고 民之所以受害也니 不可不戒라

무엇을 十害라 이르는가? 訟獄을 판단함에 공정하지 못한 것, 訟事를 처리함에 제대로 살피지 못하는 것, 구금 기간을 지연시키는 것, 참혹하게 用刑하는 것, 追呼[7]를 지나치게 남용하는 것, 고발하기를 종용하는 것, 중첩하여 납세를 독촉하는 것, 벌금을 부과하여 재물을 착취하는 것, 아전들을 풀어 시골에 내려보내는 것, 싼 가격으로 물건을 사는 것이 이것이다.

何謂十害오 曰斷獄不公①과 聽訟不審②과 淹延囚繫③와 慘酷用刑④과 汎濫追呼⑤와 招引告訐⑥과 重疊催稅⑦와 科罰取財⑧와 縱吏下鄉⑨과 低價買物⑩ 是也라

① 訟獄이란 백성의 운명이 달린 큰 일이니, 어찌 조금이라도 사적인 부정을 저지를 수 있겠는가.
獄者는 民之大命이니 豈可小有私曲리오

② 訟事에는 사실이 있고 허위가 있으니, 처리할 때 제대로 살피지 못하면 사실이 도리어 허위가 되고 허위가 도리어 사실이 되는 수가 있다. 어찌 소홀히 할 수 있는가.
訟有實有虛하니 聽之不審이면 則實者反虛하고 虛者反實矣라 其可苟哉아

③ 한 사람의 장정이 구금되어 있으면 온 집안의 생업이 폐해지고, 감옥에 갇혀 있는 고통은 하루를 지내기가 한 해와 같다. 어찌 오래도록 지연시킬 수 있겠는가.
一夫在囚면 擧室廢業하고 囹圄之苦는 度日如歲하니 其可淹久乎아

④ 형벌이란 부득이 쓰는 것이다. 남의 몸이 곧 나의 몸이니, 어찌 차마 참혹한 형벌을 몸에

6) 공정하면……있다 : ≪荀子≫ 〈不苟〉에 "공정하면 사리를 밝게 살필 수 있고, 편파적이면 사리를 살피는 것이 어두워진다.〔公生明 偏生暗〕"라는 구절이 있는데, 옛날 중국 外方의 관청에서 '公生明'이라는 세 글자를 돌에 새겨 세워서 관원들을 경계시켰다고 한다.

7) 追呼 : 아전들이 와서 소리치며 조세를 독촉하거나 요역에 나가도록 핍박하는 것을 말한다.

더할 수 있겠는가. 지금의 관리들은 기뻐하고 노여워하는 사사로운 감정으로 用刑하기를 좋아하고 심한 경우에는 혹 關節[8]의 사정으로 用刑하기도 하니, 형벌은 국가의 법전이기 때문에 하늘을 대신하여 죄를 규명하는 것이란 사실을 전혀 생각하지 않는다. 어찌 관리가 자신의 분을 풀기 위해 사사로운 분노를 드러낼 수 있겠는가. 경계하지 않을 수 없는 일이다.

刑者는 不獲已而用이라 人之體膚 卽己之體膚也니 何忍以慘酷加之乎아 今爲吏者는 好以喜怒用刑하고 甚者는 或以關節用刑하니 殊不思刑者國之典이라 所以代天糾罪하니 豈官吏逞忿行私者乎아 不可不戒라

⑤ 한 사람의 장정이 追呼되면 온 집안이 당황하여 동요하게 된다. 붙잡아 데리고 오는 데 들어가는 비용이 있고 관청에서 내보내는 데 들어가는 비용이 있어서 가난한 사람은 빚을 낼 수밖에 없고 심한 경우에는 집안이 파산하는 데에 이르게 되니, 지나치게 남용해서야 되겠는가.

一夫被追면 擧室皇擾라 有持引之需하고 有出官之費하야 貧者는 不免擧債하고 甚者는 至於破家하니 其可汎濫乎아

⑥ 고발은 곧 풍속을 훼손하고 교화를 어지럽히는 원인이다. 죄를 범한 자는 통렬히 다스려야 할 것이니, 어찌 拘引할 수 있겠는가. 지금 官司에서 사람들에게 實封을 내려준 것에 대한 狀文을 받거나 榜文을 내걸어 사람들에게 告發하기를 종용하여 비밀리에 죄를 범하게 하는 것은 모두 불법에 속하니, 해서는 안 되는 일이다.

告訐은 乃敗俗亂化之原이라 有犯者는 自當痛治니 何可(句)〔拘〕[9]引이리오 今官司有受人實封狀이어나 與出榜召人告首하야 陰私罪犯은 皆係非法이니 不可爲也라

⑦ 田地에서 나오는 稅는 한 해에 한 번 징수하는 것이니, 한 해에 거듭 稅를 바치게 해서야 되겠는가. 부과한 稅가 있는데 바치지 않는 것은 民戶의 罪이지만, 이미 바쳤는데 다시 바치라고 요구하는 것은 누구의 죄인가. 지금 州縣에서는 대개 이미 輸納한 뒤에도 鈔[10]를 발급하지 않거나 혹 鈔는 발급했어도 장부에서 백성의 이름을 지우지 않아서 재차 推尋하는 경우가 있는데, 官에 가서 鈔를 바쳐야 이에 면할 수 있으니 그 소요가 이루 다 헤아릴 수 없을 정도로 많다. 심한 경우에는 鈔가 있어도 처리하지 않아서 반드시 거듭 납부한 뒤에야 추심을 그만두기 때문에 집안이 파산하고 처자를 팔아먹는 일이 왕왕 이로 말미암아 생겼으니, 사람의 마음을 가진 자가 어찌 차마 이런 일을 할 수 있겠는가.

稅出於田은 一歲一收하니 可使一歲至再稅乎아 有稅而不輸는 此民戶之罪也나 輸已而復責以輸는 是誰之罪乎오 今之州縣은 蓋有已納而鈔不給이어나 或鈔雖給而籍不消再追한대 至官呈鈔라야 乃

---

8) 關節 : 要路에 뇌물을 보내어 청탁하는 경우를 가리킨다.

9) (句)〔拘〕: 저본에는 '句'로 되어 있으나, 문맥에 의거하여 '拘'로 바로잡았다.

10) 鈔 : 縣의 民丁이 納付해야 할 物品을 鈔記하여 백성에게 발급하는 문서로, 백성이 이를 바탕으로 納付해야 할 물품을 官에 輸納하면 관에서는 그 백성의 이름을 官簿에서 지워주었다.

免하니 不勝其擾矣라 甚者有鈔不理하야 必重納而後已하야 破家蕩産하고 鬻妻賣子 往往由之하니 有人心者 豈忍爲此리오

⑧ 민간에 두 가지 稅를 합하여 輸納하게 한 것 외에는 조금이라도 망령되이 받아서는 안 된다. 그런데 지금 縣道에는 벌금을 부과하는 政事와 법에 규정되지 않은 課稅가 있으니, 모두 백성에게 깊은 해가 된다. 개혁하지 않아서는 안 되는 일이다.

民間自二稅合輸之外에 一毫不當妄取어늘 今縣道有科罰之政與夫非法科斂者하니 皆民之深害也라 不可不革이라

⑨ 시골에 사는 약한 백성은 아전을 범처럼 두려워하는 법이니, 아전을 풀어 시골에 내려보내는 것은 마치 범을 풀어 우리에서 내놓는 것이나 마찬가지이다. 弓手와 土兵에 해당하는 役은 더욱이 금지해야 하니, 스스로 도적을 잡을 때가 아니면 모두 차출해서는 안 된다.

鄕村小民은 畏吏如虎니 縱吏下鄕은 猶縱虎出柙也라 弓手土兵은 尤當禁戢이니 自非捕盜면 皆不可差出이라

⑩ 물건이 같으면 가격도 같은 것이니, 어찌 公私의 차이가 있겠는가. 지금 州縣에는 이른바 市令司가 있고 또 이른바 行戶가 있는데, 매번 官司에서 물건을 널리 매입할 때 市價에 비해 대체로 10분의 2, 3을 감하되 혹 바로 돌려주지 않기도 하고 심지어 民戶에 白著[11]하기도 하니, 어떻게 이것을 감당할 수 있겠는가.

物同則價同하니 豈有公私之異리오 今州縣有所謂市令司者하고 又有所謂行戶者한대 每官司敷買에 視市直率減十之二三호대 或不卽還하고 甚〔至白著民戶하니 何以堪此〕[12]리오

보잘것없는 나는 四事에 대해 감히 더욱 힘쓰지 않겠는가. 어진 동료들 중에는 실로 친절하게 말해주기를 기다리지 않아도 스스로 힘써야 한다는 것을 평소 잘 아는 사람이 있을 것이다. 그러나 또한 어찌 힘을 쓰고도 그렇게 하지 못하는 사람이 없겠는가. 傳에 "허물이 있어도 고치지 않는 것을 곧 허물이라 한다."[13]라 하였고 또 "누가 道德이 어렵다고 하였나? 힘쓰면 거의 이를 수 있다네."[14]라고 하였다. 어질고 어질지

---

11) 白著 : 정해진 租稅 이외에 불법으로 더 징수하는 가혹한 세금을 말한다.

12) 甚〔至白著民戶 何以堪此〕: 저본에는 '甚' 이하의 구절이 없으나, 四庫全書本 ≪政經≫에 의거하여 '甚' 아래에 '至白著民戶 何以堪此'를 보충하였다.

13) 허물이……한다 : ≪論語≫ 〈衛靈公〉에 "허물이 있어도 고치지 않는 것을 곧 허물이라 한다.〔過而不改 是謂過矣〕"라고 하였는데, 이에 대한 朱子의 集註에 "허물이 있으되 능히 고친다면 허물이 없는 데로 돌아갈 수 있다. 오직 허물을 고치지 않는다면 그 허물이 마침내 이루어져서 장차 고치지 못하게 될 것이다.〔過而能改 則復於無過 唯不改 則其過遂成 而將不及改矣〕"라고 하였다.(≪論語集註≫)

못한 사람의 구분은 힘쓰고 힘쓰지 못하는 데 달려 있을 뿐이니, 훗날 擧刺[15]의 임무를 수행할 때에 마땅히 이것을 기준으로 삼아야 할 것이다.

某之區區는 其於四事에 敢不加勉가 同僚之賢은 固有不俟丁寧이라도 而素知自勉者矣어니와 然亦豈無當勉而未能者乎아 傳曰過而不改를 是謂過矣라하고 又曰誰謂德難고 厲其庶而라하니 賢不肖之分은 在乎勉與不勉而已니 異時擧刺之行에 當以是爲准이라

十害의 유무에 이르러서는 자세히 알지 못하지만, 만일 있다면 마땅히 물에 빠진 자를 건지고 불에 타는 자를 구하듯이 해서 하루가 다 가기를 기다리지 말아야 할 것이다. 구태의연한 습속에 빠지지 말고 利害의 私情에 끌리지 말아서, 혹 일이 州郡에 관계되면 마땅히 보고 받고 깊이 논의해서 반드시 백성의 병통을 없애버리기를 기약한 뒤에 그만두어야 할 것이니, 이것이 또 내가 동료들에게 소망하는 바이다.

至若十害有無하얀 所未詳知나 萬一有之인댄 當如拯溺救焚하야 不俟終日이라 毋狃於因循之習하고 毋牽於利害之私하야 或事關州郡이면 當見告而商確焉하야 必期於去民之瘼而後已니 此又某之所望於同僚者라

이 밖에 또 하고 싶은 말이 있다. 대저 州와 縣은 원래 같은 집이고 官長과 僚屬 역시 같은 몸이다. 만일 관장이 거만하게 자만심을 가져서 아랫사람과 소통하지 않고 요속이 물러나 입을 다물어서 윗사람에게 실정을 보고하지 않는다면 윗사람과 아랫사람이 막혀서 是非를 듣지 못할 터이니, 정사의 병통과 민생의 고통을 어떻게 다스릴 수 있겠는가. 옛날 諸葛武侯(諸葛亮)는 부임하여 백성을 다스릴 때 제일 먼저 많은 사람들의 생각을 모으고 충성스럽고 유익한 말을 하는 사람을 널리 구하였다. 나는 제갈무후와 비교했을 때 결코 따라갈 수는 없지만, 그러나 마음을 비우고 나를 의식하지 않아서 善한 말을 듣기 좋아하는 것은 대개 평소에 가지고 있는 뜻이다.

---

14) 누가……있다네 : 漢나라 韋玄成의 〈自劾詩〉에 "누가 華山이 높다고 하였나? 애써 우러러보면 가지런해질 수 있고, 누가 道德이 어렵다고 하였나? 힘쓰면 거의 이를 수 있다네.〔誰謂華高 企其齊而 誰謂德難 厲其庶而〕"라는 구절이 있다.(≪漢書≫ 권73 〈韋賢傳〉)

15) 擧刺 : 관원의 근무 성적을 평가하는 褒貶이나 殿最의 임무를 의미하는 말로, '擧'는 올려 쓰는 것을 가리키고, '刺'는 내치는 것을 가리킨다.

抑又有欲言者라 夫州之與縣은 本同一家요 長吏僚屬은 亦均一體라 若長吏偃然自尊하야 不以情通於下하고 僚屬退然自默하야 不以情達于上이면 則上下痞塞하야 是非莫聞하리니 政疵民隱을 何從而理乎아 昔諸葛武侯開府作牧에 首以集衆思廣忠益爲先이라 某之視侯에 無能爲役이나 然虛心無我하야 樂於聞善은 蓋平日之素志라

지금부터 道內의 利害 가운데 내가 마땅히 알아야 할 것은 알려주기를 원하고 내가 하는 일이 이치에 합당하지 않거나 時俗에 불편한 점이 있으면 역시 알려주기를 원하니, 알려주어서 정당할 것 같으면 감히 공경하여 따르지 않겠는가. 만일 그렇지 않더라도 반복해서 생각하기를 싫어하지 않을 것이니, 그렇게 된다면 湖州와 湘州 9개 郡의 백성들이 거의 그 혜택을 받을 것이고 나는 과실이 적어질 것이다. 이에 감히 성심으로 고하노니, 亮察하여 준다면 매우 다행이겠다.

自今一道之利病에 某之所當知者는 願以告焉하고 某之所爲有不合於理不便於俗者면 亦願以告焉하니 告而適當이면 敢不敬從가 如其未然이라도 不厭反復이니 則湖湘九郡之民이 庶乎其蒙賜하고 而某也庶乎其寡過矣라 敢以誠告하노니 尙其亮之면 幸甚이라

나는 이 자목을 府判과 職曹 이하 여러 동교 관원들에게 올린다.

某咨目上府判職曹以下諸同官이라

현의 의론을 맡고 있는 12현의 知事들과 회동하였다가 詩로써 전송하다 會集十二縣知縣議事以詩送[16]

이제까지 수령과 백성은
모두 몸을 함께하는 친근한 동포였으니

16) 會集十二縣知縣議事以詩送 : ≪牧民心書≫에는 이 시의 제목이 〈眞西山帥長沙宴十二邑宰於湘江亭作詩(眞 西山이 長沙를 다스릴 때 12고을의 수령을 모아 湘江亭에서 잔치를 베풀고 시를 짓다)〉로 되어 있다.(≪牧民心書≫ 권1 〈飭躬〉)

어찌 백성의 고혈로 그대의 녹봉을 이바지하고
그 고통이 내 몸에 절실함을 생각지 않을 수 있으랴
이 고을은 다만 唐朝의 옛 고을과 비슷하니
우리들은 한나라의 循吏처럼 되어야 할 것일세
오늘 저녁 湘江亭의 봄에 마시는 한 잔 술이
거듭 흩어져 완연한 봄기운이 되리라

從來守令與斯民은 都是同胞一體親이니 豈有脂膏供爾祿하고 不思痛癢切吾身이리오 此邦祗似唐朝古하니 我輩當如漢吏循이라 今夕湘春一巵酒 重煩散作十分春이라

風俗에 대해 曉諭하는 榜文 諭俗榜文[17)]

나(태수)는 외람되이 聖上의 은혜를 입고 발탁되어 湘州 지역에 부임하게 되었다. 곰곰이 생각하건대 조정에서 중임을 맡긴 것은 有司의 常務를 警責하는 일뿐만이 아니니, 德化를 베풀고 민심을 인도하는 것이 실로 수령의 일이다. 돌아보건대 이 지방의 풍속은 애초에 자세히 알지 못하니, 지금 천성과 인륜에 관계된 중대한 것과 개과천선의 방도로 먼저 그대들 백성을 위해 알려주고 이를 풍속에 대해 효유하는 세 가지 일〔諭俗三事〕이라 명명한 다음 이제 아래에 갖추어 적는다.

太守叨蒙上恩하야 擢守湘土라 深惟朝廷委寄之重은 非特責以有司常務而已니 布宣德化하고 導迪人心이 實守臣之事라 顧此邦風俗은 初未詳知하니 今以天性人倫之大者와 與夫遷善改過之方으로 〔首〕[18)]爲爾民告하고 名之曰諭俗三事라하야 今具于后라

하나, 옛날 백성을 가르칠 때 반드시 孝弟를 근본으로 삼았고 형벌을 제정할 때도 不孝와 不弟를 먼저 염두에 두었으니, 대개 사람이 사람 되는 것이 禽獸와 다른 까닭은 父子간의 은혜와 長幼 사이의 의리가 있기 때문이다. ≪詩經≫ 〈小雅 蓼莪〉에 "아

17) 諭俗榜文 : ≪西山文集≫에는 〈潭州諭俗文〉으로 되어 있다.
18) 〔首〕: 저본에는 '首'가 없으나, ≪西山文集≫ 〈潭州諭俗文〉에 의거하여 보충하였다.

버지시여 나를 낳으시고 어머니시여 나를 길러주셨네.〔父兮生我 母兮鞠我〕"라고 하였고, 이어서 "그 은덕을 갚고자 할진댄 하늘처럼 다함이 없도다.〔欲報之德 昊天罔極〕"라고 하였는데, 이는 부모의 은혜는 위대함이 하늘과 같으니 자식 된 자가 비록 그 힘을 다하더라도 보답하기에 부족하다는 말이다. 그런데 지금은 부모가 살아 있는데 거처와 재산을 달리하고 부모가 연로한데 자주 봉양을 빠뜨리며, 부모가 병들었는데 치료에 힘쓰지 않고 부모가 돌아가셨는데 제때에 安葬하지 않아서 누가 이 몸을 낳고 길러주었는지, 그 罔極한 은혜에 대한 보답이 있는지를 생각하지 못하니, 이렇게 해서야 되겠는가. 형제간의 큰 인륜에 이르러서는 古人이 手足과 같다고 하였으니, 근본을 같이하는 하나의 몸〔同本一體〕이라는 말이다. 그런데 지금은 사소한 말다툼 때문에 분쟁을 일으키고 작은 이해관계 때문에 소송을 일으켜서 나이 많은 사람이 어린 사람을 돌보지 않고 어린 사람이 혹 어른을 능멸하기도 하니, 친한 동기간에 어찌 차마 이렇게 할 수 있단 말인가.

一. 古者敎民에 必以孝弟爲本하고 其制刑에 亦以不孝不弟爲先하니 蓋人之爲人이 異乎禽獸者는 以其有父子之恩과 長幼之義也라 詩云 父兮生我하시고 母兮鞠我하시다하고 繼之曰 欲報之德인댄 昊天罔極이샷다한대 此言父母之恩은 與天同大하니 爲人子者 雖竭其力이라도 未足以報也라 今乃有親在而別籍異財하고 親老而供養多闕하며 親疾而求療弗力하고 親歿而安厝弗時하야 不思此身從何而有罔極之報하니 當如是乎아 至於兄弟大倫하얀 古人謂之手足하니 言其同本一體也라 今乃有以唇舌細故而致爭하고 錐刀小故而興訟하야 長不恤幼하고 卑或凌尊하니 同氣之親이 何忍爲此오

潭州와 湘州의 옛 풍습은 평소 순후하다고 칭송되니, 앞에서 말한 것과 같은 일은 반드시 있지 않을 것이다. 내가 이곳에 왔을 때 義理로 백성을 가르치고자 하였기에 미리 개진하여 勸戒하지 않을 수 없어서 이미 州城의 12縣에 行下하였으니, 지금부터 민간에 효행이 순수하고 지극하거나 우애가 두텁다고 소문난 사람이 있으면 탐문하여 그 실상을 조사하고 本州에 갖추어 알려 〈소문이 실정과 부합하면〉 넉넉히 표창과 포상을 더해주어서 풍속을 권면하는 방도로 삼을 것이다. 그리고 혹 그 사이에 禮法에 어두워서 효성스럽지 못하고 우애롭지 못한 행동을 하는 사람이 있으면 鄕里의 父老들이 태수의 말로써 곡진하게 잘 가르쳐서 개과천선하게 해야 할 것이다.

潭湘舊俗은 素稱淳厚하니 如前數者는 未必有之라 太守此來에 欲以義理訓民이라 未免預陳勸戒하야 已行下州城十二縣하니 自今民間에 有孝行純至하고 友愛著聞이면 采訪得實하고 具申本州하야 當與優加旌賞하야 以爲風俗之勸이요 或其間有昧於禮法之人이 爲不孝不弟之行이면 鄕里父老 其以太守之言으로 曲加誨諭하야 令其悛改라

옛날 後漢의 陳元이 그 어미에 의해 〈효성스럽지 못하다고〉 告發되었을 때 亭長인 仇香이 직접 그 집에 찾아가 人倫과 大義로 가르치니 마침내 진원이 효자가 되었고, ≪北史≫ 〈循吏列傳〉에 隋나라 淸河의 백성 가운데 형제간에 재산을 다투는 자들이 있었는데, 郡守인 蘇瓊이 '얻기 어려운 것이 형제이고 얻기 쉬운 것은 田宅이다.'라는 말로 고해주니 마침내 感悟하여 訟事를 그만두고 한 집에서 살면서 처음처럼 우애롭게 지냈다는 이야기가 있다. 더구나 이 지방 사람들은 본래 교화하기 쉬우니, 이치로 開導하면 반드시 따르지 않는 사람이 없을 것이다. 만일 위로 태수의 가르침을 어기고 아래로 父老들의 충고를 거부한다면 이는 常道를 무너뜨리고 풍속을 어지럽히는 백성이니, 부득이 국법을 적용해야 할 것이다. 한 번 형벌에 빠지게 되면 종신토록 양민들과 함께하지 못할 것이니, 비록 후회해도 어찌 미칠 수 있겠는가. 그대 백성들은 이것을 생각하여 소홀히 하지 말아야 할 것이다.

昔後漢陳元이 爲母所訟에 亭長仇香이 親到其家하야 教以人倫大義하니 遂爲孝子하고 北史에 淸河之民이 有兄弟爭財者한대 郡守蘇瓊이 告以難得者兄弟요 易(이)得者田宅이라하니 遂感悟息訟하고 同居如初라 況此邦之人은 本來易化하니 以理開曉면 必無不從하리라 若上違太守之訓言하고 下拒父老之忠告면 則是敗常亂俗之民이니 王法所加에 將有不容已者라 一陷刑戮이면 終身不齒니 雖悔何及이리오 爾民其思之하야 毋忽①하라

① 齒란 班列을 의미한다. 말하자면 이미 不孝와 不弟로 형벌을 받았으면 곧 이는 완악한 사람이니, 양민과 같은 반열에 참여할 수 없다는 뜻이다.
齒者列也라 言既以不孝不弟被刑이면 卽是頑惡之人이니 不得與良民竝列也라

하나, 古人은 宗族의 은혜를 百代가 지나도록 끊지 않았으니, 대개 服屬[19]은 비록

---

19) 服屬 : 五服(親疎와 遠近에 따라 차등을 두는 喪服)을 입는 親族으로, 高祖를 같이 하는 집안을

멀어도 원래 祖宗이 같아서 血脈이 相通하기 때문이다. 어찌 間隙이 있을 수 있겠는가. 隣里와 鄕黨에 이르러서는 비록 종족에 비하여 소원하지만 그러나 〈재물이〉 있고 없고에 따라 서로 資賴하고 위급할 때 서로 의지하며 患難을 만나면 서로 구제하고 疾病이 있을 때 서로 扶持하는 등 情義에 관계된 바는 또한 매우 친밀하였다. 그런데 지금 사람들은 이 두 가지 경우에 대해 왕왕 가볍게 보아서 조금만 紛爭이 있으면 번번이 서로 업신여기고 訴訟이 한 번 일어나면 문득 원수가 되니, 이 가운데 한 가지만 있어도 모두 아름다운 일이 아니다.

一. 古人은 於宗族之恩에 百世不絶이니 蓋服屬雖遠이나 本同祖宗하야 血脈相通이라 豈容間隔이리오 至於隣里鄕黨하얀 雖比宗族爲疏나 然其有無相資하고 緩急相倚하며 患難相救하고 疾病相扶持하야 情義所關은 亦爲甚重이라 今人은 於此二者에 往往視以爲輕하야 小有紛爭이면 輒相凌犯하고 詞訟一起면 便爲敵讐하니 有一于斯면 皆非美事라

옛날 江州의 陳氏는 여러 代가 함께 살아서 종족이 모이면 칠백여 명에 이르렀으니, 前代에서 일찍이 旌表를 더하였고 지금까지도 義門이라 칭송된다. 또 吉州의 孫進士는 고을에 은혜를 베풀었기에 여러 官司에서 계속 上奏하여 은혜를 입고 특별히 文解[20]가 면제되었으니, 사대부들이 미담으로 여기고 있다. 江湖의 사이에 경계와 지역이 인접해 있으니, 어찌 江西의 사람들은 능히 의로운 일을 하는데 이곳만 유독 그렇게 할 수 없겠는가.

昔江州陳氏는 累世同居하야 聚族至七百餘口하니 前代嘗加旌表하고 至今稱爲義門이라 吉州孫進士는 以惠施一鄕하야 諸司列奏하야 蒙恩하고 特免文解하니 士夫以爲美談이라 江湖之間에 境土相接하니 豈有江西之人은 能爲義擧어늘 而此獨不能이리오

이제 도처의 老成하고 어진 덕을 지닌 선비들에게 청하노니, 서로 권면하고 솔선하여 종족 간의 우애를 숭상하고 이웃 간의 즐거움을 두터이 하며 時節로 往來하여 恩愛하는 마음이 가슴속에 무젖게 하고 사소한 과오를 힘써 서로 포용해야 하고, 경솔하

의미한다.

20) 文解 : 서울로 들어가 과거에 응시할 수 있는 證明 文書와 같은 종류를 말한다.

게 爭訟의 단서를 열어 원한을 맺는 데 이르지 말아야 할 것이다. 만약 친족 간에 화합하고 이웃 간에 구휼하여 衆論의 推重을 받는다면 또한 특별히 포상하는 은혜를 더할 것이고, 만일 이 교훈을 體得하지 못하여 망령되이 쟁송을 일으킨다면 일벌백계로 다스려서 용납하지 않을 것이다. 그대 백성들은 면려하여 소홀히 하지 말아야 할 것이다.

今請逐處老成賢德之士하노니 交相勸率하야 崇宗族之愛하고 厚隣里之歡하며 時節往來하야 恩愛浹洽하고 小小乖忤를 務相涵容하야 不以輕啓訟端하야 以致結成怨隙이니 若能和叶親族하고 賙濟里閭하야 爲衆論所推면 亦當特加褒異요 如其不體教訓하야 妄起訟爭이면 懲一戒百하야 所不容已니 爾民其勉之하야 無忽이라

하나, 官司는 백성과 마땅히 一家가 되어서 休戚과 利害에 대해 서로 이해하고 보살펴야 하니, 有司는 법에 어긋나는 일로 백성을 동요하게 해서는 안 되고 백성은 이치에 맞지 않는 일로 官司를 어지럽게 해서는 안 된다. 나는 평소 백성을 사랑하고 이롭게 하는 것을 염두에 두고 있으니 飢渴에 대한 일을 근심할 뿐만이 아니다. 그리고 政事를 시작할 때 절실하게 강구하고 이미 州縣의 관리에게 牒文으로 전달하여 각각 四事를 스스로 면려하고 백성을 위해 十害를 없애도록 하였다.

무엇을 四事라 이르는가? 청렴함으로 몸을 다스리는 것, 仁으로 백성을 어루만지는 것, 마음을 공정하게 가지는 것, 일에 임하여 부지런한 것이 이것이다. 무엇을 十害라 이르는가? 訟獄을 판단함에 공정하지 못한 것, 訟事를 처리함에 제대로 살피지 못하는 것, 구금 기간을 지연시키는 것, 참혹하게 用刑하는 것, 追呼를 지나치게 남용하는 것, 고발하기를 종용하는 것, 중첩하여 납세를 독촉하는 것, 벌금을 부과하여 재물을 착취하는 것, 아전들을 풀어 시골에 내려보내는 것, 싼 가격으로 물건을 사는 것이 이것이다.

一. 官之與民에 誼同一家하야 休戚利害를 合相體恤이니 爲有司者는 不當以非法擾民하고 爲百姓者는 不當以非理擾官이라 太守는 平時以愛人利物爲心하니 不啻飢渴이라 視事云始에 切切講求하고 已轉牒州縣官하야 各以四事自勉하고 而爲民除其十害라 何謂四事오 律己以廉과 撫民以仁과 存心以公과 蒞事以勤 是也라 何謂十害오 斷獄不公과 聽訟不審과 淹延囚繫와 慘酷用刑과 汎濫追呼와 招引告訐과 重疊催稅와 科罰取財와 縱吏下鄉과 低價買物 是也라

十害의 유무에 대해서는 자세히 알지 못하지만, 만일 있다면 마땅히 물에 빠진 자를 건지고 불에 타는 자를 구하듯이 하여 하루가 다 가기를 기다리지 않아서, 백성들로 하여금 田野에 안주하게 해서 근심과 탄식이 생기지 않도록 하기에 힘쓸 것이다. 혹 민간에 태수가 미처 알지 못하는 公共의 利病이 있으면 분명하게 封狀을 갖추어 앞으로 와서 진술하게 하되 다만 익명을 허락하지 않고 고발당하는 사람의 개인적인 잘못을 사실대로 봉장하게 해서 그 말에 일리가 있으면 곧 자세히 참작하여 차례대로 시행할 것이니, 그대 백성들도 나의 이런 뜻을 잘 알아서 다시 서로 권면하고 경계해서 법에 어긋나는 일을 망령되이 행하지 않고 이치에 맞지 않는 일을 망령되이 일으키지 않도록 해야 할 것이다. 혹 일전에 행한 일이 사람을 해치는 것을 면하지 못했더라도 만일 흔쾌히 후회하고 깨우쳐서 뜨거운 물에 눈이 녹듯이 惡을 버리고 善을 따른다면 예전의 자취가 완전히 사라질 것이다. 사람이 누가 과오가 없겠는가마는 과오를 고치는 것이 귀하니, 세 가지 해악〔三害〕 가운데 하나였던 周處[21]도 〈예전의 허물을 고치고〉 마침내 名賢이 되었다. 父老들은 이

周處擊蛟圖

21) 周處 : 晉나라 陽羨 사람으로 자는 子隱이다. 젊은 시절 힘이 세고 난폭하여 마을에 많은 해를 끼치고 다녔는데, 어느 날 남산에 있는 이마가 흰 범과 長橋 아래에 사는 이무기와 자신이 세 가지 해악〔三害〕이 된다는 말을 듣고는 호랑이를 때려잡고 이무기를 죽인 다음 부지런히 학문을 닦고 자신을 다스려 예전의 허물을 고쳤다. 이후 晉나라에서 벼슬하여 御史中丞이 되었으며, 齊萬年이 반란을 일으키자 출정하여 끝내 후퇴하지 않고 싸우다가 殉國하였다.(≪晉書≫ 권58 〈周處列傳〉)

뜻으로 鄕閭의 子弟들을 위해 반복 해설하여 반드시 이처럼 가르쳐야 하니, 만일 과오를 고치지 않는다면 나라에서는 국법으로 다스리고 官司에서는 형벌로 다스릴 것이다. 내가 비록 관용을 베풀고자 해도 부득이한 경우가 있으니, 그대 백성들은 부디 잘 알아들어서 소홀히 하지 말아야 할 것이다.

十者有無는 所未詳知나 萬一有之면 當如拯溺救焚하야 不俟終日하야 務令田野安帖하야 愁嘆不生이라 或民間有公共利病한대 太守所未及知면 許明白具狀하야 前來陳述이라 但不許匿名하고 實封訐人私過하야 言而有理면 卽當詳酌하야 以次施行이니 爾民亦宜體太守此意하야 更相勸戒하야 非法之事①를 莫妄作하고 無理之事②를 莫妄興이라 或日前所爲 未免害人이라도 若能幡然悔悟하야 去惡從善을 如湯沃雪이면 舊迹都消라 人誰無過리오마는 改之爲貴니 周處三害도 終爲名賢이라 父老其以此意로 爲〔鄕閭〕[22]子弟하야 反覆解說하야 必若敎之니 不悛이면 則國家有法하고 官司有刑이라 太守雖欲從寬이나 有不可得하니 爾民其幸聽之하야 毋忽하라

① 예컨대 세력이 강성함을 믿고 전횡하거나, 가난한 사람의 재물을 탈취하거나, 교활하게 속임수를 쓰거나, 선량한 사람을 속여 재물을 편취하거나, 詞訟를 교사하거나, 公事를 청탁하거나, 사람들을 모아 싸움을 붙이거나, 도박장을 열거나, 도적을 숨겨주거나, 밭 가는 소를 도살하거나, 密酒를 사고팔거나, 雜物을 홍정하여 판매하는 것이니, 이와 같은 종류가 모두 非法에 관계된다.

如豪强凶橫이어나 呑謀貧弱이어나 奸狡詐僞어나 欺騙善良이어나 敎唆詞訟이어나 (計)〔託〕[23]囑公事어나 聚衆鬪毆어나 開坊賭博이어나 居停盜賊이어나 屠宰耕牛어나 酤賣私酒어나 興販雜物이니 如此之類 皆係非法이라

② 예컨대 자기와 관계없는 일을 문득 發告하거나, 말을 꾸며내어 虛實을 협잡하는 것이니, 이와 같은 종류가 모두 非理이다.

如事不干己를 輒行告訐이어나 裝撰詞說하야 夾帶虛實이니 如此之類 皆是非理라

이상 풍속에 대해 효유하는 세 가지 일을 자세히 갖추어 앞에 붙였다. 태수와 백성의 관계는 父兄과 子弟의 관계와 같으니, 부형 된 사람은 단지 자제들에게 과실이 없게 하고자 하고, 태수 된 사람 역시 단지 백성들이 죄를 범하는 일이 없게 하고자 한다. 그러므로 처음 到任했을 때 정성스런 마음과 진실한 뜻으로 간곡하게 告諭하였다.

---

22) 〔鄕閭〕: 저본에는 '鄕閭'가 없으나, 四庫全書本 ≪政經≫에 의거하여 보충하였다.

23) (計)〔託〕: 저본에는 '計'로 되어 있으나, 四庫全書本 ≪政經≫에 의거하여 '託'으로 바로잡았다.

文義를 이해하지 못한 자들에 대해서는 鄕曲의 善士들이 時俗의 말로 衆人을 위해 開陳하여 잘 이해하게 해서, 사람마다 이치를 따르고 집집마다 법을 두려워하여 田里에는 追呼하는 소란이 없고 公庭에는 鞭扑의 소리가 없도록 해야 할 것이다. 백성들이 즐거운 마음으로 변화하여 樂國이 되면 어찌 아름답지 않겠는가. 그러므로 榜文으로 揭示하게 하였으니 각기 잘 알아야 할 것이다.

右諭俗三事를 開具在前이라 太守之於爾民은 猶父兄之〔於〕[24]子弟니 爲父兄者는 只欲子弟之無過하고 爲太守者 亦只欲爾民之無犯이라 故於到任之初에 以誠心實意로 諄諄告諭라 其不識文義者는 鄕曲善士 當以俗說爲衆開陳하야 使之通曉하야 庶幾人人循理하고 家家畏法하야 田里無追呼之擾하고 公庭無鞭(朴)〔扑〕[25]之聲이니 民情熙然化爲樂國이면 豈不美哉아 故令榜示하니 各宜知悉하라

泉州 軍州事로 부임했을 때 知泉州軍州事

내(當職)가 지난번에 이 州를 다스린 것이 처음부터 끝까지 3년이었는데 애초에 좋은 모습이 없었으니, 어찌 고을 사람들이 그 어리석고 우둔함을 미더워 해서 이미 떠난 후에도 오히려 서로 잊지 못하리라고 생각이나 하였겠는가. 나 또한 늘 아름다운 士風과 두터운 民俗이 溫陵[26]과 비견될 만한 곳이 없음을 稱歎하여, 14~5년 사이에 비록 산천의 풀 한 포기 나무 한 그루라도 또한 때로 잊은 적이 없었다. 永州와 德州 두 곳에 도적의 난리가 있다는 말을 듣기에 이르러서는 悽愴한 생각이 들었고, 농사에 흉년이 들어 백성들이 초췌해졌다는 말을 들었을 때는 개탄스러운 마음이 있었다. 그렇지만 오랫동안 한가하게 지내다가 갑자기 임금의 은혜를 입고 다시 군수로 부임하게 될 줄은 생각지도 못하였다. 질병으로 쇠약해져서 원래는 출사하고자 하지 않았는데 泉州 백성들이 서로를 깊이 사랑하는 마음을 다시 생각하니, 차마 굳이 사양할

---

24) 〔於〕: 저본에는 '於'가 없으나, 四庫全書本 ≪政經≫에 의거하여 보충하였다.
25) (朴)〔扑〕: 저본에는 '朴'으로 되어 있으나, 문맥에 의거하여 '扑'으로 바로잡았다.
26) 溫陵 : 泉州의 別號이다.

수 없었다. 그래서 부지런히 길을 떠나 지금 到任하였으니, 모든 정사는 다 전에 군수로 있던 날의 規模를 준용하고 仁으로 백성을 어루만지고〔撫民以仁〕, 청렴함으로 몸을 다스리며〔律己以廉〕, 마음을 공정하게 가지고〔存心以公〕, 일에 임하여 부지런한〔涖事以勤〕 네 가지 일로 僚屬들과 다시 서로 권면하여 고을 사람들이 기대하는 마음을 저버리지 않으려 기약한다. 오직 사대부와 백성들은 또한 마땅히 각각 예의를 숭상하고 각기 염치를 면려하며 각각 孝弟와 忠信의 행실을 닦아서 아름다운 士風과 두터운 民俗이 지난번보다 더 나아지도록 해야 할 것이다. 이것이 또한 내가 泉州의 백성들에게 바라는 바이다.

當職昨守此州 首末三年이어늘 初無善狀하니 豈謂邦人亮其疏拙하야 旣去之後에 猶不相忘가 當職亦每每稱嘆士風之美民俗之厚 未有如溫陵比者하야 十四五年之間에 雖泉山一草一木이라도 亦時入思念이라 至聞永德二邑之寇難하얀 則爲之悽愴하고 聞歲事不登하야 民生憔悴하얀 則爲之慨嘆이러니 不圖閒散之久에 忽蒙上恩하야 再付郡寄라 疾病衰羸하야 本不欲出이러니 又念泉人相愛之深하니 不忍固辭라 黽勉一行하야 今已到任하니 凡百政事는 悉遵前任日規模하고 及以仁廉公勤四事로 與僚屬更相勸勉하야 期不負邦人屬望之意라 惟士若民은 亦宜各崇禮義하고 各勵廉恥하고 各修孝弟忠信之行하야 使士風之美와 民俗之厚로 有加於往時라 是又區區所望於泉人也라

내가 지금 도임함에 정력은 비록 옛날과 비할 바 아니지만 그러나 백성을 위해 부지런한 마음을 감히 쇠약하고 병든 것 때문에 혹 나태하게 하지 않을 것이고, 창고가 텅 빈 것이 전에 없던 일이지만 그러나 백성을 구휼하는 마음을 감히 물자가 부족하다는 것 때문에 조금이라도 바꾸지는 않을 것이다. 그러니 그대 백성들도 또한 마땅히 이 뜻을 體念해서 〈事情에 따라〉 그만둘 만한 소송은 굳이 官司를 거듭 번거롭게 하지 말고 마땅히 납부해야 하는 賦稅는 굳이 독촉하기를 다시 기다리지 말아서 나로 하여금 송사를 다스리는 나머지에 자못 한가한 날이 있게 하고, 官俸粗와 兵糧粗가 欠縮나는 것을 면하게 해서 거의 한결같은 마음으로 그대 백성들을 위해 장구한 계획을 세울 수 있게 하고 사소하고 중요하지 않은 일 때문에 방해받는 일이 생기지 않도록 해야 할 것이다.

當職此來에 精力雖非昔比나 然勤民之心을 不敢以衰病或怠하고 倉庫空虛 前所未有나 然恤民之心을 不敢以匱乏而少改니 爾民亦宜體念此意하야 詞訴之可已者는 不必重紊官司하고

賦稅之當輸者는 不必更待催督하야 使當職聽斷之餘에 頗有暇日하고 而官俸兵糧粗免欠闕하야 庶得一意爲爾民思長久之計하고 不爲細故末節所妨이라

내가 이곳에 도임한 것은 貪慕하는 바가 있어서가 아니라, 오직 이로움이 생기게 하고 해로움을 제거해서 이 지방으로 하여금 다시 예전처럼 樂土가 되게 하려는 생각뿐이다. 근래 처음 경내에 들어왔을 때 父老들을 맞아들여 田里의 利病에 대해 비록 대략 들었지만 本末의 곡절은 자세히 알지 못하고 있으니, 무릇 사대부와 백성 가운데 상세히 알고 있는 사람은 客을 引接하여 詞訟을 받는 날이 되거든 아끼지 말고 낱낱이 고하도록 하라. 마땅히 더욱 참작하여 차례차례 시행할 것이다. 그리고 지금 이후로 郡政 가운데 혹 事宜에 맞지 않는 일이 있으면 또한 지적해 말해주어 숨기지 않기를 원하노니, 그렇게 하면 거의 이로움이 날로 생기고 해로움이 날로 제거되어 세월이 흐르는 사이에 점점 옛 모습을 회복할 것이다. 이것이 내가 노년에 다시 도임한 본래의 뜻이다. 그러므로 이에 曉諭하는 것이니, 각각 잘 알아야 할 것이다.

當職此來는 非有所貪慕요 惟欲興利除害하야 使此邦復還樂土之舊而已라 比者入境之初에 延訪父老하야 田里利病을 雖已略聞이나 本末曲折은 未能周悉이니 凡士民有知其詳者는 遇見客受詞之日이어든 不惜條陳以告하라 當加斟酌하야 次第施行이라 今後郡政에 或有未合事宜면 亦願指陳毋隱이니 庶幾利日以興하고 害日以除하야 年歲之間에 漸還舊觀이라 此當職垂老復來之本意也라 故玆曉諭하니 各宜知悉하라

권유문 勸諭文[27)]

내가 도임하려 할 때
군민들은 환영하였지만
스스로 薄德하여
民望에 부응하지 못할까 부끄러웠네

27) 勸諭文 : ≪西山文集≫에는 〈再守泉州勸諭文〉으로 되어 있다.

정사를 보는 처음에
마땅히 教條가 있어야 하니
미련함을 꺼리지 않고
그대들을 위해 말하노라
무릇 사람의 자식 된 자는
효도와 공경이 먼저이고
그 다음은 우애로워
형제와 화합해야 하네
사람이 부모가 아니면
어찌 이 몸이 있겠는가
부모시여 나를 낳으시느라
몹시도 고생하셨네
임신하여 해산하려 하실 때
죽을 고비를 여러 차례 넘기셨거니
젖 먹여 키우신 삼년은
어머니의 고혈을 마신 것이라네
손으로 잡고 가슴으로 품으며
날로 장성하기를 바랐으니
금이야 옥이야 아끼시고
성명을 보호하듯 기르셨네
효성스런 까마귀 어미에게 먹이 물어다 주며
오히려 은혜에 보답할 줄 아는데
사람이고서 효도하지 않으면
까막까치보다 못하다네
형제간의 우애는
기운을 함께하고 가지를 이은 것이니
예로부터 비유하여
手足이라 이름하였네

사람이 형제가 없으면
사지가 없는 것과 같으니
아픔도 가려움도 서로 나누는 것이
실로 한 몸과 같다네
형은 마땅히 어린 동생을 보살피고
동생은 마땅히 형을 공경해야 하니
혹 난리를 만나면
더욱 서로 도와 구해주어야 한다네
그 다음은 族屬이니
비록 親疎의 구분이야 있지만
그 원류를 따져보면
모두 골육의 친척이라네
비유하자면 큰 나무가
가지와 잎이 나누어진 것과 같아서
근본이 동일하고
기맥이 멀지 않으니
어찌 서로 보기를
길 가는 사람과 같이 할 수 있겠는가
그 다음은 이웃이니
情義가 또한 무겁다네
환란을 만나면 서로 부지하고
질병이 있으면 서로 救療하여
은의를 베풀며 왕래하니
또한 빠뜨릴 수 없다네
이상의 네 가지 일은
사람의 도리 가운데 큰 것이니
무릇 그대 양민들은
가장 먼저 더욱 면려해야 한다네

太守將至에 郡人歡迎이나 自慚薄德하야 莫副民望이라 視事之始에 合有教條하니 不憚諄諄하고 爲爾開說이라 凡爲人子는 孝敬是先이요 其次友愛하야 叶和兄弟라 人非父母면 豈有此身이리오 父母生兒에 多少艱苦라 妊娠將免에 九死一生이어니 乳哺三年은 飮母膏血이라 携持保抱하야 日望長成하니 如惜金珠하고 如護性命이라 慈烏反哺하야 猶知報恩한대 人而不孝면 鳥雀不若이라 兄弟之愛는 同氣連枝니 古來取喩하야 名爲手足이라 人無兄弟면 如無四肢니 痛痒相關이 實同一體라 長當撫幼하고 弟當敬兄이니 或値急難이면 尤須救助라 其次族屬이니 雖有親疏나 論其源流면 皆是骨肉이라 譬如大木이 枝葉分披하야 本同一根하고 氣脈未遠이니 豈宜相視를 便若路人이리오 其次鄕隣이니 情義亦重이라 患難相扶하고 疾病相救하야 恩意往來하니 亦不可闕이라 以上四事는 人道大端이니 凡爾良民은 首當加勉이라

집집마다 효성스럽고 우애로우며
사람마다 화목하면
일이 줄고 다툼이 사라져서
분수를 편안히 여기고 이치를 따를 것이니
자신의 지조를 지키면[28) 또한 그만두고
망령되이 詞訟을 일으키지 말지어다
한 번 訟事의 법정에 들어서면
종신토록 원수가 되고
다시 서로 보복하여
그치는 날이 없을 터이니
가산이 탕진되는 것은
대부분 이로 말미암는다네
말로 시끄럽게 다투는 일이
혹 없을 수야 없겠지만
이웃 사이에는

28) 자신의 지조를 지키면 : ≪孟子≫ 〈盡心 上〉에 “곤궁해도 의를 잃지 않기 때문에 선비가 스스로 만족하고, 榮達해도 도를 떠나지 않기 때문에 백성들이 실망하지 않는다.〔窮不失義 故士得己焉 達不離道 故民不失望焉〕”라고 한 데서 온 말이다.

속히 그만두기를 권면해야 하네
치고받으며 싸워서
구타하여 상해를 입히지 말라
저 사람은 너의 주먹에 맞는다지만
너는 관아의 곤장을 맞으리라
원래 작은 분쟁으로 인하여
마침내 깊은 원한이 맺히나니
분쟁이 생긴 시초에
바로 참는 편이 낫지 않겠는가
부딪쳐도 다투지 않으면
마음이 상쾌해진다네
시정에서 경영하는 것은
비록 수익을 도모함이지만
또한 모름지기 事宜에 맞게 해야 하니
그렇지 않으면 어그러짐이 막대하므로
저울질할 때는
각각 공정하고 정당하기에 힘써야 하네
크게 들이고 적게 내는 것은
天理가 용납하지 않고
쌀과 고기를 물에 불려서 파는 일은
더욱 사람에게 해가 된다네
빚을 놓아 이자를 거둘 때는
적당하게 취하는 것이 마땅하니
이자의 분수(정도)가 너무 많으면
가난한 자가 고통을 받는다네
빚을 내어 생계를 운영했으면
약속한 기한보다 일찍 상환해야 하니
독촉하는 관원이 이르기를 기다린 뒤에

상납해서는 안 된다네
음주를 절제하지 않으면
재앙이 생기지 않는 일이 적고
도박을 경계하지 않으면
도둑이 되는 경우가 많다네
손을 놀리며 유랑하면
오래됨에 반드시 곤궁해지고
부지런히 생업에 종사하면
마침내 힘을 얻는다네

家家孝友하고 人人雍和면 省事息爭하야 安分循理니 得已且已하고 莫妄興詞라 一到訟庭이면 終身仇敵하고 更相報復하야 無有休期니 壞産破家는 多由於此라 語言喧競이 或不能無나 隣里之間은 急宜勸止라 莫令交手하야 致有鬪傷하라 彼中汝拳이나 汝受官棒이라 本因小忿하야 遂結深讐하니 何似始初에 便從忍耐리오 觸來莫競이면 心下淸凉이라 市井經營은 雖圖利息이나 亦須(睹)〔宜〕[29]是니 莫大虧瞞이라 稱㪷稱量엔 各務公當이라 大入小出은 天理不容하고 濕米水肉은 尤爲人害라 放債收息엔 量取爲宜니 分數太多면 貧者受苦라 擧債營運하얀 如約早還이니 莫待到官하야 然後償納이라 飮酒無節이면 少不生災하고 賭博不戒면 多至爲盜라 游手浮浪이면 久必困窮이요 勤謹服業이면 終是得力이라

나는 지금
백성을 위해 다시 온 것이니
크게 불평한 일이 있으면
마땅히 伸雪해줄 것이고
크게 불편한 일이 있으면
마땅히 견감해줄 것이로다
만일 사소한 일이라도
반드시 서로 어지럽히지 말아야 하니

29) (睹)〔宜〕: 저본에는 '睹'로 되어 있으나, 四庫全書本 ≪政經≫에 의거하여 '宜'로 바로잡았다.

그대들에게 이익이 없으면
나에게도 헛된 수고가 된다네
법을 어기는 일과 刑律을 범하는 것은
가장 해서는 안 될 일이지만
예전에 지은 허물은
각기 스스로 새로워지기를 허락할 것이네
가르침을 따르지 않으면
형률에 처하여 용서하지 않을 것이고
허물이 있어도 능히 고치면
곧 선량한 백성이 될 것이네
노성한 耆艾[30]들은
마땅히 이 뜻을 미루어
그대들의 자제와
고을 사람들을 가르쳐야 할 것이니
이 말을 어기는 일이 있으면
중인들이 함께 꾸짖을 것이다
무릇 이렇게 안타까운 마음으로
일반 백성들을 깨우치고자 하노라
책을 읽는 선비들은
聖人과 賢哲을 스승으로 仰慕하여
스스로 의리를 알 것이니
나의 말을 기다릴 것 없노라
바라는 바는 스스로
고을에서 솔선수범하는 것이로다

---

30) 耆艾 : 노인을 지칭하는 말로 60세를 '耆'라 하고, 50세를 '艾'라 한다. 《禮記》 〈曲禮 上〉에 "50세를 艾라 하니 관복을 입고 정사에 참여할 수 있으며, 60세를 耆라 하니 사람들을 부릴 수 있다.〔五十日艾 服官政 六十日耆 指使〕"라고 한 데서 온 말이다.

한 지방 한 지역에
한 사람의 어질고 현명한 이 있어서
善으로 사람들을 가르치면
사람들은 반드시 감동할 것이네
야박함을 버리고 후덕함을 따르며
재앙을 해소하고 화목을 부르면
지금부터 이후로는
영원히 樂國이 될 것이로다

太守今爲는 此民復來니 有大不平이면 當爲伸雪이요 有大不便이면 當爲蠲除라 事若細微라도 不必相撓니 於爾無益이면 於我徒勞라 違法犯刑은 最不可作①이나 舊來有過면 各許自新이라 教而不從이면 刑斯無赦요 有過能改면 卽是善良이라 耆艾老成은 宜推此意하야 誨爾子弟하고 及其鄕人이니 有違此言이면 衆共誚責이라 凡此忉怛하야 欲曉編民이라 讀書爲儒는 師慕聖哲하야 自知義理니 不待鄙言이라 所望以身하야 率先閭里라 一方一所에 有一仁賢하야 以善教人이면 人必感動이라 去薄從厚하고 弭災召和면 其始自今하야 永爲樂國이라

① 예컨대 父母에게 悖逆하고, 尊長을 陵犯하며, 이치에 맞지 않는 일로 송사를 일으키고, 사람을 중상모략하며, 도박장을 열고, 도적을 숨겨주거나 밭 가는 소를 도살하며, 詞訟을 교사하고, 〈선량한 사람을〉 속여 재물을 편취하는 등의 일이 모두 법을 어기는 것이다.
如悖父母와 陵犯尊長과 健訟無理와 毆人重傷과 開坊聚賭와 停盜宰牛와 教唆詞訟과 欺騙財物等事 皆是違法이라

州縣의 관료에게 曉喩하는 글 諭州縣官僚文[31)]

나는 지난번 長沙를 다스릴 때 일찍이 四事로 동료 관원들을 권면하였으니, 청렴함으로 몸을 다스리는 것, 仁으로 백성을 어루만지는 것, 마음을 공정하게 가지는 것,

---

31) 諭州縣官僚文 : 저본에는 '諭州縣官僚'로 되어 있으나, ≪西山文集≫에 의거하여 '僚' 뒤에 '文'을 보충하였다.

일에 임하여 부지런한 것이 그것이다. 그리고 나는 이 四事로 솔선수범하여 2년 사이에 潭州 백성들을 위해 이로움을 일으키고 해로움을 제거한 일이 대략 기록할 만한 것이 있었다. 지금 은혜를 입고 免職된 몸을 일으켜 다시 이 지방을 다스리게 되었으니, 삼가 생각건대 임금의 은혜에 보답하고 백성들의 바람을 위로할 만한 것은 또한 이전의 四事에서 벗어나지 않을 뿐이다. 그러므로 동료 관원들과 함께 면려하기를 원하노라.

某昨者叨帥長沙에 嘗以四事로 勸勉同僚하니 曰律己以廉과 撫民以仁과 存心以公과 涖事以勤이요 而某區區는 實身率之以是하야 二年之間에 爲潭人興利除害者 粗有可紀라 今者蒙恩起廢하야 再撫是邦하니 竊伏惟念컨대 所以答上恩而慰民望者는 亦無出前之四事而已라 故願與同僚勉之라

대개 泉州는 蠻貊이 모인 곳이니, 犀珠[32]와 같은 寶貨를 본 사람은 탐하는 마음이 생기기 마련이다. 따라서 세력 있는 富戶의 백성들은 訴訟을 제기하고 이기는데 목적을 두어서 여기에 들어가는 재물을 아까워하지 않으니, 진실로 자신을 잘 수행하여 스스로를 사랑하는 사람이 아니면 그렇게 하지 않는 자가 없을 것이다. 추악한 행실에 물든 자는 청렴함이 선비의 아름다운 절개이고 탐오함이 선비의 더러운 행실임을 생각하지 않는다. 청렴하지 않은 선비는 불결한 여자와 같으니, 불결한 여자는 비록 예쁜 용모가 절륜하더라도 스스로 죄를 면할 수 없다. 그러니 청렴하지 않은 선비는 설령 다른 아름다운 점이 있더라도 어찌 말할 수 있겠는가. 옛날에 四知를 두려워하는 마음을 가지고 밤중에 바치는 황금을 물리친 사람이 있었으니,[33] 대개 〈청렴은〉 은미한 즈음에 가장 잘 드러나는 것이다. 聖賢의 가르침은 謹獨[34]이 먼저이다. 그러므로

---

32) 犀珠 : 문채 나는 무소뿔〔文犀〕과 아름다운 구슬〔明珠〕을 이르는 말로, 귀한 물건을 가리킨다.

33) 四知를……있었으니 : 四知는 하늘과 귀신, 그리고 나와 상대방이 안다는 말이다. 後漢의 학자 楊震이 東萊太守로 부임하던 도중 昌邑에 이르렀을 때, 일찍이 양진에게 茂才로 천거되었던 昌邑令 王密이 밤중에 찾아와서 황금 10근을 바쳤다. 양진이 "그대의 친구인 나는 그대를 아는데, 그대가 나를 알지 못하니, 무슨 까닭인가?" 하며 사양하자, 왕밀이 "밤이라 아무도 아는 사람이 없습니다." 하였다. 이에 양진이 "하늘이 알고 귀신이 알고 내가 알고 그대가 아는데, 어찌 아는 사람이 없다고 하는가?" 하고 황금을 물리쳤다.(≪後漢書≫ 권54 〈楊震列傳〉)

34) 謹獨 : 愼獨과 같은 뜻으로, ≪中庸≫에 "道라는 것은 잠시도 떠날 수 없으니, 떠날 수 있으면

동료 관원들에게 원하노니, 힘써 冰蘗[35]의 규모를 닦고 각기 옥처럼 고결한 지조를 가다듬어서 士民으로 하여금 敬에 흥기하게 하면 청렴한 관리로 일컬어지게 될 것이니, 珍貴하게 되기가 이보다 더한 것이 어디에 있겠는가. 이것이 마땅히 면려해야 할 첫 번째이다.

蓋泉之爲州는 蠻貊聚焉하니 犀珠寶貨를 見者興羨이라 而豪民巨室은 有所訟愬에 志在求勝하야 不吝揮金하니 苟非好修自愛之士면 未有不爲라 所汚染者는 不思廉者士之美節이요 汚者士之醜行이라 士之不廉은 猶女之不潔이니 不潔之女는 雖(功)〔巧〕[36]容絶人이라도 不足自贖하고 不廉之士는 縱有他美라도 何足道哉아 昔人有懷四知之畏而却暮夜之金者하니 蓋隱微之際에 最爲顯著라 聖賢之教는 謹獨是先이라 故願同僚하노니 力修冰蘗之規하고 各厲玉雪之操하야 使士民起敬이면 〔稱〕[37]爲廉吏니 可珍可貴 孰有踰此리오 此其所當勉者一也라

先儒가 이르기를 "처음 벼슬하는 선비가 진실로 만물을 사랑하는 데 마음을 둔다면 사람에 대하여 반드시 구제해주는 바가 있을 것이다.〔一命之士 苟存心於愛物 於人必有所濟〕"[38] 하였다. 또 簿尉[39]의 일에서 찾아보건대, 主簿가 장부를 따져 조사하는 임무에 부지런하여 백성들로 하여금 중첩하여 납세를 독촉 받는 폐해가 없게 하고, 縣尉가 경계하고 체포하는 임무에 부지런하여 백성들로 하여금 벽을 뚫고 담을 넘는 도둑에게 攻劫당하는 근심이 없게 한다면 그 구제하는 바가 또한 어찌 적겠는가. 여기에서 한 등급 더 나아가면 그 지위가 높을수록 백성의 기쁨과 슬픔에 관계된 것이 더욱 크

도가 아니다. 이런 까닭으로 군자는 보지 않는 것에도 경계하고 삼가며 듣지 않는 것에도 두려워한다. 숨은 것보다 드러나는 것이 없으며 작은 것보다 나타나는 것이 없으니, 그러므로 군자는 그 홀로를 삼간다.〔道也者 不可須臾離也 可離非道也 是故 君子 戒愼乎其所不睹 恐懼乎其所不聞 莫見乎隱 莫顯乎微 故君子愼其獨也〕"라고 한 데서 온 말이다.

35) 冰蘗 : 얼음물을 마시고 黃蘗을 씹는다는 뜻으로, 굳게 절조를 지키며 청백하게 사는 삶을 비유한다. 白居易의 시에 "삼 년 동안 자사로 있으면서, 얼음물을 마시고 황벽을 먹었노라.〔三年爲刺史 飮氷復食蘗〕"라고 하였다.(≪白樂天詩後集≫ 권1 〈三年爲刺史〉)

36) (功)〔巧〕 : 저본은 '功'으로 되어 있으나, 四庫全書本 ≪政經≫에 의거하여 '巧'로 바로잡았다.

37) 〔稱〕 : 저본에는 '稱'이 없으나, 四庫全書本 ≪政經≫에 의거하여 보충하였다.

38) 처음……것이다 : 程明道의 말이다. ≪近思錄≫ 권10 〈政事〉와 ≪二程全書≫ 〈明道行狀〉에 보인다.

39) 簿尉 : 主簿와 縣尉를 가리키는 말로, 모두 縣廳에서 지방관을 보좌하는 하급 관리이다.

다. 한번 잔인한 마음을 드러내면 백성들은 바로 荼毒[40]의 폐해를 만나게 되고 한번 착취하는 마음을 드러내면 백성들은 곧 가렴주구의 재앙을 입게 될 것이니, 어찌 또한 돌이켜 생각하지 않겠는가. 바늘 끝에 손이 찔리고 가시나무에 발이 다쳐도 온몸이 서늘해져서 고통을 호소하는 것인데, 刑威[41]의 참혹함은 이보다 백배나 더하니 어찌 喜怒의 마음이 드러나는 대로 시행할 수 있겠는가. 虎豹가 앞에 있고 함정이 뒤에 있으면 소리를 지르며 구원해주기를 요청하여 오직 〈당장의 위기를〉 면하지 못할까 걱정하는 법이다. 獄犴의 고통이 어찌 이와 다르겠는가. 어찌 무고한 백성으로 하여금 여기에 연좌되게 할 수 있겠는가. 자신이 편안하게 거처하고자 하면 백성의 삶을 흔들어서는 안 되고, 자신의 재물이 풍족해지고자 하면 백성의 재물을 약탈해서는 안 된다. 그러므로 이르기를 "자신이 하고자 하지 않는 바를 남에게 베풀지 말아야 한다.〔己所不欲 勿施於人〕"라고 하였으니, 聖門에서는 이것을 '恕'라 명명하였다.[42] 힘써 행하면 仁을 이룰 수 있는데, 더구나 백성이 도탄에 빠진 때를 만나 위로하여 달래고 사랑하여 기르기를 더욱 늦출 수 없는 경우야 더 말할 것이 있겠는가. 그러므로 동료 관원들에게 원하노니, 각기 哀矜하고 惻怛하는 것을 마음으로 삼고 잔인하고 착취하는 것을 경계로 삼으면 이 지방 백성들은 병이 나을 수 있을 것이다. 이것이 마땅히 면려해야 할 두 번째이다.

先儒有云 一命之士 苟存心於愛物이면 於人必有所濟라 且以簿尉求之컨대 簿勤於句稽하야 使人無重疊追催之害하고 尉勤於警捕하야 使人無穿窬攻劫之擾면 則其所濟 亦豈小哉아 等而上之면 其位愈高에 繫民之休戚者愈大라 發一殘忍心이면 斯民立遭荼毒之害하고 發一掊克

---

40) 荼毒 : 강력한 毒을 말한다. ≪詩經≫ 〈大雅 桑柔〉에 "백성들이 亂을 탐함이여, 荼毒을 편안히 여기도다.〔民之貪亂 寧爲荼毒〕"라고 하였는데, 그 註에 "荼는 쓴 나물이니, 맛이 쓰고 氣가 매워서 동물을 죽일 수 있다. 그러므로 荼毒이라 이른 것이다.〔荼苦菜也 味苦氣辛 能殺物故 謂之荼毒也〕"라고 하였다.

41) 刑威 : 형벌을 시행하여 위엄을 세운다는 의미로, ≪春秋左氏傳≫ 昭公 28년에 "〈賞罰의 權限을 가지고〉 賞으로 사람들을 권면하고 刑罰로 사람들을 두렵게 하는 것을 君이라 한다.〔賞慶刑威曰君〕"라고 한 데서 온 말이다.

42) 그러므로……명명하였다 : 子貢이 종신토록 행할 만한 말을 묻자 孔子가 대답하기를 "恕일 것이다. 자신이 하고자 하지 않는 것을 남에게 베풀지 말아야 한다.〔其恕乎 己所不欲 勿施於人〕"라고 하였다.(≪論語≫ 〈衛靈公〉)

心이면 斯民立被誅剝之殃하니 盍亦反而思之리오 針芒刺手하고 茨棘傷足이라도 擧體凜然하야 謂之痛楚어늘 刑威之慘은 百倍於此하니 其可以喜怒施之乎아 虎豹在前하고 坑穽在後면 號呼求救하야 惟恐不免하니 獄犴之苦 何異於此리오 其可使無辜者坐之乎아 己欲安居면 則不當擾民之居하고 己欲豐財면 則不當浚民之財라 故曰己所不欲을 勿施於人이라하니 其在聖門에 名之曰恕라 强勉而行이면 可以致仁이어늘 矧當斯民憔悴之時하얀 撫摩愛育을 尤不可緩이라 故願同僚하노니 各以哀矜惻怛爲心하고 而以殘忍掊剋爲戒면 則此邦之人은 其有瘳乎인저 此所當勉者二也라

공무로 관직에 있을 때는 是非에 이치가 있고 輕重에 법이 있으니, 자신의 사사로움으로 공무의 이치를 어그러뜨려서는 안 되고 또한 공무의 법을 굽혀서 인정을 좇아서도 안 된다. 諸葛公이 말하기를 "내 마음은 저울과 같으니, 사람 때문에 경중을 달리할 수 없다."라고 하였으니,[43] 이는 지위 있는 선비가 마땅히 보고 법으로 삼아야 할 말이다. 그러나 사람의 情이 매번 사사로움이 공정함을 이기는 것은 대개 貨賄를 따르면 공정할 수 없고 喜怒에 맡기면 공정할 수 없으며, 친척을 黨으로 삼고 권세 있는 이를 두려워하며 禍福을 돌아보고 利害를 계산하면 모두 공정할 수 없기 때문이니, 이런 사람들은 자못 是非가 바꿀 수 없는

諸葛亮

43) 諸葛公이……하였으니 : 蜀漢의 재상이었던 諸葛亮의 공평무사한 마음을 말한다. ≪貞觀政要≫ 권5 〈公平〉에 "옛날 제갈공명은 소국의 재상이었는데도 오히려 '내 마음은 저울과 같으니, 사람 때문에 경중을 달리할 수 없다.'라고 하였다. 더구나 나는 지금 대국을 다스리고 있으니 더 말할 것이 있겠는가.〔昔諸葛孔明小國之相 猶曰吾心如稱 不能爲人作輕重 況我今理大國乎〕"라는 唐 太宗의 말이 있다.

것이 天理이고 輕重이 넘을 수 없는 것이 國法임을 전혀 생각하지 않는 것이다. 옳은 것을 그르다 여기고 그른 것을 옳다 여기면 天理를 거스르는 것이고 가벼운 것을 무겁다 여기고 무거운 것을 가볍다 여기면 국법을 어기는 것이니, 관직에 있으면서 백성을 다스리되 천리를 거스르고 국법을 어기면 마음이 편안하겠는가. 雷霆과 鬼神의 주벌과 金科玉條의 禁法을 소홀히 할 수 있겠는가. 그러므로 동료 관원들에게 원하노니, 공정한 마음으로 공정한 도리를 지켜서 사사로운 정에 빠지지 않고 사사로운 청탁에 흔들리지 않으면 거의 枉直[44]이 적당하게 되어 원통하고 불평한 탄식이 없을 것이다. 이것이 마땅히 면려해야 할 세 번째이다.

公事在官에 是非有理하고 輕重有法하니 不可以己私而拂公理하고 亦不可骫(위)公法以徇人情이라 諸葛公有言 吾心如稱하니 不能爲人作輕重이라하니 此有位之士 所當視以爲法也라 然人之情每以私勝公者는 蓋徇貨賄則不能公하고 任喜怒則不能公하며 黨親戚하고 畏豪强하며 顧禍福하고 計利害면 則皆不能公이니 殊不思是非之不可易者天理也요 輕重之不可踰者國法也라 以是爲非하고 以非爲是면 則逆乎天理矣요 以輕爲重하고 以重爲輕이면 則違乎國法矣니 居官臨民而逆天理違國法이면 於心安乎아 雷霆鬼神之誅와 金科玉條之禁을 其可忽乎아 故願同僚하노니 以公心持公道하야 而不汨於私情하고 不撓於私請이면 庶幾枉直適宜하야 而無寃抑不平之歎이라 此所當勉者三也라

백성의 생활은 부지런한 데에 달려 있어서 부지런하면 궁핍하지 않으니 백성 된 자는 부지런하지 않아서는 안 되고, 학업은 부지런한 데에서 정밀해지고 유희에서 황폐해지니 선비 된 자는 부지런하지 않아서는 안 된다. 더구나 수령은 받은 바가 조정의 작위이고 먹는 바가 백성의 고혈이니 더 말할 것이 있겠는가. 한번이라도 혹 부지런

44) 枉直 : 굽은 것과 곧은 것을 가리키는 말로, 利害와 의리의 상관관계를 의미한다. 孟子의 제자 陳代가 "제후를 만나 보지 않는 것은 작은 절조인 듯합니다. 지금 한번 만나 보시면 크게는 王者를 만들 수 있고, 작게는 霸者를 만들 수 있습니다. 또 옛 기록에 '한 자를 굽혀서 여덟 자를 편다.' 하였으니, 의당 해볼 만한 듯합니다."라고 하자, 맹자가 "한 자를 굽혀서 여덟 자를 편다는 것은 이익을 가지고 한 말이니, 만일 이익만 가지고 말하자면 여덟 자를 굽혀 한 자를 펴서 이익을 얻는 경우라도 그렇게 할 수 있단 말인가.〔不見諸侯 宜若小然 今一見之 大則以王 小則以霸 且志曰枉尺而直尋 宜若可爲也 且夫枉尺而直尋者 以利言也 如以利 則枉尋直尺而利 亦可爲與〕"라고 한 데서 온 말이다.(≪孟子≫ 〈滕文公 下〉)

하지 않으면 職業이 무너지고 헤이해질 것이니, 어찌 위로 조정의 기대를 저버리고 아래로 백성의 소망을 저버리는 것이 아니겠는가. 그런데 지금 관직에 있는 자는 혹 술 마시고 시 지으며 유유자적하는 것을 고상하게 여기고 근면하고 성실하게 직무에 종사하는 것을 속되다고 여기니, 이는 前代의 쇠폐한 풍조이다. 盛明의 시대에 어찌 이런 일이 있을 수 있겠는가. 陶威公[45]이 말하기를 "大禹는 聖人이었는데 오히려 寸陰을 아꼈으니, 衆人에 이르러서는 마땅히 分陰을 아껴야 한다.〔大禹聖者 猶惜寸陰 至於衆人 當惜分陰〕"라고 하였다. 그러므로 賓佐 가운데 蒲博으로 직무를 폐한 자가 있으면 그 도구들을 빼앗아 강에 던져버리게 했다고 한다.[46] 이제 동료 관원들에게 원하노니, 함께 이 뜻을 본받아 맡은 직무만을 근심하고 휴가를 받은 때가 아니면 모여서 술 마시지 말며 節序에 따라 유람을 나가지 말아서 아침저녁으로 부지런히 하되 오직 백성의 일에 힘을 쓰면 거의 정사는 태평하고 송사는 잘 다스려져서 田里의 백성들이 삶을 편안히 여기게 될 것이다. 이것이 마땅히 면려해야 할 네 번째이다.

民生在勤하야 勤則不匱니 則爲民者는 不可以不勤이요 業精於勤하고 荒於嬉하니 則爲士者 不可以不勤이라 況爲命吏는 所受者朝廷之爵位요 所享者下民之脂膏가 一或不勤이면 則職業隳弛니 豈不上孤朝寄而下負民望乎아 今之居官者는 或以酣詠遨遊爲高하고 以勤强敏恪爲俗하니 此前世衰弊之風也라 盛明之時에 豈宜有此리오 陶威公有言 大禹는 聖者어늘 猶惜寸陰하니 至於衆人하얀 當惜分陰이라 故賓佐有以蒲博廢事者면 則取而投之於江이라 今願同僚하노니 共體此意하야 職思其憂하고 非休澣이면 毋聚飮하며 節序毋出遊하야 朝夕孜孜호대 惟民事是力이면 庶幾政平訟理하야 田里得安其生이라 此所當勉者四也라

내가 비록 不敏하지만 청컨대 솔선수범하려 하노니, 조금이라도 달라지는 점이 적거든 規警을 더해주기 바란다. 이전에는 관료들 사이에 혹 이상의 네 가지에 대해 부

---

45) 陶威公 : 晉나라 때 대장군을 거쳐 벼슬이 太尉에 이르고 長沙郡公에 봉해진 陶侃을 가리킨다. 빈틈없이 성실하게 직무를 처리하여 循吏로 칭송되었다고 한다.

46) 賓佐……한다 : 陶侃의 參佐들 가운데 혹 술과 도박에 빠져 일을 폐하는 자가 있으면 술그릇과 도박하는 도구들을 빼앗아 모두 강물에 던져 버리고 매를 치게 하면서 "주사위 놀이는 돼지 먹이는 놈이나 하는 유희이다.〔諸參佐或以談戲廢事者 乃命取其酒器蒱博之具悉投之於江 吏將則加鞭朴曰 樗蒲者 牧猪奴戲耳〕"라 하였다고 한다.(≪晉書≫ 권66 〈陶侃列傳〉)

끄러움이 없을 수 없었겠지만, 돌아보건대 지금부터는 마음을 씻고 스스로 새로워져야 할 것이다. 옛날 聖賢은 사람이 허물을 고쳐 스스로 새로워지는 길을 허용하였다. 그러므로 "잘못을 고치면 그친다.〔改而止〕"라고 하였다.[47] 만일 오히려 무시하고 고치지 않으면 실로 여론이 끓어오를까 염려가 되니, 내 입장에서도 역시 구차하게 그치지는 않을 것이다. 처음 직무에 임할 때 감히 성심으로 고하노니, 부디 살펴주기 바라노라.

某雖不敏이나 請以身先하리니 毫髮少渝면 望加規警이라 前此官僚之間에 或於四者에 未能無愧나 顧自今始하야 洗心自新이라 在昔聖賢은 許人改過라 故曰改而止라 儻猶玩視而不改焉이면 誠恐物議沸騰하리니 在某亦不容苟止也라 涖事之初에 敢以誠告하노니 幸垂察焉하라

勸諭하는 일을 뒤에 붙이다 勸諭事件于后

當職이 경내에 들어온 이래 父老들을 맞아들이고 交印한 다음 引見하여 백성의 詞訟을 받을 때에 田里의 利病과 縣政의 臧否에 대해 자못 한두 가지 들은 말이 있다. 그러므로 지금 앞서 재임하던 날에 약속했던 일과 이번에 도임한 이래 마땅히 행해야 할 일들을 검토하여 거론하고 갖추어 아래에 붙인다.

當職入境以來로 延訪父老하고 交印之後에 引受民詞에 田野利病과 縣政否臧을 頗聞一二라 今檢擧前在任日約束及今來合行事件하고 開具于后라

풍교를 숭상함 崇風敎

하나, 嘉定 10년(1217)에 도임하여 五事로 백성에게 권유하였으니, 그 첫 번째는 사람의 도리에서 먼저 할 바는 孝弟가 가장 중요하다는 것이었다. 따라서 일반 백성

---

47) 옛날……하였다 : ≪中庸≫ 13章에 "君子는 사람의 도리로써 사람을 다스리다가 잘못을 고치면 그친다.〔君子 以人治人 改而止〕"라고 하였다.

중에 능히 부모에게 효도하고 兄長을 공경하여 性行이 더욱 특이한 자가 있거든 소속 고을에서 더욱 자세히 조사하고 그 실상을 本州에 보고하여 포상과 권면을 넉넉히 더하게 해야 할 것이다. 혹 자식의 직분에 있으면서 때로 봉양을 빠트리거나, 혹 부모가 집에 계시는데 따로 사사로운 재물을 축적하거나, 혹 분수를 범하고 윗사람을 능멸하여 長幼의 차례를 돌아보지 않거나, 혹 이익으로 인해 분쟁을 일으켜서 갑자기 골육간에 訟事를 일으키는 경우가 있으면 무릇 이와 같은 자는 모두 常刑에 처할 것이다.

그 후 廂官이 公文을 보내어 黃章이 肝을 가져다 어미를 救療하고 吳祥이 肝을 가져다 아비를 구료했다고 보고한 내용에 의거하여 각각 시상을 행하였고, 그 밖에 또 承信郎 周宗强이 넓적다리 살을 베어 어버이의 병을 낫게 한 일이 있었으므로 이에 本州에 청하여 酒宴을 베푼 다음 旗幟를 세우고 음악을 연주하여 집으로 돌려보냈다. 晉江縣에서 公文을 보내어 劉璣에게 백세 된 노모가 있는데 그의 나이 칠십에 효성으로 봉양함이 더욱 부지런하다고 보고한 내용에 의거하여 이미 넉넉하게 예우하고 또 壽母坊을 세워 旌褒하였으며, 進士 呂洙의 딸 良子가 넓적다리 살을 베어 아비를 구료하여 바로 병이 나은 일이 있었으므로 또한 懿孝坊을 세워 기록하게 하였다. 또 百姓 吳十同의 妻가 아들 吳良聰의 不孝를 고발한 데 의거하여 審問하여 실상을 알아내고, 저자에서 杖脊[48]을 친 다음 머리를 깎고 身役에 종사하게 하였다. 기타 권면과 징계는 대체로 이와 같다.

一. 嘉定十年到任하야 以五事諭民하니 其一謂人道所先은 莫如孝弟라 編民中有能孝於父母하고 弟於兄長하야 性行尤異者면 所屬詳加採訪하고 以其實上于州하야 優加賞勸이니 或身居(于)〔子〕[49]職에 有闕侍養하고 或父母在堂에 別畜私財하며 或犯分陵忽하야 不顧長幼之倫하고 或因利忿爭하야 遽興骨肉之訟이면 凡若此者는 皆有常刑이라 後據廂官申到에 黃章取肝救母하고 吳祥取肝救父하야 各行支賞하며 外又有承信郎周宗强 割股以療親疾하야 (延)〔酒〕[50]請諸州設宴하고 用旗幟鼓樂(악)으로 送歸其家라 晉江縣申到에 劉璣有母百歲한대 璣年七十에 孝養彌謹하니 既加優禮하고 又立壽母坊以表之하며 進士呂洙女良子 刲股救父하야 隨卽痊愈하야 亦立

48) 杖脊 : 척추에 곤장을 치는 것으로, 宋代의 刑制 가운데 가장 무거운 형벌이다.
49) (于)〔子〕: 저본에는 '于'로 되어 있으나, 四庫全書本 ≪政經≫에 의거하여 '子'로 바로잡았다.
50) (延)〔酒〕: 저본에는 '延'으로 되어 있으나, 四庫全書本 ≪政經≫에 의거하여 '酒'로 바로잡았다.

懿孝坊하야 自爲之記라 又據百姓吳十同妻愬子吳良聰不孝하야 審問得實하야 杖脊于市하고 髡髮居役이라 其他勸懲은 大率類此라

지금 각 縣의 知佐에게 청하노니, 부지런히 訪問을 행하여 만일 民間에 효성과 우애가 독실한 사람이 있으면 책임지고 드러내어 本州에 公文으로 보고한 다음 표창이 더해지기를 기다려야 할 것이다. 그리고 부모에게 悖逆하고 尊長을 능멸하여 父兄에게 發告되는 자는 마땅히 지극한 은혜와 큰 의리로 간곡하게 권면하고 효유해서 진실로 허물을 반성하거든 우선 스스로 새로워지도록 허락해야 할 것이다. 그러나 가르쳐도 따르지 않으면 곧 懲治를 더하되 심한 자는 해당 州에서 형벌을 시행해야 할 것이니, 그렇게 하면 거의 어리석은 풍속을 경계할 수 있을 것이다.

今請各縣知佐하노니 勤行訪問하야 如民間有孝友篤至之人이면 保明申州하야 待加褒表요 其有悖逆父母하고 凌犯尊長하야 爲父兄所愬者는 宜以至恩大義로 諄諄勸曉하야 苟能悔過어든 姑許自新이나 教之不從이면 即加懲治호대 甚者는 解州施行이면 庶幾可儆愚俗이라

하나, 나는 지난번 재임하던 날 친척이나 골육 간에 訟事를 일으키는 일을 만나면 대부분 직접 만나 타이름을 더하였으니, 〈그렇게 하면〉 왕왕 흔쾌히 마음을 바꾸어 각각 이에 따라 和會하고 돌아가기도 하였다. 만일 아랫사람이나 나이 어린 사람이 재물을 나누는 것이 공평하지 않다고 호소하면 진실로 법으로 裁斷해야 하겠지만, 또한 모름지기 먼저 尊長에게 유시하여 스스로 공평한 도리에 따라 균등하게 나누도록 해야 할 것이다. 혹 고집을 부리면서 따르지 않으면 그런 뒤에 해당 관원이 감독하여 나누게 하고, 그 재물을 나눔이 이미 공평한데 망령되이 詞訟에 관해 말하는 자는 도리어 분수를 범하여 誣罔한 데 대한 죄로 연좌하여 처리해야 할 것이다.

지금 知佐에게 청하노니, 詞訟을 들을 때마다 항상 명분을 바르게 하고 풍속을 두터이 하는 것을 우선으로 삼는다면 거의 투박한 풍속을 바꿀 수 있을 것이다.

一, 當職昨在任日에 遇親戚骨肉之訟이면 多是面加開諭하니 往往幡然而改하야 各從和會而去라 如卑幼訴分產不平이면 固當以法裁斷이나 亦須先諭尊長하야 自行從公均分이라 或堅執不從이면 然後當官監析하고 其有分產已平이어늘 而妄生詞說者는 却當以犯分誣罔坐之라 今請知佐하노니 每聽訟에 常以正名分厚風俗爲先이면 庶幾可革偷薄이라

하나, 學校는 風化를 시행하는 가장 중요한 곳이다. 여러 고을을 순방할 때 들으니, 간간이 백성을 가르치고 기르는 것으로 뜻을 삼지 않는 자가 있어서 贍學田이 혹 세력 있는 백성에게 占據되거나 혹 公吏에게 侵奪되기도 하였고 심지어 다른 용도로 전용되어 일찍이 선비를 양성하지 못했다고 하였다. 그 사이에는 명색이 선비를 양성한다고 하면서도 또한 혹 집에 거처하도록 용인해놓고 날로 錢米를 요청하여 일찍이 학교에서 習讀한 적이 없거나, 혹 비록 학교에 거주하기는 해도 供課[51]한 적이 없거나, 혹 供課한 적은 있어도 익히는 바가 과거 공부에 불과하여 일찍이 經史(經典과 史書)를 誦習한 적이 없는 경우가 있었으니, 무릇 이런 경우들은 모두 국가에서 인재를 길러 등용에 대비하려는 본뜻을 잃어버린 것이다.

一, 學校는 風化之首라 訪聞諸縣하니 間有不以敎養爲意者하야 贍學之田이 或爲豪民占據어나 或爲公吏侵漁하고 甚至移作他用하야 未嘗養士라 其間雖名養士나 又或容其居家하고 日請錢米하야 未嘗在學習讀이어나 或雖住學이나 而未嘗供課어나 或雖供課나 而所習不過擧業하야 未嘗誦習經史하니 凡此皆有失國家育材待用之本意라

지금 知佐에게 청하노니, 마음을 다해 조치해서 贍學田에서 들어오는 소출에 대해 엄히 심문하고 조사하여 滲漏되게 하지 말고, 그 들어오는 소출을 계산하여 전적으로 선비를 양성하도록 하라. 이어 主學官에게 청하노니, 課程을 정립하여 열흘 마다 한두 차례 講書하되, 선비들에게 어려운 구절을 묻고 다시 읽을 수 있는 날을 주어서 각기 전에 講한 책을 복습하게 하고 과거 공부 외에 다시 각각 經史를 부과하여 義理를 紬繹하고 世務를 講明하게 한다면 거의 다른 때에 모두 유용한 인재가 될 것이니, 補益되는 바가 적지 않을 것이다.

今請知佐하노니 究心措置하야 學田所入을 嚴加鉤考하야 毋令滲漏하고 計其所入하야 專以養士라 仍請主學官하노니 立定課程하야 每旬一再講書호대 許士子問難再讀之日하야 各令覆說前所講者하고 擧業之外에 更各課以經史하야 使之紬繹義理하고 講明世務면 庶幾異時에 皆爲有用之材리니 所補非淺이라

51) 供課 : 宋代 科擧의 考試方式 가운데 하나로, 州縣의 學生에게 열흘 동안 학업을 익히게 한 뒤에 각각 익힌 분야를 시험하는 것이다.

하나, 溫陵은 인재의 淵藪[52]이니, 덕 있고 명망 있는 사람들이 끊임없이 이어졌다. 근래 郡의 경내로 들어왔을 때 士友들이 投書하는 경우가 자못 많았는데, 그 사이에는 대개 의론이 매우 깊고 절실한 경우도 있어서 사정을 잘 알게 되었다. 그러니 이 지방 선비들의 풍속이 왕성하고 성실한 것은 다른 곳에서 따라올 수 있는 것이 아니다. 지금 아마도 여러 고을의 관할 아래에는 才藝를 품고서도 落拓不遇하여 가난을 편안히 여기고 道를 즐기면서 구차하게 영달을 구하려 하지 않는 사람이 있을 터이니, 마땅히 禮를 갖추어 초청하여 학교로 들어오게 해서 후일 〈선비들이〉 스승 삼고 본받는 바가 있게 해야 할 것이다. 이번 기회에 그 성명을 郡에 알려서 아울러 빈객을 대우하는 예를 더해야 할 것이다.

一, 溫陵人材之淵藪니 名德聞望이 相繼不絶이라 近入郡境에 士友投書頗多한대 其間蓋有議論至深切하야 事情益知하니 此邦士風之盛誠은 非他處可及이라 今恐諸縣管下에 有懷材抱藝오도 而沈淪不偶하야 守道安貧而不肯苟求者니 宜以禮延請하야 致之學校하야 使後有所師法이라 仍以其姓名申郡하야 併當加之賓禮하라

獄犴을 맑게 함　淸獄犴

하나, 獄이란 백성의 목숨이 달려 있는 것이니, 진실로 刑名에 연루되어야 할 자가 아니면 응당 옥에 구금되게 해서는 안 된다. 따라서 수령 된 자는 매번 반드시 직접 살펴서 거의 그릇되게 남용하는 일이 없어야 한다. 여러 고을을 순방하면서 들으니, 간간이 경솔하게 사람을 감옥에 가두고 아전의 손에 推鞫을 맡겨둔 경우가 있었는데, 왕왕 供招를 작성할 때는 樣式대로 공초하게 했다가 강제로 批子[53]를 작성하게 할 때

---

52) 淵藪 : 깊은 못〔淵〕에 물고기가 모여들고 숲〔藪〕에 새와 짐승이 모여드는 것처럼, 많은 사람이나 물건이 모여드는 곳을 비유적으로 이르는 말이다. ≪書經≫ 〈周書 武成〉에 "지금 商王 受(紂)가 無道하여 하늘이 내린 물건을 함부로 버리며 백성들을 해치고 포악하게 하며, 천하에 도망한 자들의 주인이 되어서 〈그들이 마치〉 못과 숲에 모이는 듯이 하고 있다.〔今商王受 無道 暴殄天物 害虐烝民 爲天下 逋逃主 萃淵藪〕"라는 내용에 보인다.

53) 批子 : 재물을 취하고 나서 발행하는 증명서를 말한다.

에는 내야 할 것보다 더 많은 돈을 요구하고 조금이라도 따르지 않으면 문득 매질을 가하였으니, 애처롭게 부르짖는 소리가 참혹하여 하늘에 호소해도 들어줄 사람이 없었다. 혹 죄수들의 식량을 삭감하고 의복을 單少하게 해서 굶어 죽고 얼어 죽는 사람이 속출하게 하거나, 혹 刑具가 지나치게 무거운데 줄여주지 않아서 목이 썩고 문드러지게 하거나, 혹 지붕의 기와가 세는데 수리하지 않아서 비바람이 스며드는 일이 있거나, 혹 감옥을 제때 청소하지 않아서 이가 서는 고통이 있거나, 혹 변소가 가까이 있는데 가림막을 설치하지 않아서 더러운 냄새가 풍기거나, 혹 죄수가 병들었는데 일찍 치료하지 않아서 앓다가 죽게 하거나, 혹 죄질이 가벼운 죄수를 사형수와 같은 감옥에 가두기도 하였으니, 이와 같은 경우가 이루 헤아릴 수 없을 정도로 많았다.

一, 獄者는 生民大命이니 苟非當坐刑名者면 自不應收繫니 爲知縣者는 每每必須躬親하야 庶免枉濫이라 訪(問)〔聞〕[54]諸縣하니 間有輕置人於囹圄而付推鞫於吏手者한대 往往寫成草子에 令其依樣供寫라가 及勒令立批하얀 出外索錢하고 稍不聽從이면 輒加捶楚하야 哀號慘毒이나 呼天莫聞이라 或囚糧減削하고 衣被單少하야 飢凍至於交迫하고 或枷具過重이어늘 不與(湯)〔蕩〕[55]刷하야 頸項爲之潰爛하고 或屋瓦疏漏不修하야 有風雨之侵하고 或牢床打併不時하야 有蟣蝨之苦하고 或坑厠在近이어늘 無所蔽障하야 有臭穢之薰하고 或因病不早醫治하야 致其瘐死하고 或以輕罪與大辟同牢하니 若此者不可勝數라

지금 知縣에게 청하노니, 백성의 목숨을 시급하게 여겨서 무릇 獄에 송치하지 않아야 할 公事는 경솔하게 구속하여 감금하지 말고, 추문하여 공초를 받을 때에는 일일이 직접 임하며, 〈죄수들의〉 음식과 거처를 때때로 檢察하고 胥吏를 엄하게 단속해서 제멋대로 매질하여 情節을 變亂시키는 일이 없도록 해야 할 것이다. 사형수에 이르러서는 죽고 사는 문제가 매여 있는 바이니, 어찌 털끝만큼이라도 사심을 용납하겠는가. 혹 그릇되게 남용하는 일이 있으면 밝게는 국법이 있고 그윽하게는 귀신이 있으니, 의당 마음을 다해서 혹 조금도 소홀히 하지 말아야 할 것이다.

---

54) (問)〔聞〕: 저본에는 '問'으로 되어 있으나, 이하 여러 차례 동일한 형식의 문구〔訪聞諸縣〕가 보이는 것에 의거하여 '聞'으로 바로잡았다.

55) (湯)〔蕩〕: 저본에는 '湯'으로 되어 있으나, 문맥에 의거하여 '蕩'으로 바로잡았다.

今請知縣하노니 以民命爲念하야 凡不當送獄公事는 勿輕收禁하고 推問供責에 一一親臨하고 飯食居處를 時時檢察하고 嚴戢胥吏하야 毋令擅自拷掠하야 變亂情節이라 至於大辟하얀 死生所關이니 豈容纖毫리오 或至枉濫이면 明有國憲하고 幽有鬼神하니 切宜究心하야 勿或少忽하라

하나, 지난번에 臣僚들이 獄事를 조사하는 일을 거듭 청한 것으로 인하여 먼저 縣丞을 조사하였으니, 대개 知縣은 일이 많아서 獄事에 전념할 겨를이 없고 또한 州郡에서 먼저 獄官에게 조사를 맡길까 염려하는 뜻에서였다. 삼가 생각건대, 屬縣에서 獄訟에 관한 일을 전부 縣丞에게 맡겨서 다시 마음을 쓰지 않는 것과 縣丞이 獄에 나아가 〈情狀을 살펴보는〉 일을 꺼려서 올려 보낸 죄수들을 곧장 데려다 鞫廳에서 鞫問하는 것은 모두 거듭 밝힌 본래의 취지를 잃어버린 것이다.

지금 知縣에게 바라노니, 獄事를 중요하게 여기고 전적으로 그 책무를 맡아서, 비록 縣丞과 함께 조사하더라도 죄수를 밖으로 불러내어 정황을 누설하게 하고 속마음을 끌어다가 敎唆하지 못하게 하며, 혹 縣丞이 늙어 병이 든데다가 청렴한 명성이 부족하면 또한 간여하지 못하게 해야 할 것이다.

一, 昨因臣僚申請勘獄하야 先經縣丞하니 蓋慮知縣事繁하야 不暇專意獄事하고 亦州郡先付獄官之意也라 竊慮屬縣有悉付其事於丞하야 不復加意者와 有縣丞憚於到獄하야 徑取上囚徒하야 就廳鞫問者는 凡此皆有失申明本指라 今印知縣하노니 以獄事爲重하고 專任其責하야 雖與縣丞同勘이라도 卽不許輒取罪囚出外하야 以致漏泄情款하고 引意敎唆하며 或丞老而病하고 且乏廉聲이면 亦不宜使之干預라

부세를 공평하게 함 平賦稅

하나, 앞서 재임하던 날 일찍이 두 가지 稅를 수납할 때 관부에서 정한 기한을 두겠다고 약속하였으니, 官司에서 기한이 되기 전에 수납을 독촉하는 것은 法으로 비추어 볼 때 그 죄가 가볍지 않다. 또 賦稅와 田租를 預借[56]하는 경우는 법으로 볼 때 더욱

56) 預借 : 관청에서 민간에 미리 각종의 부세를 부과해 사용하는 것을 말하는데, 宋代에는 이것

허가해서 안 되니, 만일 公吏가 사적으로 예차하는 경우가 있다면 盜律에 준하여 논죄해야 할 것이다. 지금 듣건대 屬縣이 관부에서 정한 기한이 되기 전에 미리 조세를 독촉하는 경우가 있어서 4년이 되는 해에 5년의 조세를 예차하고 5년이 되는 해에 6, 7년의 조세를 예차한다고 하니, 민간에서 어떻게 이것을 감당할 수 있겠는가. 바라건대 지금부터는 모름지기 관부에서 정한 기한이 되었을 때 바야흐로 조세를 독촉하고, 이어 당년 및 2년이 지나도록 수납하지 않은 부세만을 독촉하되 다시 예차가 행해지지 않도록 해야 할 것이다. 그리고 公吏가 사적으로 예차하는 폐단이 있으면 모두 知縣에게 위임하여 엄히 覺察을 행한 다음 완전히 근절되도록 힘써야 할 것이다.

一, 前在任日에 曾約束輸納二稅를 自有省限하니 官司先期催納은 在法非輕이라 至於預借稅租하얀 法尤不許니 若公吏私借者는 準盜論이라 今聞屬縣有未及省限而預先起催者하야 有四年而預借五年之稅하고 五年而預借六七年之稅者하니 民間何以堪此리오 仰自今爲始하야 須及省限하야 方行起催하고 仍只催當年及遞年未納稅賦호대 不許更行預借라 所有公吏私借之弊는 併委知縣하야 嚴行覺察하야 務令盡絶이라

하나, 앞서 재임하던 날 응당 관리와 백성 및 佛寺와 道觀에서 수납하는 稅米에 대해 모두 스스로 斗量하여 평미레질하게 하되 평미레질 한 것 이외에는 단지 3升만 더 거두어서 耗穀[57]으로 삼게 하였는데, 여러 縣에도 또한 일체 시행하게 하였다. 지금 듣건대, 여러 縣에서 受納할 때에 전에 약속한 대로 시행하지 않고 심지어 2, 3斗를 거두는 곳도 있다고 하니, 지금부터는 모두 州倉에서 교부하고 수납하는 체례에 따라 거두어야 할 것이다. 納戶로 하여금 스스로 斗量하여 평미레질하게 한 것은 조금이라도 과도하게 거두는 일이 없게 하려는 생각에서였다. 따라서 案吏가 倉斗米에 대해 무리하게 요구하는 일을 일체 혁파하려면 受納官이 마땅히 직접 휘하의 아전들을 통솔해야 할 것이니, 그렇게 하면 거의 좀먹는 폐단을 혁파할 수 있을 것이다.

이 공공연하게 행해져서 하나의 명목으로 굳어졌다.

57) 耗穀 : 租稅를 거둘 때 해당 곡식의 正額 이외에 일정 분량(10분의 1)을 더 부가하는 것을 말한다. 모곡은 원래 참새와 쥐가 축내거나 곡식이 썩어 그 양이 줄어들면 이를 보충하기 위해 더 거두도록 한 것이었으나, 실질적으로는 원래 환곡의 이자나 마찬가지가 되었다. 耗條라고도 한다.

一, 前在任日에 應官民寺觀輪納稅米를 竝令自量自槪호대 止收槪下三升爲耗한대 諸縣亦一體施行이라 今聞諸縣受納에 更不照前約束하고 甚至取及二三㪷者하니 自今仰竝照州倉交納體例라 令納戶로 自行量槪는 毋致少有過取니 其案吏倉㪷非理乞覓을 一切除罷인댄 受納官宜以身率下庶니 幾可革蠹弊라

하나, 지난번 절차에 따라 〈조세를 거두는〉 체제를 정할 때 2년이 지나도록 도피하여 거두지 못한 수량은 마땅히 탕척해주고, 억지로 保長에게 대신 輸納하게 하는 것을 허락하지 않도록 약속하였다. 州에 수납하는 것은 州에서 작성한 장부를 縣에 내려주어서 縣吏들이 은닉하지 못하고 곧바로 원래의 장부에서 輸納한 백성의 이름을 지워주도록 요청하게 하였으며, 縣에 수납하는 것은 곧 押印한 장부와 함께 還給하게 한 다음 관청에서 작성한 장부와 대조해서 중첩되게 납세를 독촉하거나 장부를 바쳐야 한다는 명목으로 매번 追呼하여 소란을 일으키지 못하게 하였다. 지금 여러 고을을 순방하면서 들으니, 이전의 여러 가지 폐단 가운데 각종의 명색이 그대로 남아 있어서 民戶가 그 고통을 견딜 수 없고 保長들은 더욱 代納을 감당할 수 없다고 하였다. 심지어 保正과 副正들은 원래 조세의 수납을 독촉하는 사람이 아닌데도 억지로 대신 수납하게 한다고 하니, 법을 어기고 백성에게 해를 입히는 것이 이보다 심한 경우가 없다. 청컨대 여러 고을에서는 지금부터 이런 폐단을 모두 혁파해버리도록 하라.

一, 昨來節次에 約束遞年逃閣之數는 當與除豁하고 不許勒令保長代輸하니 其就州納者는 州鈔下縣하야 縣吏不得藏匿하고 立請主簿消注하며 其就縣納者는 卽與印鈔給還하고 仍對銷官簿하야 不許重疊追催어나 及以呈鈔爲名하야 輒行追擾라 今來訪聞諸縣하니 於前數弊에 色色有之하야 人戶不勝其苦하고 爲保長者尤所不堪이라 甚至保正副는 本非催科之人이어늘 亦勒令代納하니 違法害民이 莫此爲甚이라 仰諸縣은 截自日下로 竝行革去하라

하나, 지난번 宋太卿이 재임할 때 第五等戶[58)]로 하여금 産錢[59)] 1文에 현금 7文의 足

58) 第五等戶 : 宋代의 五等戶制 가운데 가장 하위 등급의 人戶를 말한다. 송대에는 토지의 소유 여부에 따라 전체 人戶를 主戶와 客戶로 나눈 다음 주호에 세금과 身役을 부과하였는데, 이 主戶를 다시 재산의 정도와 부과된 세액의 액수 및 가구에 포함된 丁人의 수에 따라 5등급으로 구분하여 職役·沿徵·支移·折變·和買·身丁錢의 기준으로 삼았다.

錢[60]을 輸納하게 하는 규정을 새로 정하였으니, 縻費에 들어가는 수량은 이미 모두 그 가운데 포함되어 있었다. 그런데 지금 여러 고을을 순방하면서 듣건대, 公吏가 7文 이외에 다시 더 거두어서 縻費가 혹 도리어 正錢보다 많아졌다고 하니, 이전의 정사에서 넉넉하게 구휼하던 뜻과는 차이가 있는 것이다. 지금 청컨대 모두 혁파하여 正錢 이외에는 分文의 錢도 더 거두지 못하게 해야 할 것이니, 이것은 도리어 下戶의 고통이 되기 때문이다.

一. 昨宋太卿在任에 捌令第五等戶로 產錢一文에 納見錢七文足하니 應乎縻費는 已倂在中이라 今來訪聞諸縣컨대 公吏 於七文之外又取하야 縻費或反多於正錢이라하니 殊前政寬卹之意라 今仰悉從革去하야 正錢之外에 不得增添分文이니 反爲下戶之困이라

아전이 가혹하여 백성을 소란하게 하는 일을 금함 禁苛擾

하나, 앞서 재임하던 날 일찍이 坐條에 대해 여러 고을에 行下한 적이 있었는데, 한결같이 文引에 따라 단지 保司에게만 맡기고 사람을 차출하여 시골로 내려가게 하는 것은 허락하지 않았다. 만일 여러 가지 명색의 公吏들이 번번이 집안사람들을 데리고 시골로 내려가 소란을 피우는 자가 있으면 모두 법의 조목에 따라 죄주었으니, 그 후로 죄를 범한 자를 징계하여 다스린 것이 한두 번이 아니었다. 또 鄕書記 등이 매번 시골 백성들이 수탈당하는 것을 보면 그때마다 鄕村에 가서 식량과 곡식을 요구하였기에 이로 인하여 民戶에서 하소연하였으니, 이미 죄를 범한 자를 잡아다가 編配[61]하였다. 그리고 尉司와 弓手가 도둑 잡는 일이 아닌 다른 목적으로 家丁을 데리고 鄕村의 민호에 피해를 끼치는 일이 많았기에 또한 여러 차례 징계하여 다스렸으니, 이 당시에는 田里의 사이에 아전이 내려가는 일이 없었다.

---

59) 產錢 : 宋代의 조세제도로, 民戶의 재산을 돈으로 환산하여 상중하 세 등급의 產으로 나눈 다음 매 產 1文에 納米와 錢을 일률적으로 균등하게 부과하였다.

60) 足錢 : 足額(정원)에 따라 부과하는 錢을 말한다.

61) 編配 : 귀양보낼 죄인의 이름을 臺帳에 기입하는 것 또는 죄인을 귀양보내는 것을 이른다.

一. 前在任日에 曾坐條行下諸縣한대 〔一〕[62]應文引하야 只付保司하고 不許差人下鄕이라 如諸色公吏 輒帶家人하야 下鄕搔擾者는 竝從條收坐하니 自後犯者를 懲治非一이라 又鄕書等人每遇鄕民收割이면 輒至鄕村하야 乞麥乞穀이라 因人戶有訴하니 已將犯者編配라 及尉司弓手不因捕盜하야 而多帶家丁하야 擾害鄕村人戶라 亦屢曾懲治하니 是時에 田里間無一吏迹이라

지금 듣건대 수 년 이래로 이 폐단이 다시 생겨서 官司에 아무런 일이 없는데도 번번이 사람을 차출하여 시골로 내려가게 해서 거침없이 이리저리 다니면서 피해를 주는 일이 가장 심하다고 하였다. 청컨대 여러 고을에서는 금일 이후로는 더 이상 예전의 폐단을 그대로 답습하는 것을 허락하지 말도록 하라. 겸하여 本州에서 專人을 시골로 내려가게 하지 않았으면 縣邑에서 또한 어찌 專人을 시골로 내려가게 할 수 있겠는가. 만일 公吏가 縣引을 받들지 않고 사사로이 鄕村에 가서 재물을 요구하는 일이 있으면 知佐에게 위임하여 엄하게 覺察을 더하여 힘써 근절하게 할 것이다.

今聞數年以來에 此弊復作하야 官司未有一事라도 便輒差人下鄕하야 縱橫旁午하야 爲害最甚하니 仰諸縣은 截自日下로 更不許仍循前弊하라 兼本州旣不專人下縣이면 則縣邑亦豈應專人下鄕이리오 若公吏非承縣引하고 而私往鄕村乞覔이면 委知佐하야 嚴加覺察하야 務令盡絶이라

하나, 지난번에 일찍이 在州官 및 여러 縣의 知佐에게 行下하여 文引을 내어 公吏와 保司로 하여금 물건을 매입하지 못하도록 하였는데, 그 후 南安의 丞廳에서 文引을 내고 保司에게 맡겨 役人을 모집하고 布를 매입한 다음 이에 따라 망령되이 科配[63]를 행한 것으로 인하여 사람들이 陳訴하였으니, 이미 犯人을 잡아다가 斷罪한 다음 刺環[64]의 형에 처하고 縣丞을 잡아다가 취조하였다. 그런데 지금 여러 고을을 순방하면서 들으니, 이 폐단이 그대로 있다고 하였다. 청컨대 知佐廳에서는 지금부터 이런 폐단을 일체 척결해서, 앞으로는 公吏와 保司를 꾸짖어 물건을 매입하게 함으로써 민호를 수탈하여 소요를 일으키지 못하게 하라.

---

62) 〔一〕: 저본에는 '一'이 없으나, 四庫全書本 《政經》에 의거하여 보충하였다.
63) 科配 : 관부에서 정식으로 부과하는 세금 외에 임시로 더 세금을 부과하여 각 지역 또는 사람들에게 분담하게 하는 것을 말한다.
64) 刺環 : 宋代에 시행하던 黥刑의 하나로, 귀 뒤에 고리 모양으로 刺字하는 것이다.

一, 昨曾行下在州官及諸縣知佐하야 不許出引令公吏保司買物이어늘 及因南安丞廳出引付保司募役人買布하고 因而妄行科配하야 致人陳訴하니 已將犯人하야 斷罪刺環하고 及將縣丞取問이라 今來訪聞諸縣하니 仍有此弊라 仰知佐廳은 日下一切杜絶하야 不許責令公吏保司買物하야 以致科擾人戶라

하나, 앞서 재임하던 날 일찍이 聖節에 宴會를 베풀겠다고 약속한 적이 있었다. 그런데 요즈음 삼가 염려하건대, 여러 縣에서 俗習을 따르는 것이 規例가 되어버리면 혹 行鋪(상점)에 물건을 科買[65]하되 시가대로 돈을 지급하지 않을 것이고, 혹 民院에 錢物을 科配하여 器皿과 幕帟 등의 물건을 모두 預借하되 이로 인하여 남김없이 몰수하기도 할 것이며, 혹 망령되이 향촌의 농민을 불러 모아 樂社의 자리에 충원하기도 할 것이고, 혹 억지로 양민 부녀자를 妓籍에 편입시키기도 할 것이다. 그러니 만일 어기는 일이 있으면 사람들에게 陳訴하게 하겠다.

一, 前在任日에 曾有約束聖節錫宴이라 在近竊慮컨대 諸縣循習成例면 或於行鋪에 科買物件호대 不依時價支錢하고 或於民院에 科配錢物하야 幷借器皿幕帟之屬호대 因而乾沒하고 或妄追鄕村農民하야 充樂社祗應하고 或勒令良民婦女로 拘入妓籍하니 如違면 許人陳訴라

그 후 惠安의 민호에서 縣吏들이 백성들에게 복장을 갖추고 악기를 마련하여 筵會에 나오게 했다고 陳訴한 것으로 인하여 이미 犯人을 잡아다가 무겁게 斷罪한 다음 파직시켰고, 또 永春의 민호에서 縣吏들이 上元日에 放燈하는 일[66]로 연등과 기름을 科買하고 그 값을 지불하지 않았다고 陳訴한 것으로 인하여 또한 犯人을 잡아다가 무겁게 斷罪하고 구금한 다음 경계하여 돌려보내고 아울러 여러 縣에 移牒하였다. 지금 이후로는 上元日에 放燈하는 일로 行鋪와 民戶에 기름과 연등 등의 물건을 白科하는 일이 없게 할 것이니, 이제부터 앞서 했던 약속에 비추어보아 만일 죄를 범한 자가 있으면 모두 무겁게 죄를 줄 것이다.

---

65) 科買 : 국가에서 필요한 물품을 민간에 할당하여 강제로 사들이는 것을 말한다.
66) 上元日에 放燈하는 일 : 上元日은 음력 정월 대보름을 이른다. 이날을 전후하여 십여 일 동안 밤새 꽃등〔花燈〕을 달고 즐기던 풍속을 가리킨다.(≪漢韓大辭典≫)

後因惠安人戶 陳訴縣吏令粧束喬鼓祇應筵會하야 已將犯人하야 重斷(勤)〔勒〕[67]罷라 又因永春人戶 陳訴縣吏因上元(於)〔放〕[68]燈하야 科買燈油하고 不還價錢하야 亦將犯人하야 重斷錮身監還하고 幷牒諸縣이라 今後上元放燈에 不許白科鋪戶油燭等物이니 今來竝照前來約束하야 如有犯者면 竝從重坐라

上元嬰戲圖

하나, 지난번 晉江縣에서 軍期가 되어 造船할 때 민호에 桐油와 赤藤 등의 물건을 두루 科買하고 價錢을 지불하지 않은 일로 인하여 마침내 承吏를 잡아다가 斷罪하여 定配하고, 이어 이제부터는 軍期로 인해 번번이 科配하는 일을 일체 하지 못하게 하겠다고 약속하였다. 지금 여러 고을을 순방하면서 들으니, 本州에서 상자에 넣어 던져둔 것으로 인하여 赤藤과 麻皮 등의 물건을 번번이 保正과 副正에게 科配하여 收買하게 하되 다시 시가대로 돈을 지불하지 않는다고 하였다. 심한 경우에는 分文의 錢도 지급하지 않고 保正으로 하여금 배나 되는 錢을 收買하여 납입하게 하되 납입할 때가 되면 公吏가 또 청구하는 일이 있다고 하니, 保正들이 어찌 감당할 수 있겠는가. 여러 縣에 청하건대, 지금 이후로 軍期를 行下하는 날

---

67) (勤)〔勒〕: 저본에는 '勤'으로 되어 있으나, 四庫全書本 ≪政經≫에 의거하여 '勒'으로 바로잡았다.
68) (於)〔放〕: 저본에는 '於'로 되어 있으나, 四庫全書本 ≪政經≫에 의거하여 '放'으로 바로잡았다.

이 되면 마땅히 좋은 쪽으로 처리하여 소란스럽지 않게 마련하도록 힘쓰되 縣吏들이 두루 科配를 행하는 일이 없게 하고 또한 保司로 하여금 배나 되는 錢을 준비하게 하지 못하게 하라.

一, 昨因晉江縣爲造軍期船에 數買人戶桐油赤籐等物하고 不還價錢하야 遂將承吏斷配하고 仍約束自今不許竝緣軍期에 輒有科配라 今來訪聞諸縣하니 因本州抛下하야 赤籐麻皮等物을 輒科保正副收買호대 更不依時直還錢이라 甚者는 分文不支하고 致令保正으로 陪錢買納호대 入納之時에 公吏又有需乞하니 爲保正者 其何以堪이리오 仰諸縣컨대 今後遇有軍期行下면 (官)〔宜〕[69] 從長區處하야 務令不擾而辦호대 毋容縣吏竝緣廣行科配及(仰)〔抑〕[70] 令保司陪備라

하나, 지난번 晉江縣에서 縣衙를 重修하는 일로 인해 文引을 발급한 다음 여러 寺院을 감독해서 修造錢을 납부하게 했는데, 그 文引을 받든 사람이 寺院의 田地를 소작하는 民戶를 셋으로 나누고 통틀어 修造錢을 청구하였으니, 이미 犯人을 잡아다가 斷罪하여 刺刑에 처하고 이어 縣鎭에 帖文을 보냈다. 이제부터는 매우 부득이한 일이 아니면 土木의 工役을 일으키지 말고 급하게 수리해야 할 일이 아니면 모두 그만둘 것이며 마땅히 수리해야 곳이 있으면 모름지기 현금으로 場을 설치한 다음 시가대로 사람을 모으고 물건을 팔게 해서, 文引을 발급하여 널리 청구하는 일이 없도록 해야 할 것이다. 지금 屬縣에서 혹 縣衙를 수리하는 일로 인해 문득 널리 科配는 일이 있을까 염려가 되니, 청컨대 이후로는 이런 일들을 혁파하도록 하라.

一, 昨因晉江重修縣衙하야 出引監諸寺院하야 納修造錢한대 其承引人이 輒將三植院佃戶하야 打縛取乞하니 已將犯人斷刺하고 仍帖縣鎭이라 自今非(其)〔甚〕[71] 不獲已면 毋輒興土木之工하고 其不急興修면 竝仰住罷하고 所有合修去處면 須管以(見)〔現〕[72] 錢置場하야 依時價召人申賣하야 不許出引數率이라 今恐屬縣에 或因修造하야 輒有數配니 仰日下除罷하라

하나, 지난번 민간에 爭訟이 있으면 官司에서 마땅히 시비를 명백하게 판단할 것이

69) (官)〔宜〕: 저본에는 '官'으로 되어 있으나, 四庫全書本 ≪政經≫에 의거하여 '宜'로 바로잡았다.
70) (仰)〔抑〕: 저본에는 '仰'으로 되어 있으나, 四庫全書本 ≪政經≫에 의거하여 '抑'으로 바로잡았다.
71) (其)〔甚〕: 저본에는 '其'로 되어 있으나, 四庫全書本 ≪政經≫에 의거하여 '甚'으로 바로잡았다.
72) (見)〔現〕: 저본에는 '見'으로 되어 있으나, 문맥에 의거하여 '現'으로 바로잡았다.

라고 약속하였으니, 만일 죄를 범하는 자가 있어서 刑名에 합치된다면 법에 따라 죄를 줄 것이다. 지금 듣건대, 屬縣에 전적으로 벌금 부과하는 것을 일삼는 자가 있어서 마침내 부유한 백성은 죄가 있어도 요행히 모면하게 하고 가난한 백성이 처벌을 받는다고 하니, 그 고통은 형벌을 받는 것보다 심한 것이다. 이후로는 각기 이런 일을 혁파하도록 하라. 지금 屬縣에서 公事로 인해 벌금을 부과하여 백성의 재물을 갈취하는 자가 있을까 염려되니, 이제부터 이후로는 모두 혁파하게 하도록 하라.

一, 昨曾約束民間爭訟이면 官司所當明辨是非하니 如果冒犯하야 刑名自合이면 依條收坐라 今聞屬縣에 乃有專事科罰者하야 遂使富民으로 有罪得以幸免하고 貧者被罰하니 其苦甚於遭刑이라 日下各仰除罷하라 今恐屬縣有因公事而科罰民財者하니 截自日下로 竝令〔除〕[73]罷하라

하나, 지난번에 민호를 分析하되 마땅히 편리함을 따를 것이라고 약속하였다. 그러나 여러 縣을 순방하며 들어보니 전적으로 司局을 설치하여 강제로 開戶[74]하게 하는 경우가 있었는데, 다만 醋錢[75]이 이득이 되는 것만 알고 風敎가 손상되는 것은 돌아보지 않았다. 지금부터는 오직 法에 따라 분석하여 관청의 陳情을 거친 자는 給印과 分書를 주고 강제로 하는 일은 하지 못하게 하라. 지금 여러 현에서 듣건대, 예전처럼 다시 이런 일이 있고 심한 경우에는 아전을 차출한 다음 시골로 내려 보내 강제로 開戶하고 分析하게 한다고 하니, 어찌 이런 이치가 있겠는가. 청컨대 이후로는 모두 혁파하도록 하라.

一, 昨來約束人戶分(折)〔析〕[76]호대 當從其便이나 訪聞諸縣하니 乃有專置司局하야 勒令開戶者한대 但知利其醋錢하야 不顧有傷風教라 自今唯法應分析하야 經官陳情者는 即與給印分書하고 不許輒有抑勒이라 今聞諸縣컨대 仍復有此하고 甚者는 差吏下鄕하야 勒令開析하니 豈有此理리오 仰截自日下에 竝行住罷하라

---

73) 〔除〕: 저본에는 '除'가 없으나, 四庫全書本 ≪政經≫에 의거하여 보충하였다.

74) 開戶 : 세금을 증대할 목적으로 戶口를 늘리기 위해 賤人을 良人으로 승급시켜 戶籍을 독립시키는 것을 이른다.

75) 醋錢 : 지방 관서에서 醋에 대해서 징수하던 稅錢을 말한다.

76) (折)〔析〕: 저본에는 '折'로 되어 있으나, 四庫全書本 ≪政經≫에 의거하여 '析'으로 바로잡았다.

하나, 지난번에 일반 백성들의 執役은 官司에서 마땅히 存恤해야 하는 것이라고 保正 및 保長들과 약속하였다. 그런데 여러 縣을 순방하며 들으니 知佐가 科率[77]하는 것이 다양하고 公吏가 착취하는 것이 더욱 심하여 가산이 파탄되는 지경에 이르렀다고 하였다. 이제부터는 本役을 제외하고 함부로 가혹하게 하는 일이 있어서는 안 될 것이다. 처음 교대하여 引展의 기한을 교부할 때까지 들어가는 비용과 관원이 到任한 뒤에 임기가 다하여 교대할 때 陪備에 供應하는 비용은 모두 면제하도록 하라.

一, 昨嘗約束保正長하야 以編民執役에 官司所宜存恤이러니 訪聞諸縣컨대 知佐科率多端하고 公吏取乞尤甚하야 致令破蕩財產이라 自今除本役外에 不(許)〔可〕[78]妄有苛擾라 其初參得替에 繳引展限之需와 官員到任滿替에 供應陪備之費도 竝與除免이라

지금 여러 縣에서 듣건대, 속습에 따라 이전의 폐단을 자행하는 일이 더욱 심하다고 하였다. 맡아서 관리해야 하는 일이 아닌데 억지로 맡아 관리하게 하고, 돈을 내게 해야 할 자가 아닌데 억지로 돈을 내게 하면 그 피해가 이루 헤아릴 수 없을 정도로 많아질 것이다. 〈그렇게 되면〉 이로 말미암아 꺼리고 피하여 기꺼이 충원되려 하지 않을 것이니, 차라리 아전들에게 뇌물을 주더라도 모면하려고 하는 것은 이 때문에 생긴 결과이다. 家產의 유무를 구분하여 保正에 대해 처리하도록 하라. 청컨대 여러 知佐廳에서는 이제부터 保正과 保長 등의 사람에게 힘써 寬恤을 더하여 烟火盜賊 및 스스로 文引을 받은 자 외에는 조금이라도 가혹하게 하여 괴롭히는 일이 없어야 할 것이다. 만일 官司에서 이미 保正과 保長을 存卹했는데도 불구하고 保正과 保長들이 도리어 破落戶를 모집하고[79] 罪科를 범한 사람을 대신 일을 맡게 해서 고을에서 소란을 일으킨다면 형법을 상고하여 처결할 것이다.

今〔聞〕[80]諸縣컨대 循習前弊 又復甚焉하니 非當管幹之事를 勒令管幹하고 不當令出錢者를 勒令出錢이면 其害不可勝計라 由此畏避하야 不肯充承이니 寧賂吏輩求免은 是致라 都分有無하야

77) 科率 : 관에서 민간에 배정하여 구매하는 물자를 말한다.
78) (許)〔可〕: 저본에는 '許'로 되어 있으나, 四庫全書本 《政經》에 의거하여 '可'로 바로잡았다.
79) 破落戶를 모집하고 : 破落戶는 家勢가 기울어 몰락한 家戶를 이르는 말이니, 여기서는 保正과 保長이 세금을 增收하기 위해 그들을 모집하여 縣政을 騷亂케 하는 것을 가리킨다.
80) 〔聞〕: 저본에는 '聞'이 없으나, 四庫全書本 《政經》에 의거하여 보충하였다.

保正去處하라 仰知佐諸廳은 自今於保正長等人에 務加寬恤하야 除烟火盜賊及(合)〔自〕[81]受文引外에는 不許稍有苛擾라 如官司已存衃保正長이나 而保正長却募破落하고 過犯人代役하야 在鄉搔擾면 卽當究治施行이라

하나, 지난번에 寺院은 良民의 堡障이니 마땅히 그 힘을 넉넉히 기르게 해야 한다고 약속하였다. 그런데 여러 縣을 순방하며 들으니, 〈寺院에 부과된〉 科率이 자못 번다하여 더욱 곤궁해져서 점점 구제할 수 없게 되었다고 하였다. 지금부터는 법에 따라 수납해야 되는 것 외에 비상용으로 징수하는 것은 모두 면제하도록 하라. 지금 여러 縣에서 듣건대 전에 비하여 〈科率이〉 더욱 심해졌다고 하니, 만일 관할하는 寺院을 구제하지 못하는 경우가 많으면 두루 퍼지는 피해가 반드시 民戶에까지 미칠 것이다. 청컨대 이제부터는 윗 조항의 約束에 비추어보아 어기는 허물이 없도록 하라.

一, 昨來約束寺院乃良民之堡障이니 所當寬養其力이러니 訪聞諸縣컨대 科率頗繁하야 致令重困하야 浸成不濟라 自今除依法供輸外에 自餘非泛需索은 竝與除免이라 今聞諸縣컨대 視前加甚하니 若使管下寺院不濟者多면 則均敷之害 必及人戶라 仰自今照上項約束하야 毋致違戾라

이상 자세히 갖추어 앞에 붙인 것을 잘 살펴보기 바란다. 청렴함으로 몸을 다스리는 것〔律己以廉〕, 仁으로 백성을 어루만지는 것〔撫民以仁〕, 마음을 공정하게 가지는 것〔存心以公〕, 일에 임하여 부지런한 것〔涖事以勤〕 이 네 가지는 바로 政事의 綱領이고 풍교를 숭상함〔崇風教〕, 獄犴을 맑게 함〔淸獄犴〕, 부세를 공평하게 함〔平賦稅〕, 아전이 가혹하여 백성을 소란하게 하는 일을 금함〔禁苛擾〕은 바로 그 條目이니, 나는 여기에 대해 감히 힘쓰지 않을 수 없다. 또한 여러 縣의 知佐에게 원하노니, 앞의 四事와 지금의 네 조목을 座右에 걸어놓고 힘써 행하기에 부지런하여 실속 없이 형식만 갖추는 일이 없도록 하라. 각 縣의 公吏 가운데 윗 조항의 約束을 어기는 자가 있으면 백성의 訴狀을 불러들일 것이니, 마땅히 더욱 심한 자를 가려서 한두 차례 懲治하고 나머지는 모두 스스로 새로워지기를 허락해야 할 것이다. 民戶 역시 반드시 소상을 올려 하소연할 것이 없으니, 지금 약속한 날부터 시작하여 사소하게 위반하는 경우가 조금이

---

81) (合)〔自〕: 저본에는 '合'으로 되어 있으나, 四庫全書本 ≪政經≫에 의거하여 '自'로 바로잡았다.

라도 있으면 결단코 용서하지 않고 黥刑에 처하여 유배하거나 斷罪하여 刺刑에 처해서 반드시 가볍게 용서하는 일이 없을 것이다. 여러 縣의 知佐에게 帖文을 보내어 石井의 監鎭에서는 井榜으로 통지하게 하고 本州 및 7縣에서는 市曹에 曉示하게 하도록 하라.

右開具在前照得이라 廉仁公勤四者는 乃爲政之(本)〔綱〕[82]領이오 而崇風教 淸獄犴 平賦稅 禁苛擾는 乃其條目이니 當職於此에 不敢不勉이라 亦願諸縣知佐하노니 以前四事及今四條를 揭之(坐)〔座〕[83]右하고 務在力行하야 勿爲文具하라 其逐縣公吏 有犯上項約束이면 致招民詞니 當擇其尤者하야 懲治一二하고 外餘竝許之自新이라 人戶亦不必論愬니 自今約束下日爲始하야 少有分毫違背면 斷不相容하고 黥流斷刺하야 必無輕恕라 帖諸縣知佐하야 石井監鎭은 知委(幷)〔井〕[84]榜하고 本州及七縣은 市曹曉示하라

福建을 다스릴 때의 효유문 帥福建曉諭文

當司는 한 道를 安撫하는 것으로 직분을 삼으니, 兵甲과 盜賊을 전적으로 관장한다. 그러나 반드시 관리가 어질어야 백성이 편안하고 백성이 편안해야 도적이 사라지고 도적이 사라져야 병갑이 안정되는 것이니, 이 네 가지의 상관관계를 모두 살펴야 한다. 이에 紹定 6년(1233) 11월에 삼가 詔書를 받들었는데, 그 조서의 대략에 “근년 이래로 백성이 곤궁하고 도적이 일어나는 것은 모두 간악하고 탐오한 관리로부터 시작된 것이다.”라 하였으니, 위대하도다. 왕의 말씀이여! 만 리 밖을 환히 내다본다[85]고 할 만하다. 또 聖上께서 친히 정사를 다스린 뒤로부터 충성스럽고 어진 사람을 등용하고 간사하고 아첨하는 사람을 물리치며 탐관오리를 징계하여 다스리고 뇌물을 금지

---

82) (本)〔綱〕: 저본에는 ‘本’으로 되어 있으나, 四庫全書本 ≪政經≫에 의거하여 ‘綱’으로 바로잡았다.
83) (坐)〔座〕: 저본에는 ‘坐’로 되어 있으나, 四庫全書本 ≪政經≫에 의거하여 ‘座’로 바로잡았다.
84) (幷)〔井〕: 저본에는 ‘幷’으로 되어 있으나, 四庫全書本 ≪政經≫에 의거하여 ‘井’으로 바로잡았다.
85) 만 리……내다본다 : 식견이 매우 밝다는 의미이다. 漢나라 光武帝가 河西의 竇融에게 親書를 보냈는데, 그 지역의 실정을 꿰뚫어보는 것 같았으므로 하서 사람들이 말하기를 “천자는 밝게 만 리를 보는구나.” 하였다고 한다.(≪後漢書≫ 권23 〈竇融列傳〉)

하시어 諸道의 監司와 太守를 모두 단정하고 청렴한 사람으로 임명하셨으니, 詔令이 내려진 것이 백성을 위하는 정사 아님이 없었다. 當司가 奉行함에 감히 삼가지 않을 수 있겠는가.

當司는 以安撫一道爲職이니 兵甲盜賊은 乃其專掌이라 然必吏良而後民安하고 民安而後盜賊息하고 盜賊息而後兵偃하니 四者相關을 皆當致察이라 乃紹定六年十一月에 恭奉詔書한대 略曰 比年以來에 民窮盜起는 皆激於奸貪之吏라하시니 大哉王言이여 可謂明見萬里之外矣라 又自聖上親政之後로 登進忠賢하고 退黜憸佞하며 懲治贓吏하고 禁止苞苴하사 諸路監司太守를 皆以端方廉潔者爲之하시니 詔令之下 無非爲民이라 當司奉行에 其敢不恪가

福州에 到任한 뒤로 한결같은 뜻으로 강구하여 과중한 조세의 輸納을 제일 먼저 蠲減하기를 의논하고 백성을 병들게 하는 법 조항을 혁파하며 公吏가 시골로 내려가 소란 피우는 것을 금지하고 保司가 代納하는 弊害를 없앴으며, 12縣의 官屬에게 戒諭하여 형벌을 남용하지 말고 조세의 受納을 전횡하지 말며 사욕을 따르지 말고 재물을 탐하지 말며 뇌물로 청탁하지 말고 임의로 아전을 부리지 말아서 서로 함께 한 마음으로 청렴한 정사를 펼쳐서 성상께서 詔書를 내리신 丁寧한 뜻을 저버리지 말게 하였다. 지금 또 12縣에 거듭 신칙한 것으로 諸州에 行下하노니, 각기 그 官屬을 살피고 전에 거론했던 6가지 폐해를 제거하기를 힘써서 이 백성들로 하여금 각기 田里에서 安住하게 하라. 그대 백성들은 다행히 淸平한 시대를 만났으니, 의당 자신을 사랑하고 과실을 적게 하며 근본에 힘쓰고 생업에 종사할 것을 알아서 다툼을 좋아하지 말고 訟事를 일으키지 말아야 할 것이다.

自到福州로 一意講求하야 賦輸太重者를 首議蠲減하고 科須病民者를 以革除하며 禁公人下鄕之擾하고 除保司代納之害하며 戒諭十二縣官屬하야 毋濫刑하고 毋橫斂하며 毋徇私하고 毋黷貨하며 毋通關節하고 毋任吏胥하야 相與精白一心하야 無負明詔丁寧之意라 今又以申飭十二縣者로 行下諸州하니 各察其屬하고 務去前六者之弊하야 使斯民各安於田里라 爾民幸遇淸平之時하니 宜知愛身寡過하고 務本著業하야 毋喜鬪하고 毋健訟이라

聖經에 이르기를 "하루아침의 분노로 자신을 잊어서 화가 부모에게까지 미치게 함이 의혹된 것이 아니겠는가?〔一朝之忿 忘其身 以及其親 非惑歟〕"[86] 하였고, 또 이르기를

"訟事는 끝내 흉하다.〔訟終凶〕"[87] 하였으며, 또 이르기를 "용맹을 좋아하여 싸우고 사나워서 부모를 위태롭게 한다.〔好勇鬪狠 以危父母〕"[88] 하였으니, 이 세 가지는 그대 백성들이 마땅히 경계해야 할 것이다. 聖經에 또 이르기를 "하늘의 도를 이용하고 땅의 조건에 따라 살면서 몸을 삼가고 財用을 절약하여 부모를 봉양한다.〔用天之道 因地之利 謹身節用 以養父母〕"[89] 하였고, 또 이르기를 "이 몸은 모두 부모님에게서 받은 것이니 감히 다치게 해서는 안 된다.〔身體髮膚 受之父母 不敢毁傷〕"[90] 하였으니 이 두 가지는 그대 백성들이 마땅히 힘써야 할 것이다.

聖經有言하니 一朝之忿으로 忘其身하야 以及其親이 非惑歟①아하고 又曰 訟終凶②이라하고 又曰 好勇鬪狠하야 以危父母라하니 此三者는 爾民所當戒也라 聖經又言 用天之道③하고 因地之利④하야 謹身節用하야 以養父母⑤라하고 又曰身體髮膚는 受之父母니 不敢毁傷⑥이라하니 此二者는 爾民所當勉也라

---

86) 하루아침의……아니겠는가 : ≪論語≫ 〈顔淵〉에 나오는 말로 樊遲가 孔子에게 德을 높이고〔崇德〕, 사특함을 닦으며〔修慝〕, 의혹을 분변하는 것〔辨惑〕을 물은 것에 대한 공자의 답변 중 하나이다.

87) 訟事는 끝내 흉하다 : ≪周易≫ 訟卦 卦辭에 "訟은 성실함이 있으나 막혀서 두려우니 中道에 맞으면 吉하고 끝까지 함은 흉하다.〔訟 有孚 窒惕 中吉 終凶〕"라는 내용이 보인다.

88) 용맹을……한다 : 孟子가 말한 다섯 가지 不孝 가운데 하나로, "세속에서 이른바 不孝라는 것이 다섯 가지이니, 그 四肢를 게을리하여 부모의 봉양을 돌보지 않음이 첫 번째 불효이고, 장기 두고 바둑 두며 술 마시기를 좋아하여 부모의 봉양을 돌보지 않음이 두 번째 불효이고, 재물을 좋아하며 처자를 사사로이 하여 부모의 봉양을 돌보지 않음이 세 번째 불효이고, 귀와 눈의 하고자 함을 따라 부모를 욕되게 함이 네 번째 불효이고, 용맹을 좋아하여 싸우고 사나워서 부모를 위태롭게 함이 다섯 번째 불효이다.〔世俗所謂不孝者五 惰其四肢 不顧父母之養 一不孝也 博奕好飮酒 不顧父母之養 二不孝也 好貨財 私妻子 不顧父母之養 三不孝也 從耳目之欲 以爲父母戮 四不孝也 好勇鬪狠 以危父母 五不孝也〕"라고 한 데서 온 말이다.(≪孟子≫ 〈離婁 下〉)

89) 하늘의……봉양한다 : ≪孝經≫ 經 1장에 "하늘의 도를 이용하고, 땅의 조건에 따라 살면서 몸을 삼가고 財用을 절약하여 부모를 봉양하는 것이 서인의 효도이다.〔用天之道 因地之利 謹身節用 以養父母 此庶人之孝也〕"라는 내용이 보인다.

90) 이 몸은……된다 : 효도의 시작을 이르는 말로, ≪孝經≫ 經 1장에 "이 몸은 모두 부모님에게서 받은 것이니 감히 다치지 않게 하는 것이 효의 시작이요, 자신의 몸을 바르게 세우고 바른 도를 행하여 이름을 후세에 드날림으로써 부모님을 드러나게 해드리는 것이 효의 마지막이다.〔身體髮膚 受之父母 不敢毁傷 孝之始也 立身行道 揚名於後世 以顯父母 孝之終也〕"라는 내용이 보인다.

① 말하자면 "사람이 일시의 분노를 참지 못하면 일을 만들어내어 자신을 죽이고 命을 해쳐서 그 허물이 부모에게 미친다."라는 의미이니, 곧 미혹한 사람이 하는 짓이다.
言人一時忿怒를 不能忍耐면 生事出來하고 喪身害命하야 累及父母니 乃迷惑之人所爲也라
② 말하자면 "송사를 일으키는 자는 끝내 반드시 흉할 것이다."라는 의미이다.
言健訟者는 終必凶也라
③ 봄에 부지런히 밭을 갈고 여름에 부지런히 김을 매며 가을에 부지런히 수확하는 것들이 바로 이것이다.
春勤於耕하고 夏勤於耘하며 秋勤收斂之類 是也라
④ 지대가 높은 밭은 보리농사에 적당하고, 지대가 낮은 밭은 벼농사에 적당한 것들이 바로 이것이다.
高田宜麥하고 低田宜禾之類 是也라
⑤ '謹身'은 망령된 짓을 하지 않는다는 것이고, '節用'은 망령된 소비를 하지 않는다는 것이다.
謹身是不妄爲요 節用是不妄費라
⑥ 머리털 하나, 피부 하나가 모두 부모의 遺體이니 감히 毁傷할 수 없는 것이다. 더구나 경솔하게 刑法을 범하여 스스로 身命을 해치는 경우야 더 말할 것이 있겠는가.
一毫髮一皮膚 皆是父母遺體니 不敢毁傷이온 何況輕犯刑憲하야 自害身命가

나는 本道의 사람을 本道의 帥臣으로 여기며 八州를 모두 鄕黨처럼 보고 백성을 한결같이 子弟처럼 대하니, 탐오하고 잔인한 官吏들은 마땅히 그대들을 위해 징계할 것이고 포악하게 재물을 빼앗는 豪强들은 마땅히 그대들을 위해 다스릴 것이며 물건을 훔치는 도적들은 그대들에게 해가 되니 마땅히 척결할 것이다. 그대 백성들이 삶이 편안해지면 의당 부모께서 주신 몸을 스스로 보존하여 有司의 법을 범하지 않기를 생각해야 할 것이다. 이 榜文은 到任하는 날 작성한 것이니, 耆老와 仁賢들은 의당 고을 사람들에게 이야기 해주어 모두 잘 알게 하고 의당 勸勉하여 興起하게 해야 할 것이다. 지금부터 이후로 집집마다 禮를 지키고 義를 따르며 사람마다 충성스럽고 효성스러우면 七閩[91]의 풍속이 변하여 鄒魯의 고장이 될 것이다. 이는 내가 그대 백성들에게 소망하는 일일 뿐만 아니라 또한 조정에서 帥臣에게 바라는 일이니, 공경히 들어서

91) 七閩 : ≪周禮≫ 〈夏官〉 職方氏의 疏에 이르기를 "福建省과 浙江省 인근에 있는 南夷의 구역으로, 叔熊의 자손이 7種으로 나누어 살았으므로 '七閩'이라 하였다." 하였다. 그러나 朱子가 이 지역에서 태어난 뒤로는 中華의 禮樂과 文物이 번성하게 되었다.

조금도 소홀히 하지 말아야 할 것이다. 이상 지금 曉諭하는 말을 각기 잘 알아야 할 것이다.

當職은 以本路之人으로 爲本路之帥하며 其視八州에 皆如鄕黨하고 其待百姓에 一如子弟하니 官吏貪殘者는 當爲爾懲之하고 豪强侵暴者는 當爲爾戢之하며 盜賊剽竊은 爲汝之害니 當爲剪除之라 爾民旣安其生이면 宜思自保父母之身하야 勿犯有司之法이라 此榜은 到日所在니 耆老仁賢은 宜爲開說하야 使之通曉하고 宜爲勸勉하야 使之興起라 自今以往으로 家家禮義하고 人人忠孝면 變七閩之俗하야 爲鄒魯之鄕하리니 非惟當職所望於爾民이라 是亦朝廷所望於帥臣也니 其敬聽之毋忽하라 右今曉諭를 各宜知悉이어다

長沙를 다스릴 때 민간에 義廩을 두도록 권유하는 글
帥長沙勸民間置義廩文

太守는 到任한 이래 한 가지 생각도 백성에게 있지 않은 적이 없었으니, 근래 기우제를 지낸 것으로 인하여 지역 사람들을 위해 오래도록 편안히 살 수 있는 계획을 생각하였다. 城에는 平糶倉을 설치하여 儲米 수 만석을 해마다 出糶하고, 여러 縣에 널리 社倉을 설치하여 儲穀 수 만석을 해마다 出貸하는 것은 그 염려한 바를 모두 잘 알겠다. 그러나 다시 생각하니, 社倉을 설치하여 儲穀을 出貸하는 것은 밭이 있는 末等의 사람까지만 해당하고 밭이 없는 가난한 백성들은 해당되지 않는다. 그래서 다시 常平司(흉년에 민간을 구제하기 위한 관청)에 청하여 社倉에 附納한 올해의 義米를 賑糶에 대비하는 수량으로 삼았지만, 義米는 한정이 있고 가난한 백성은 매우 많으니 어찌 균등하게 골고루 나누어줄 수 있겠는가. 이에 다시 고을에 있던 날 정했던 義廩의 規約으로 여력이 있는 집에 권하였으니, 대개 公私가 협력해서 함께 백성을 구제하여 굶주려 流離하는 고통이 없게 하려는 것이었다.

太守到任以來로 無一念不在斯民하니 近因禱雨하야 思所以爲邦人久處之計라 在城則置平糶倉하야 儲米數萬碩을 歲歲出糶하고 在諸縣則廣置社倉하야 儲穀數萬碩을 歲歲出貸하니 其爲慮悉矣라 又念社倉貸穀은 止及末等有田之人하고 而細民無田者는 不得預也라 復(부)請于常平司하야 以今歲義米附納社倉으로 爲賑糶之備나 然義米有限하고 而貧民至多하니 豈能均及이리오

於是에 又以居鄕之日所爲義廩規約으로 以勸有力之家하니 蓋欲公私叶力하야 共濟斯民하야 使無餓莩流離之苦라

대저 사람은 貧富에 비록 차이가 있지만 그 유래를 미루어보면 모두 天地의 자식이다. 先賢이 이르기를 "무릇 천하에 파리한 자와 殘疾이 있는 자, 고아와 독거노인과 홀아비와 과부는 모두 우리 형제 가운데 가난하고 의지할 곳이 없어서 하소연할 데가 없는 사람이다.〔凡天下之疲癃殘疾惸獨鰥寡 皆吾兄弟之顚連而無告者也〕"[92]라고 하였다. 나는 저들과 원래 하나의 같은 기운을 받았지만 나는 다행히 부유하고 저들은 불행히도 가난한 것이니, 실로 마땅히 나의 부유함으로 저들의 부족한 것을 구제해야 한다. 예로부터 지금까지 능히 惠卹의 은혜를 베푸는 것을 생각하는 사람은 그 자손이 반드시 어질고 그 門戶가 반드시 흥하였으니, 대개 곤궁한 백성을 사람들은 비록 홀대하지만 천지의 마음은 일찍이 불쌍히 여기지 않은 적이 없었던 것이다. 그리고 내가 능히 곤궁한 백성에게 惠卹의 은혜를 베풀면 이는 천지의 마음에 부합하는 것이니, 천지의 마음에 부합하면 반드시 천지의 가호를 얻는 것이다. 이는 이치로 말한 것이다.

夫人之貧富는 雖有不同이나 推其由來면 均是天地之子라 先賢有言 凡天下之疲癃殘疾惸獨鰥寡는 皆吾兄弟之顚連而無告者也라 我之與彼에 本同一氣나 我幸而富하고 彼不幸而貧하니 正當以我之有餘로 濟彼之不足이라 自古及今히 能以惠卹爲念者는 其子孫必賢하고 其門戶必興하니 蓋困窮之民을 人雖忽之나 天地之心은 未嘗不憫之也라 我能惠卹困窮이면 則是合天地之心이니〔合天地之心〕이면[93] 則必獲天地之祐니 此以理(古)〔言〕[94]者也라

만일 利害로 헤아려본다면 굶주리는 백성이 없으면 도적이 없을 것이고 도적이 없으면 鄕里가 편안해질 터이니, 이는 또한 부유한 집의 이익이 된다. 더구나 義廩이란 소유한 곡식을 덜어내어 주는 것이 아니고 단지 소유한 곡식을 꺼내어 糶貸하는 것일 뿐이니, 부유한 집에는 손해가 없고 가난한 백성에게는 실로 이익이 되는 일이다. 또

92) 무릇……사람이다 : 北宋의 張載(1020~1077)가 저술한 〈西銘〉에 보이는 내용이다.
93) 〔合天地之心〕 : 저본에는 '合天地之心'이 없으나, ≪西山文集≫ 〈勸立義廩文〉에 의거하여 보충하였다.
94) (古)〔言〕 : 저본에는 '古'로 되어 있으나, 四庫全書本 ≪政經≫에 의거하여 '言'으로 바로잡았다.

매년 勸分[95]하여 官司에서 出貸하였으니, 어찌 사양할 리가 있겠는가. 지금 義廩을 거행하여 上, 中의 民戶로 하여금 서로 推排한 다음 여력에 따라 出貸하여 賑糶에 대비하게 하면 官司에서 강제로 勸分할 수량을 계산하지 않을 것이고, 스스로 糶場을 설치하고 스스로 糶錢을 거두게 하면 官司에서 아전을 파견하여 감독하지 않을 것이고, 값의 高下를 헤아려 때를 보아 조금 덜어내게 하면 官司에서 억지로 고통스럽게 감축하지 않을 것이다. 더구나 흉년을 만나서 백성들이 식량에 대해 모두 勸分을 바라는 상황이야 더 말할 것이 있겠는가.

若以利害計之면 無飢民則無盜賊하고 無盜賊則鄕井安이니 是又富家之利也라 況義廩云者는 非損所有以予之요 特出所有以糶之而已니 於富家無所損하고 而於貧民實有益이라 且每歲勸分하야 出於官司하니 豈能無(擾)〔攘〕[96]이리오 今擧行義廩하야 使上中之戶로 自相推排하야 隨力出備면 官司不計產彊敷之也요 自置糶場하고 自收糶錢이면 官司不遣吏監臨之也요 價直高下하야 視時稍損이면 官司不抑令痛減也라 況(嘗)〔當〕[97]歲艱하야 民食悉仰勸分가

지금 州郡에서 이미 社倉을 설립하고 또 義米를 賑糶하였으니, 그대 富民들과 그 책임을 분담한 것이 적지 않다. 어찌 官司의 아름다운 뜻을 체득하여 서로 이끌어 기꺼이 따르지 않을 수 있겠는가. 지금 가을의 수확 철이 멀지 않아 이미 縣官에게 위임하였으니, 각각 勸諭하여 10월에 마치기를 기약하도록 하라. 각 都에서 規約을 結成하여 거듭 縣에 보고하고 현에서 다시 州에 보고하게 해서 능히 솔선하여 唱導한 자는 마땅히 褒賞을 더하도록 하겠다. 혹 "潭州 사람들은 쉽게 告諭할 수 없으니 여러 縣에 賑糶를 권해야 한다."라고 말하여 스스로 제도를 만드는 경우가 있다면 어찌 義廩이라고 할 수 있겠는가. 이런 말을 하는 자는 우리 백성을 박대하는 자이다. 넓은 12읍에 어찌 義를 좋아하고 善을 즐기는 군자가 없겠는가.

今州郡旣立社倉하고 又糶義米하니 則與爾富民으로 分任其責者 爲不少矣라 其可不體官司

---

95) 勸分 : 춘추시대 魯나라의 太史 左丘明이 시행했던 勸分法에서 유래한 구휼책으로, 기근이 심할 때 고을 수령이 관하의 부유한 백성에게 권유하여 빈민을 구제하게 하는 것을 말한다.

96) (擾)〔攘〕 : 저본에는 '擾'로 되어 있으나, ≪西山文集≫ 〈勸立義廩文〉에 의거하여 '攘'으로 바로잡았다.

97) (嘗)〔當〕 : 저본에는 '嘗'으로 되어 있으나, 四庫全書本 ≪政經≫에 의거하여 '當'으로 바로잡았다.

美意하야 相率而樂從哉아 今去秋成不遠하야 已(悉知)〔委諸〕[98]縣官하니 各行勸諭하야 期以十月終하라 逐都結成規約하야 申聞于縣하고 縣以申聞于州하야 其能率先爲倡者는 當加褒賞이라 或謂潭人未易(이)告諭諸縣勸糴하야 自有成式이면 何以義廩爲哉아 爲是說者는 以薄待吾民也라 十二邑之廣에 豈無好義樂善之君子리오

또 두 해 동안 勸分을 행함에 또한 흔쾌히 곡식을 낸 사람이 있었으니, 그 수가 자못 많았다. 예컨대 長沙의 賈熊・袁簡과 湘陰의 鄧居中・毛以大와 攸邑의 武當世와 瀏陽의 龍世永・李天覺・羅延圭와 安化의 劉孝錫・陳洪範・李嶢・張奉世와 湘鄕의 馮楷와 醴陵의 曹應龍・周霖・丁大謙과 湘潭의 羅邦臣・楊仁老・向曉諭 같은 사람들은 州郡에서 혹 官資의 결원에 보임하고 혹 특별히 坊名을 세우며 혹 적절하게 身役을 면제해주어서 표창하는 은혜를 베풀었으니, 소문을 듣고 흔쾌히 곡식을 낼 사람이 없다고 또한 어찌 장담할 수 있겠는가. 반드시 권유하여 따르지 않을 것 같으면 舊例에 따라 出糶하기를 권면해야 할 것이다. 대개 부득이 그만두는 경우야 있겠지만 다만 사람들이 스스로 하게 하는 것만 못하니, 그렇게 하면 의로운 풍조가 흥기하여 행해지고 民情이 감격하고 기뻐하여 그 기상이 같지 않을 것이다. 役法에 비유할 수 있지만, 그러나 義役[99]을 시행하면 화목한 풍속이 생기고 差役[100]을 시행하면 訟事를 다투게 되니, 義廩은 義役과 같고 勸分은 差役과 같다. 두 가지의 利害는 지극히 명백하니, 그대 백성들은 상세히 알아야 할 것이다.

且兩歲勸分에 亦有欣然出粟하니 爲數頗多라 如長沙之賈熊袁簡과 湘陰之鄧居中毛以大와 攸邑之武當世와 瀏陽之龍世永李天覺羅延圭와 安化之劉孝錫陳洪範李嶢張奉世와 湘鄕之馮楷와 醴陵之曹應龍周霖丁大謙과 湘潭之羅邦臣楊仁老向曉諭者는 州郡或借補官資하고

---

98) (悉知)〔委諸〕: 저본에는 '悉知'로 되어 있으나, 四庫全書本 ≪政經≫에 의거하여 '委諸'로 바로잡았다.

99) 義役 : 宋代에 시행하였던 徭役의 形式으로, 백성들이 貧富에 따라 자발적으로 자금을 내게 하여 토지를 마련하고 그 토지에서 나오는 소출을 해마다 저축하여 役에 동원된 자를 도와주었는데, 백성들 스스로 役의 순번을 정하게 하고 有司가 간여하지 못하게 하였다.

100) 差役 : 宋代에 身役을 차등 있게 부과하던 법으로, 백성의 貧富를 9등으로 나누어 4등 이상은 公用으로 인부를 징발하고 5등 이하는 면제하였다.

或特立坊名하며 或量與免役하야 以旌異之矣하니 又安知無聞風欣慕者乎아 必若諭之而不從이면 則勸糶舊例라 蓋有不得而廢者나 特不若人自爲之니 則義風興行하고 群情感悅하야 其氣象不同爾라 譬之役法이나 然爲義役則有輯睦之風하고 行差役則有爭競之訟하니 義稟猶義役也요 勸分猶差役也라 二者利害는 至爲明白이니 爾民其詳之어다

이상은 문충공의 政迹이다.

右文忠公政迹

牧民心鑑

≪牧民心鑑≫ 서문 牧民心鑑序

하늘이 이 백성을 낳았으나 제도를 만들어 백성을 보살펴주는 마땅한 도리를 극진히 할 수 없기 때문에 天子에게 위탁하였고, 천자가 혼자 다스릴 수 없기 때문에 牧民官에게 맡겨서, 하늘이 낸 백성들이 그 삶을 이루고 그 性을 편안히 할 수 있게 하였다. 〈牧民官의〉 '牧'이란 기른다는 말이다. 다른 사람에게 소나 양을 위탁받아 기르는 경우에 비유하면, 목장과 꼴을 구해서 소와 양이 잘 자라고 번식하게 해야 옳겠는가, 아니면 그들이 굶어 죽는 것을 돌아보지 않고 살을 바르고 껍질을 벗겨서 요리하는 재료로 삼는 것이 옳겠는가.[1] 이것이 바로 어진 사람과 君子가 측은한 마음이 들어서 말을 하지 않을 수 없는 이유이다.

天之生斯民也에 不能極財成左右之宜라 故以屬之天子하고 天子不能獨理也라 故以屬之司牧하야 俾夫天民者로 得遂其生하고 得安其性焉爾矣라 蓋牧者는 養也니 辟諸受人之牛羊컨대 爲之求牧與芻하야 俾之茁壯蕃息而後可也아 抑將不卹其死瘠하야 朘之剝之하야 以爲鼎俎之味哉아 此仁人君子所以惻然於中하야 而不能已於言者也라

---

1) 다른……옳겠는가 : 孟子가 牧民官의 자세에 대해 말한 내용을 인용한 것이다. 맹자가 齊나라 平陸에 가서 수령인 孔距心에게 "지금 남의 소와 양을 받아다가 그를 위하여 기르는 자가 있으면, 반드시 그를 위하여 목장과 꼴을 구할 것이니, 목장과 꼴을 구하다가 얻지 못하면 그 주인에게 되돌려주어야 하겠는가, 아니면 가만히 서서 그들이 죽어 가는 것을 보고 있어야 하겠는가?〔今有受人之牛羊而爲之牧之者 則必爲之求牧與芻矣 求牧與芻而不得 則反諸其人乎 抑亦立而視其死與〕"라고 하자, 공거심이 자신의 잘못이라고 인정하였다. 이 말을 제나라 왕에게 전하자 제나라 왕이 자신의 잘못이라고 인정하였다.(≪孟子≫ 〈公孫丑 下〉)

元나라 西臺中丞을 지낸 濟南 사람 張文忠公[2]이 일찍이 ≪牧民忠告≫ 등의 책을 저술하여 그 책이 세상에 유행하고 있으니, 君子들이 훌륭하게 여겼다. 湖廣憲僉[3]을 지낸 나의 벗 檇李 朱君[4]이 다시 ≪牧民心鑑≫ 한 편을 저술하였으니, 관리의 직책을 봉행하고, 民生을 두터이 하고, 나라의 근본을 공고히 하고, 敎化를 숭상하여, 자기를 바르게 해서 남을 인도하고, 덕은 숭상하고 형벌은 관대하게 하는 것이 더욱 상세하다. 그 말이 간략하되 요약되어 있고 곡진하되 완전하며, 그 일이 오늘날에 참으로 절실하고 그 도가 옛날에 가까워서 참으로 지방관이 된 자의 지극히 훌륭한 귀감이 된다. 建陽邑의 수령 吳興 사람 潘君[5]이 이 책의 내용을 취하여 百里의 지방을 善治할 수 있다고 여겼고, 또 그 책을 간행하여 세상에 퍼뜨리니 그 마음이 또한 어질다.

元故西臺中丞濟南張文忠公이 嘗爲牧民忠告等書하야 以行於世하니 君子偉之라 吾友前湖廣憲僉檇李朱君이 復(부)爲牧民心鑑一編하니 所以(春)〔奉〕[6]官守厚民生固邦本崇敎化하야 正己以率物하고 右德而緩刑者 益加詳矣라 蓋其言簡而要하고 曲而遂하며 其事固切於今하고 而其道可幾於古하야 而信爲有民社者之至鑑也라 建陽邑大夫吳興潘君이 旣取其言하야 以爲百里之善治하고 而又梓傳其書하야 以公于天下하니 其心亦仁矣哉인저

---

2) 張文忠公 : 張養浩(1269~1329)의 시호이고, 字는 希孟이다. 벼슬은 禮部令史, 監察御史, 參議中書省事를 역임하고, 만년에 陝西行臺中丞을 지냈다. 사후에 攄誠宣惠功臣, 榮祿大夫, 陝西等處行中書省平章政事, 柱國이 증직되었고, 濱國公에 追封되었으며, 文忠 시호가 내려졌다. 일찍이 ≪廟堂忠告≫, ≪風憲忠告≫, ≪牧民忠告≫를 저술하였는데, 이 세 책을 합쳐서 三事忠告라고 한다.(≪元史≫ 권175 〈張養浩列傳〉)

3) 湖廣憲僉 : 湖廣은 明代에 湖南과 湖北 두 省을 합쳐서 부르던 명칭이고, 憲僉은 憲司와 僉事의 略稱이다. 按察使의 次官으로 司法과 警察의 사무를 담당하였다.

4) 檇李 朱君 : 檇李는 지명으로 浙江省 嘉興府에 있는 縣 이름이다. 朱君은 이 책의 저자 朱逢吉이다. 史書에 주봉길에 대한 기록은 남아 있지 않고, 河間의 寧津에서 수령 생활을 했다는 것과 湖廣憲僉을 지냈다는 내용이 ≪牧民心鑑≫의 序文과 跋文에 있을 뿐이다. 저서로 또 ≪童子習≫이 있는데, 이 책 역시 周子治가 서문을 썼다.(≪小山先生文集≫ 권4 〈答柳叔文〉)

5) 潘君 : 建陽邑의 수령을 지냈고, 吳興 사람이라는 것 외에 알려진 사실이 없다.

6) (春)〔奉〕 : 저본에는 '春'으로 되어 있으나, ≪牧民心鑑≫ 林秀一의 설에 의거하여 '奉'으로 바로잡았다.

오호라, 사람을 차마 해치지 못하는 마음이 있은 뒤에야 사람을 차마 해치지 못하는 정사가 있는 것이니,[7] 목민관이 된 자가 이것을 귀감으로 삼아 힘써 행한다면, 그 功名의 아름다움이 어찌 漢나라 때 循吏[8]라는 名目을 회복하는 데 그치겠는가. 국가가 백성을 화락하고 태평스러운 성대한 시절에 이르게 하는 것이 참으로 이 책으로 말미암아 일어날 것이다. 삼가 사양할 겨를이 없어 경건히 서문을 쓴다.

嗚呼라 **有不忍人之心**이라야 **斯有不忍(仁)〔人〕[9]之政矣**니 **爲之(斯)〔司〕[10]牧者 尙鑑於玆而力行之**면 **則功名之美 豈徒漢官循吏之目可復**이리오 **而國家致民於雍熙之盛者 固將由是而興矣**리라 **竊不(暇)〔暇〕[11]讓**하야 **而敬爲之序云**이라

永樂 甲申年(1404) 5월 1일에 承事郞 前 嘉興府 崇德縣 知縣을 지낸 安成 사람 周子治[12]가 쓴다.

時永樂甲申五月初吉에 **承事郞前嘉興府崇德縣知縣安成周子治**은 **述**하노라

---

7) 사람을……것이니 : 孟子가 四端을 설명하면서 한 말로 "사람들은 모두 사람을 차마 해치지 못하는 마음을 가지고 있다. 先王이 사람을 차마 해치지 못하는 마음을 두어, 사람을 차마 해치지 못하는 정사를 시행하셨으니, 사람을 차마 해치지 못하는 마음으로 사람을 차마 해치지 못하는 정사를 행한다면, 천하를 다스리는 일은 손바닥 위에 놓고 움직일 수 있을 것이다.〔人皆有不忍人之心 先王有不忍人之心 斯有不忍人之政矣 以不忍人之心 行不忍人之政 治天下 可運之掌上〕"라고 한 말을 인용한 것이다.(≪孟子≫ 〈公孫丑 上〉)

8) 循吏 : 循吏란 법을 지키고 이치를 따르는 관리라는 뜻으로, 백성에게 善政을 베푼 지방관을 말한다. ≪史記≫ 〈太史公自序〉에 "법을 받들고 이치를 따르는 관리는 공로를 자랑하고 능력을 과시하지 않아 백성의 칭송이 없지만 또한 잘못된 행적도 없다. 그러므로 제59 〈循吏列傳〉을 짓는다.〔奉法循理之吏 不伐功矜能 百姓無稱 亦無過行 作循吏列傳第五十九〕"라고 하였다. ≪漢書≫의 〈循吏傳〉에는 6명이 올라 있고, ≪後漢書≫의 〈循吏列傳〉에는 13명이 올라 있다.

9) (仁)〔人〕: 저본에는 '仁'으로 되어 있으나, ≪孟子≫에 의거하여 '人'으로 바로잡았다.

10) (斯)〔司〕: 저본에는 '斯'로 되어 있으나, ≪官板牧民心鑑≫에 의거하여 '司'로 바로잡았다.

11) (暇)〔暇〕: 저본에는 '暇'로 되어 있으나, ≪官板牧民心鑑≫에 의거하여 '暇'로 바로잡았다.

12) 周子治 : 서문에 기술된 내용 외에 더 알려진 행적이 없다. 이 서문이 1404년에 쓰였는데, 이 시기에 朱奉吉이 지은 ≪童子習≫의 서문도 지은 것으로 보인다.(≪小山先生文集≫ 권3 〈答柳叔文〉)

牧民心鑑 卷之上

1. 처음 부임했을 때 삼가야 할 덕목 謹始

이 편은 목민관이 任地에 처음 부임하였을 때의 마음가짐과 자세에 대해 서술한 것이다. 전체적인 내용을 개략적으로 요약하면 다음과 같다. 먼저 처음 임명을 받았을 때에 임금에게 충성하고, 자기의 心身을 바르게 하고, 집안을 바르게 다스리고, 정치를 선하게 하며, 백성들이 살 곳을 얻게 해서 조상을 顯揚하고 자손을 영광되게 할 것을 생각해야 함을 말하였다. 다음으로 청렴하고, 신중하고, 공정하고, 부지런하겠다는 뜻을 세워 실천하면 지방관의 모든 일이 잘 거행될 것임을 말하였다. 다음으로 과거의 자신을 반성해서 치우친 氣質을 바로잡아 中道를 얻어 至善의 경지에 이를 것을 강조하였고, 마지막으로 匠人이 되려면 그림쇠〔規〕와 곱자〔矩〕를 배워야 하듯 政務를 하려면 法令과 典章, 言行과 政事, 견문과 지식을 배우고, 다른 사람의 善을 본받아 자기 것으로 만들어야 함을 말하였다.

자기의 분수를 헤아릴 것 度己分

처음 임명을 받았을 때에 먼저 안으로 자신이 받은 爵祿이 어떻게 해서 자신에게 왔는지 생각해야 한다. 특별한 은혜를 입었거나, 조상의 덕택이거나, 전혀 뜻밖이거나, 공을 세웠기 때문이거나 간에 모두 충성을 다할 것을 맹세하고 극진히 공경하고 삼가서 임금의 은혜에 보답하기를 도모하고 아름다운 이름을 보전해야 한다. 나의 마음을 다하고, 나의 몸을 바르게 하고, 나의 집안을 바르게 다스리고, 나의 정치를 선하게 하여 한 가지 일도 잘못되거나 게으름이 없게 하고, 한 순간도 삼가지 않음이 없게 하고, 하나의 정사도 善에 이르지 않음이 없게 하고, 한 사람의 백성도 살 곳을 얻지 못하는 일이 없게 해야 한다. 이와 같이 해야 처음부터 끝까지 하늘의 복록을 영구히 보전하여 위로는 조상을 顯揚하고 아래로는 자손을 영광되게 할 수 있을 것이다.

拜命之初에 宜先內省所受爵祿何自而然이라 或蒙特恩이어나 或由祖澤이어나 或出無意어나

或因立功이어나 皆當誓竭忠貞하고 極加敬謹하야 以圖補報하고 以保令名이니라 盡吾之心하며 正吾之身하며 齊吾之家하며 善吾之政하야 俾無一事之失惰하며 無一時之不謹하며 無一政不止於善하며 無一民不得其所니 能如是라야 斯可以自始至終히 永保天祿하야 上顯宗祖하고 下榮子孫矣리라

목민관으로서의 뜻을 세울 것 立志節

나라의 은혜를 입어 지방관이 되면 위로는 임금이 크게 의지하는 대상이 되고 아래로는 백성들이 우러러보는 대상이 되는데, 그가 남들과 다른 점은 뜻을 세우는 데에 있다. 뜻이란 무엇인가? 청렴함과 신중함과 공정함과 부지런함이다. 청렴하면 마음이 맑고 욕심이 적어서 사람들이 침범하지 못하고, 신중하면 사려가 정밀하고 밝아서 하는 일이 법도를 잃는 일이 없고, 공정하면 사심이 없어서 이치가 바르게 되고, 부지런하면 정사가 이루어져 사람들이 편안해진다. 이 네 가지에 뜻을 두면 지방관의 모든 일이 잘 거행될 것이다.

夫受國恩하야 爲人師帥면 上所倚重이요 下所具瞻이니 其異於人은 在乎立志라 志者는 何오 曰廉이요 曰愼이요 曰公이요 曰勤이라 廉則心淸欲寡하야 人不能干하고 愼則思慮精明하야 事無失度하고 公則無私而理直하고 勤則政集而人安이니 志此四端이면 庶務擧矣리라

자기의 편견을 극복할 것 克偏見

사람의 성품은 모두 선하지만 氣質이 같지 않아서 총명하면 크게 지나칠 수 있고, 순박하고 나약하면 미치지 못할 수 있으니, 모두 政事에 해를 끼쳐서 중도를 잃을 수 있다. 반드시 마음속으로 반성하여 치우친 견해를 극복해야 한다. 그러므로 관리가 되면 먼저 안으로 생각하여 과거에 재물을 탐했거든 이제는 청렴함으로 극복하고, 과거에 거칠고 사나웠거든 이제는 순박하고 선량함으로 극복하고, 과거에 비루하고 인색하였거든 이제는 관대하고 넓은 도량으로 극복하고, 과거에 경박했거든 이제는 단정하고 중후함으로 극복하며, 게을렀거든 부지런하고 민첩함으로 극복하고, 잔혹하고

포학했거든 인자함으로 극복하고, 나약하고 어두웠거든 굳세고 밝음으로 극복하고, 간사하고 아첨을 잘했거든 바르고 올곧음으로 극복하고, 거짓으로 속였거든 성실함으로 극복하고, 경솔하고 태만했거든 충성을 다함으로 극복하고, 말이 많았거든 신중하고 어눌함으로 극복하고, 술을 좋아했거든 음주를 절제함으로 극복하여, 모두 조용히 있을 때는 스스로 반성하고 움직일 때에는 남에게 물어 〈기질의〉 굳셈과 부드러움이 중도를 얻어서 至善의 경지[1]에 이르도록 힘써야 아름다운 일이 될 것이다.

人性皆善이나 氣質不同하야 聰明則或大過하고 淳懦則或不及하니 皆能害政하야 以失厥中이라 必當省之於心하야 以克所偏之見이라 故居官守에 先宜內思하야 如昔貪財어든 今則克之以廉潔하고 如昔粗惡이어든 今則克之以淳良하고 如昔鄙吝이어든 今則克之以寬洪하고 如昔輕浮어든 今則克之以端重하며 慵惰克以勤敏하고 酷虐克以慈仁하고 懦昧克以剛明하고 邪佞克以正直하고 虛詐克以誠信하고 簡慢克以盡忠하고 多言克以愼訥하고 好酒克以節飮하야 皆當靜而自省하고 動而詢人하야 務使剛柔得中하야 止於至善이라야 斯爲美矣리라

政務를 행하는 법을 배울 것 求則法

匠人이 되려면 반드시 그림쇠〔規〕와 곱자〔矩〕 다루는 법을 배워야 하고, 농부가 되려면 반드시 밭 갈고 김매는 것을 배워야 하는데, 臣僚 자리를 차지하고서 政務에 대해 배우지 않아서야 되겠는가. 그렇다면 무엇을 배워야 하는가? 法令과 典章은 오늘날 시행하는 것을 배우고, 언행과 政事는 옛것을 배우고, 견문과 지식은 어진 사람에게 배워야 한다. 다른 사람의 善한 점을 들었거든 본받아서 행하고, 다른 사람의 악한 점을 들었거든 자신에게 돌이켜 반성해서 경계해야 하니, 이렇게 하면 남에게 배운 모든 것들이 다 자기의 善이 될 것이다.

將爲工師인댄 必學規矩하고 將爲農圃인댄 必學耕耨어늘 忝列臣職하얀 則於政務에 可不學哉아 所學者何오 法令典章은 學於當今하고 言行政事는 學於古昔하고 見聞知識은 學於賢者라 聞人

---

1) 至善의 경지 : ≪大學≫ 經 1장에 보이는 三綱領의 하나로, 事理의 극치에 도달한 경지를 가리킨다.

之善이어든 則效而行之하고 聞人之惡이어든 則省而戒之니 能如是면 則凡所學於人者 皆爲我一己之善矣리라

2. 처음 政事를 볼 때 유의할 일들 初政

이 편은 지방관이 되어 처음 정무를 시작할 때 중점을 두고 해야 할 일들을 서술하고 있다. 전체적인 내용을 개략적으로 요약하면 다음과 같다. 처음 登廳할 때는 모든 백성과 아전들이 지켜보고 있으므로 행동거지를 각별히 조심하고, 衣冠이나 几와 의자 등 하찮은 것이라도 잘못이 있으면 비웃음을 살 수 있으므로 미리 삼가고 점검하여야 함을 언급하였다. 또 僚屬들의 參謁에 대한 答禮를 할 때 상대에 걸맞게 해야 하니, 지나치게 공손해서도 안 되고 거만해서도 안 되며, 말은 간단하면서도 타당하고, 이치에 맞으면서 명백하게 하라고 하였다. 다음으로 부임해서 아무 말을 하지 않으면 사람들이 경시하므로, 한 명씩 불러서 경계시키고 지시를 어기면 법으로 다스리겠다고 말해야 그들이 업신여기지 않는다고 하였다. 그리고 새로 부임해서는 함부로 決裁하지 말고 모든 일에 이전 문건을 확인하고 그 근원을 물어서 바로잡을 것은 바로잡고 재촉할 것은 재촉해야지, 흐리멍덩하게 吏胥들의 말만 듣고서 결재를 하면 그 허물을 자기가 뒤집어쓰게 됨을 경계하였다. 끝으로 처음 세운 뜻을 굳건히 하기 위해서는 부임한 초기에 社稷, 山川, 宣聖, 城隍에 參謁하면서 축문에 자기의 뜻을 담아 써서 神에게 맹세하면 후일 자기 뜻을 바꾸려고 해도 쉽게 바꾸지 못하게 되므로 처음 뜻을 지키는 데에 유익하다고 조언하였다.

처음 登廳할 때 행동을 신중히 할 것 愼登堂

政務를 처음 볼 때에는 아전과 백성들이 처음 지켜보는 때이다. 한 가지라도 처신을 잘못하면 업신여기고 비웃으므로 행동거지와 衣冠과 几와 의자와 붓과 먹과 기물 등을 모두 하나하나 삼가고 세밀히 살펴서 실수가 없게 해야 한다. 혹시 걷다가 발을 헛디뎌 넘어지거나 珮玉이나 簡帖을 떨어뜨려 잃어버리거나 几나 의자가 손상되고 부러지거나 붓과 먹이 더러워지거나 촛불이 꺼져서 등불을 켜는 일 등은 모두 吉兆가 아니니, 우연히 그런 일이 생기더라도 경계하고 삼가서 미리 점검하는 것이 좋다.

視政之初는 吏民觀瞻之始也라 一有失措이면 侮笑隨之니 故若動止와 若衣冠과 若几榻과 若筆墨器用等物을 皆宜一一謹細하야 不使有失이니라 其或行步蹉跌과 珮簡墜遺와 几榻損折과 筆墨汚涴(와)와 燭滅燈然等事는 皆非吉兆니 雖出偶然이라도 不若戒謹而先點檢之爲佳也니라

僚屬들에게 중도에 맞는 예의를 차릴 것 正禮儀

登廳하여 처음 공무를 볼 때에 僚屬들이 와서 參謁하는데, 그중에는 귀한 자도 있고 천한 자도 있고, 어진 자도 있고 어질지 못한 자도 있다. 예에 맞으면 논할 것이 없지만 예를 잃으면 사람들이 비난한다. 그러므로 반드시 상하의 등급을 구별해서 答禮할 때 輕重에 알맞게 해야 하니, 지나치게 공손해서도 안 되고 거만해서도 안 된다. 질문을 명백하게 해서 이치에 맞게 행해야 비난을 면할 수 있다.

登堂初署에 僚屬參謁할새 有貴有賤하고 有賢有否라 合禮則無可議어니와 失禮則人非之라 故必當辨其上下之等하야 以爲答禮輕重之宜니 不可足(주)恭이요 不可踞傲라 詢問明白하야 適理而行이라야 斯免非議니라

말을 무겁게 할 것 重言語

마음에서 나온 생각이 언어로 표현되니, 일반 사람도 더욱 신중히 해서 감히 가볍게 하지 않는데 하물며 관직이 있고 諫言할 책임이 있는 사람은 말할 것이 있겠는가. 게다가 政事를 보는 초기에는 사람들이 모두 주시하고 있기 때문에 여러 가지 일을 질문하거나 다른 사람에게 대답하거나 政令을 내는 경우에 모두 마땅히 말해야 할 것을 가려서 말하되 말은 간단하면서 타당하고 이치는 바르면서 명백하도록 힘써야 한다. 지루하고 조급함을 경계하고 사정에 합당하게 하는 것을 귀하게 여겨야 하니, 그렇게 하면 사람들이 반드시 경청하고 믿고 따를 것이다.

心之所出이 發爲言語니 常人尙加愼訥而不敢輕이온 況有官守有言責가 兼閱政之始엔 人皆

覘之니 故或詢問諸事어나 或對答他人이어나 或出行政令에 皆當擇其所當言者而後發之호되 務在詞簡以當하며 理正而明하야 戒其支離躁急하고 貴乎中事情이니 則人必敬而聽之하고 信而從之矣리라

경계하는 말을 분명히 해둘 것 明戒約

처음 공무를 볼 때에 관청에 있는 모든 사람이 정사에 대한 명성을 보고 듣고서 평가를 하니, 만약 묵묵히 말이 없으면 사람들이 반드시 경시할 것이다. 의당 한 사람 한 사람을 앞에 불러서 좋은 말로 가르치고 경계시켜서 각각 자기 분수를 따르고 자기 직무를 수행하게 해야 한다. '일을 만들어 백성을 학대하지 말고, 뇌물을 탐하여 법에 저촉되지 말아서 家業을 보전하고 선한 사람이 되어야 할 것이니, 그렇게 하지 않으면 官에는 정해진 형벌이 있으므로 내가 감히 사사로이 처리하지 못한다.'라는 것으로 경계시키면 사람들이 반드시 경청하여 나를 주견이 없는 사람이라고 여기지 않을 것이다.

署事之始에 凡諸在官之人이 莫不觀聽政聲以爲輕重이니 苟或嘿嘿無語면 人必輕之리라 所宜一一召之於前하야 善言敎戒하야 俾其各循己分하고 各守其職이니 毋生事虐民하며 毋貪賄觸法하야 以保家業하고 以成善人이니 否則官有常刑하야 吾不敢私也라 以是爲戒면 則人必皆聳聽하야 而不以我爲模稜之徒矣리라

전임자가 하던 일을 물어서 책임 소재를 분명히 할 것 詢舊事

공문서에 한번 결재하면 그 정사에 대한 책임이 자신에게 있게 되니, 그 근원을 묻지 않으면 그 연유를 알지 못한다. 모든 六曹의 일은 큰일 작은 일 가릴 것 없이 모두 반드시 옛 전적을 찾아서 그 내력을 살펴야 한다. 그래서 기한이 지났는데 완성하지 못했거나 잘못되어 법에 어긋났으면 즉시 公議에 부쳐서 그 原文을 대조하여, 느린 것은 재촉해서 완성하게 하고 잘못된 것은 고쳐서 바르게 되도록 해야, 자기에게 누

를 끼치지 않게 되고 전임자에 해당하는 일에 대해 책임을 면할 수 있다. 만약 흐리멍덩하게 아무 일도 하지 않고 오직 吏胥들이 한때에 한 말만 듣고서 작성된 문서에 결재를 하면 반드시 그 허물을 뒤집어써서 후회해도 늦게 될 것이다.

一署官牘이면 政卽在身이니 不詢其源이면 不知其故라 凡六曹之事는 無巨無細히 皆須考其舊典하고 察其所由하야 或過期而未完이어나 或差錯而違法이면 卽當公議照其原文하야 遲者促之以使完하고 錯者改之而歸正이라야 乃不貽累於己하고 抑且洗雪前該라 如懵然無爲하야 惟聽吏胥一時之言하야 而署其成案이면 則必爲其所累하야 悔之晩矣리라

처음 세운 뜻을 축문에 써서 신에게 맹세할 것 誓神詞

사람이 뜻을 세우는 데는 견고함을 귀하게 여기고, 사람이 신념을 세우는 데는 굳건함을 귀하게 여긴다. 그러나 오랜 시간이 지나도 바뀌지 않기를 바란다면 반드시 天地의 신에게 맹세해야 한다. 그러므로 政事에 임하는 초기에 맨 먼저 社稷과 山川과 宣聖(孔子)과 城隍을 參謁하여 각각 祝板에 자기가 세운 뜻과 신념을 써서 맹세하는 말로 삼아 신령에게 고하여 오래도록 간직할 경계로 삼아야 한다. 이와 같이 마음을 세우면 혹 후일에 지조를 바꾸려고 할 때에 두렵고 꺼리는 바가 있어서 감히 고치지 못하게 될 것이다.

人之(衣)〔立〕[1]志는 貴在乎堅하고 人之立節은 貴在乎固라 然欲久而不易인댄 必當盟於神祇라 故莅政之初에 首宜參謁社稷山川宣聖城隍하야 各以祝板書其所立志節하야 爲之誓詞하야 白于神靈하야 以爲持(人)〔久〕[2]之戒니 如此立心이면 其或日後將改其操라도 庶幾有所畏憚而不敢改也니라

---

1) (衣)〔立〕: 저본에는 '衣'로 되어 있으나, ≪官板牧民心鑑≫에 의거하여 '立'으로 바로잡았다.
2) (人)〔久〕: 저본에는 '人'으로 되어 있으나, ≪官板牧民心鑑≫에 의거하여 '久'로 바로잡았다.

3. 관리가 집안사람을 단속하고 처신하는 도리 正家

이 편은 지방관이 되었을 때 집안사람을 단속하고, 부모에게 효도하고, 자기의 처신을 어떻게 하며, 종족에 대해서 어떻게 대우할지에 대해 서술한 것이다. 전체적인 내용을 개략적으로 요약하면 다음과 같다. 먼저 집안의 童僕을 단속하여 아전이나 간사한 사람과 접촉하지 못하게 하고, 子弟는 훌륭한 스승이 있으면 가서 배우게 해야겠지만 그렇지 않으면 밖에 나가지 않고 독학하게 해서 말썽의 소지를 없애라고 하였다. 시장에서 물건을 살 때는 제값을 주고 사서 백성들과 이익을 다투지 말고, 외상하지 말고 거래 문건을 작성하여 백성들에게 원망을 사지 말도록 하였다. 자기 자신에 대해서는 儉約하되 宗族에게 후하게 하여 조상에 보답하고 미풍양속을 권면하게 하였다.

집안의 동복을 경계시켜 외부인과 접촉하지 못하게 할 것 戒家人

집안의 童僕들 중에는 영리한 자도 있고 어리석은 자도 있는데, 교활한 아전이나 간사한 사람이 늘 엿보아서 틈탈 기회가 있으면 곧바로 연줄을 대려고 한다. 그러므로 부임한 초기에 즉시 규칙을 엄하게 제시하고, 의복과 음식을 풍족하게 주며, 사람들이 보지 못하는 곳에서 생활함으로써 〈외부 사람과 접촉하지 못하게 하여〉 작은 조짐이라도 막아야 하니, 외부 사람과 교제할 수 없게 하면 틈이 생길 수 없을 것이다.

童僕之輩에 有良有愚하니 黠吏奸人이 往往覘伺하야 有可乘隙이면 卽生夤緣이라 故當到官之初에 卽宜嚴其敎條하고 厚其衣食하며 深居(社)〔杜〕[1]迹하야 以防其微니 使其外無可交면 則釁不能生矣리라

---

1) (社)〔杜〕: 저본에는 '社'로 되어 있으나, ≪官板牧民心鑑≫에 의거하여 '杜'로 바로잡았다.

任地에서의 자제 교육 訓子弟

자제가 任地에 따라가면 가르치지 않을 수 없으니, 그곳에 이름난 스승이 있거든 나아가서 배우게 해야 한다. 그러나 만약 그저 그런 학교라면 배우게 해서는 안 되니, 학문에 성취가 없을 뿐만 아니라 혹시 그것으로 인하여 말썽이 생길까 염려되기 때문이다. 오직 스스로 日課를 만들어 집에서 독서하고 다른 사람들과 어울려 노는 것을 경계하며 교제를 끊게 해야 한다. 오직 어버이를 봉양하고 집안을 다스리는 것을 일삼고, 재물을 늘리거나 정사에 관여하는 데에 마음을 쓰지 못하게 해야 하니, 그렇게 하면 외부에서 방해하는 일이 들어올 수 없을 것이다.

子弟從行이면 不可不敎니 有名師者어든 宜遣就學이라 如止尋常學舍어든 則不宜相從이니 非惟學無成功이라 或恐因之生事라 惟當自立(桯)〔程〕[2)]式하야 讀書(子)〔于〕[3)]家하고 戒其嬉游하며 絶其交接이요 惟以奉親治家爲事하고 勿以經營預政爲心이면 則在外之干이 無可及矣리라

솔선수범하여 부모께 효도할 것 先孝養

백성의 윗사람이 된 자는 아랫사람의 본보기가 되니, 백성에게는 효도하라고 가르치면서 자기는 효도하지 않을 수 있겠으며, 백성에게 공손하라고 가르치면서 자기는 공손하지 않을 수 있겠는가. 그러므로 어버이가 고향에 계셔서 모셔와 봉양할 수 없으면 녹봉을 나누어 보내 봉양하고, 만약 어버이가 任地에 오실 수 있으면 힘을 다해 봉양해서 맛있는 음식과 제철에 맞는 옷을 모두 부모의 뜻을 미리 읽어서 마련하여 부모가 지극히 기뻐하시도록 해야 하고, 부모님이 기거하거나 출입할 때에 직접 모셔야 한다. 그리고 남들이 하지 못하는 효도를 능히 하면 아래 백성들 중에 반드시 보고 느껴서 교화되는 자가 있을 것이니, 이것은 모두 내가 그들의 마

2) (桯)〔程〕: 저본에는 '桯'으로 되어 있으나, ≪官板牧民心鑑≫에 의거하여 '程'으로 바로잡았다.
3) (子)〔于〕: 저본에는 '子'로 되어 있으나, ≪官板牧民心鑑≫에 의거하여 '于'로 바로잡았다.

음을 흥기시킨 것이다.

爲民上者는 下之表儀니 敎民以孝요 己可不孝며 敎民以弟요 己可不弟아 故凡有親在堂하야 不可迎養이면 則分祿以養之하고 苟可至官이면 則宜竭力侍奉하야 甘旨之味와 寒署之衣를 皆當先意承顔하야 極取歡悅하고 起居出入에 躬親侍之니라 且能行人所不能之孝면 則下民必有(親)〔觀〕[4]感而化者리니 皆我興起其心也라

대문 출입을 통제하여 청탁의 길을 끊을 것 愼門禁

옛사람이 말하기를 "臣의 대문은 저자와 같지만 신의 마음은 물과 같습니다."[5] 하였으니, 참으로 지극히 청렴결백한 사람이 아니라면 어찌 그렇게 할 수 있겠는가. 그러나 〈대문에 드나드는 사람이〉 저자처럼 많게 해서 혐의를 받는 것보다는 마음을 물처럼 맑게 해서 비방이 없게 하는 것이 낫지 않겠는가. 그러므로 任地에 도착한 초기부터 즉시 대문을 출입하는 것을 엄격히 통제하여 출입할 때마다 빗장을 채워 吏胥나 奴僕이라도 집에 오지 못하게 하면 나머지 청탁하거나 뇌물을 주려는 里甲,[6] 耆老, 巫祝,[7] 牙儈[8]의 무리가 자연히 발길을 끊어서 들어올 수 있는 길이 없게 될 것이다.

古人謂臣門如市하고 臣心如水라하니 非誠極廉潔者면 豈能然哉리오 然與其如市而嫌疑론 孰若如水而無謗이리오 故自到官之始로 卽當嚴其門禁하야 出入扃鐍(휼)하야 雖吏胥皁隷라도 不令至家면 則餘若里甲耆老巫(祀)〔祝〕[9]牙儈(쾌)之徒將以請托饋遺者 自然絶迹하야 而無可入之

---

4) (親)〔觀〕: 저본에는 '親'으로 되어 있으나, ≪官板牧民心鑑≫에 의거하여 '觀'으로 바로잡았다.
5) 臣의……같습니다 : 前漢 哀帝 때 尙書僕射를 지낸 鄭崇이 애제에게 한 말로, 자기 대문에 드나드는 사람은 저자처럼 많아도 자기 마음은 물처럼 맑다는 뜻이다.(≪漢書≫ 권77 〈鄭崇列傳〉)
6) 里甲 : 明代에 州縣 통치의 기초 단위이다. 110호로 1里를 구성하고 里를 다시 10甲으로 나누어서, 里에 里長을 두고, 甲에 甲首를 두어 里와 甲의 일을 관장하게 하였다.(≪明史≫ 권78 〈食貨志〉)
7) 巫祝 : 古代에 鬼神을 섬기는 사람을 巫라고 하고, 제사 때에 神에게 고하는 말을 주관하는 사람을 祝이라고 하였는데, 후대에는 占卜과 祭事를 주관하는 사람을 가리키는 말로 쓰였다.
8) 牙儈 : 거간꾼 또는 상인을 가리키는 말이다.
9) (祀)〔祝〕: 저본에는 '祀'로 되어 있으나, ≪官板牧民心鑑≫에 의거하여 '祝'으로 바로잡았다.

途矣리라

시장에서 물건을 살 때 정당하게 살 것 嚴市買

입고 먹는 데에 필요한 물품은 원래 누구에게나 필요한 것이니, 처리할 때 도리를 다해야 자기 마음에 부끄러움이 없게 된다. 대체로 市井의 백성들은 아주 작은 이익이라도 얻으면 기뻐하고 잃으면 원망한다. 내가 國祿을 먹는 사람으로서 閭閻의 백성들에게 부당하게 이득을 취한다면 원망하지 않고 헐뜯지 않을 자가 있겠는가. 그러므로 시장에서 일용할 물품을 살 때에는 반드시 인품이 謹厚한 집안사람을 보내서 市價를 따르도록 힘써서 백성에게 손해를 끼치지 말게 해야 한다. 또 帳簿를 두어 피차간에 신용할 수 있는 문건을 만들어 양측이 서로 교부하게 하고 그 값을 외상으로 하지 않는다면 백성들은 원망이 없을 것이고 자기 마음에는 부끄러움이 없을 것이다.

口體之需는 (目)〔自〕[10]所不免이니 處之盡道라야 斯無愧心이라 蓋市井小民은 於纖毫微利에 得之則喜하고 失之則怨이라 以吾享食天祿으로 而剋取於閭閻細民이면 其有不怨不毀者哉아 故凡市買日用之物에 必遣謹厚家人하야 務從市價하야 勿損於民하고 且置籍冊하야 爲彼此信文하야 兩相交付하고 而勿賒(사)其直(치)하면 則人無怨而心無怍[11]矣리라

자신에 대해서 검소하고 청렴하게 할 것 薄自奉

원래 富貴한 사람이 부귀하게 사는 것은 이치상 참으로 당연하고, 儉約을 숭상해서 참으로 능히 검약한다면 덕이 더욱 아름다운 것이다. 대체로 자기 한 몸이 절약하면 모든 일이 절약되고, 청렴하게 살겠다는 신념이 확립되면 청렴하다는 명성이 날릴 것이니, 〈검약을〉 힘써 행하는 것이 참으로 아름다운 덕이다.

---

10) (目)〔自〕: 저본에는 '目'으로 되어 있으나, ≪官板牧民心鑑≫에 의거하여 '自'로 바로잡았다.
11) (作)〔怍〕: 저본에는 '作'으로 되어 있으나, ≪官板牧民心鑑≫에 의거하여 '怍'으로 바로잡았다.

素富貴而行乎富貴는 理固當然이요 崇儉約而誠能儉約이면 德之尤美라 蓋一己省則諸事省하고 淸節立則淸名揚하니 勉而行之 誠美德也라

친족들을 보살필 것 厚親族

자기의 爵祿은 조상이 남겨준 덕택이고, 자기의 종족은 조상의 骨肉이니, 어찌 그 덕택은 누리면서 그 골육은 잊을 수 있겠는가. 그러므로 녹봉을 많이 받는 사람은 어버이를 봉양하고 손님을 접대하는 등 일상 비용을 쓰고도 여유분이 있으면 그 여유분에 따라서 종족들에게 고루 나누어주어야 한다. 이것은 첫째는 조상에 보답하는 것이고, 둘째는 미풍양속을 권면하는 것이다.

己之爵祿은 祖宗之遺德이요 己之宗族은 祖宗之骨肉이니 烏可享其德而忘其骨肉哉아 故食祿豐厚者는 養親侍賓하고 日用而有羨이면 則從其多寡하야 均給於族人이니 一以報祖宗이요 一以勸民俗이라

4. 실제 政事에 임해서 해야 할 일 莅事

이 편은 지방관이 任地에 부임해서 부딪치는 일들을 어떻게 처리해야 하는지에 대해 조목조목 설명한 내용이다. 전체적인 내용을 개략적으로 요약하면 다음과 같다. 六曹의 업무를 조목조목 정리해서 숙지하고, 날마다 일지를 쓰며, 일을 할 때 솔선수범하고, 상벌을 명백하게 하며, 법률을 사전에 정밀하게 연구하고, 공문서를 상세히 살피며, 관청에 있는 돈과 곡물 및 기물을 조사해서 기록하고, 管內의 순찰을 철저히 하며, 제사를 엄숙하게 지내는 일 등을 총 17조목으로 나누어 정리하고, 각각의 일을 어떻게 해야 옳은지를 기술하였다.

六曹의 업무에 대해 조목조목 정리하고 숙지할 것 立規程

크고 작은 직책이 각각 맡은 일이 있고, 시급한 일과 급하지 않은 일에 모두 정해진 규범이 있으니, 그 일을 담당하고서 그 규범을 모르는 것은 목적지에 가려고 하면서 가는 길을 모르는 것과 같다. 政事에 임하는 초기에 반드시 六曹의 일을 가지고 典故를 살펴서 정해져 있는 법에 따라 조리가 있게 세밀히 분석하여 그것들을 모아서 하나의 책을 만들어야 한다. 예를 들어 戶曹가 관장하고 있는 금과 비단과 돈과 양곡은 언제 징수하고 어떻게 내주는지, 禮曹가 관장하고 있는 社稷과 山川에 대해서는 언제 제사 지내고 어떻게 물품을 구매하는지 같은 것들이다. 그리고 매년, 매월, 매일 해야 할 일을 처음부터 끝까지 그리고 큰 것부터 작은 것까지 모두 조목조목 기술해서 날마다 외우고 마음속에 숙지해야 하니, 이렇게 하면 政務를 볼 때 빠뜨릴 근심이 없을 것이다.

小大之職이 各有所掌하고 急緩之務 皆有成規하니 掌其事而不知其規는 猶欲行而不知其道也라 莅事之始에 必以六曹之事로 考其典故하야 遵其成法하야 條分縷析하야 集爲一書니 如戶曹所掌金帛錢粮은 則何時徵收하고 如何支解며 禮曹所掌社稷山川은 則(時何)〔何時〕[1]致祭하며

如何買物이라 及夫每歲每月每日合行之務를 自首至尾無大無細히 悉皆條陳하야 日玩誦之하고 心熟記之니 如是면 則政務無遺失之患矣리라

날마다 日誌를 쓸 것 勤日記

사람의 성품은 지혜로움과 어리석음이 같지 않고, 하루하루 처리하는 일은 많고 적음이 균일하지 않으니, 반드시 기록해두어야 빠뜨리거나 잊어버리지 않게 된다. 취임한 날부터 곧바로 공책 하나를 마련해서 집무실에 들어가 정무를 볼 때에 앞에 펴놓고 날마다 한 일을 붓 가는 대로 기록한다. 새로 시작한 일로 처리해야 할 일과 옛날의 일로서 재촉해야 할 일과 상부에서 내려온 것과 아래에서 진달한 것과 수량과 명목이 있는 일 등을 모두 검은색 글씨로 기록하고 붉은색 글씨로 삭제하며, 이미 실행되고 있는 일은 점을 찍고 이미 완료된 일은 두 개의 점을 찍으며, 아직 처리하지 않은 일은 공란으로 비워두고 매일 점검하고 익숙히 보아서 중단해서는 안 된다. 그러면서도 반드시 두 가지 부지런함을 귀하게 여겨야 하니, 첫째는 마음이 부지런한 것이고, 둘째는 손이 부지런한 것이다. 이렇게 하면 모든 일이 잘못되지 않고 몇 년 지난 오래된 일이라도 찾아볼 수 있어서 문안을 작성하느라 수고하지 않고 아전의 권세를 빌리지 않아도 되니, 관직에 부임해서 먼저 할 일 중에 이 일보다 중요한 것이 없다. 내가 처음 寧津의 知縣을 맡았을 때와 두 번째 湖廣의 憲僉을 맡았을 때에 기록한 책자가 모두 있으니 참고해볼 수 있다.

人之性稟은 智愚不同하고 日之事端은 多寡不一하니 必資記載라야 乃無遺(忌)〔忘〕[2]이라 凡自上任日始하야 卽置一白冊하야 登堂署政에 展之于前하야 日有所行을 隨筆書寫하고 新事之合發落과 舊事之合催促과 或上所派와 或下所陳과 及有數目等事를 皆須墨筆紀錄하고 紅筆句銷하며 已行者點之하고 已完者二之하며 未發落者空之하야 每日檢翫하야 不可間斷이라 然必貴

1) (時何)〔何時〕: 저본에는 '時何'로 되어 있으나, ≪官板牧民心鑑≫에 의거하여 '何時'로 바로잡았다.

2) (忌)〔忘〕: 저본에는 '忌'로 되어 있으나, ≪官板牧民心鑑≫에 의거하여 '忘'으로 바로잡았다.

乎二勤하니 一曰心勤이요 二曰手勤이라 庶幾諸事不至失悞하고 雖隔年遠이라도 亦可稽攷하야 不勞文案하고 不假吏權이니 莅官之先務無出於此라 某始忝寧津하고 再厠湖憲에 所筆之冊具存하야 可見也라

솔선수범하여 수고로운 일을 피하지 않고 부지런히 할 것 身先勞

여러 가지 일이 있을 때에 각각 담당자가 있다. 그러나 자신이 앞장서서 대중을 거느리고 힘을 다해서 그 일을 이루고, 노고를 피하지 않고 그 공정을 감독하면 일이 정밀해져서 지체되고 잘못되는 근심이 없을 뿐 아니라, 또 사람들이 그 부지런함에 心服하여 모두 본받을 것이다.

庶務之至에 各有攸司라 然能以身先之하야 率衆僇力하야 以成其事요 不避勞苦하야 以督其程이면 則不惟事得精詳하야 而無稽悞之患이라 又且人服其勤하야 而衆皆效矣리라

모든 일에 근본을 살필 것 究根本

천하의 일에 반드시 근본이 있는 것은 나무에 뿌리가 있고 물에 근원이 있는 것과 같다. 뿌리가 튼튼하면 가지가 무성하고, 근원이 맑으면 지류가 맑다. 그러므로 여러 가지 일이 생겼을 때에 반드시 먼저 근본을 추구해야 한다. 예를 들어 賦稅와 徭役을 부과하고 징수할 때에는 반드시 인구와 식량을 먼저 충실하게 하고, 돈과 식량의 수량과 명목의 경우는 반드시 出納을 먼저 분명하게 하며, 軍需品을 구매할 때에는 반드시 먼저 土産品이 있는지 없는지를 살피고, 訟事를 처리할 때에는 반드시 먼저 범죄 사실의 진위를 살펴야 한다. 이렇게 하나하나 상세히 추구하여 근본에 힘써서 행하면 끝에 가서 잘못되는 폐단이 없을 것이다.

天下之事必有本이 猶木有根水有源也라 根盛則末盛하고 源淸則流淸이라 故庶事之來에 必先究本이니 如賦役科徵에 必自丁粮之先實하고 錢粮數目에 必由出納之先明하고 買辦軍需에

必先審其土產之有無하고 推讞(언)獄訟에 必先察其情罪之眞僞하야 一一詳究하야 務本而行이면 則無末流失繆之弊矣리라

실속 없는 명성을 구하지 말고 실효가 있게 할 것 責實效

하나의 명령을 낼 때에는 반드시 실행하는 것이 귀하고, 하나의 일을 할 때에는 실효를 거두도록 힘써야 한다. 실효란 무엇인가? 예를 들어 돈과 곡식은 창고에 도착하는 것을 실효로 삼고, 訴訟은 결말을 내고 근절하는 것을 실효로 삼고, 제사는 禮가 이루어지는 것을 실효로 삼고, 세금을 징수하는 일은 완료되는 것을 실효로 삼는다. 그 외에 풍속과 예의의 조목과 선한 자는 상을 주고 악한 자는 벌을 주는 법령 같은 것은 일의 규모에 관계없이 모두 반드시 실행해서 공효를 이루도록 힘써야 실효가 될 수 있다. 일찍이 세상의 벼슬하는 자를 보건대 榜文을 잘 지어서 실속 없는 명성을 구하지만 그 실효를 찾아보면 털끝만큼도 없고 識者들의 비웃음만 살 뿐이다. 참으로 도를 행해서 세상을 구제하려는 마음이 있는 士君子는 실속이 없이 겉만 꾸미는 것을 숭상하지 않아야 한다.

一令之出에 貴乎必行하고 一事之爲에 務期成效라 效者何오 如錢穀은 以到倉爲效하고 詞訟은 以結絶爲效하고 祭祀는 以禮成爲效하고 徵科는 以事完爲效라 餘若風俗禮(義)〔儀〕[3]之條와 賞善罰惡之令은 事無大小히 皆須實行하야 務在成功이라야 斯可爲效라 嘗見世之仕者컨대 好爲榜文하야 以要虛譽나 然求實效면 全無分毫요 徒爲識者所哂이니 士君子誠有行道濟時之心者는 不尙虛文可也라

모든 일을 정밀히 생각해서 처리할 것 務精思

큰일과 작은 일을 가릴 것 없이 마음으로 생각하는 것이 귀하다. 작은 일이라도 속

---

3) (義)〔儀〕: 저본에는 '義'로 되어 있으나, ≪官板牧民心鑑≫에 의거하여 '儀'로 바로잡았다.

여서는 안 되니, 그 후환이 있을까 생각해야 한다. 큰일이라도 두려워할 것이 없으니, 반드시 헤아려서 중도에 맞게 처리할 것을 생각해야 한다. 가령 어떤 사람의 죄가 極刑에 해당하면 그 죄가 고의인지 과오인지 허위인지 사실인지를 생각해야 하고, 만약 일이 처리하기 어려우면 그 일의 근원과 장래의 영향을 생각해야 한다. 事理에 의거해서 행하고 법에 따라서 처리하여 천박하고 속되게 하려고 하지 말고 반드시 먼 앞날을 생각해야 한다. 이렇게 한 뒤에 행해야 잘못을 면할 수 있을 것이다.

事無大小히 貴乎心思라 小者不可欺니 當思其有後患이요 大者不可懼니 必思酌以至中이라 如人罪至極刑이면 宜思其故誤虛實이요 如事難於處置면 宜思其根源後來라 憑理而行하며 遵法而立하야 勿圖淺近이요 須慮久長이니 然後行之라야 庶免差失이라

輕重과 緩急을 살펴서 일을 처리할 것 察事情

일에는 輕重이 있고 緩急이 있으니 반드시 實情을 살펴야 비로소 시행할 수 있다. 가령 어떤 사람이 소송했을 때에 그 일이 자기와 관련이 없거나 여러 해 전의 일이면 반드시 눈앞의 정황이 있으므로 말하기 어려운 점이 있게 된다. 그러므로 이런 일을 처리할 때에는 마땅히 그 진실과 거짓을 살펴서 눈앞에 있는 사실만을 다스려야 한다. 가령 세금을 징수할 일이 있을 경우에 급하게 써야 할 일이거나 조금 늦추어서 보낼 수 있는 상황이면, 급한 일은 즉시 법대로 준행하여 지체되거나 잘못되는 일이 없게 하고, 늦출 수 있는 일은 上司의 뜻을 조금 따르되 백성을 핍박하거나 다치지 않게 해야 한다. 모든 일을 이와 같이 해야 잘못이 없게 된다.

事有重輕하고 且有緩急하니 須審情實이라야 方可施行이라 如人訴訟에 或事不干己어나 或經隔年多면 必有目即之情하야 有難言者라 故爲此擧어든 所宜察其情僞하야 止理目前이라 如有科徵에 或事干急用이어나 或稍可緩輸어든 急者卽時遵行하야 勿致稽悞하고 緩者稍從上意호되 勿迫傷民이니 凡事如斯라야 乃無失者리라

명령을 신중히 할 것 愼發落

명령을 내리고 지시를 하달하는 것은 정치의 큰 근본이니, 그것이 이치에 타당하면 사람들이 옳게 여기고 이치에 맞지 않으면 사람들이 그르게 여긴다. 그러므로 행할 일이 있으면 반드시 더욱 세밀히 살펴야 하니, 위로는 국법에 부합하고 아래로는 백성들의 정서에 합치되는 것이 귀하다. 나의 명령이 公堂에서 나와 아래에 도달하기를 바람이 불고 물이 흐르듯 막힘없이 해서, 귀신과 사람이 두려워하여 티끌만큼도 책잡을 것이 없고 한 사람도 어기는 사람이 없게 해야 政令을 잘 내렸다고 할 수 있다.

發號施令은 政之大端이니 當於理면 則人是之하고 失其理면 則人非之라 故有所行에 必加詳審이니 貴乎上合國法하고 下協民情이라 俾吾之命으로 出乎公堂하야 而(違)〔達〕[4]乎其下를 如風行水流하야 神肅人慄하야 無纖芥之可議하며 無一夫之或違라야 斯可謂善發政者니라

상벌을 명백하게 할 것 明賞罰

사람 중에는 선한 사람도 있고 악한 사람도 있는데 상을 주고 벌을 주지 않으면 선을 권장하고 악을 징계할 수 없고, 사람 중에는 게으른 사람도 있고 부지런한 사람도 있는데 상을 주고 벌을 주지 않으면 착한 사람과 악한 사람을 구별할 수 없다. 예를 들어 아전이 문서를 처리하는 것, 里長과 甲首[5]가 세금을 독촉하는 것, 僚屬이 탐욕을 부리거나 청렴한 것, 백성들이 어질고 어리석은 것에 대해 모두 그 선악을 명백하게 하여 구별해서 드러내어, 선한 자는 상을 받게 하고 악한 자는 벌을 받게 하면 선한 자는 더욱 선해지고 악한 자도 교화되어 선을 하게 된다.

人有善惡에 非賞罰이면 無以爲勸懲이요 人有惰勤에 非賞罰이면 無以別淑慝이라 若吏胥於簡牘과 里甲於催科와 僚屬於貪廉과 人民於賢否에 皆當明其臧否하야 別而揚之하야 使善者有

---

4) (違)〔達〕: 저본에는 '違'로 되어 있으나, ≪官板牧民心鑑≫에 의거하여 '達'로 바로잡았다.
5) 里長과 甲首 : 186쪽 역주 6) 참조.

賞하고 惡者有罰이면 則善者益善하고 而惡者亦將化而爲善矣리라

奸計를 사전에 치밀하게 막을 것 密關防

사람에게는 간사한 마음이 있어서 익숙해지면 奸計가 된다. 그러나 나는 한 사람일 뿐이니 〈뭇 사람들의 간계를〉 어찌 두루 알 수 있겠는가. 만약 법을 만들어 미연에 막지 않으면 반드시 그 奸計를 성사시켜 내가 그 간계에 빠지게 될 것이다. 그러므로 창고의 경우 자물쇠가 엄중하지 않은 것을 반드시 막으며, 돈이나 곡식을 내고 들일 때에 도둑이 침범하는 것을 반드시 막으며, 獄事를 처결할 때에는 실제보다 가볍거나 무겁게 하는 것을 반드시 막으며, 세금을 부과할 때에는 정량보다 올리거나 내리는 것을 반드시 막아야 한다. 이것들은 모두 반드시 마음을 써서 직접 살피고 항상 점검하며 치밀하게 물어서 일에 간계가 이루어지지 못하게 하고, 남이 자기를 속이지 못하게 해야 밝게 보아서 후환이 없게 될 것이다.

人有憸邪하야 習爲弊倖이라 我惟一己니 豈能周知리오 苟不立法以防微면 必致成奸而中計라 若倉若庫는 必防其扃鐍之不嚴하고 或錢或粮은 必防其出入之侵盜하며 斷獄엔 必防其輕重하고 科差엔 必防其高低니 皆須用心躬親閱視하고 恒加點檢하고 密而詢之하야 勿致事之成奸하며 勿令人之欺我라야 斯爲明見而無患也라

간사한 짓과 폐단을 근절할 것 絶奸弊

교활한 사람은 반드시 간사한 짓을 하고, 쓸데없는 일은 반드시 폐단이 많으니, 지극히 공정하고 지극히 밝은 재능이 있는 사람이 아니면 어찌 간사함이 없고 폐단이 없는 경지에 이를 수 있겠는가. 그러나 참으로 뜻이 있다면 어찌 어려운 일이겠는가. 반드시 먼저 지극한 청렴함으로 자기를 단속하고, 지극한 공정함으로 일을 처리하며, 지극히 밝음으로 일을 살피고, 지극히 엄함으로 아랫사람을 부려야 한다. 대저 호령할 때에는 반드시 먼저 간곡하게 가르치고 경계시켜서 그 奸計를 깨뜨리고, 혹 그들

이 행하는 것이 있으면 반드시 비밀리에 살펴서 그 처리하는 것을 보아야 하니, 처리하는 것에 조금이라도 폐단이 있으면 즉시 엄하게 다스려야 한다. 한 사람을 징계하여 많은 사람을 경계시키고, 하나의 일을 살펴서 나머지 일을 경계시키니, 능히 이렇게 하면 사람들이 두려워할 줄을 알아서 감히 폐단을 짓지 못할 것이다.

人之猾者는 奸必作하고 事之冗者는 弊必多니 自非有至公至明之能이면 豈能至無奸無弊之地리오 然苟有志면 豈爲難哉리오 必先律己以至廉하고 處事以至公하며 察事以至明하고 馭下以至嚴이라 凡有號令에 必先丁寧教戒하야 以破其機謀하고 或有所行이면 必加潛密察訪하야 以觀其處(其)〔置〕[6]니 處置稍有小弊면 卽痛繩之니라 懲一人以戒多人하고 察一事以戒餘事니 能如是則人知懼하야 而弊不敢作矣리라

법률을 정밀하게 연구할 것 精法律

법률이란 나라가 천하를 다스리는 중요한 도구이다. 그 안에 輕重이 있는 것은 人情으로 인하여 법을 만들었기 때문이다. 내가 법률을 담당하여 사용할 때에도 인정으로 인하여 법을 적용하는 것을 귀하게 여겨야 하고, 법을 집행하는 것을 가지고 인정을 구해서는 안 된다. 만약 그 情은 있는데 해당하는 법률이 없으면 반드시 사유를 갖추어 조정에 요청해야 법률 적용이 들쑥날쑥해지는 과실이 없게 될 것이다. 그러므로 정사를 보는 여가에 法典을 반드시 익숙하게 읽고 정밀히 연구해서, 범죄가 발생했을 때에 의사가 진맥을 해서 어떤 병에 어떤 약을 처방할지를 아는 것처럼 해야 한다. 만약 먼저 자신이 정밀히 연구하지 않고 서리에게 맡기면 〈적용되는 법률이〉 반드시 가볍거나 무겁거나 들쑥날쑥하는 폐단을 초래하게 될 것이다.

法律者는 國家治天下之柄也라 凡有輕重存乎其間者는 所以因人情而立法也라 我掌用之에 亦貴乎因情而置法이요 不可執法以求情이라 苟或有其情而無此律이면 則必具請於朝라야 斯不至有出入之過라 故凡莅政之暇에 必當熟讀精究하야 有遇罪犯이면 當如醫之切脈에 知其何病則付以何藥이라 苟不先自精詳하고 而委之胥吏면 則必致輕重出入之弊矣리라

---

6) (其)〔置〕: 저본에는 '其'로 되어 있으나, ≪官板牧民心鑑≫에 의거하여 '置'로 바로잡았다.

공문서를 상세히 살필 것 詳案牘

천하의 정사는 공문서가 아니면 통행될 수 없고, 오래된 일은 공문서가 아니면 기록으로 남길 수 없다. 이 때문에 吏胥의 직책이라도 관직에 있는 자는 더욱 정밀히 살피지 않아서는 안 된다. 대개 아전이 잘못을 했을지라도 官長이 밝게 알지 못하면 관장도 그 죄를 면하지 못한다. 그러므로 돈이나 곡식의 수량과 명목은 반드시 공문서를 보아 사실을 조사해서 명백하게 하고, 刑律을 무겁게 하거나 가볍게 하는 것도 반드시 공문서를 보아서 상세하게 살펴야 한다. 그리고 상부 관사에 답을 올리거나 僚屬에게 공문을 하달할 때에 輕重과 緩急이 각각의 일마다 조리가 있는데, 자기가 일을 이해하지 못하고서 아전이 작성한 문서를 그대로 믿어 버리면 아전에게 업신여김을 당할 뿐만 아니라 죄를 받는 자들이 많아진다. 그러므로 공문서는 유의해야 하고 소홀히 해서는 안 된다.

天下之政은 非案牘이면 不能通而行하고 歲月之深은 非案牘이면 不能載라 以是雖吏胥之職이라도 而居官者는 尤不可不精也라 蓋吏有失錯이라도 而官不能明이면 其罪亦不免耳라 故錢穀數目은 必當閱案而磨覈하고 若刑名重輕도 必當閱案而審詳이라 以至申答上司行下僚屬에 輕重緩急이 各有理存이어늘 己不能通하고 而信吏之成案이면 非惟受其輕侮라 且被負累者多니 故宜留意요 不可忽也니라

官에 있는 돈과 곡식의 수량을 확실히 조사할 것 覈錢穀

돈과 곡식은 백성들이 바치는 세금이고 국가의 자산이니, 털끝만큼도 어긋남이 있어서는 안 되고 잠깐이라도 실수해서는 안 된다. 조금이라도 법에 위배되면 그 죄가 가볍지 않으므로 부임한 초기에 반드시 수량을 확인하고 실상을 조사해서 남는 것이 있으면 上司에 보고해야 하고, 조금이라도 모자라면 반드시 채워넣게 해야 한다. 만약 고식적으로 하고 소홀히 하여 그 수량의 실상을 모르고서 옛날 문건을 그대로 믿고 있다가 훗날 죄를 범하게 되면 그때는 후회해도 이미 늦는다. 그러므로 부임하고

나서 맨 먼저 주의를 기울여 힘을 쏟아 실행하는 것이 참으로 지극히 중요한 일이다.

錢穀者는 下民之貢賦요 國家之資財니 毫釐不可差요 斯須不可失이라 稍有違法이면 厥罪非輕이니 故到任之初에 必加驗數覈實하야 其有餘羨이면 則當上聞이요 或有少虧면 必令備足이라 苟或因循忽略하야 不知數之實虛하고 而惟舊案是仍하야 以致他日負累면 雖悔無及이라 故首宜加意而力行之 誠至要之務也라

관청에 있는 기물을 조사하여 기록해둘 것 驗公器

관청에 있는 기물은 모두 관청에 속한 물건이다. 위로는 관청의 돈을 지출한 것이고 아래로는 백성의 노동력을 수고롭게 한 것이다. 처음 정무를 시작할 때에 즉시 장부를 살펴서 직접 수량대로 實査하여 새것과 오래된 것, 좋은 것과 나쁜 것을 분명하게 기록하고, 사용하는 사람들에게 경계시키고 타일러서 지극히 아끼고 소중히 다루게 해야 한다. 퇴임할 때에 뒷사람에게 남겨줄 것이므로 손상되거나 잃어버리지 않게 하는 것 또한 공무를 신중히 하는 한 가지 일이다.

器用之在公者는 皆係官物이니 上出官錢하고 下〔勞〕[7]民力이라 署政之始에 卽宜按其簿書하야 躬行如數閱實하야 新舊美惡을 明白書之하고 戒飭用者하야 極爲愛重하고 (泊)〔洎(계)〕[8]乎謝篆하야 留傳後人이니 毋俾損失이 亦公愼之一端也니라

管內의 巡察을 철저히 할 것 嚴巡儆

창고는 돈과 곡식을 저장하는 곳이고, 관청은 문서를 보관하는 곳이고, 驛傳은 使命을 소통하게 하는 곳이고, 감옥은 죄수를 警責하는 곳이고, 祠廟는 신령을 편안케 하는 곳

7) 〔勞〕: 저본에는 '勞'가 없으나, ≪牧民心鑑≫ 林秀一의 설에 의거하여 보충하였다.

8) (泊)〔洎(계)〕: 저본에는 '泊'으로 되어 있으나, ≪牧民心鑑≫의 林秀一의 설에 의거하여 '洎'로 바로잡았다.

이고, 도로는 왕래를 편리하게 하는 곳이다. 모두 하나하나 마음을 쓰고 때때로 巡行하여 손상된 곳은 정비하고 무너진 곳은 보완하여 비바람에 무너지는 근심이 없게 하고, 水災나 火災나 도적에 대한 염려가 없게 하면 예측하지 못한 재앙을 면할 것이다.

倉庫는 所以貯金(谷)〔穀〕[9)]이요 公宇는 所以貯簡書요 驛傳은 所以通使命이요 禁獄은 所以警罪囚요 祠廟는 所以安神靈이요 道途는 所以便來往이라 皆當處處介意하고 時時巡行하야 損者整之하고 缺者完之하야 俾無風雨傾撓之虞하며 無水火盜賊之患이면 則免不測之禍矣리라

제사를 엄숙하게 지낼 것 嚴祀典

제사는 나라의 큰일이고, 神은 사람이 尊崇하는 대상이다. 그러므로 祠堂과 祭壇과 祭器와 禮物을 모두 직접 점검해서 한결같이 제도에 의거해서 해야 한다. 결손이 있어서 완전하지 못하거나 오래되어 파손되었거나 법대로 제작하지 않았거나 禮에 맞지 않는 것이 있으면 모두 정비해서 새롭게 하되 견고하게 되도록 힘써야 한다. 제사 지내는 날에 반드시 齋戒하며 반드시 엄숙하고 정성스럽게 해서, 한 번 움직이는 것도 반드시 지극히 공손하게 하고 물건 하나도 반드시 지극히 정결하게 해야 한다. 그리고 묵묵히 神의 모습을 생각하기를 신이 눈앞에 강림해 있는 것처럼 해서, 오직 행동에 실수가 있을까 두려워하고 불경한 일이 있을까 두려워해야 한다. 부지런하고 간절하게 해서 다른 일이 자기 마음을 범하는 일이 없게 해야 하니, 이렇게 하면 신이 반드시 와서 歆饗하여 너의 몸에 복을 내려줄 것이다.

祀者는 國之大事요 神者는 人之所崇이라 故若祠宇(壇)〔壇〕[10)]場과 祭器禮物을 皆須躬親點視하야 一依制度爲之니라 其有缺而不完하며 舊而致損하며 非法所制며 非禮所宜면 悉當整而新之호되 務堅且固니라 其祭之日에 必齊必戒하며 必嚴必誠하야 一動必至恭하고 一物必至潔하야 默想神像을 如臨于前하야 惟恐有失儀하며 惟恐其不敬이라 孜孜切切하야 勿以他事干其心이니 如此則神必來歆하야 而降福於爾躬矣리라

---

9) (谷)〔穀〕: 저본에는 '谷'으로 되어 있으나, ≪官板牧民心鑑≫에 의거하여 '穀'으로 바로잡았다.
10) (壇)〔壇〕: 저본에는 '壇'으로 되어 있으나, ≪官板牧民心鑑≫에 의거하여 '壇'으로 바로잡았다.

5. 풍속을 교화하기 위해 해야 할 일 宣化

이 편은 지방관으로서 부임한 지방의 풍속을 교화시키기 위해 어떻게 해야 하는지를 기술하고 있다. 전체적인 내용을 개략적으로 요약하면 다음과 같다. 먼저 부임한 지방의 풍속을 순후하게 만들어야 하는데 그 요체는 자기 자신을 바르게 하는 데에서 시작하도록 하였고, 立教條에서는 풍속을 교화하는 구체적인 방법을 제시하였다. 明國制에서는 국가의 禮制와 律令을 백성들이 알지 못하면 행할 수 없으므로 백성들이 쉽게 알 수 있는 방법을 제시하였고, 旌善行에서는 선행이 있는 사람을 표창함으로써 다른 사람들이 선을 하도록 권면하게 하였으며, 表先哲에서는 그 고을의 先賢을 드러냄으로써 후세 사람들이 본받을 수 있게 하도록 하였다. 이 외에도 학교 교육을 장려하고, 크게 흉악한 자를 엄벌하며, 게으른 자를 징계하고, 邪術을 금하며, 유언비어가 나돌지 못하게 하도록 하는 등 지방관이 행해야 할 교화의 조목들을 상세히 제시하였다.

풍속을 교화하여 淳厚하게 할 것 厚風俗

풍속이란 人心과 世道의 근본이다. 풍속이 순후하면 백성들은 반드시 선행을 많이 하고 풍속이 각박하면 백성들은 반드시 악행을 많이 한다. 순후하다는 것은 무엇인가? 예의를 알고 순박함을 중시하며 節儉을 숭상하고 교화를 따라서 强暴하거나 탐욕을 부리는 풍조가 없는 것이 이른바 순후함이다. 각박하다는 것은 무엇인가? 강포함이 습속이 되고 염치가 없으며 예의를 알지 못하고 교화를 따르지 않아서 사치와 거짓을 숭상하는 것이 이른바 각박함이다. 옛날에 牧民을 잘한 자는 반드시 풍속을 바로잡는 것을 우선으로 하였다. 그러나 풍속을 교화하는 요체는 특히 자신을 바르게 하는 것을 우선으로 삼는다. 그러므로 부임한 초기에 반드시 묻고 살펴서 그 풍속이 원래 순후한 곳은 장려해서 더욱 순후하게 하고, 그 풍속이 원래 각박한 곳은 가르치고 경계해서 각박하지 않게 하되 각박한 자는 교화하여 순후하게 하고 악한 자는 교화하여 선하게 되도록 힘써야 하니, 이렇게 하면 목민을 잘한다고 할 수 있을 것이다. 그러나 그 요체는 자신을 바르게 하는 것을 요체로 삼는 데에 달려 있다.

風俗者는 人心世道之本也라 俗厚則民必多善하고 俗薄則民必多惡이라 厚者何오 (如)〔知〕[1] 禮義하고 尙淳(扑)〔朴〕[2]하며 崇節儉하고 遵教化하야 無强暴不廉之風이 所謂厚也라 薄者何오 習强獷하고 無廉恥하며 不知禮義하고 不遵教化하야 以華靡虛詐爲尙이 所謂薄也라 古之善牧民者는 必以正俗爲先이라 然化俗之要는 尤以正己爲先이라 故到任之初에 必加諮詢審察하야 其俗素厚者는 宜奬而勵之하야 而使之益厚하고 其俗素薄者는 宜教而戒之하야 而使之勿薄하야 務使薄者化爲厚하고 惡者化爲善이니 如此則可謂善牧民이라 然其要는 惟在乎正己爲之令也니라

백성을 교화하는 구체적인 방법을 수립할 것　立教條

백성의 위에 있으면 백성들의 본보기가 되니 먼저 자신을 바르게 한 뒤에 禮를 백성에게 가르쳐야 한다. 孟子가 이르기를 "선한 정치가 선한 교화만 못하다."[3] 하였으니, 이는 교화가 백성에게 깊이 젖어들어서 백성들의 마음을 얻기 때문이다. 그러므로 정사에 임하는 초기에 반드시 교화를 우선으로 해야 한다. 가령 吏胥에 대해서는 吏胥가 마땅히 행해야 할 도리를 말해서 가르치고, 백성에 대해서는 백성이 마땅히 알아야 할 일을 말하여 가르치되 三綱과 五倫의 요체를 근본으로 하고 모든 행실과 모든 일의 마땅함을 참작하여 간곡하게 가르쳐서 그 마음을 열게 하고 정성스럽게 타일러서 善을 하도록 인도해야 한다.

居民之上이면 爲民師表니 當以身正之於先하고 如以禮教之於下라 孟子謂善政不如善教라하니

---

1) (如)〔知〕: 저본에는 '如'로 되어 있으나, ≪官板牧民心鑑≫에 의거하여 '知'로 바로잡았다.

2) (扑)〔朴〕: 저본에는 '扑'으로 되어 있으나, ≪牧民心鑑≫ 林秀一의 설에 의거하여 '朴'으로 바로잡았다.

3) 선한……못하다 : ≪孟子≫ 〈盡心 上〉에서 맹자가 "仁한 말은 仁한 소문이 사람의 마음속에 깊이 들어가는 것만 못하고, 善한 정치는 善한 교화가 백성들의 마음을 얻는 것만 못하다.〔仁言不如仁聲之入人深也 善政 不如善教之得民也〕"라고 한 말을 인용한 것이다.

蓋以其入人之深하야 得民之心也라 故莅政之始에 必先教化니 如吏胥則以吏胥當行之道로 述而教之하고 如人民則以人民當知之事로 述而教之호되 本之以三綱五常之要하고 酌之以百行百事之宜하야 諄諄然以開其心하고 懇懇焉以導其善이라

그리고 반드시 조정에 신청해서 儒臣 중에 사리에 통달하고 식견이 있는 사람에게 명하여 孝悌, 忠信, 禮義, 廉恥, 勤儉, 謙和 등의 조목으로 그 방법을 상세히 갖춘 글을 짓게 해서 민간에 행해지도록 한다. 그리고 각 마을에서 나이가 많고 덕이 있으며 글 뜻을 잘 아는 사람으로서 많은 사람들이 추대하고 信服하는 한 사람을 選任해서 教長으로 삼아 한 마을의 사람들을 가르쳐서 교화하게 한다.

必申請于朝하야 命儒臣之通達有識者하야 以孝弟忠信禮義廉恥勤儉謙和等目으로 詳具其法하야 行之民間하고 俾於各里選任年高有德通曉文義衆所推服者一人하야 以爲教長하야 訓化一里之人이라

이어 100家를 단위로 하나의 書堂을 공동으로 짓게 하여 이름을 善俗堂이라고 한다. 그 집의 규모는 5칸으로 하여 반드시 100명 이상을 수용할 수 있게 하되 중앙과 앞 한 면은 비우고 북쪽 면과 동서쪽 두 면에만 흙을 쌓아 의자로 삼는다. 사면의 벽은 모두 白土를 바르고 그 벽을 분할해서 다섯 가지 그림을 그린다. 첫 번째는 백성에게 절실한 律令을 가운데 한 칸에 쓰고, 두 번째는 현재 백성이 절실하게 쓰는 禮制를 동쪽 다음 칸에 쓰고, 세 번째는 이 마을 100家의 남자들을 나이순으로 서쪽 다음 칸에 쓰고, 네 번째는 100家가 담당하는 賦役의 上中下 등급을 동쪽 끝 칸에 쓰고, 다섯 번째는 매월 백성들이 행한 善과 惡을 서쪽 끝 칸에 쓴다.

仍令百家(其)〔共〕[4]蓋一堂하야 名曰善俗이라 其制五間이니 務容百人之上호되 虛其中及前一面하고 惟於北面及東西二端은 壘土以爲坐榻이라 幷四壁皆以白堊塗之하고 其壁界爲五圖호되 一則圖律令之切於民間者于中一間하고 二則圖當今禮制之切於民用者于東次間하고 三則圖本里百家男子之年齒長幼于西次間하고 四則圖百家賦役上中下之等第于東末間하고 五則圖每月人民所行之善惡于西末間이라

---

4) (其)〔共〕: 저본에는 '其'로 되어 있으나, ≪牧民心鑑≫ 林秀一의 설에 의거하여 '共'으로 바로잡았다.

매월 초하루에는 온 마을 사람들을 이 堂에 모아서 위로부터 아래로 벽에 쓰인 長幼의 순서대로 줄을 나누어 서서 한 사람이 口令하여 再拜禮를 행한다. 절을 마치고 양쪽으로 마주보고 서면 교장이 堂의 가운데로 나와 서서 남쪽을 향하여 탁자 하나를 놓고 사전에 나누어준 백성을 가르치는 글을 또렷하게 설명해서 백성이 듣게 한다. 마치고 나서 대중들이 모두 둥글게 서서 揖하고 다시 순서대로 자리에 가서 앉는다. 교장이 중앙에 앉아 각 마을의 父老들에게 이달 안에 누가 어떤 선한 일을 했고 누가 어떤 악행을 저질렀는지를 물어서 선한 일을 한 사람이 있으면 그 사람의 이름과 그가 행한 선을 벽면의 도판에 기록한다. 세 차례 선행을 하면 그 실적을 州縣에 上申해서, 그 선행이 작은 경우에는 그 差役을 덜어주고, 그 선행이 큰 경우에는 조정에 알려서 표창한다. 악행을 한 자는 면전에서 도리와 예법으로 타일러 잘못을 고치게 하고, 두 번째에도 고치지 않으면 사람들과 의논하여 죄를 꾸짖어 벌을 주어서 부끄러움을 알게 한다. 그런데 또 고치지 않아서 세 번째에 이르면 이는 끝내 고치지 않는 것이니, 그 실적을 州縣에 상신해서 官法으로 다스린다. 이어 그 죄를 벽면의 도판에 기록하고, 3년 동안 범하지 않으면 지운다. 이렇게 하면 격려하고 권면하는 데에 방법이 있어서 백성들이 禮와 法을 모르는 사람이 없게 되어 자연히 감화되어서 모두 함께 良民이 되고 獄訟이 생기지 않아서 풍속이 점점 淳厚해질 것이니, 백성을 다스리는 요체로서 무엇이 이보다 낫겠는가.

每月朔則會一里之人於堂하야 自上而下로 依圖長幼分行而立하야 一人贊唱하야 行兩拜禮라 拜畢에 仍對立於班이면 敎長이 出立于堂之中하고 向南設一卓하야 以所頒敎民之文으로 朗然解說하야 令民聽之라 旣畢에 (皆衆)〔衆皆〕[5]圓揖하고 復依次就坐라 敎長居中하야 詢問各(材)〔村〕[6]之父老호되 此月之內에 曾有何人行何善事하고 或有何人作何過惡하야 其有善者면 則書其名及所行之善於圖中이라 凡及三次면 則以其實跡으로 申于州縣하야 輕則優其差役하고 重則聞之于朝하야 以旌異之라 其爲惡者는 則面諭之以理法하야 令其改過하고 如二次不悛이면 則對衆議行責罰하야 以令知恥라 又果不改하야 至三次면 則爲終不改矣니 乃以其實跡으로 申于州縣하야 以官法繩之라 仍於圖中書其過惡하야 苟能三年不犯이면 則爲之除去라 如此면 則激勸

---

5) (皆衆)〔衆皆〕: 저본에는 '皆衆'으로 되어 있으나, ≪官板牧民心鑑≫에 의거하여 '衆皆'로 바로잡았다.
6) (材)〔村〕: 저본에는 '材'로 되어 있으나, ≪官板牧民心鑑≫에 의거하여 '村'으로 바로잡았다.

有方하야 而民無不知禮知法하야 自然感化하야 皆相率爲良民하고 獄訟不生하야 而風俗漸淳矣리니 撫民之要 何以加於此哉리오

나라에서 정한 禮儀와 禁令을 백성들이 알게 할 것 明國制

나라의 禮義는 백성을 善에 들어가게 하는 것이고, 나라의 禁令은 백성들의 잘못을 막는 것이다. 牧民官이 된 자가 〈이와 같은 것을〉 널리 알리지 않으면 백성들이 어떻게 알아서 행하겠는가. 그러므로 官府에서 행하는 禮制와 律令 중에서 서민에게 절실한 것을 두 개의 그림으로 纂輯해서 하나는 禮라고 하고 하나는 律이라고 하여 간행해서 簇子를 만든다. 모든 민가에 다 나누어주어서 앉는 자리 위에 걸어두고 항상 보게 하여 백성들이 예를 알아서 날로 善에 나아가고, 법을 알아서 감히 惡을 행하지 못하게 해야 하니, 이것이 목민관이 해야 할 일이다.

國之禮儀는 納民〔于〕[7]善하고 國之禁令은 防民之非라 牧民者不宣而布之면 爲民者豈知而行之리오 故宜以官府所行禮制律令之切於庶民者를 纂輯二圖하야 一曰禮라하고 二曰律이라하야 刊而成幅이라 凡民之家에 悉皆給付하야 使之懸于坐上하야 常目在之하야 俾民知禮而日趨於善하고 知法而不敢爲惡이니 則牧民者之能事也라

농사철에 백성 부리는 것을 신중히 할 것 重農務

농사는 천하 사람들의 衣食이 달려 있고 국가의 錢穀이 나오는 것이다. 그러므로 봄에 밭을 갈고 여름에 김을 매고 가을에 추수하는 세 계절에는 결코 그 시기를 빼앗아서는 안 된다. 工役을 일으키거나 곡물을 운반할 일이 있어 장차 백성을 부리게 되면 반드시 그 일의 輕重과 緩急을 헤아려서, 중요하고 급한 일이면 그대로 따라서 행해야 하지만 중요하지 않거나 급하지 않은 일이면 상부에 上申하여 〈중지해주기를〉

7) 〔于〕: 저본에는 '于'가 없으나, ≪官板牧民心鑑≫에 의거하여 보충하였다.

요청해야 한다. 한 쪽에만 치우쳐 명예를 추구해서도 안 되고, 말단으로 인하여 근본을 소홀히 해서는 안 되니, 오직 깊이 생각한 뒤에 행해야 한다.

農者는 天下衣食之所仰이요 國家錢穀之所出이라 故春耕夏耘秋收三時엔 斷斷乎不可奪者也라 或有興作이어나 或有饋運하야 將以役民이면 必度(탁)其事之重輕急緩하야 果重而急者는 則遵而行之하고 果輕而緩者는 則申而請之라 不可執一偏而沽名이요 不可因其末而弄本이니 惟深計熟慮而後行之可也라

학교 교육을 장려하여 인재를 양성할 것 崇學校

세상에서 정치의 근본에 어두운 자는 가끔씩 학교를 쓸데없는 제도로 여기는데, 이는 세상을 다스리는 어진 인재가 모두 여기에서 배출된다는 것을 전혀 모르기 때문이다. 가르치는 직책을 맡은 자는, 〈배우는 자들이〉 학문에 깊고 얕은 차이가 있고 인품에 어질고 어질지 못한 차이가 있더라도 마음을 다하고 힘을 다해서 정해진 課程에 따라 감독하고 장려하고 권면해야 하니, 〈그런 뒤에〉 반드시 生員 중에서 자질이 上等인 사람을 선발하여 과목을 나누어서 교육시켜야 한다. 날마다 익히는 課業을 엄격히 하고 그 父兄의 徭役을 면제해주어 의관과 음식과 紙筆墨 등을 하나하나 부족함이 없게 해서 안심하고 학문에 열중할 수 있게 해야 한다. 그리고 인도하고 격려하며 상벌로 권면하고 징계하는 방법은 提調[8]를 맡은 자가 다시 더 마음을 쓰면 인재가 이루어지지 않는 일이 없을 것이다.

世之昧治體者는 往往視學校爲虛文하야 殊不知治世賢才皆於此出이라 任敎職者는 雖學有淺深하고 人有賢否나 然能盡心竭力하야 以程督之하고 奬勸之니 務選生員之資上等者하야 分科而教育이라 嚴其(目)〔日〕[9]習之課業하고 免其父兄之徭役하야 俾衣冠飮膳筆墨紙籍을 一一無

8) 提調 : 明나라의 학교 제도에 府, 州, 縣, 衛所에 모두 학교가 있는데, 학교에는 담당 教官이 있다. 해마다 이 지방의 학교에서 生員 1명씩을 중앙에 올려보내면 중앙에서 시험을 보여 불합격한 자는 돌려보내는데 불합격한 생원을 올려보낸 지방 학교의 提調教官은 벌로 녹봉을 정지한다는 규정이 있다. 따라서 여기에서 말하는 提調는 提調教官을 가리키고, 이때 提調라는 말은 '담당자'라는 의미로 쓰인 것이다.(≪明史≫ 권69 〈選擧志〉)

缺하야 而安心于學이라 至於誘掖激勵賞罰勸懲之道를 其任提調者 復(부)加意焉이면 則人才未有不成者也라

빈곤한 사람을 구휼할 것 恤貧困

백성 가운데 불행하여 나면서부터 빈궁한 자가 있으면 나의 仁을 미루어서 德으로 구휼해야 한다. 가난한 자는 衣食이 넉넉해야 한다는 것을 모르는 것이 아니지만 그렇게 할 능력이 없고, 재산이 풍족하기를 원하지 않는 것이 아니지만 그것을 소유할 분수가 없다. 내가 백성의 부모가 되어 마음으로 근심하여 그들을 위해 구제해서 그 의식을 넉넉하게 하고 그들을 위해 보호해주어 그 고충을 덜어주며, 力役이 있으면 관대하게 해주고 채무가 있으면 면제해주며 질병이 있으면 치료해주고 어려움이 있으면 구원해주어 한 사람도 안주할 곳을 얻지 못하는 사람이 없게 해야 하니, 그런 뒤에야 백성의 부모라고 할 수 있다.

民之不幸하야 生而貧窮이면 宜推我仁하야 恤之以德이라 蓋貧者非不知衣食之當足也나 而力不能致之요 非不欲貲產之充富也나 而分不能有之라 吾爲民父母하야 所當惕然於心하야 爲之振(技)〔救〕[10]하야 以足其衣食하고 爲之加護하야 以消其困(若)〔苦〕[11]하며 有役則優之하고 有負則免之하며 有疾則療之하고 有難則援之하야 俾無一人不得其所니 夫然後可謂之民父母니라

크게 흉악한 자를 엄하게 다스릴 것 戢强慝

오곡을 심는 자는 잡초를 제거하고, 良民을 보호하는 자는 强惡한 자를 제거하는 것이니, 이는 잡초를 제거하지 않으면 오곡이 잘 자라지 못하고 강악한 자가 양민을

9) (目)〔日〕: 저본에는 '目'으로 되어 있으나, ≪官板牧民心鑑≫에 의거하여 '日'로 바로잡았다.
10) (技)〔救〕: 저본에는 '技'로 되어 있으나, ≪官板牧民心鑑≫에 의거하여 '救'로 바로잡았다.
11) (若)〔苦〕: 저본에는 '若'으로 되어 있으나, ≪官板牧民心鑑≫에 의거하여 '苦'로 바로잡았다.

속이지 못하면 선량한 사람이 살 수 있기 때문이다. 그러므로 목민관이 된 자는 반드시 먼저 教化를 베풀어서 강한 자가 약한 자를 능멸하지 못하게 해야 한다. 악한 자가 教令을 따르지 않고 刑法을 두려워하지 않아서 견고한 형세를 배경 삼아 따르지 않으며, 권세를 믿고 〈죄를 짓거나 같은 죄를 반복해서 지으며〉 끝내 고치지 않으면, 반드시 무거운 법을 적용하고 엄한 형벌을 시행하여 통렬히 금지해서 양민에게 해가 되지 않게 해야 한다. 그렇게 하면 선과 악에 대한 분별이 있어서 무지한 자가 지각이 있게 되고 나약한 자가 뜻을 세우게 될 것이다.[12] 만약 한결같이 사랑하고 용서하는 마음으로 대하면 저들의 마음에 꺼리는 것이 없어서 그 악이 더욱 기승을 부려 선량한 백성이 그 해를 입게 될 것이므로 엄하게 다스리지 않아서는 안 된다.

植五穀者는 去稂莠(낭유)하고 保良民者는 去强惡이니 蓋稂莠不去면 則五穀不興하고 强惡不欺면 則良善立이라 故民牧者는 必先施之以教化하야 使强不凌弱이라 惡不遵教令하며 不畏刑法하야 負固不率하며 怙終不悛이면 則必重法嚴刑하야 以痛絶之하야 使不能爲良民之害면 庶幾善惡有別하야 而頑廉懦立하리라 苟一待之以仁恕면 則彼心無忌憚하야 其惡愈肆하야 而良善之民이 將受其害니 故不可不猛治之也니라

선행이 있는 사람을 표창하여 사람들에게 선을 권면할 것 旌善行

열 가구가 사는 작은 마을에도 반드시 忠信한 사람이 있는 법인데[13] 천 리의 땅에 어찌 선한 사람이 없겠는가. 그러므로 선한 사람이 한 사람이 있다고 해서 적은 것이 아니고, 열 사람이나 백 사람이 있다고 해서 많은 것이 아니다. 적은 것이 아니라는 것은 권장하는 법이 있으면 한 사람이 백 사람을 권장할 수 있다는 것이고, 많은 것이

---

12) 무지한……것이다 : 원문의 "頑廉懦立"은 ≪孟子≫ 〈萬章 下〉에서 맹자가 伯夷에 대해 평하고 나서 "伯夷의 風道를 들은 자는 무지한 자가 지각이 있게 되고, 나약한 자가 뜻을 세우게 될 것이다.〔聞伯夷之風者 頑夫廉 懦夫有立志〕"라고 한 말을 인용한 것이다.

13) 열……법인데 : 孔子가 자신이 배우기를 좋아한다는 말을 하면서 "10戶가 사는 작은 마을에도 반드시 나만큼 忠信한 자는 있지만, 배우기를 좋아하는 것은 나만 못하다.〔十室之邑 必有忠信 如丘者焉 不如丘之好學也〕"라고 한 말을 인용한 것이다.(≪論語≫ 〈公冶長〉)

아니라는 것은 집집마다 표창할 만하게 하면[14] 한 고을로 천하를 교화할 수 있다는 것이니 목민관이 된 자는 더욱 마음을 써야 한다. 지금 어떤 사람이 어버이를 섬기는 데에 지극히 효성스럽고, 또 어떤 사람이 있는데 형을 섬기는 데에 지극히 우애로워서, 實跡이 환히 드러나서 다른 사람보다 뛰어나면 의당 조정에 보고해서 그 집에 旌門을 세워주고 그 役을 면제해주어야 한다. 그리고 그 선행이 가벼우면 목민관이 스스로 각별히 예우해서 그 고을에서 이름을 날리게 해주고 徭役도 조금 줄여주어야 한다. 이렇게 하면 한 지방 사람들을 권면할 수 있을 뿐만 아니라 온 천하 사람들도 권면할 수 있다.

十室之邑에 必有忠信이니 千里之地에 豈無善人이리오 故有一人不爲少며 十人百人不爲多라 不爲少者는 有勸奬之法이면 則一人可以勸百人하고 不爲多者는 使比屋可封이면 則一邑可以化天下니 爲民牧者는 宜加意焉이니라 今有人焉하니 事親以至孝하며 復有人焉하니 事兄至愛하야 實迹昭著하야 異於常人이면 則當擧聞於朝하야 旌其門而復其役하고 輕則自加以殊禮하고 (楊)〔揚〕[15]名於其鄕하며 或於差役에 亦少優之면 非惟可以勸一方이라 而亦可以勸天下라

한가롭게 놀거나 게으른 자를 징계할 것 禁游惰

백성 중에 먹을 것과 입을 것이 있는 자는 근본에 힘써서 부지런히 노력했기 때문이고, 빈곤한 자는 末技를 추구하며 한가롭게 놀고 게으르기 때문이다. 대체로 한가롭게 놀고 게으른 자는 농업에 힘쓰지 않으며 집안을 일으킬 생각은 하지 않고, 無賴輩들과 함께 어울려 걸핏하면 무리 지어 술을 마시고 이어서 도박을 하며 歌舞를 익히고 새를 기른다. 본래 가지고 있는 재산이 그 비용을 충당하기에 부족하면 반드시

14) 집집마다……하면 : 堯舜시대에는 교화가 四海에 두루 미쳐서 집집마다 모두 封을 받을 만큼 덕행이 뛰어난 인물이 많았다는 뜻으로, 곧 천하가 잘 다스려져 백성의 풍속이 순후해졌다는 것을 의미한다. ≪論衡≫ 제8권 〈率性〉에 "堯舜의 백성들은 집집마다 표창할 만하였고, 桀紂의 백성은 집집마다 죽일 만하였다.〔堯舜之民 可比屋而封 桀紂之民 可比屋而誅〕"라고 한 말을 인용한 것이다.

15) (楊)〔揚〕 : 저본에는 '楊'으로 되어 있으나, ≪官板牧民心鑑≫에 의거하여 '揚'으로 바로잡았다.

모여서 도둑질을 하고 더 나아가 흉악한 강도가 되어 사람을 협박하고 죽이는 등 못 하는 짓이 없게 된다. 그 악행이 이 지경에 이른 것은 모두 한가롭게 놀고 게으른 데에서 시작되니, 목민관이 된 자가 살피지 않아서 되겠는가. 그러므로 마땅히 善으로 가르쳐서 반성하게 하고, 법으로 보여서 두려워하게 해야 한다. 그리고 매번 백성들을 가르칠 때에 반드시 마을의 연로한 사람에게 누가 지극히 부지런해서 집안을 일으켰으며 누가 지극히 게을러서 농사에 힘쓰지 않았는지를 물어서, 부지런한 자는 반드시 위로해주고 가난한 자에게는 황무지를 지급하고 소를 빌려주어 생활의 바탕으로 삼게 한다. 이렇게 했는데도 그 행실을 고치지 않을 경우 엄하게 다스려서 먼 지방으로 추방하면 게으른 자가 경계할 줄을 알아서 변화하여 부지런한 백성이 될 것이다.

民有衣食者는 以其務本而力勤이요 人之貧困者는 以其逐末而游惰라 蓋(斿)〔游〕[16]惰者는 不務農業하며 不思成家하고 與其一體無籍之徒로 動則群飮하고 繼以博奕하며 習歌舞畜禽鳥라 素有之資 不足充其費면 則必聚而作竊하고 轉爲凶强하야 刦人殺人하야 無所不至라 其惡至此 皆始於游惰也니 爲民牧者 可不察哉아 故當以善敎之하야 而使其有所省하며 以法示之하야 而使其有所懼라 及乎每次敎民之時에 必詢諸鄕老호되 何人至勤而能興家하며 何人至惰而不務業하야 勤者則必勞之하고 貧者則撥以荒田하고 借以牛力하야 使爲之本이니 如此而猶不改其行이면 則痛治而屛之遠方이면 庶幾慵者知戒하야 而化爲勤民矣리라

바른 직업 이외의 邪術을 엄하게 금할 것 抑邪術

文·武·醫·卜·士·農·工·商은 사람의 바른 직업이다. 여덟 가지 외에 邪道를 익혀서 이단이 된 자들이 있으니, 광대나 무당이나 과도하게 정교한 물건을 만드는 무리는 모두 농사짓지 않고 먹으며 누에를 치지 않고 옷을 입는 자들이다. 의당 미리 엄한 금령을 내려 엄히 금지해서 우리 농민에게 해를 끼치지 않게 하고 우리의 바른 직업에 방해가 되지 않게 해야 하니, 이것이 또 정치를 하는 중요한 도리이다.

文武醫卜士農工商은 人之正業也라 八者之外에 其有習爲異端하니 倡優巫祝淫巧之類는 皆

---

16) (斿)〔游〕: 저본에는 '斿'로 되어 있으나, ≪官板牧民心鑑≫에 의거하여 '游'로 바로잡았다.

不耕而食하며 不蠶而衣者也라 所當預出嚴令하야 痛禁絶之하야 勿使損吾農民妨吾正業이니 又爲政之要道也라

유언비어가 나돌지 못하게 할 것 止浮言

평상시에 민간에 갑자기 유언비어가 나돌아 사람들의 마음을 동요시키고 사람들의 이목을 현혹하면 반드시 지극히 타당한 이치를 밝혀서 그 진상을 헤아리고, 그 발단을 물으며, 처음 말을 지어낸 사람을 찾아내서 엄한 명령을 내려 금지하고, 그 일을 살펴서 막아야 한다. 마침내 말을 지어낸 사람을 잡으면 반드시 법으로 다스려야 하고 많은 의심을 내서 함부로 믿거나 스스로 현혹되어서는 안 된다. 만약 비방의 대상이 자신이라면 변명할 필요 없이 참아야 하니, 〈그렇게 하면〉 시간이 오래 지나면 반드시 저절로 없어질 것이다. 만약 실제로 자신에게 불선한 것이 있으면 반드시 고쳐야 한다.

平居之際에 民忽訛言하야 動人之心하고 惑人之聽이면 必當辨其至理하야 度(탁)其事情하며 詢其來端하며 究其作俑하야 出嚴令以禁之하고 察其事而防之니 果得造言之人이면 則必置之以法이요 不宜多疑하야 輕信而自惑也니라 若或誹謗在吾면 則不必辨이요 惟宜容忍이니 必將久而自息矣리라 或果我有不善이면 則必改之可也라

옛날의 선현을 表彰하여 오늘날 사람들을 권면할 것 表先哲

郡邑 안에 先賢이 있어 이름과 덕이 환히 드러나서 사람들이 모두 알고 있으면 곧 오늘날 사람들의 모범이 된다. 세대는 다르더라도 사람들이 어찌 감격하여 권면할 줄을 모르겠는가. 목민관이 된 자는 그 사람의 옛날 자취를 묻고 그 선한 일을 기록하여 조정에 신청해서 사당을 세워 높이 받들어 그 덕을 드날림으로써 오늘날 사람들을 교화해서 본받는 바가 있게 해야 한다. 살아 있을 때에는 표창하고 죽은 뒤에는 높이 받드니, 이와 같이 하면 사람들이 어찌 권면할 줄을 모르겠는가.

郡邑之中에 古有先哲하야 名(得)〔德〕[17]炳著하야 人所共知면 乃今人之表儀也라 世代雖異나 人何不(如)〔知〕[18]激而勸之리오 在民牧者는 所宜詢其故蹟하고 錄其善端하야 申請于朝하야 立祠崇奉하야 (楊)〔揚〕[19]其德하야 教化今人하야 俾有能效之者라 生則旌褒하고 歿則崇奉이니 如此則人豈不知所勸哉리오

17) (得)〔德〕: 저본에는 '得'으로 되어 있으나, ≪官板牧民心鑑≫에 의거하여 '德'으로 바로잡았다.
18) (如)〔知〕: 저본에는 '如'로 되어 있으나, ≪官板牧民心鑑≫에 의거하여 '知'로 바로잡았다.
19) (楊)〔揚〕: 저본에는 '楊'으로 되어 있으나, ≪官板牧民心鑑≫에 의거하여 '揚'으로 바로잡았다.

6. 소송을 처리할 때 유의할 것들 聽訟

이 편은 목민관이 되어 지방을 다스릴 경우 여러 종류의 소송이나 사건을 처리하게 되는데 각각의 경우에 어떻게 처리하는 것이 좋은지에 대해 서술한 내용이다. 전체적인 내용을 개략적으로 요약하면 다음과 같다. 弭訟源, 別善惡, 恕愚戇, 緩親訟의 경우는 처벌에 중점을 두지 않고 애당초 송사가 일어나지 않게 하려면 어떻게 해야 할지, 죄를 범했더라도 무지해서 범했거나 평소 선한 사람인데 실수로 범한 경우에는 가볍게 처벌하고, 친척간의 송사는 처벌에 중점을 두지 말고 인륜으로 타일러서 반성하게 하도록 하고 있다. 이것은 오늘날 罪刑法定主義에 의거하여 무미건조하게 사건을 다루는 것과는 많은 차이가 있다. 察初情, 和聽納, 詳推讞, 審重輕, 分故誤, 存公平, 戒延蔓은 사건이 발생했을 때 초기에 어떻게 대처할지, 원고와 피고에게 어떻게 진상을 확인할지, 어떤 사람은 엄벌하고 어떤 사람은 관대하게 할지 등에 대해 상세히 서술하고 있다. 그리고 謹刑具, 止穢詈, 愼鞭扑, 早疏決, 親視獄, 重視屍는 죄수에게 형을 가하는 刑具를 규격에 맞게 하고, 죄수를 가두고 있는 감옥을 어떻게 관리하며, 죄수를 다룰 때 비속한 말을 사용하지 않으며, 檢屍할 때에 목민관이 직접 실시하여 죽은 자가 원통하지 않게 하며, 환경이 나쁜 감옥에 죄수를 오래 가두지 말고 빨리 판결을 하도록 권고하였다. 전체적으로 보면 처벌을 우선하지 않고 범죄가 발생하지 않도록 노력하며, 소송 사건을 처리하되 공정하게 하고, 형벌을 가할 때에도 법규를 준수해서 부당한 처벌이 일어나지 않게 하도록 하는 등 권위적인 지방관이 아닌 민생을 보살피는 지방관이 되도록 권고하는 내용이다.

禮와 義를 가르쳐서 송사의 근원을 없앨 것 弭訟源

송사가 일어나는 이유는 禮와 義가 없기 때문이다. 참으로 예와 의를 알면 송사가 어떻게 생기겠는가. 그러므로 좋은 목민관은 반드시 예와 의를 먼저 가르쳐서 송사를 없애는 큰 근본으로 삼는다. 세상에서 이런 도리에 어두운 자는 여기에 힘쓸 줄을 모르고 오직 엄한 형벌과 혹독한 법으로 위협하니, 비유하면 흐르는 물줄기를 멈추게 하려고 하면서 근원을 막지 않는 것이다. 그러나 이렇게 해서는 멈추게 할 수 있는 자가 없다. 그러므로 송사를 없애려고 한다면 예와 의를 가르침으로 삼는 것보다 좋은 방법이 없다. 백성에게 예를 가르쳐서 양보하고 다투지 않게 하고, 백성에게 의를 가르쳐서 그칠 줄을 알고 넘치지 않게 하여 〈스스로는〉 한번 말하고 한번 움직이는 데에 예가 있게 하고, 〈타인과는〉 한번 사귀고 한번 만날 때에 의로운 행실이 있게 해야 하니, 이렇게 하고도 송사가 많다는 것은 나는 믿지 못하겠다. 이어서 경내에서 언쟁을 잘 일으키고 평소 송사를 잘 일으킨 자를 조사하여 좋은 말로 가르치고 법으로 경계시켜 이전의 잘못을 힘써 고치게 하고, 만약 그가 가난하거든 의를 좋아하는 사람을 권면하여 재물로 도와줘서 살아갈 수 있게 해주어야 하니, 이렇게 했는데도 고치지 않거든 뒤에 엄한 법으로 다스리면 송사가 반드시 저절로 종식될 것이다.

訟之由는 無禮義也라 苟知禮義면 訟何以生이리오 故善牧民者는 必以禮義爲先敎하야 以爲無訟之大本이라 世昧此者는 不知務是하고 而惟深刑酷法以威之하니 譬之將止流波而不塞其源이니 未有能止者也라 故欲訟之弭인댄 無過以禮義爲敎焉이라 敎民以禮하야 使之讓而不爭하고 敎民以義하야 使之知止而不濫하야 一言一動에 有禮存焉하고 一交一接에 有義行焉이니 如此而多訟者는 未之信也라 仍於境內詢人之健於興詞素善鼓訟者하야 善言敎之하고 以法戒之하야 俾務改其前過하고 如果貧窶어든 則勉好義之人하야 資助其力하야 以治其生하니 如此而猶不悛이어든 然後痛法加之면 則訟必自息矣리라

소송이 제기된 초기에 情狀을 잘 살필 것 察初情

사람이 소송을 제기하는 것은 반드시 그 이유가 있고, 소송을 당하는 것도 반드시 그 원인이 있다. 그러므로 처음 소송이 일어났을 때에 반드시 마음을 기울여서 진술한 내용을 자세히 듣고 사리에 맞는지 자세히 헤아려야 한다. 비록 소송을 당할 만한 이치가 있더라도 반드시 반복해서 조사하여 眞相을 캐내는 데에 힘을 다하고, 만약 그럴 만한 이치가 없으면 반드시 진심을 다해서 분석하고 의심을 일으켜 신문하여 그

문답한 말을 모두 기록하고 전후 상황을 비교해서 따져보아 서로 어긋나는 점이 있으면 곧 속인 것이 된다. 죄가 가벼우면 매를 때린 뒤 끌어내고, 죄가 무거우면 법에 따라서 그 죄를 신문한다. 만약 관청에 들어와서 고소한 초기에 진상을 알아내지 못하고 그 문답한 말을 써놓지 않으면 재차 신문할 때에는 반드시 말을 꾸미고, 다른 사람을 教唆하는 데에 이르면 정황의 진상을 더욱 알기 어렵게 된다. 그러므로 반드시 초기에 정황을 살피는 것을 귀하게 여긴다.

人之訴訟者는 必有其由하고 被論者도 必有其故라 是以로 當其初訴之時에 宜委心細聽所陳하고 (紬)〔細〕[1]度(탁)其理라 雖有其理라도 亦須磨詰(及)〔反〕[2]覆하야 而務盡眞情하고 如無是理어든 必以至情(折)〔析〕[3]之하고 興疑問之하야 備書其答問之言하고 前後參究하야 有相背戾어든 卽成誣妄이니 輕則鞭撻하야 扶而出之하고 重則依法하야 按問其罪라 若入門之初에 不得其眞하야 不書其詞면 則再問之時엔 必加文飾하고 及得唆教하얀 而其情愈不眞矣라 故必貴乎察初情이라

온화한 태도로 송사 내용을 들어서 진실을 얻을 것　和聽納

소송을 하러 온 사람들은 대부분 분쟁으로 인하여 노기가 서로 격해져 있어서 관부에 들어올 때에도 기운이 아직 가라앉지 않는다. 따라서 목민관은 대질심문을 할 때에 반드시 자기의 마음을 평온하게 하고 자기의 기운을 가라앉히며, 자기의 말을 부드럽게 하고 자기의 얼굴을 온화하게 하여 그 이유를 상세히 묻고 그 이치를 분석해야 하며 먼저 자기가 격노해서는 안 된다. 엄한 태도로 임하여 실정을 다 펼 수 없게 하고 말을 다할 수 없게 하면 소송한 자도 반드시 진실 되게 말하지 않을 것이고 소송을 당한 자도 반드시 진실 되게 말하지 않아서 죄를 줄 때에 형벌의 輕重이 맞지 않게 된다. 그러므로 듣는 태도는 온화함을 귀하게 여기니, 이렇게 해야 진실을 얻을 수 있다.

---

1) (紬)〔細〕: 저본에는 '紬'로 되어 있으나, ≪官板牧民心鑑≫에 의거하여 '細'로 바로잡았다.
2) (及)〔反〕: 저본에는 '及'으로 되어 있으나, ≪官板牧民心鑑≫에 의거하여 '反'으로 바로잡았다.
3) (折)〔析〕: 저본에는 '折'로 되어 있으나, ≪官板牧民心鑑≫에 의거하여 '析'으로 바로잡았다.

致訟之人은 多因忿爭하야 怒氣相激이라 比入官府에 氣尙未消니 聽對之時에 必當平吾之心하고 易(이)吾之氣하며 柔吾之語하고 和吾之顔하야 詳審其由하고 辨析其理요 不可先自暴(恕)〔怒〕[4]라 臨以嚴威하야 使其情不得舒하고 言不得盡이면 則所訴者必不實하고 被論者必不眞하야 而罪之所加에 必有重輕出入이라 故聽納以和爲貴하니 斯可得之니라

審理를 상세하게 해서 眞犯을 찾아낼 것 詳推讞

옥사를 처리함에 세밀함을 싫어하지 않는 것은 眞情을 구하기 위해서이고, 推問함에 정밀함을 싫어하지 않는 것은 眞犯을 찾아내기 위해서이다. 그러므로 심리할 때에 온화한 얼굴빛으로 마음을 다해 들어서 그 시비를 가리고 그 虛實을 상세히 살펴서, 옥졸의 협박을 빌리지 말고 吏胥가 전하는 말에 의지하지 말아야 한다. 〈원고와 피고를〉 각각 几案 앞에 세우고 조용히 그 말을 살펴서 진실하지 않은 점이 있으면 방법을 내서 그 마음을 관찰하고 질문을 하여 그 대답을 들어서 眞情과 실제 범인을 찾아내는 데 힘써야 억울함이 없게 된다.

獄不厭細하니 所以求其眞情이요 推不厭精이니 所以得其實犯이라 故凡推讞之際에 宜和顔悅色으로 悉心聽之하야 辨其是非하고 詳其虛實하야 勿假(犾)〔獄〕[5]卒之諕嚇(하혁)하며 勿憑胥吏之傳言이라 (名)〔各〕[6]於几案之前에 從容審察其語하야 有未實者는 立法以觀其心하고 左問以聽其答하야 務得眞情實犯이라야 乃無冤抑이라

죄의 경중에 따라 공정하게 벌을 내릴 것 審重輕

사람이 죄를 범했을 때에 죄상이 가벼우면 가벼운 법을 적용하고, 죄상이 무거우면

---

4) (恕)〔怒〕: 저본에는 '恕'로 되어 있으나, ≪官板牧民心鑑≫에 의거하여 '怒'로 바로잡았다.
5) (犾)〔獄〕: 저본에는 '犾'으로 되어 있으나, ≪官板牧民心鑑≫에 의거하여 '獄'으로 바로잡았다.
6) (名)〔各〕: 저본에는 '名'으로 되어 있으나, ≪官板牧民心鑑≫에 의거하여 '各'으로 바로잡았다.

무거운 법을 적용하는 것은 물건의 무게를 재는 저울과 같아서 그 사이에 털끝만큼도 사사로움이 개입되어서는 안 된다. 조금이라도 사사로움에 치우치면 사람들이 반드시 비난한다. 그러므로 지극히 공정하고 지극히 분명하게 심문하여 죄가 가벼운 자는 가벼운 벌을 받고 죄가 무거운 자는 무거운 벌을 받게 해야 하니, 그런 뒤에야 위로 天理에 부합하고 아래로 사사로움에 치우침이 없으며, 안으로 마음에 부끄러움이 없고 밖으로 후환이 없게 된다. 만약 사사로움을 따라서 뇌물을 받아 무거운 죄를 줄여서 가볍게 하고 가벼운 죄를 속여서 무겁게 만들면 재앙이 곧바로 이른다. 그러므로 반드시 사실대로 살펴야 한다.

人之所犯에 情輕則法輕하고 情重則法重이 猶稱物之權衡하야 不可加毫厘之私於其間者也라 稍有偏徇이면 人必非之라 故當問之以至公至明하야 使輕者受輕하고 重者受重이니 然後上合天理하고 下無偏私하며 中無愧心하고 外無後患이라 苟或循私納賄하야 減重爲輕하고 誣輕作重이면 則禍立至라 故必在乎審實焉이니라

고의로 죄를 범한 자와 실수로 범한 자를 구분할 것 分故誤

사람이 죄를 범했을 때 작정을 하고 계획을 세워 고의로 악행을 저지른 자가 있고, 그렇게 할 마음도 없고 계획도 없었는데 우연히 법을 범한 자도 있으니, 반드시 그 본래의 情狀을 캐내야 한다. 죄를 범한 동기가 고의로 악행을 저지른 자라면 경계시키지 않아서는 안 되고, 실수로 법을 범한 자라면 불쌍히 여기지 않아서는 안 된다. 이와 같이 행하면 공평한 법에 어긋나지 않고, 사실을 밝게 살피고 배려하는 마음이 둘 다 극진하게 된다.

人之所犯에 有立心立謀하야 故爲惡者하고 有無心無謀하야 偶犯法者하니 必當原其本情이라 所造初意 如故爲惡者는 不可不戒요 如誤犯法者는 不可以不矜이라 如是行之면 公平之法不違하고 明恕之心兩盡이라

죄인이라도 선한 자와 악한 자를 구별해서 처벌할 것 別善惡

사람이 죄를 범할 때에 경중이 같지 않다. 비록 한때의 행위가 범죄가 되었더라도 그가 평소 해왔던 행위를 고찰해야 한다. 만약 그 사람이 평소에 선행을 하였는데 오늘 범한 죄가 우연히 그렇게 된 것이거나 속임을 당해서 범하게 된 것이라면 모두 밝게 살펴서 공평하게 처리해야 한다. 만약 그 사람이 평소에 악행을 쌓았고, 오늘 범한 죄가 또다시 고의로 범한 것인 데다가 잘못을 뉘우치고 고치지 않으면 이 또한 밝게 판단하여 엄하게 다스려야 한다. 이렇게 해야 선한 자가 그 선을 더욱 굳게 지키고 악한 자가 감히 악을 부리지 못하게 할 수 있으니, 이렇게 해야 형벌을 잘 사용하는 것이 된다.

人之所犯은 輕重不同하니 雖出於一時所爲라도 宜考其平日所守라 苟其人平日爲善이요 而今日所犯이 或出偶然이어나 或受誣罔이면 皆須明察하여 處以公平이라 如其人平日積惡이요 而今日所犯이 又復故違하고 仍不悛改면 亦須明斷하여 以嚴治之라야 庶使善者益堅其善하고 而惡者不敢肆惡하리니 斯爲善用刑者라

벌을 줄 때에 사사로움을 개입시키지 말고 공평하게 처리할 것 存公平

사람이 죄를 범하는 것은 위로 國法을 어기고 아래로 人情을 거스르는 것이다. 그러므로 죄를 주는 것은, 그가 스스로 초래한 것이다. 내가 법을 집행하는 책임을 맡고 있으니 사람들에 대해 친밀하거나 원한 관계에 따른 영향을 받지 않아야 한다. 만약 친한 사람일지라도 그 죄가 무거우면 나와 친하다고 해서 가볍게 처리해서는 안 되고, 만약 원수일지라도 그 죄가 가벼우면 나의 원수라고 해서 무겁게 처리해서는 안 된다. 내 마음이 天理에 순수하고 국법에 순수하게 해야 하고, 털끝만큼의 사사로움이 개입되어 나의 허물이 되어서는 안 되니, 이것을 가리켜 공평함을 견지한

다고 한다.

人之所犯은 上違國法하고 下逆人情이라 故以罪加는 由彼自致라 吾任執法之責이니 於人에 無親無讐라 苟親矣라도 其罪宜重이면 不可因吾之親而輕之요 苟讐矣라도 其罪宜輕이면 不可以吾之讐而重之라 惟俾吾心純乎天理하고 純乎國法이요 無一毫之私爲吾累니 斯謂之存公平이라

首犯은 엄벌하되 무고한 사람은 처벌받지 않도록 경계할 것 戒延蔓

소송은 한 사람에 의해 일어나는 경우가 있고 여러 사람에 의해 일어나는 경우가 있다. 그러나 그 시초를 캐보면 반드시 처음 시작한 자가 있어 그가 首犯이 되고, 나머지 사람들은 잘못 연루되어 딸려 들어온 자들이다. 송사를 다스리는 사람은 반드시 首唱하여 직접 죄를 지은 자를 밝혀내서 법에 따라 다스리고, 從犯 및 잘못 연루된 자는 반드시 구분해서 가볍게 처벌해야 한다. 이렇게 하면 무고한 사람까지 처벌받지 않아서 국가의 어진 은혜가 백성에게 미칠 수 있다.

獄有起於一人者하고 有起於多人者라 然原其初면 必有作俑者爲之首하고 餘則詿(괘)誤濫及者也라 治獄之人은 必當究其造意下手之徒하야 以置於法하고 其於爲從及詿誤者엔 必宜分揀而輕之라야 庶不濫及於無辜하야 而國家仁恩이 可及於下矣리라

목민관이 된 자는 죄인에게라도 욕설을 하지 말 것 止穢詈

죄를 범한 사람은 노할 만한 점이 그 사람에게 있지만 나는 국법을 담당하고 있으니 공평하게 시행해야 한다. 근자에 거칠고 사나운 무리를 보건대 송사를 처리할 때마다 그 죄수에게 화를 내서 크게 욕설을 하고, 더럽고 사나운 말로 남의 조상에게까지 해를 끼치니 윗사람이 된 자의 도리가 전혀 아니다. 심지어는 그 정치를 지켜보는 사람들이 손가락질하고 비웃고 업신여겨서 형편없는 사람으로 여기니, 이를 알고 경계해야 덕망을 잃는 일이 없게 될 것이다.

犯罪之人은 可(恕)〔怒〕[7]在彼나 吾秉國法하니 宜施以平이라 比見麤暴之徒컨대 每於聽訟之間에 怒其罪囚하야 大肆詬罵하고 穢言惡語로 傷人祖宗하니 甚非爲人上者之道라 至被觀政之人이 指笑輕侮하야 視爲庸夫하니 知而戒之라야 庶無失德하리라

山野에 사는 어리석은 사람의 무지한 행위를 용서할 것 恕愚戇

산이나 들에 사는 사람은 관부에 오는 일이 드물어 예법을 알지 못하고, 대부분 고지식하고 어리석다. 그러므로 관청 안에서 속된 말로 시끄럽게 떠들고 대질심문 할 때에 노기가 격발되어 성질을 부리고 말을 함부로 한다. 〈목민관 가운데〉 德量이 넓은 자는 능히 용서하지만 器局이 작은 자는 반드시 꾸짖으니, 이치로 볼 때 참으로 당연하다. 그러나 그의 한때에 진실한 성질이 발로된 것을 보면 그 논변의 實情을 얻을 수 있다는 것을 사람들이 전혀 모르는 것이니, 그 우직함을 헤아려주고 그와 다투지 말고 그에게 노하지 말아야 한다.

山野之人은 罕至官府하야 不知禮法하고 多戇(당)而愚라 廳堂之間에 叫囂俚語하고 對訟之際에 怒氣衝突하야 (村)〔材〕[8]惡妄言이라 德量洪者는 能容之하고 器局小者는 必責之는 理固然也나 殊不知觀其一時眞性所發에 可以得其論辨實情이니 故量其愚直이요 勿較勿怒可也라

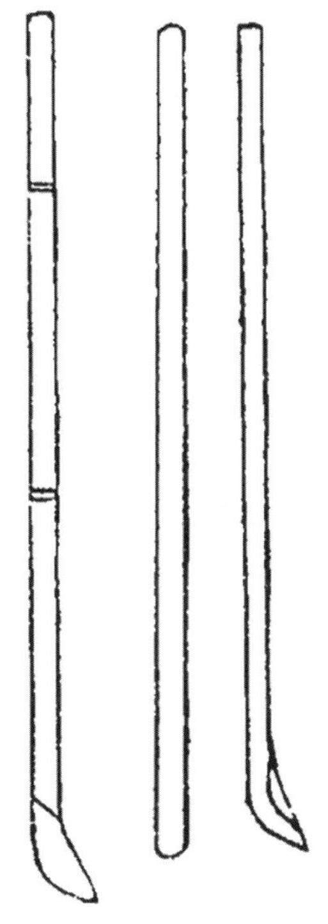
笞와 杖과 訊

규격에 맞는 刑具를 사용할 것 謹刑具

사람의 죄에 輕重이 있기 때문에 刑具에 등급이 있으니,

---

7) (恕)〔怒〕: 저본에는 '恕'로 되어 있으나, ≪官板牧民心鑑≫에 의거하여 '怒'로 바로잡았다.
8) (村)〔材〕: 저본에는 '村'으로 되어 있으나, ≪官板牧民心鑑≫에 의거하여 '材'로 바로잡았다.

笞[9]와 杖[10]과 訊[11] 세 가지를 어찌 함부로 시행할 수 있겠는가. 鎖[12]와 鐐(료)[13]와 枷[14]와 五刑[15]에는 각각 高下가 있다. 그러므로 형구의 명칭을 붙일 때에 경중에 따라 차이가 있어서 尺寸의 구분이 있고 斤數의 구별이 있다. 반드시 법에 의거하여 기준을 맞추어 털끝만큼이라도 차이가 없게 하고, 官의 封印으로 엄히 관리하고 불도장으로 烙印한 뒤에 사용해야 옥사를 신중히 하는 것이 된다.

人罪有重輕이라 故刑具有等則하니 曰笞曰杖曰訊三者를 烏可妄施리오 若鎖若鐐若枷五刑

---

9) 笞 : 刑具이다. 笞刑은 五刑 중 가장 가벼운 형벌로, 정해진 규격의 매를 사용하여 죄인에게 10대에서 50대까지 5등급으로 나누어 볼기를 치는 신체형 형벌이다. 태형의 용의자는 수금하지 않는다. 각 아문에서 태형을 판결할 수 있고 집행도 직접 하였다. 태형 판결이 나면 그 전에 자백을 받기 위해 拷訊했던 수를 집행에서 제해주었다.

10) 杖 : 刑具이다. 오형 중 두 번째 등급의 형벌로, 죄인에게 정해진 규격의 매를 사용하여 60대에서 100대까지 5등급으로 나누어 볼기를 치는 신체형 형벌이다. 형조, 留守, 觀察使가 판결할 수 있었다. 장형 자체로도 처분했으나, 徒刑과 流刑 판결을 받은 자에게 竝科刑으로 으레 부과되었다. 지나친 장형으로 인해 죄인이 죽는 것을 막기 위해 볼기 이외에 발 등을 치지 못하고 1일 100대 이상을 치지 못하도록 규정하였다.

11) 訊 : 拷訊할 때 사용하는 訊杖이다. 고신이란 죄인의 자백을 얻기 위해 拷問하는 것을 말한다. 拷問, 刑推, 刑訊, 掠問 등과 같은 말이다. 증거가 명백한데도 平問만으로 자백하지 않으면 文案을 분명히 작성하고 법에 따라 고신한다. 신장을 치는 부위를 ≪대명률≫에는 볼기와 넓적다리라고 하였으나, 우리나라에서는 무릎 아래를 치되 정강이에 이르지는 못하게 하였다.

12) 鎖 : 刑具이다. 足鎖와 項鎖가 있는데, 족쇄는 발에 채우는 쇠사슬로 고리를 이어 만들었고, 무게는 3斤이며, 주로 徒刑을 받은 죄수에게 채워 服役하게 하였다. 항쇄는 목에 채우는 쇠사슬로 길이는 1丈이고, 주로 輕罪를 저지른 자에게 채우는 것을 원칙으로 하였다.

13) 鐐(료) : 刑具이다. ≪大明律≫에는 足鎖를 鐐라고 하였는데, 鎖와 鐐의 구분이 분명하지 않다.

14) 枷 : 刑具이다. 죄인에게 씌우는 나무칼로 길이는 5尺 5寸이고, 頭闊은 1尺 5寸이다. 나무로 만들며, 死罪人에게 씌우는 것은 25斤, 徒流刑의 죄수에게 씌우는 것은 20斤, 杖罪의 죄수에게 씌우는 것은 15斤이다.

15) 五刑 : 다섯 가지의 형벌은 ≪書經≫ 〈舜典〉에 보이기 시작하는 것으로, 시대에 따라 다섯 가지의 형벌이 달랐다. 秦나라 이전에는 신체에 글자를 새기는 형벌〔墨〕, 코를 베는 형벌〔劓〕, 발뒤꿈치를 베는 형벌〔刖〕, 생식기를 제거하는 형벌〔宮〕, 죽이는 형벌〔大辟〕을 가리키고, 秦나라와 漢나라 때에는 신체에 글자를 새기는 형벌〔黥〕, 코를 베는 형벌〔劓〕, 좌우의 발꿈치를 베는 형벌〔斬左右趾〕, 목을 베어 내거는 형벌〔梟首〕, 죄인을 죽여서 뼈와 살로 젓을 담그는 형벌〔菹其骨肉〕을 가리키며, 隋나라와 唐나라 이후에는 笞刑, 杖刑, 徒刑, 流刑, 死刑을 가리킨다. 조선도 중국의 영향을 받아 태형, 장형, 도형, 유형, 사형을 다섯 가지 형벌로 삼았다.

各有高下라 故名法物에 輕重異宜하야 有尺寸之分하고 有斤數之別하니 必當依法而較勘하야 俾無纖毫之過差하고 嚴以官封하며 烙以火印然後施行焉이라야 乃爲愼獄者니라

채찍과 회초리를 함부로 쓰지 말 것 愼鞭扑

채찍으로 관부의 형벌을 삼은 것[16]은 사람들에게 부끄러움을 알고 경계할 줄을 알아서 잘못된 마음을 바로잡게 하려는 이유에서이다. 그런데 세상의 벼슬하는 자들은 대부분 자기의 노여움으로 인하여, 경중을 논하지 않고 한때 매질하는 데에서 쾌감을 느껴 제멋대로 매질을 해서 인명을 상하게 하는 데까지 이르니, 후회한들 무슨 소용이 있겠는가. 또 권력이 아랫사람에게 있어서 吏卒들을 믿고 따르며, 자기의 이익을 꾀하여 재물을 취하고 공권력을 빌려서 위세를 부리는 자들이 있는데, 남의 살갗과 자기의 살갗이 다름이 없다는 것을 전혀 모르는 것이다. 나라의 형법을 집행하는 데 어찌 다른 사람의 말을 따르겠는가. 모두 그 경중을 살펴서 자기가 裁斷하여 흉악하고 같은 죄를 누차 범한 자는 엄하게 처결하여 징계하고, 선량하고 과오로 죄를 지은 자는 공평하게 처결하여 선을 권해야 한다. 이졸에게 권세를 빌려주는 일이 없고 크게 노해서 인명을 상하게 하는 일이 없어야 판결을 잘하는 것이다.

鞭作官刑은 所以令人知恥知戒하고 格其非心而已라 世之仕者는 多由己怒하야 不(輪)〔論〕[17] 重輕하고 取快一時하야 妄意鞭撻하야 致傷人命하니 其悔何追리오 又有權在下人하야 信從吏卒하고 營私取貨하고 假公施威하니 殊不知人之肌膚與己何異리오 國之刑法을 豈宜從人이리오 皆當審其重輕하야 裁斷自我하야 强惡累犯者는 痛決以懲하고 良善過誤者는 平決以勸이라 無借威於吏卒하고 無暴怒而傷人이라야 斯爲善決獄矣라

16) 채찍으로……것 : ≪書經≫ 〈舜典〉에 "채찍으로 官府의 형벌을 만들고, 회초리로 학교의 형벌을 만들되 황금으로 贖罪하는 제도를 만들었다.〔鞭作官刑 扑作敎刑 金作贖刑〕"라는 내용을 인용한 것이다.

17) (輪)〔論〕: 저본에는 '輪'으로 되어 있으나, ≪官板牧民心鑑≫에 의거하여 '論'으로 바로잡았다.

죄수를 오랫동안 가두어두지 말고 빨리 판결할 것 早疏決

옥에 갇혀 있는 죄수는 하루가 3년과 같다. 그러나 그 사람을 조사할 때에는 의당 선악을 구별해서 악한 자는 불쌍히 여길 것이 없지만 선한 자는 불쌍히 여겨야 한다. 대체로 깊은 감옥에 갇혀서 몸에 刑具를 차고 있고 더럽고 악취 나는 곳에 있으면 근심하고 답답한 마음을 품게 된다. 飢渴의 고통을 당하고 서글픈 감정 상태에서 바람과 추위와 더위와 습한 기운을 받으면, 병이 없는 자는 병에 걸리기 쉽고 병이 있는 자는 위태로워지기 쉽다. 그렇기 때문에 옛날 군자 중에 옥에서 죄인에게 형을 가했으면 그날 자기 집에 가서 잠을 자지 않은 사람이 있었으니, 참으로 仁人의 마음이다. 의당 調書를 빨리 작성하도록 재촉하고 즉시 判決하여, 오랫동안 구금함으로 인하여 死傷에 이르는 일이 없게 해야 한다. 만약 마음에 두지 않아서 죄수가 병으로 죽게 되면 죽은 자가 원한을 품을 뿐만 아니라 나의 죄를 어찌 피할 수 있겠는가. 그러므로 능히 신중히 하는 것 또한 하나의 덕이다.

在縶之囚는 日如三秋라 然考其人엔 當別善惡하야 惡者固不足憫이나 善者所宜加憐이라 蓋囹圄深拘하야 刑具在體하고 處汚穢臭惡之地면 懷憂愁鬱結之心이라 以飢渴傷感之情으로 受風寒暑濕之氣면 無疾易(이)感하고 有疾易(이)危라 故古君子有刑人於獄하고 而不家寢者하니 誠仁人之〔心〕[18]也라 所宜急促文完하야 卽爲疏決하야 毋俾(潦)〔淹〕[19]縶以致死傷이라 苟不介心하야 致有病故면 非惟死者含恨이라 抑亦吾罪何逸가 故能愼之 亦一德也라

감옥을 직접 시찰하여 죄수의 처우를 살필 것 親視獄

獄이란 사람의 목숨이 달려 있는 곳이다. 살리고자 하면 살고 죽이고자 하면 죽으니, 生死가 형벌을 관장한 자의 마음이 어떠하느냐에 달려 있다. 비록 그 사람의 죄가

---

18) 〔心〕: 저본에는 '心'이 없으나, ≪官板牧民心鑑≫에 의거하여 보충하였다.
19) (潦)〔淹〕: 저본에는 '潦'로 되어 있으나, ≪牧民心鑑≫ 〈緩親訟〉에 의거하여 '淹'으로 바로잡았다.

죽을죄에 해당하더라도 내가 능히 죽지 않는 도리로 대하면 나의 진심이 전달될 것이다. 그러므로 獄舍 안이 더러우면 청소하고, 악취가 나면 깨끗하게 하고, 낮고 습하면 높고 상쾌하게 하고, 어두컴컴하면 밝게 해준다. 문의 자물쇠는 단단하고 엄하게 하고, 의복과 음식은 그 쓰임에 따라 제공하며, 枷와 鎖는 죄의 경중을 구분해서 씌우고, 杻와 械[20]는 반드시 흉악범에게만 사용한다. 병이 있으면 良醫의 진찰을 받도록 독촉하고, 약을 쓸 때에는 반드시 맥을 짚어 보고 처방에 따르게 해서 옥에 갇혀 있는 사람이 옥졸의 학대를 받는 일이 없게 한다. 아침에 순찰하고 저녁에 점검하여 살피고 물어서 옥졸이 함부로 속이거나 능멸한 일이 있으면 반드시 엄하게 징계하여 법에 따라 다스린다. 능히 이와 같이 하면 죄수는 사리에 어긋나는 고통을 받는 일이 없고 나는 마음을 다한 데 대한 보답이 있을 것이다.

獄者는 人命之所繫라 欲生則生하고 欲死則死하니 在乎掌刑者之心何如耳라 雖其人之罪當死라도 而我能以不死之道待之면 則吾之心至矣라 故若獄舍之內 垢穢則除之하고 臭惡則淨之하며 (畀)〔卑〕[21]濕則爲之亢爽하고 幽暗則爲之開明이라 門戶扃鐍은 則固而嚴하고 衣服飮食은 則從其用하며 枷鎖는 則分其輕重하고 杻械는 必施於强惡이라 有疾則督良醫之診視하고 用藥則必驗脈而依方하야 俾坐繫之人으로 無獄卒之虐이라 朝巡暮點하야 以察以詢하야 其有獄卒妄肆欺淩이면 則必痛懲而置之法이라 能如是면 則人無非外之苦하고 而我有盡心之報矣리라

檢屍할 때 직접 시신을 살펴서 死因을 규명할 것 重視屍

죽은 사람이 있어서 停屍[22]하고 官에 고할 경우 전적으로 檢屍를 분명히 한 것에 의지해서 형벌의 경중을 정한다. 그런데 근자에 벼슬하는 자들을 보면 이따금 검시를 무의미한 형식으로 여겨서 직접 검시할 때에 오직 仵作[23]에게만 의지하고, 자기는 향

---

20) 杻와 械 : 杻는 손에 채우는 목제 수갑이고, 械는 마른 나무를 뚫어서 만든 족쇄이다.

21) (畀)〔卑〕: 저본에는 '畀'로 되어 있으나, ≪官板牧民心鑑≫에 의거하여 '卑'로 바로잡았다.

22) 停屍 : 사고사나 타살의 정황이 있는 경우 일정 기간 내에 시체를 장사지내는 것을 정지하는 것이다.

23) 仵作 : 獄을 담당한 관부에서 檢屍를 맡은 하급 관원이다. 조선시대의 경우 典獄署의 徒隷 중

을 피우고 멀리 앉아서 오작이 시끄럽게 떠드는 소리만 듣고 있으니, 오작은 천한 사람이라 오직 이익만을 취하는 자라는 것을 전혀 모르는 것이다. 오작이 어찌 人命을 중시하는 것을 따지겠으며, 어찌 〈검시를 잘못하여〉 다른 사람에게 죄를 씌우게 되는 것을 염려하겠는가. 이 때문에 〈억울하게〉 죄를 얻은 자가 많다. 검시할 때에는 반드시 직접 시신을 들춰보아 상처가 있는지 없는지, 치명상인지 아닌지를 상세히 검사하고, 상처 흔적의 깊이와 길이와 너비가 致命의 원인인지 아닌지를 측정해야 한다. 그리고 확실히 생전에 입은 상처인지 사후에 날조된 것인지를 모두 지극히 명백하게 밝혀야 하고, 일을 살피고 정황을 究明할 때에 더러운 것을 싫어하지 말고 吏卒들에게 현혹되지 말아야 한다. 그렇게 한 뒤에야 죽은 자는 원망이 없고, 범인은 죄를 인정하며, 나 또한 후일의 걱정이 없게 된다.

人有死者하야 停屍告官이면 全憑檢驗分明하야 以爲刑論輕重이라 比見仕者往往視爲虛文하야 親視屍에 惟憑仵作하야 焚香遠坐하야 止聽喝聲하니 殊不知仵作賤人이라 惟利是取니 豈問人命之重이며 豈慮負累他人이리오 是致獲罪者多矣라 當檢視之際에 必當躬親翻覆하야 詳驗有傷無傷致命不致命하고 量其傷之痕跡分寸深淺長短廣狹이 是否致命之源이라 或誠生前所傷인지 或係死後所捏을 皆須極其明白하고 察事究情에 勿爲汚穢之嫌하고 勿爲吏卒所惑이라 然後死者無冤하고 生者服罪하며 而吾亦無慮矣리라

宗族과 姻戚 간의 소송은 人倫을 우선하여 처리할 것 緩親訟

사람들 중에 宗族과 姻戚이 서로 고발하는 경우가 있는데, 간혹 재산을 분배하는 것이 불공평함을 다투는 데서 일어난다. 고소장이 관부에 접수되면 사안의 경중이 있을 것이니, 그 내용이 실제로 惡行을 쌓은 지가 오래되어 법을 어긴 죄가 심할 때에는, 법률로 헤아려보고 정황을 따져보아 이치상 용서할 수 없으면 의당 법에 따라 다스려야 한다. 그리고 사소한 것을 다투다가 마침내 서로 고소하여 여러 해 동안 구금되어 있거나 연루된 사람이 많은 경우가 있다. 이런 경우에는 반드시 寸數의 가깝고

에 仵作 1명이 포함되어 있다.(≪六典條例≫ 권9 〈刑典 典獄署〉)

먼 것 및 항렬과 나이의 尊卑와 高下를 헤아려서 옛사람의 효도와 의리의 일로 논하고 지금의 마땅한 법률을 참작해서 각각 마음속으로 생각하여 大義를 손상하지 않게 해야 한다. 그리하여 骨肉을 중시하고 재물을 경시하도록 힘쓰게 해서, 人道와 天倫은 한 때라도 마음대로 해서는 안 된다는 것을 알게 해야 한다. 그렇게 하여 능히 허물을 뉘우쳐서 모두 송사를 그만두기를 원하면 인륜의 常道를 잃지 않을 수 있고 또 후한 풍속을 권면할 수 있을 것이니, 덕으로 백성을 교화하는 데에 뜻을 둔 자는 이것을 알아야 할 것이다.

人有宗族姻親이 互相告擧하니 或由財產物業의 分爭不平이라 陳訴到官에 事有輕重하니 其果積惡日久하야 違法罪深이면 揆律原情에 理不可恕면 則宜依法治之니라 其有纖毫爭競하야 遂相論訐하니 或淹繫年深이어나 或牽累人多어든 必當度(탁)其服制淺深과 尊卑高下하야 論以古人孝義之事하고 酌以當今法律之宜하야 俾各內思勿傷大義하고 務以骨肉爲重하고 財物爲輕하야 使知人道天倫은 不可一時任意라 果能悔過하야 皆願息詞면 庶不失倫理之常하고 且可爲厚俗之勸이니 果志於以德化民者는 尙知此哉인저

7. 조세를 징수할 때 유의해야 할 사항 徵科

이 편은 지방관이 조세를 징수할 때에 주의를 기울여야 할 사항들을 여섯 조목으로 나누어 설명하고 있다. 전체적인 내용을 개략적으로 요약하면 다음과 같다. 먼저 賦役은 田과 丁을 기준으로 하므로 지방관이 직접 각 戶의 丁數와 토지의 면적을 확인해야 공평하게 부과할 수 있음을 말하였고, 이어 값이 있는 물건을 징수할 때는 時價에 따라 정상적인 값에 사들여야 하고 국가의 일을 빙자해서 사적인 이익을 꾀하지 말 것을 경계하였다. 다음으로 役에는 쉬운 것과 어려운 것, 무거운 것과 가벼운 것이 있는데, 지방관이 직접 각 戶의 등급을 공정하게 매겨서 그 등급에 따라 부과해야 함을 말하였고, 이어 국가에서 물품을 수납할 때 길이나 부피・무게 등에 농간을 부리는 일이 없어야 백성들에게 해가 돌아가지 않음을 지적하였다. 또 납부 기한도 일괄적으로 정하지 말고 관청과의 거리, 백성들의 貧富, 납부할 수량의 多寡에 따라 차등을 두어야 그것이 공평함이 되며, 마지막으로 정해진 수량이 있는데 사적인 이익을 꾀하려고 더 많이 거두다가 법을 범하는 일이 없도록 경계하였다. 이 편 역시 앞 편들과 마찬가지로 백성 편에 서서 지방관이 백성에게 해를 끼치지 않도록 거듭 강조하는 내용이 많다.

목민관이 직접 實査하여 賦와 役이 고르게 되도록 할 것 原賦役

賦는 田에서 나오므로 田이 있으면 賦가 있다. 役은 丁에서 나오므로 丁이 있으면 役이 있다.[1] 그러므로 田과 丁이 부와 역의 근본이다. 그러나 자기가 조사하고 만든 법이 상세하고 주밀하지 않으며 몸소 작성하지 않으면 그 진상을 알 수 없다. 그러므로 부임한 초기에 반드시 먼저 백성들을 모아서 부역이 고르고 공평하게 되는 근본이

---

1) 賦는……있다 : 賦는 토지에 대한 세금을 가리키고, 役은 성인 남자인 丁에 대한 身役으로 軍役과 徭役을 가리킨다.

丁과 田의 실상을 파악하는 데에 달려 있음을 말하고, 1里마다 각각 하나의 도면을 그리되 실제 모습대로 그리도록 힘쓰게 한다. 어느 마을은 동쪽에 있고 어느 마을은 서쪽에 있으며, 어느 莊은 남쪽에 있고 어느 莊은 북쪽에 있는지와 한 마을 안에 누구 집은 왼쪽에 있고 누구 집은 오른쪽에 있으며, 누구 집은 앞에 있고 누구 집은 뒤에 있는지와 서로 간 거리의 遠近과 서로 간 간격의 疏密 및 가옥의 많고 적음을 모두 사실에 의거하여 그리게 한다. 그리고 田地의 경우는 동쪽에서 시작하여 서쪽으로 그리고 남쪽에서 시작하여 북쪽으로 그려서, 第1段은 누구의 소유인데 도합 몇 畝이고 제2단은 누구의 소유인데 도합 몇 畝인지를 계산하여, 길이와 너비를 모두 전지의 형태대로 그리게 한다. 황무지, 山水, 도로, 숲과 무덤도 地勢의 너비와 길이대로 그리게 하고, 그 수량을 각각 도면 뒤에 나열해서 기록하게 한다. 이와 같이 劃定하여 명백하게 써넣은 뒤에 직접 확인한다.

賦出於田하니 有田則有賦하고 役出於丁하니 有丁則有役이라 故曰田曰丁이 乃賦役之本이라 然非在我取勘設法이 精詳周密하며 而身親爲之면 未有得其眞者라 故當到任之初에 必先會集人民하야 語以賦役均平之本이 在乎丁田得實하고 令每一里各畫一圖하되 務依實景하야 (其)〔某〕[2]村居東하고 某村居西하며 某莊在南하고 某莊在北하며 某一村之內에 某人家在左하고 某人家在右하며 (其)〔某〕人家在前하고 某人家在後하며 相離近遠과 相去稀密과 及屋之多寡를 皆依實畫之라 至於田土하얀 則自東而(自)[3]西하며 自南而北하야 第一段爲某人者計若干畝며 第二段爲某人者計若干畝며 長短廣狹을 竝依(曰)〔田〕[4]形畫之라 其有荒田山水道路林墓도 亦依地勢廣狹長短畫之하고 其數目을 各於圖後開報라 如此畫定하야 標寫明白하고 然後躬親審(閙)〔閱〕[5]이라

하루에 한 마을씩 상세히 조사하되 해당 마을 사람들을 불러 모두 관부에 도착해서 관아의 대문 밖에 모이게 하고, 한 마을 안에서 먼저 한 사람을 불러 堂에 들어오게

---

2) (其)〔某〕: 저본에는 '其'로 되어 있으나, ≪官板牧民心鑑≫에 의거하여 '某'로 바로잡았다. 아래도 같다.

3) (自) : 저본에는 '自'가 있으나, ≪官板牧民心鑑≫에 의거하여 삭제하였다.

4) (曰)〔田〕: 저본에는 '曰'로 되어 있으나, ≪官板牧民心鑑≫에 의거하여 '田'으로 바로잡았다.

5) (閙)〔閱〕: 저본에는 '閙'으로 되어 있으나, ≪官板牧民心鑑≫에 의거하여 '閱'로 바로잡았다.

해서 실제 모습을 상세히 묻되 도면을 대조해서 세밀히 묻는다. 먼저 人家는 누구 집이 왼쪽에 있고 누구 집이 오른쪽에 있으며 누구 집이 앞에 있고 누구 집이 뒤에 있는지가 도면과 같은지 다른지를 물어서 붉은 글씨로 써넣는다. 다음으로 丁과 口[6]는 어느 집이 몇 丁 몇 口이며 이름과 나이가 도면과 같은지 다른지를 물어서 역시 붉은 글씨로 써넣는다. 그 뒤에 토지는 누구와 누가 이웃해 있으며 누가 몇 段을 소유하고 있는지도 도면과 같은지 다른지를 물어서 역시 붉은 글씨로 써넣는다. 한 사람에 대한 질문이 끝나면 또 한 사람을 불러서 물어 두 사람의 말이 같으면 도본이 사실대로 그려진 것이 된다. 만약 같지 않은 것이 있으면 다시 한 사람에게 물어서 세 사람의 말이 같으면 도면 위에 고쳐야 할 것을 고친다. 다 고치기를 기다려 사람을 시켜 면전에서 상세히 읽게 하여 각 戶와 함께 명백하게 알게 한다.

一日磨審一村호되 宜召本村之人하야 皆令到官하야 聚于衙門之外하고 一村之內에 先止召一人入堂하야 詳問實景호되 對圖審細라 首問人家誰左誰右며 誰前誰後 與圖同否하야 以紅筆注之하고 次問丁口某家幾丁幾口며 (各)〔名〕[7]字年歲 亦與圖同否하야 亦以紅筆書之라 後問田土誰與誰相隣이며 誰有幾段이 亦與圖同否하야 亦以紅筆記之라 一人問畢이면 又呼一人問之하야 如二之言相同이면 則爲圖本實矣라 如有不同이면 更取一人問之하야 如三人言同이면 則於圖上에 當改者改正之라 候改正俱定하야 則令人當面詳讀하야 與各戶知會明白이라

각각의 마을을 하나하나 살펴서 획정한 뒤에 성실한 老人에게 나누어 맡겨, 나가서 그 田地를 측량하게 한다. 측량을 마치면 직접 마을에 나가서 측량한 것을 확인하고, 그 일을 마친 뒤에 비로소 丁과 田의 實數를 계산할 수 있다. 그러고도 더 살펴서 조금도 어긋나는 것이 없거든 즉시 장부를 만들어 도면과 함께 보관하여 영구히 전해지게 해서 신분의 高下와 貧富의 실상과 조세를 징수하는 근본으로 삼는다. 이렇게 실행하면 丁과 田이 사실과 어긋날 근심이 없고, 賦役이 고르지 않을 근심이 없을 것이다.

各村一一審定하고 然後分委誠實老人하야 前去量其田土라 既畢에 親行下村(閘)〔閱〕[8]量하고

---

6) 丁과 口 : 丁은 16세가 된 성년 남자이고, 口는 여자와 미성년 남자이다.(≪淸史稿≫ 〈食貨志 1〉)
7) (各)〔名〕 : 저본에는 '各'으로 되어 있으나, ≪官板牧民心鑑≫에 의거하여 '名'으로 바로잡았다.

又畢之後에 方可攢算丁田實數라 又加磨(閘)〔閱〕하야 淸切無差어든 卽造籍冊하야 倂圖藏之하야 垂于永久하야 以爲高下貧富之實과 科徵錢粮之本이라 如是行之면 則丁田不患其不實하고 而賦役不患其不均矣리라

백성들에게 徵收할 때 공평하게 하고 私利를 꾀하지 말 것 平需求

上司에서 요구하는 것은 반드시 정해진 수량이 있으니, 아래에서 백성에게 할당하는 것은 공평하게 해야 한다. 내가 만약 마음을 다하지 않으면 그 일이 반드시 폐단이 생기니, 그 원인은 吏典[9]에 있지 않고 반드시 里胥[10]에게 있다. 부과하는 양의 高下가 고르지 않으면 백성이 그 해를 받고, 일이 잘못되면 재앙 또한 따른다. 그러므로 科差[11]하라는 명이 내려왔을 때에 값을 정할 수 있는 물건이면 時價에 따라 정상적인 값에 사들여서 백성에게 손해가 가지 않게 하고, 값을 정할 수 없는 것이면 丁糧[12]을 살펴서 고르게 부과하여 부담하는 양에 高下가 없게 해야 한다. 국가의 수요는 하나인데 둘을 부과해서도 안 되고, 국가의 일을 빙자해서 사사로운 이익을 꾀해서도 안 된다. 만약 백성들에게 착취해서 자기 수중에 넣고 자기 재산을 불리거나, 상부의 이름을 가탁하여 틈을 타서 이익을 꾀하면 백성들의 원망이 하늘을 감동시켜 재앙이 반드시 내릴 것이니 삼가고 경계해야 이것이 善政이 된다.

上之所需는 必有其數하니 下之所派는 惟在公平이라 在我苟不盡心이면 其事必至生弊니 不在吏典이라 必在里胥니라 高下不均이면 民受其害하고 事旣耽悞면 禍亦隨之라 故凡科差之來에 有價者依時價平買하야 勿損於民하고 無價者驗丁粮均科하야 勿致高下라 不可以一而科二오

---

8) (閘)〔閱〕: 저본에는 '閘'으로 되어 있으나, ≪官板牧民心鑑≫에 의거하여 '閱'로 바로잡았다. 아래도 같다.

9) 吏典 : 元, 明, 淸代에 府와 縣에 있던 吏員을 가리킨다.

10) 里胥 : 周나라 때의 閭胥나 里宰를 가리키는 말로 里長과 같은 말이다.

11) 科差 : 관부에서 民戶에게 재물이나 노역을 징발하는 것이다.

12) 丁糧 : 家戶의 인구수에 따라 세금으로 부과하는 양곡을 가리키는데, 여기에서는 세금을 부과하는 기준을 가리킨다.

不可假公以營私니라 若掊小民之力하야 而入己肥家하고 托在上之名하야 而乘時射利면 怨咨所感에 災咎必加니 愼而戒之라야 斯爲善政이니라

力役을 고르게 부과할 것 均力役

官에서 役을 부과하면 백성들은 반드시 부담해야 하지만 백성 중에는 부유한 자도 있고 가난한 자도 있으니 관에서는 잘 헤아려서 부과해야 한다. 예를 들어 校尉[13], 巡攔[14], 斗級[15], 庫子[16], 水驛夫[17], 馬驛夫[18], 遞運所夫[19], 皁隷[20], 弓兵[21], 鋪兵[22] 등의 항목은, 役에 쉬운 것과 어려운 것이 있고 일에 무거운 것과 가벼운 것이 있다. 그러므로 반드시 위로는 典章에 의거하고 아래로는 백성들의 역량을 확인하여 三等九甲[23]으로 나누어서 어떤 등급의 戶를 어떤 役에 충당할 수 있는지 등급을 편성하여 장부를 만들어야 한다. 이미 役을 행한 자는 장부에 그 役을 행했던 연월일을 기록하고, 아직 役을 행하지 않은 자는 장부에 공란으로 비워두고 차례가 오기를 기다린다. 이 일은 자기의 힘으로 하는 것이 중요하니, 吏胥와 里甲의 힘을 빌리지 않아야 한다.

---

13) 校尉 : 軍職의 명칭이다. 秦나라 때부터 校尉라는 명칭이 있었는데, 明나라와 淸나라 때에는 衛士를 校尉라고 하였다.
14) 巡攔 : 각지를 돌아다니며 체납된 세금을 받아내는 하급 관리이다.
15) 斗級 : 창고에서 말〔斗〕을 담당하는 하급 관리이다.
16) 庫子 : 창고를 담당하는 하급관리인 창고지기이다.
17) 水驛夫 : 배로 공문서를 전달하는 역참의 역졸이다.
18) 馬驛夫 : 말로 공문서를 전달하는 역참의 역졸이다.
19) 遞運所夫 : 遞運所는 관청의 물건을 운송하는 일을 담당하는 역참과 같은 기능을 하는 곳이다. 夫는 水驛이나 馬驛의 역졸과 같은 기능을 하는 役夫를 가리킨다.
20) 皁隷 : 皁와 隷를 合稱한 용어로, 관아에서 부리는 하인을 가리킨다.
21) 弓兵 : 宋나라와 元나라 때에 巡檢司에 소속되어 地方의 巡邏와 緝捕의 일을 담당한 兵卒을 가리킨다. 明나라와 元나라 때에도 그대로 존속하였다.
22) 鋪兵 : 巡邏와 公文書의 전달을 담당하는 兵卒이다.
23) 三等九甲 : 백성에게 力役을 부과할 때 田地의 多寡와 貧富에 의하여 上中下 3등으로 구분하고, 이를 다시 上上부터 下下까지 총 9등급으로 나누어 부과하는 것을 말한다.

이렇게 하면 力役이 고르지 않음이 없어서 사람들이 그 공평함에 信服할 것이다.

官有差役이면 民須爲之나 民有富貧하니 官宜斟酌이라 如校尉巡(欄)〔攔〕[24]斗級庫子水馬驛遞運所夫皁隷弓兵鋪兵等項은 役有難易(이)하고 事有重輕하니 皆須上依典章하고 下驗民力하야 分爲三等九甲하야 何等之戶 可充何役을 編成等第하야 籍爲定冊이라 已充者書其何年月日하고 未充者空하야 而聽候遇輪流라 務在一已精力爲之니 勿假吏胥里甲之柄이라 如此면 則役無不均하야 而人服其公矣리라

물품을 수납할 때 폐단이 생기지 않도록 할 것 善收納

국가에서 필요로 하는 물품은 백성에게서 나오고, 백성이 물품을 바치는 것은 목민관의 역량으로 말미암으니, 그 물품을 수납할 때에 백성들을 불쌍히 여겨 살펴보아야 한다. 예를 들어 布帛처럼 길이가 있는 것은 丈과 尺의 길이를 짧게 하거나 길게 하면 폐단을 일으킬 수 있고, 五穀처럼 부피가 있는 것은 斗나 斛을 가득 채우거나 덜 채우면 농간을 부릴 수 있고, 金銀처럼 무게가 있는 것은 저울추의 무게를 무겁게 하거나 가볍게 하면 이익을 꾀할 수 있으니, 이것은 모두 마땅히 마음을 다해서 신경 써야 한다. 그러므로 여러 물품을 수납할 때에 공평하고 정직하며 사욕이 없는 사람을 찾아서 맡겨 그 일을 담당하게 해야 한다. 백성이 납부하는 것을 보아 물건이 좋으면 즉시 받아들여서 停滯시킴으로 인하여 간사한 폐단이 생기지 않게 하고, 물건이 나쁘면 즉시 돌려보내서 청탁으로 인하여 官에 손해를 끼치지 말게 해야 한다. 丈과 尺은 짧거나 길게 해서는 안 되고, 斗와 斛은 크거나 작게 해서는 안 되며, 저울추의 무게는 가볍게 하거나 무겁게 해서는 안 된다. 농간을 부려서 수납을 어렵게 만드는 것을 금하고, 사사로운 영리를 꾀하여 과도하게 거두는 것을 근절해야 한다. 虛費함으로 인하여 官이 백성에게 손해를 끼치지 않도록 힘써야 하니, 이렇게 하면 수납을 잘한다고 할 수 있고, 사람들이 그 공정함을 칭찬하지 않는 자가 없을 것이다.

---

24) (欄)〔攔〕: 저본에는 '欄'으로 되어 있으나, ≪牧民心鑑≫ 林秀一의 설에 의거하여 '攔'으로 바로잡았다.

國之需用은 出於民하고 民之供億은 由乎己니 收受其物에 宜憫察之라 若布帛之有丈尺者는 則或短或長이면 可以成弊하고 五穀之有斗斛者는 則或盈或朒이면 可以爲奸하고 金銀之有斤重者는 則或高或低면 可以媒利니 是皆宜究心者也라 故當收受諸物之際에 必加詢訪公直無私之人하야 委之掌管其事라 觀其所納하야 物善이면 卽與交收하야 勿容停滯以生奸弊하고 物惡이면 卽令退換하야 勿容買囑以損于官이라 丈尺은 不可使短長이요 斗斛은 不可有大小요 斤重은 不可使〔高〕[25]低라 禁其刁蹬以留難하고 絶其營私而過取라 務在虛費官不損民이니 斯可爲善收納者요 而人無不稱其公矣리라

납부 기한을 백성의 상황에 맞추어 공평하게 할 것 量限期

대저 물건이 생산되는 것은 반드시 정해진 때가 있고, 관부에서 〈그 물건을〉 사용하는 것은 반드시 정해진 날짜가 있으니, 모두 緩急을 헤아린 뒤에 시행해야 한다. 그리고 거리에는 遠近의 다름이 있고, 인민들은 貧富의 차이가 있으며, 수량과 명목에는 多寡의 고르지 않음이 있으니, 이것을 참작해서 생각해야 하고 그 권한은 나에게 있다. 반드시 거리가 가까운 자는 기한 또한 가깝게 하고, 거리가 먼 자는 기한 또한 멀게 하며, 부유한 자는 기한을 촉급하게 하고, 가난한 자는 기한을 관대하게 하며, 수량이 많은 자는 그 기한을 두 차례로 하고, 수량이 적은 자는 기한을 한 번으로 하여 바꾸지 않아야 한다. 그렇게 한 뒤에야 그 정사가 공평하여 백성들의 원망이 없게 된다. 만약 그 원근을 헤아리지 않고, 그 빈부를 따지지 않으며, 그 다과를 살피지 않고 똑같이 기한을 정해서 독촉하면 정사가 공평하지 않을 뿐만 아니라 백성들이 반드시 나를 분별이 없는 사람이라고 비난할 것이다.

凡物出産은 必有其時하며 官府用之는 必有其日이니 皆宜度量緩急하야 然後施行이라 且道路有遠近之不同하고 人民有貧富之不一하며 數目有多寡之不齊하니 是宜酌量이요 其柄在我라 必使道近者〔限〕[26]亦近하고 道遠者限亦遠하며 富者宜與之限急하고 貧者宜與之限寬하며 數多者

25) 〔高〕 : 저본에는 '高'가 없으나, 上文의 '或高或低'에 의거하여 보충하였다.
26) 〔限〕 : 저본에는 '限'이 없으나, ≪官板牧民心鑑≫에 의거하여 보충하였다.

兩次爲期하고 數少者一限不易이라 然後其政公平하야 民無咨怨이라 苟不量其遠近하며 不問其富貧하며 不察其多寡하고 而惟一概立期以督之면 非惟政不公平이라 而民必訾我爲無分曉者矣리라

정해진 수량보다 많이 거두지 말 것 戒多取

官에서 쓸 것이 있으면 부득이 백성에게 구하고, 백성이 내야 할 것이 있으면 부득이 그 수량을 채워야 하니, 징수할 때에 어찌 여분이 많게 하겠는가. 公用으로 인하여 백성들에게 할당하여 거두는 것은 이미 명백한 법조문이 있고, 공용을 가탁하여 사사로운 이익을 꾀하는 것에 대해서도 정해진 법률이 있다. 만약 하나를 빌미로 둘을 거두고 수량을 더해서 많은 양을 요구하면 백성들이 해를 입을 뿐만 아니라 국법에 의해 처벌받게 된다. 탐욕으로 법을 무너뜨리면 그 죄를 어찌 용서할 수 있겠는가. 삼가서 경계해야 청렴한 사람이 될 것이다.

官有所用이면 不得已而求於民하고 民有所供이면 不得已而充其數니 徵收之際에 豈宜多餘리오 夫因公科斂은 已有明條하고 假公營私도 亦有定律이라 苟因一而取二하고 加數而多求면 不惟民有所傷이라 抑且國有刑憲하니 〔貪〕[27]墨敗法이면 罪何可容이리오 愼而戒之라야 斯爲廉士니라

27) 〔貪〕: 저본에는 '貪'이 없으나, ≪牧民心鑑≫ 林秀一의 설에 의거하여 보충하였다

8. 건물을 짓고 수리할 때 유의할 사항 營繕[1]

이 편은 官에서 백성들을 동원하여 工役을 할 때 무엇을 중시해야 하고 어떤 자세로 해야 하는지를 논하는 내용이다. 전체적인 내용을 개략적으로 요약하면 다음과 같다. 察緩急에서는 관에서 물건을 만들어야 하는 경우 급하게 해야 하는 일이라면 밤낮으로 독촉해야 하지만 천천히 해도 되는 일이라면 사전에 충분히 살펴서 백성을 핍박해서는 안 됨을 말하였다. 審農時에서는 官에서 工役을 할 때에 전쟁이 일어나서 군수품을 조달하는 경우라면 잠시도 지체해서는 안 되지만 그렇게 급한 일이 아닌 경우에는 農閑期를 기다려서 해야 농사에 방해되지 않고 公務에 차질이 없게 됨을 말하였다. 立遠圖에서는 관에서 일을 할 때에 목재 하나도 반드시 견고하고 좋은 것을 가려야 하고, 한 줌 흙을 바르는 작업도 반드시 함부로 하는 것을 경계해야 한다고 하였는데, 그 이유는 위로는 나라에 유익하고 아래로는 백성들에게 부질없는 수고를 끼치지 않게 되기 때문이다. 전체적으로 보면 관에서 백성을 부려 무슨 일을 할 때에 緩急을 잘 살펴서 형편에 맞게 하고, 가능하면 農繁期를 피해서 농한기에 하며, 기왕에 백성의 힘을 사용하여 工役을 한다면 임시방편으로 하지 말고 완고하게 하여 오래도록 보존될 수 있게 하라는 내용이다.

완급을 살필 것 察緩急

관부에서 물건을 만드는 것은 輕重이 있고, 납부하는 先後에는 緩急이 있다. 급한 것은 뒤로 미루어서는 안 되니, 조정에 올리는 데에 차질을 빚을까 염려되기 때문이다. 천천히 해도 되는 것을 우선해서는 안 되니, 民力을 핍박하게 될까 염려되기 때문

---

1) 營繕 : 저본에는 '營善'으로 되어 있으나, 저본 목차에 '營繕'으로 되어 있는 것에 의거하여 바로잡았다. 이하 저본과 목차의 표현이 다른 경우 역시 저본 목차에 의거하여 바로잡았음을 밝혀둔다.

이다. 그러므로 급하게 해야 하는 일은 밤낮으로 독촉하고 工程을 나누어 정해서, 기한 내에 완료한 자는 상을 주고 기한을 맞추지 못한 자는 벌을 주어야 하니, 이렇게 하면 급한 일을 그르치지 않게 될 것이다. 천천히 해도 되는 일은 물품의 품목을 보아서 사전에 조치를 취해 차분한 가운데 모두 마련해야 하니, 이렇게 하면 백성을 핍박하지 않게 된다. 만약 완급이 차례를 잃고 선후가 불분명해서 천천히 해도 되는 것을 먼저 하고 급하게 해야 할 것을 뒤로 미루면 民力을 낭비할 뿐만 아니라 일을 그르친 책임이 있게 된다.

官府造作에 有輕有重하며 上程後先에 有緩有急이라 急者不可以後니 恐悞上供이라 緩者不可以先이니 恐迫民力이라 故當急者는 則晝夜督促하야 分工定程하야 如期者加賞하고 後期者責罰이니 如此則不悞其急矣리라 其當緩者는 則視物之(料)〔科〕[2]하야 規措于前하야 從容之中에 營備畢集이니 如此則不迫於民矣리라 若或緩急失序하고 先後不明하야 當緩而先하고 當急而後면 非惟枉費民力이라 且有悞事之責矣리라

농사 때를 살필 것 審農時

무릇 官에서 工役을 하려고 할 때 마침 農繁期를 만나는 경우가 있는데, 가뭄이 들어서 水車로 논에 물을 대거나 비가 많이 와서 한창 수확할 때에는 모두 어느 일이 중하고 어느 일이 가벼운지를 살펴야 한다. 실제로 전쟁이 일어나서 급히 써야 하는 군수품과 軍器 등은 당장 써야 하고 잠시도 지체해서는 안 되니 반드시 명령대로 시행해야 하고 뒤로 미루어서는 안 된다. 만약 이렇게 급하지 않고 별도로 수선해야 할 일이 있으면 이런 일은 농사 때를 살펴서 그 바쁜 실상을 상세히 갖추고 어느 일이 중하고 어느 일이 가벼운지를 명확히 하여 그 사유를 보고한 뒤 農閑期를 기다려서 하면 농사일에 방해되지 않고 公務도 차질이 없게 될 것이다.

凡有興作에 適當農忙하야 或遭旱而車戽(호)救田이어나 或多雨而收穫方勤이어든 皆須審察何者重輕이라 果由兵興하야 急用軍需軍器等物은 立候以用이요 不可少停이니 則必遵奉施行이요

2) (料)〔科〕: 저본에는 '料'로 되어 있으나 ≪官板牧民心鑑≫에 의거하여 '科'로 바로잡았다.

不宜後也라 其或非此之急이요 別有繕修면 是宜詢察農時하야 具其冗迹하야 明爲何事或重或輕하야 上達其由하고 候隙而作이면 庶幾不致妨農이요 亦不失於公務리라

멀리 내다보고 계획을 세울 것 立遠圖

일 중에는 한때에 일어나서 후세에까지 이로움이 미치는 것이 있으니 구차하고 촉박하게 해서 당장에 보기 좋은 것만을 추구해서는 안 된다. 반드시 짐작하고 헤아려서 그 可否를 생각해보고 자문을 구하고 연구해서 장구한 계획을 세워야 한다. 목재 하나도 반드시 견고하고 좋은 것을 가려야 하고, 한 줌 흙을 바르는 작업도 반드시 함부로 하는 것을 경계해야 하니, 그 이유는 무엇인가? 이는 자기가 백성을 수고롭게 하는 일을 일으키고 자기가 백성을 수고롭게 했다는 평판을 부담하기 때문이다. 그런데 황당한 일을 함부로 하고 시일을 지연시켜서 물자는 허비되고 품질은 형편없어 세월이 얼마 지나지 않아 그 물건이 부서져버리면 다시 民力을 수고롭게 하고 전날의 수고를 헛되게 만들게 된다. 이런 일은 백성들의 원망을 초래할 뿐만 아니라 실제로 나의 失政이 된다. 그러므로 부지런히 마음을 쓰고 여러모로 생각을 기울여 물품과 재료를 잘 가리고 공정을 잘 헤아려서 오래되어도 무너지지 않을 계획을 세우도록 노력해야 하고, 거칠고 임시변통으로 때우는 일을 하지 말아야 한다. 그런 뒤에야 위로는 나라에 유익하고 아래로는 백성들에게 부질없는 수고를 끼치지 않게 된다.

事有興于一時하야 而利及後世者하니 不可苟且倉卒하야 而後爲觀美於目前也라 必當斟酌量度하야 謀其可否하고 咨詢經營하야 立爲久計니 一木之料도 必擇其堅佳하고 一土之工도 必戒其率易(이)니 何也오 蓋已作勞民之事하고 已負勞民之名이라 而乃縱其荒唐하고 苟延月日하야 物料則虛費하고 製度則不佳하야 歲月未多에 其物已壞면 復(부)勞民力하고 徒費前工이라 若此者는 非惟致民之怨心이라 實爲在我之失政이니 故宜孜孜用情하고 種種垂意하야 擇物擇料하고 度(탁)工度程하야 務爲久不壞之規요 勿作麤率架漏之事니 然後上有益〔於〕[3]國하고 而下不徒勞於民也니라

---

3) 〔於〕: 저본에 '於'가 없으나, ≪牧民心鑑≫ 林秀一의 설에 의거하여 보충하였다.

9. 상관을 섬기는 도리 事上

이 편은 상부 관서의 관장이나 관원을 대하는 자세에 대해 기술한 내용이다. 전체적인 내용을 개략적으로 요약하면 다음과 같다. 상부 관서의 관장과 나와의 관계는 집안의 어른과 어린 사람의 관계와 같으므로 그 받드는 도리는 오직 나의 직분을 공경히 지키는 데에 달려 있다. 자기의 재주를 믿고서 능멸해서도 안 되고, 권세에 기대서 태만해서도 안 되며, 禮를 넘어서서 오만해서도 안 되며, 악행을 저질러 해쳐서도 안 된다. 上司의 관원을 대하는 도리는 지위가 높거나 낮거나 간에 거만하게 대하지도 말고 아첨하지도 말고 中道를 얻도록 힘써서 접대해야 백성들 앞에서 체통을 잃지 않을 수 있고, 내가 윗사람을 섬기는 공경과 예를 다할 수 있다. 상부 관서에서 내려온 號令은 국가를 위한 일이 아니면 백성을 위한 일이므로 의당 그대로 따라서 행해야 한다. 만약 상부의 명령은 따르지 않고 상관의 非違를 들추어내는 것은 백성에게 不恭을 가르치는 것이고 자신의 재앙을 초래하는 것이니 경계해야 한다. 상관 주위에 있는 자나 하부 관서에 있는 자들 중에 나를 좋아하지 않아서 말을 날조하여 헐뜯거든, 겉으로 드러내서도 안 되고 사달을 일으켜서도 안 된다. 만약 나에게 와서 참소하는 자가 있으면 즉시 배척하여야 하니, 이렇게 하면 禍가 없게 된다. 상부의 관원 중에 어질지 못한 자가 있어서 사리에 어긋나는 일을 청탁하거나 사리에 맞지 않게 능멸할 때에는 말을 부드럽게 하여 諫해서 그 잘못을 깨닫게 해야 하는 것이지, 아첨하고 받들어서 그 사악함을 키우면 그에게 禍가 반드시 나에게 미치게 된다.

직분을 공경히 지킬 것 恪守職

禮는 身分보다 큰 것이 없고, 신분은 職名보다 큰 것이 없다. 그러므로 직명에 貴賤의 다름이 있으면 신분에 高下의 구별이 있다. 다른 사람의 윗사람이 되면 다시 나의 위에 있는 사람이 있고, 남의 아랫사람이 되면 다시 나의 아래에 있는 사람이 있다. 그러므로 내가 윗자리에 있으면서 아랫사람이 나에게 예를 다하기를 바라면 나의 윗사람도 반드시 내가 자기에게 예를 다하기를 바랄 것이니, 이는 이치와 형세상 필연적이고 예와 분수에 정해져 있는 것이다. 그러므로 윗사람을 받드는 도리는 오직 나의 직분을 공경히 지키는 데에 달려 있으니, 재주를 믿고서 윗사람을 능멸해서는 안 되고, 권세에 기대서 태만해서는 안 되며, 예를 넘어서서 오만해서는 안 되고, 악행을 저질러 해쳐서는 안 된다. 한 번 볼 때에도 반드시 더욱 예로써 공경하고, 한 번 말할 때에도 반드시 공손히 말해서 겸손하고 정성스러우며 온화하고 바르게 해야 하니, 능히 이렇게 하면 윗사람을 잘 섬긴다고 할 수 있다.

禮莫大於分이요 分莫大於名이라 故名有貴賤之殊면 則分有高下之別이라 爲人之上이면 復(부)有在吾之上者하고 爲人之下면 復有居吾之下者焉이라 故吾居上하야 而欲下人之盡禮於我면 則爲吾上者도 亦必欲吾之盡禮於彼니 此理勢之必然이요 禮分之所定也라 故奉上之道는 惟在恪守吾職이니 不可恃才以凌之며 不可倚勢以慢之며 不可越禮而傲之며 不可肆惡而害之니라 一見之間에 禮必加敬하고 一語之際에 言必致恭하야 以謙以誠하고 以和以正이니 能如是면 可謂善事上者리라

지성스러운 마음을 미루어 섬길 것 推誠心

上司와 下司는 높고 낮음이 다르지만 그 정치와 하는 일은 의리로 볼 때 한집안과 같다. 子弟가 父兄에 대해서와 손발이 四體에 대해서와 같아서 두 집으로 분리하거나 외부 사람으로 보아서는 안 된다. 그러므로 평소에 공경을 다하고 예를 다하여 집안의 어른과 어린 사람처럼 지내서 서로 믿고 서로 알아야 한다. 그런 후에 혹 일이 있어서 그 일이 가하거나 불가하거나 간에 모두 직접 나아가 여쭈고 아뢰어야 한다. 이때 완곡하게 털어놓고 얘기해서 진실한 뜻을 진달하고 진정을 호소하여 나의 지극한 마음이 상대의 마음을 감동시킬 수 있으면 모든 일을 함께 이룰 수 있을 것이다. ≪孟子≫에 이르기를 "윗사람에게 신임을 얻지 못하면 백성을 다스릴 수 없을 것이다."[1]라고 하였는데, 이 말이 참으로 맞는 말이다. 그러나 장차 어떤 법으로 그렇게 될 수 있는가? 한마디로 단언하면 "처음부터 끝까지 마음을 정성스럽게 쓰는 것"일 뿐이다.

---

1) 윗사람에게……것이다 : ≪孟子≫ 〈離婁 上〉에 보인다.

上司下司는 尊卑雖異나 其政其事는 義同一家니 猶子弟之於父兄과 手足之於肢體하야 不可視爲兩家外人者也라 故凡平日之間에 盡敬盡禮하야 處如家人長幼하야 相信相知요 其後或有事來하야 或可或不可어든 皆須親詣稟白이라 宛曲敷露하야 陳其實意하고 訴其眞情하야 使吾至誠之心으로 有足感動於彼면 則百凡之事를 未有不與之成就者리라 傳曰不獲乎上이면 民不可得而治라하니 信哉라 斯言이여 然將何法以致之리오 一言蔽之면 曰始終誠心而已라

예의를 차릴 것 加禮貌

上司의 관원은 참으로 예로 볼 때 공경해야 할 사람이고, 상사의 使者도 예로 볼 때 또한 가볍게 대해서는 안 된다. ≪周禮≫에 이르기를 "왕의 使者는 신분이 미천하더라도 서열이 제후의 위이다."[2]라고 하였으니, 오만함을 경계하고 분수에 넘치는 행위를 방지하기 위해서이다. 그러므로 사자가 오면 반드시 어떤 사람인지 보아서 지위가 높거나 낮거나 간에 거만하게 대하지도 말고 아첨하지도 말며 中道를 얻도록 힘써서 접대해야 아래 백성들 앞에서 체통을 잃지 않을 수 있고, 또한 내가 윗사람을 섬기는 공경과 예를 다할 수 있을 것이다.

上司之官은 固禮所宜敬者요 上司之使도 於禮에 亦不宜輕이라 禮曰 王使雖(徵)〔微〕[3]라도 序於諸侯之上이라하니 所以戒其慢防其僭也라 故有使命之至에 必視爲何人하야 或崇或卑라도 勿傲勿諂하고 務得中道而行之라야 庶不失下民之觀瞻하고 亦盡我事上之敬禮리라

규정을 봉행할 것 奉條約

上司에서 내려온 號令은 국가를 위한 일이 아니면 백성을 위한 일이다. 나는 그 部

---

2) 왕의……위이다 : ≪周禮注疏≫ 권8에 나오는 내용이다. 다만 ≪周禮注疏≫에는 '王使'가 '王人'으로 되어 있다.

3) (徵)〔微〕: 저본에는 '徵'으로 되어 있으나, ≪官板牧民心鑑≫에 의거하여 '微'로 바로잡았다.

屬의 신분이니 의당 그대로 따라서 행해야 한다. 요즈음 소인배들을 보건대 작은 재주를 믿고서 겉으로 청렴결백한 것처럼 꾸미며, 총명한 재주를 함부로 부려서 上司의 명령을 거부하고, 자신이 행할 바를 준행하지는 않고 도리어 상관의 非違를 들추어낸다. 上司가 이것을 알면 그 또한 部屬의 잘못을 찾아내서 서로 간에 공문이 오가고 서로 잘못을 끌어모아서 함께 파멸에 이르고야 말게 된다. 이것은 한편으로는 백성에게 不恭을 가르치는 것이고, 한편으로는 자신에게 재앙을 초래하는 것이다. 크게 옳지 않으니 매우 경계해야 한다.

號令出於上司는 非爲國이면 卽爲民이라 吾爲其部屬이니 所宜遵而行之者也라 比見悻悻之輩컨대 恃其小才하야 外假廉潔하며 妄肆聰察하야 抗拒上司하며 不遵所行하고 反訐其(知)〔非〕[4)]라 上司知此면 亦搆其非하야 彼此移文하며 互相捃(군)(撫)〔摭(척)〕[5)]하야 同歸于盡然後已焉이라 一則敎民不恭이요 一則致己之禍라 大不可也니 切宜戒之니라

비방을 근절할 것 絶非謗

상관 주위에 혹시 나를 좋아하지 않는 자가 있어서 말을 날조하여 나를 헐뜯거나, 하부 관서 안에 상관을 원망하는 자가 있어서 말을 날조하여 상관을 비방하면 말이 돌고 돌아서 마침내 시비가 이루어진다. 사달이 나지 않을 때에는 노여움을 숨기고서 참고 있다가 사달이 나면 서로 끌고 들어가서 이 때문에 죄에 걸리는 경우가 또한 많다. 그러므로 이런 일이 있으면 혼자 속으로만 알고 있어야 하고 겉으로 드러내서는 안 되니, 시일이 오래 지나기를 기다리면 그 말이 저절로 사라지게 된다. 지목을 해서 부추겨서도 안 되고 그 말을 따라서 사달을 일으켜서도 안 된다. 만약 와서 참소하는 자가 있으면 즉시 배척해야 하니, 이렇게 하면 禍가 없을 것이다.

上官之前에 或有不悅我者하야 造言毁吾나 下司之內에 或有怨上官者하야 造言謗上하야 轉相傳說이면 遂成是非라 事息則藏怒不休라가 事發則互相攀指하야 以此罹罪 蓋亦多矣라 故若

4) (知)〔非〕: 저본에는 '知'로 되어 있으나, ≪牧民心鑑≫ 林秀一의 설에 의거하여 '非'로 바로잡았다.
5) (撫)〔摭(척)〕: 저본에는 '撫'로 되어 있으나, ≪官板牧民心鑑≫에 의거하여 '摭'으로 바로잡았다.

有此면 惟宜吾心密知요 不宜揚暴이니 稍待日久면 其言自消라 不可目之而簸掀(파흔)이며 不可從之而起釁이라 果有來譖之者면 卽宜斥而去之니 斯無禍矣리라

사리에 어긋나는 일을 살펴서 처리할 것 審悖理

상부의 높고 낮은 관원 중에는 어진 자와 어질지 못한 자가 섞여 있을 것이다. 어진 자는 이치를 따르므로 굳이 말할 만한 것이 없지만, 어질지 못한 자는 반드시 그 권세를 믿고서 재물을 탐하거나 엄한 형벌을 함부로 쓸 것이니, 내가 그 僚屬의 위치에 있으므로 대처하는 데 어려움이 있을 것이다. 만약 사리에 어긋나는 일을 청탁하거나 사리에 맞지 않게 능멸할 때에 그 뜻을 어기면 상대의 분노를 사게 되므로 옳지 않다. 오직 나의 예를 다하고 나의 정성을 다해서 말을 부드럽게 하여 그 잘못을 諫하면 그가 필시 깨달아서 잘못을 고칠 수 있을 것이다. 〈그렇지 않고〉 아첨하고 받들어서 그 사악함을 키우면 그에게 禍가 생겨서 반드시 장차 나에게 미칠 것이니 삼가지 않아서는 안 된다.

上司大小官員에 或有賢否竝列하리니 賢者循理라 必無可言이어니와 不賢之人은 必恃其勢하야 或貪財物하고 或肆威刑하리니 吾居屬僚라 有難處置리라 苟以非理相囑이어나 或以非理相凌에 逆之則怒生不可라 惟宜盡吾之禮하고 致吾之誠하야 柔婉其詞하고 以諍其失이면 彼必有悟하야 庶或改之리라 乃或阿諂奉承하야 長其邪惡이면 則彼禍起하야 必將及之리니 故不可不愼이니라

10. 아랫사람을 다루는 방법 馭下

이 편은 지방관이 되었을 때에 아랫사람을 부리고 각종 상황에 대처하는 방법을 기술하였다. 전체적인 내용을 개략적으로 요약하면 다음과 같다. 吏胥가 문서를 관장하는 것은 예나 지금이나 피할 수 없는 일인데, 吏胥를 대하는 방법은 먼저 자기의 처신을 신중하고 청렴하게 하고 일 처리를 공정하고 분명하게 하여 吏胥들이 저절로 복종하게 해야 한다. 만약 정사를 그들에게 위임하면 나라에 해가 되고 백성들에게 해를 끼칠 뿐만 아니라 나 자신이 끝내 해를 당하게 된다. 里長과 甲首는 소속된 백성을 통솔하고 호령을 전달하며 政務를 감독하게 하는 자에 불과하고 나의 보좌관이 아니므로 백성을 해치거나 침탈하는 것을 막아야 한다. 내가 백성을 학대하면 관할 구역 안에서 학대를 받는 자도 있고 받지 않는 자도 있지만 里長과 甲首가 학대하는 것은 家家戶戶마다 그 해를 받지 않는 자가 없게 되므로 그 해는 물이나 불의 재앙보다 심하게 된다.

한 마을 안에 반드시 耆老를 세워서 전적으로 농사짓는 일을 권면하고 풍속을 교화시키게 해야 한다. 耆老를 선발하는 방법은 마을 사람들로 하여금 평소 덕행이 있고 농사일을 깊이 알며 도리를 잘 아는 사람을 추천하게 해서 임용해야 한다. 이들에게 里長과 甲首와 협력하여 세금 징수하는 일을 처리하게 하는 것은 耆老를 세우는 본연의 목적이 아니다. 奴僕은 나를 가까이서 모시는 자이므로 그들의 말에 빠져들기 쉽다. 따라서 그들을 심복으로 여겨 좋게 대하면 奸計를 부릴 것이므로 조금이라도 잘못이 있으면 반드시 징계하여 우환을 사전에 근절해야 한다.

아래에 있는 사람들이 서로 뜻이 맞지 않으면 비방을 하기도 하고 是非를 뒤바꾸어 中傷하기도 한다. 이 때 내가 할 도리는 와서 비방하는 사람을 물리쳐 내보내고 사실관계를 확인하여, 사실이면 비방받는 사람에게 고치게 하고 사실이 아니면 엄히 비방한 자를 꾸짖어서 배척해야 한다. 어떤 사람이 물건을 가지고 禮를 차려서 나에게 敬意를 표하면 그 마음이 진실하더라도 결코 받아서는 안 된다. 그 물건을 받으면 곧 그 사람의 청탁을 들어주게 되어 곧은 것을 굽었다고 하고 옳은 것을 그르다고 하여, 국가의 법이 행해지지 못하고 자기에게 닥치는 재앙을 결국 면하지 못하게 된다. 어떤 사람이 일을 가지고 청탁한다면 권세에 의지한 경우가 아니면 곧 친구로서 서로 사귀는 관계에 의지해서이다. 만약 그것이 법에 위배되고 이치에 어긋나면 그 이유를 분명히 말해서 정직하게 답해야 하고, 모호하게 인정을 따름으로써 법을 무너뜨리는 지경에 이르러서는 안 된다. 혹시 胥吏나 卒徒 등이 몰래 청탁하는 일이 있으면 반드시 법으로 다스려서 말할 만한 소지가 없게 한 뒤에야 위로 국법을 어기지 않고 아래로 자신의 재앙이 생기지 않게 된다.

간사한 아전의 무리는 내가 공정하여 흔들리지 않기 때문에 감히 사적으로 범하지 못하는데 만약 내가 不正을 행하려고 하면 반드시 농간을 부리는 것이니, 자세히 살펴서 법에 따라 다스려야 그들의 계책에 빠지는 데에서 면할 수 있다. 큰일이건 작은 일이건 위임을 해야 일이 이루어지는데, 현명한 사람에게 위임하면 私益을 꾀하지 않고 사람을 상하게 하지 않지만, 불초한 사람에게 맡기면 사익을 꾀하여 도리어 해를 끼치게 된다. 따라서 위임할 때에는 사람들의 장단점을 헤아려서, 큰일을 해낼 수 있는 사람에게는 큰일을 맡기고 작은 일을 꾸릴 수 있는 사람에게는 작은 일을 맡겨야 한다.

吏胥를 대하는 자세 處吏胥

吏胥가 문서를 관장하는 것은 예나 지금이나 피할 수 없는 일이니, 오직 기용할 때에 적임자를 얻고 올바른 道로 대해야 정사에 해를 끼치지 않고 나라에 유익하게 된다. 만약 그들을 대하는 데에 올바른 도리로 하지 않고 기용할 때에 적임자를 얻지 못하면 백성들에게 해가 될 뿐만 아니라 장차 나라에 해가 될 것이다. 그러므로 吏胥를 잘 대하는 방법은 반드시 먼저 자기의 처신을 잘해야 하니, 자기의 처신을 신중하고 청렴하게 하고 일을 처리하기를 공정하고 분명하게 하면 吏胥들은 다스리지 않아도 저절로 복종할 것이다. 그렇다면 어떻게 다스릴 것인가? 내가 청렴하고 신중하며 공정하고 분명하게 하고 나서 그들을 은혜로 대하고 아울러 위엄 있게 행동해서, 앞에서 몸으로 가르치고 뒤에서 말로 가르쳐 신중하고 치밀한 방법으로 안에서 미리 방비해야 한다. 이렇게 다스렸는데도 가르침을 따르지 않은 뒤에 형벌로 바로잡으면 복종하지 않는 吏胥가 없을 것이다. 이렇게 하지 못하고 정사를 그들에게 일임하면 太阿劍을 거꾸로 잡는 것과 같아서 官의 정사가 잘못될 것이니,[1] 〈그렇게 되면〉 나라에 해가 되고 백성들에게 해를 끼칠 뿐만 아니라 나 자신이 끝내 해를 당할 것이니 신중하고 또 신중해야 한다.

胥吏之掌薄書는 古今不能無者니 惟用之得其人하고 處之得其道라야 斯不害於政하고 而有益於國이라 苟處非其道하고 用非其人이면 則不獨爲民害라 且將爲〔國〕[2]之害矣리라 故善處吏者는 必先處己焉이니 處己之道를 以愼以廉하고 處事之道를 以公以明이면 則吏不待處라도 而自服矣리라 然則何以處之오 曰吾旣廉愼公明하고 復待之以恩하며 兼之以威하야 以身敎之于先하고 以言敎之于後하야 以愼密之道로 關防之于中이라 如此處之어늘 而不率敎면 然後齊之以刑이면 則吏未有不服者也라 不能如是하고 乃以政事로 一委託之면 則太阿〔倒〕[3]持하야 官政錯繆니 非徒害於國하며 害於民이라 而吾之身이 終必爲其所害矣리니 愼之愼之니라

里長과 甲首를 경계할 것 戒里甲

里長과 甲首는 소속된 백성을 통솔하고 호령을 전달하며 政務를 감독하게 하는 자에 불과하고 나의 심복이나 보좌관으로서 일을 맡길 만한 자는 아니다. 저들은 단지 자신이 백 사람의 우두머리라는 것만 알고 공정하게 일을 처리할 것은 생각지 않으며, 그 지위를 이용해서 자기에게 이롭게 할 것만을 도모한다. 한 사람이라도 자기 명령을 따르지 않으면 함부로 해를 가하고, 한 가지라도 세금을 부과할 일이 있으면 그때마다 농간을 부리니, 이것이 천하의 里長과 甲首의 폐단이다. 그러므로 善政을 하는 자는 간곡하게 백성을 해치지 않도록 경계시키고 부지런히 백성을 침탈하는 것을 막는다. 모든 政務는 크든 작든 모두 나에게서 나가는 것이니 한결같이 지극히 공정하게 해야 하고, 저들에게는 단지 명령을 전달하고 호출하고 재촉하는 일만 하게 해야 한다. 털끝만한 권세를 빌려주어 제멋대로 나의 백성을 해치게 해서는 안 되며, 털끝

---

1) 太阿劍을……것이니 : 太阿劍은 龍泉劍과 함께 歐冶子와 干將이 만든 춘추시대의 寶劍이다. 君主 또는 重臣의 勸力을 상징하므로, 여기에서 "太阿劍을 거꾸로 잡는 것과 같다."는 것은 權柄을 잘못된 세력(吏胥)에게 쥐어준다는 의미이다.

2) 〔國〕 : 저본에는 '國'이 없으나, ≪官板牧民心鑑≫에 의거하여 보충하였다.

3) 〔倒〕 : 저본에는 '倒'가 없으나, ≪官板牧民心鑑≫에 의거하여 보충하였다.

만한 사심을 받아주어 나의 법을 흔들게 해서는 안 되니, 이렇게 해야 괜찮을 것이다. 만약 내가 청렴하지 못해서 그들의 뇌물을 받거나, 공정하지 못해서 그들의 행위를 용인하거나, 명철하지 못해서 그들의 왜곡된 말을 따라 주거나, 신중하지 못해서 그들의 농간을 믿어 버리면 백성들이 받는 피해를 어찌 이루 다 말할 수 있겠는가.

里長甲首는 不過俾之總其民〔傳〕[4]號令督政務而已요 非吾心腹股肱之可託也라 彼但知居百人之首요 不思以公處之며 惟圖因而利之라 一有弗從이면 則妄加害하고 一有科賦면 則從爲奸하니 此天下里甲之弊也라 故爲善政者는 諄諄然戒其害民하고 孜孜然防其侵民이라 凡有政務에 無巨無細히 皆自我出이니 一以至公이요 但令其將命呼喚催促而已니라 不假以纖毫之權하야 而縱其害吾民이요 不受其纖悉之私하야 而致使撓吾法이니 如此可也라 苟或吾不能廉而納其賄賂하며 不能公而聽其施爲하며 不能明而從其曲說하며 不能愼而信其弊奸이면 則民被害를 何可勝言也리오

아, 天子가 나에게 백성을 다스리는 직임을 맡겨주었는데 내가 도리어 저들이 백성을 학대하도록 내버려둔다면 이는 곧 내가 백성을 학대하는 것이다. 내가 백성을 학대한다면 관할 구역 안에서 학대를 받는 자도 있고 받지 않는 자도 있지만, 里長과 甲首가 학대하는 것은 家家戶戶마다 그 해를 받지 않는 자가 없게 된다. 그 학대는 물이나 불의 재앙보다 심하니, 천자는 〈이러한 사실을〉 듣지 못하더라도 백성의 원망은 어찌할 것인가. 백성이 원망하면 나라에 손상을 끼치게 된다. 그러므로 반드시 신중히 방비하고 엄중히 징계해야만 한다. 만약 그들을 나의 심복이나 수족처럼 부리면 결국에는 반드시 그들의 농간에 빠지게 될 것이니 그 재앙이 어찌 작겠는가. 州縣의 관장이 된 자는 깊이 경계할 줄 알아야 한다.

吁라 天子任我以撫民이어늘 而我縱彼之虐民이면 是卽我虐民也라 我之虐民은 四境之內에 猶有及不及者어니와 里甲之虐은 家至戶到하야 無不及焉이라 其虐有甚於水火者니 上雖莫聞이나 如民怨何오 民怨則傷國이라 故必愼加關防하고 痛加懲治然後可라 苟用之如腹心手足이면 終必爲其所陷하리니 禍豈小哉리오 州縣職은 切宜知戒니라

---

4) 〔傳〕: 저본에는 '傳'이 없으나, ≪牧民心鑑≫ 林秀一의 설에 의거하여 보충하였다.

耆老 신중히 대할 것 愼耆老

한 마을 안에 반드시 耆老를 세워서 오로지 농사짓고 누에 치는 일을 권면하고 독려하며 풍속을 교화하게 해야 한다. 그러므로 나이가 많고 덕이 있는 사람을 뽑아서 임명하니, 그가 里長과 甲首와 협력하여 세금 징수하는 일을 처리하게 하려는 것이 아니다. 세상의 목민관들은 그 근원을 알지 못하고 단지 그 나이가 많은 것만을 보고서 왕왕 자리에서 일어나 답례를 하고 빈객처럼 대하니, 한번 예우가 어긋나면 그의 聲價만 높여주고 백성을 학대하는 풍조를 키운다는 것을 전혀 모르는 것이다. 또 단지 그가 耆老의 직책에 있는 것만 보고서 왕왕 里長과 甲首와 함께 세금 징수를 독촉하게 하니, 한번 일을 맡김이 잘못되면 한갓 그의 간사한 계책만을 키워서 백성을 해치는 물건 하나를 더하는 꼴이 된다는 것을 전혀 모르는 것이다. 그들이 농사와 풍속이 무엇인지 전혀 모르니, 아, 이것이 어찌 나라에서 耆老를 설치한 처음 뜻이겠는가.

一鄕之中에 必立耆老하야 專令勸課農桑하고 敎化風俗이라 故選年高有德者爲之니 非欲其協里甲하야 辨徵科也라 世之民牧은 不知其原하고 但見其年高하야 則往往出位答禮하며 待之如賓하니 殊不知一禮之差면 徒足增其聲價하고 而長其虐民之風이라 但見其在(宮)〔官〕[5]하야 則往往與里甲同催科賦하니 殊不知一委之失이면 徒足長其奸謀하고 而添一害民之物이라 其於農桑風俗에 漫不知爲何事니 吁라 是豈國家設置之初意哉아

〈기로의 임명은〉 그 근원을 맑게 해서 온 마을 사람들이 평소 덕행이 있고 탐욕을 부리지 않으며 백성을 해치지 않고 농사일을 깊이 알며 도리를 잘 아는 사람을 공동으로 추천하게 해서 임용해야 한다.

그리고 국가의 예제와 법령을 각각 베껴서 익혀 매 계절 첫 달 초하루에 온 마을 사람들을 모아서 가르치게 한다. 백성 중에 농사에 게으른 자를 살펴서 권면하고 가르쳐 농사에 부지런하도록 하고, 빈곤한 자는 권면하고 가르쳐서 입고 먹는 것을 풍족하게 하도록 하며, 효도하고 공손하며 어질고 의로운 자는 조정에 보고하여 표창을

5) (宮)〔官〕: 저본에는 '宮'으로 되어 있으나, ≪官板牧民心鑑≫에 의거하여 '官'으로 바로잡았다.

받게 하고, 頑惡하여 명을 따르지 않는 자는 懲治하여 선한 사람이 되게 해야 한다. 관부에서 3년에 한 번 그 실적을 考課하여 그대로 준행해서 백성들의 풍속이 모두 그(기로)로 인하여 교화된 경우에는 상을 주고, 준행하지 못해서 백성들의 풍속이 좋지 못한 경우에는 벌을 주며, 세금을 부과하고 독촉하는 일에는 간여하지 못하게 해야 하니, 이것이 바로 기로를 대하는 방법이다.

惟宜清其本源하야 俾一鄉之人으로 公同推選素有德行하고 不貪汚不害民하며 而深知農桑之務하고 明曉道理之人하야 以任用之니라 仍以國家禮制及律令을 各令抄寫習熟하야 每季之朔에 集一鄉之民而教之하며 察民之惰農者하야 勸教之하야 使勤於農하고 貧困者는 勸教之하야 使足衣食하며 孝弟仁義者는 舉聞之以褒美하고 頑惡不率者는 懲治之以遷善이라 官府三年一考其實跡하야 果能遵行하야 而民俗皆因之以化者는 則賞之하고 不能遵行하야 而民俗不善者는 則罰之하며 其於科賦催督에 不使干預니 斯乃處耆老之法이라

奴僕을 엄하게 대할 것 嚴隸卒

奴僕의 무리는 나를 모시고 나와 가까이 있으므로 인정상 젖어들기 쉽고 형세상 가까워지기 쉽다. 그러나 심복으로 여겨서 일을 맡기면 그 틈을 타서 제멋대로 일을 처리하여 반드시 나를 속이고, 말과 안색을 좋게 해서 대하면 그것으로 인하여 奸計를 부려 반드시 재앙을 일으킬 것이니, 이것이 小人을 기르기 어려운 점이다.[6] 君子가 자기 몸을 바르게 하고 자기 마음을 깨끗하게 하여 속이지 말도록 훈계하고 公道로 가르치며, 털끝만큼도 말과 안색을 좋게 해서 대하지 말고 잠깐이라도 요청하는 것을 들어주지 않으며, 조금이라도 잘못이 있으면 반드시 징계해야 하니, 이렇게 하면 그 우환을 근절할 수 있을 것이다. 만약 집안사람이나 자기 수족처럼 대하면 안팎에서 일어나는 폐단을 이루 말할 수 없을 것이고, 자기가 형벌이나 재앙에 연루되는 것 또

6) 小人을……점이다 : ≪論語≫ 〈陽貨〉에 보이는 孔子의 말로 "女子와 小人은 기르기 어렵다. 친근하면 공손하지 못하고, 멀리하면 원망한다.〔唯女子與小人 爲難養也 近之則不孫 遠之則怨〕"라는 구절에서 인용한 것이다.

한 이루 말할 수 없을 것이다.

皁隸之屬은 侍我近我하니 其情易(이)浹하고 其勢易親이라 委之以腹心이면 則從而取事하야 而必見欺하고 假之以詞色이면 則因而長奸하야 而必生禍하니 此小人之難養也라 君子者 正其己潔其心하야 訓之以勿欺하고 敎之以公道하며 不與纖毫之詞色하고 勿容斯須之請求하며 稍有過差면 必懲必戒니 如此면 庶可絶其患하리라 如苟待之若家人手足이면 則內外之弊를 有不可言이요 而刑禍之累도 亦不可言也리라

남을 헐뜯는 말을 배척할 것 斥讒間

나에게는 上司가 있고 또 部屬과 胥吏가 있으며 또 동료가 있다. 간혹 아래에 있는 사람들이 서로 뜻이 맞지 않으면 비방을 하기도 하고 是非를 뒤바꾸어 中傷하기도 한다. 이때 내가 할 도리는, 그 말을 듣고서 반드시 묵묵히 듣고 깊이 생각하여 과연 사리에 맞는지 맞지 않는지를 따져봐야 한다. 만약 비방을 받는 사람이 평소 君子라면 결코 그런 일이 없을 것이고, 비방을 받는 사람이 실제로 小人이라면 당연히 그런 일이 있겠지만 모두 내 속으로만 그렇게 알고 있어야지 이것으로 인하여 들춰내서 나쁜 소문을 퍼뜨려서는 안 된다. 그리고 즉시 나에게 와서 비방한 사람에게 경계시키기를 "이 일이 너와는 상관이 없는데 네가 어찌 말을 하느냐. 그가 실제로 그런 일이 있다면 너는 남을 헐뜯는 사람이 되고, 그가 그런 일이 없다면 너는 남을 모함하는 사람이 된다."라고 하여 물리쳐 내보내야 한다. 시간이 조금 지나서 차분해졌을 때에 비방을 받은 사람에게 알아봐서 과연 사실이면 고치게 하고 거짓이면 비방한 사람을 엄히 꾸짖어야 한다. 어떤 사람이 忠言으로 밖에서 들은 말을 가탁하여 나의 단점을 지적하되 나의 不善을 조목조목 말하면, 의당 두려운 마음으로 반성해서 허물을 자기에게 돌리고 가르침을 준 말에 대해 사례하며 자기의 잘못을 뉘우치고 고쳐서 나의 덕을 이루어야 하지 도리어 그 사람에게 화를 내서 자신을 반성하고 허물을 고치는 길을 끊어서는 안 된다. 이렇게 하면 군자가 되는 길을 잃지 않을 것이다.

吾有上司하고 且有部屬及有胥吏하며 復有同寅하니 或在下之人이 有與不相合者면 輒生謗語하고 間諜是非라 在吾聞之에 必當默聽潛思하야 推究其理果有此否라 如彼人者 素君子也인댄 不宜有此요 彼人者 誠小人也인댄 宜其有之나 皆須吾心自知요 不可因而(楊)〔揚〕[7]白하야 播其惡聲이라 卽戒來語之人하야 曰事不預汝어늘 汝何言邪오 彼實則汝爲讒人이요 彼虛則汝爲排陷이라하야 斥而遣之니라 稍久從容之際에 乃達被謗之人하야 果實則令改之하고 虛則痛責謗者니라 其有人獻忠言하야 指吾之短호되 假託外聞之語하야 陳吾不善之條면 則當惕焉自省하야 歸咎己身하고 謝其見敎之言하며 以悔以改하야 成我之德이요 不可返怒其人하야 以絶省躬改過之道니 能若是면 斯不失爲君子也리라

선물을 거절할 것 絶饋遺

어떤 사람이 물건을 가지고 禮를 차려서 나에게 敬意를 표하면 그 마음이 진실하더라도 결코 받아서는 안 된다. 만약 받으려는 마음이 한 번 열리면 뇌물로 유혹하는 길이 반드시 열리게 된다. 한 방울의 물이 모여서 강을 이루고 작은 불씨가 커져서 거센 불길이 되는 것이니, 그렇게 되는 것을 막을 수 없다. 대체로 物欲은 작을지라도 큰 天理를 해치니, 조각구름이 비록 작지만 태양의 빛을 가리는 것과 같다. 대저 다른 사람이 주는 물건을 받으면 곧 그 사람의 청탁을 들어주게 되어 곧은 것을 굽었다고 하고 옳은 것을 그르다고 하여 국가의 법이 행해지지 못하고 자기에게 닥치는 재앙을 결국 면하지 못하게 된다. 아, 어찌 청렴결백한 마음을 삼가 지켜서 털끝만큼이라도 남에게 더럽혀지지 않아 나의 깨끗한 風格과 굳센 절개가 천지 사이에 길이 행해지도록 하지 않겠는가. 능히 이와 같이 하면 사람마다 나를 공경할 뿐만 아니라 귀신도 나를 공경할 것이다. 관직에 있는 군자는 이를 보배로 삼아야 할 것이다.

人有以物爲禮하야 將敬於吾면 雖其心誠이라도 決不可納이라 苟聽納之心一啓면 則賄誘之路必開라 涓滴之水成江河하고 寸燼之火成烈焰하니 其來有不可遏者라 蓋物欲雖小나 能害天理

---

7) (楊)〔揚〕: 저본에는 '楊'으로 되어 있으나, ≪官板牧民心鑑≫에 의거하여 '揚'으로 바로잡았다.

之大하니 猶片雲雖少나 能掩太陽之輝라 凡受人之物이면 卽聽人之囑이니 以直爲曲하고 以是爲非하야 國家之法이 不能行하고 而在己之禍를 終不免이라 吁라 何不(悋)〔恪〕[8]守廉潔하야 一毫不以染於人하야 而使吾清風勁節로 長行於天地之間耶아 能如是면 則非惟人人敬之라 雖鬼神이라도 亦敬我矣리라 有官君子는 其寶之哉인저

청탁을 막을 것 杜干請

어떤 사람이 일을 가지고 청탁할 경우 권세에 의지한 경우가 아니라면 곧 친구로서 서로 사귀는 관계이기 때문이다. 만약 그것이 법에 크게 해롭지 않다면 일반 사람들은 반드시 대부분 들어주지만 공정한 사람은 그렇지 않다. 부탁하는 내용을 상세히 살펴서 법과 이치에 참으로 위배되지 않는다면 부탁하기를 기다리지도 않고 스스로 행할 것이다. 만약 그것이 법에 위배되고 이치에 어긋난다면 의당 〈부탁을 들어줄 수 없는〉 이유를 분명히 말해서 정직하게 답해야지 모호하게 인정을 따라서 법을 무너뜨리는 지경에 이르러서는 절대 안 된다. 대체로 와서 청탁하는 자들은 나의 이름을 빌려서 다른 사람이 주는 뇌물을 받은 경우도 있고, 그 이익을 공공연하게 탐해서 다른 사람의 청탁을 대신하는 경우도 있으므로 막지 않아서는 안 된다. 혹시 胥吏나 卒徒 등이 몰래 청탁하는 일이 있으면 반드시 법으로 다스려서 말할 만한 소지가 없게 한 뒤에야, 위로 국법을 어기지 않고 아래로 자신의 재앙이 생기지 않게 된다.

人有以事相囑者는 非倚其勢면 卽倚其親舊相交也라 苟非大害於法이면 他人은 必多從之나 公正之士則不然이라 詳其所囑하야 誠無違法背理면 則不待囑而自行矣어니와 或違於法背於理면 則當明言其故하야 以直答之요 絶不可含糊順情하야 以至壞法이라 蓋來囑者는 或有假我之名하야 以受人之贓私어나 或有明貪其利하야 而代人之請託이니 故不可不防也라 其或胥吏秖卒等이 背有干求者면 竟須以法治之하야 無可言者然後에 上不背國法하고 下不生己禍니라

---

8) (悋)〔恪〕: 저본에는 '悋'으로 되어 있으나, ≪官板牧民心鑑≫에 의거하여 '恪'으로 바로잡았다.

농간을 살필 것 審左使[9)]

간사한 아전의 무리는, 내가 공정하여 흔들리지 않기 때문에 감히 사사로이 범하지는 못하지만, 그들이 不正을 행하고 싶으면 도리어 계책을 써서 반대로 말을 한다. 예를 들어 그들이 甲이라는 사람의 죄를 구원하고 싶으면 고의로 그의 잘못을 極言하여 내가 그 말을 듣고 싶지 않게 하려고 하니, 그렇게 되면 반드시 자연히 죄를 면하게 된다. 또 乙이라는 사람을 해치고 싶으면 고의로 그 사람의 善을 極言하여 내가 그 말을 듣고 싶지 않게 하려고 하니, 그렇게 되면 반드시 자연히 그 사람을 해치게 된다. 이런 부류는 모두 상세히 살펴서 사실인지 허위인지를 밝히고 법에 따라 다스려서 그 계책에 빠지지 않아야 한다.

黠吏之(背)〔輩〕[10)]는 以吾公正不撓로 不敢以私相干이나 乃於其所欲汚엔 反加用計左說이라 如彼將救某甲之罪인댄 乃故極言其非하야 欲吾不聽其語니 則必自然免之라 又如將害某乙인댄 乃故極言其善하야 欲吾不聽其語니 則必自加害其人이라 如斯之類는 皆宜詳察하야 或實或詐를 從法而行하야 勿墮其計니라

위임을 신중히 할 것 詳委任

큰일이건 작은 일이건 간에 반드시 맡긴 사람이 있은 뒤에 행해진다. 사람 중에는 현명한 사람과 어리석은 사람이 있으니 반드시 상세히 살핀 뒤에 쓰는 것이 귀하다. 대개 현명한 사람은 한번 위임하면 곧 나의 마음에 부합되어, 公益을 가장하여 私益을 꾀하지 않고 사람을 상하게 하면서 재물을 아끼지 않는다. 불초한 자는 한번 위임

---

9) 審左使 : 저본에는 '審在使'로 되어 있으나, 저본 목차에 '審左使'로 되어 있는 것에 의거하여 바로잡았다.

10) (背)〔輩〕: 저본에는 '背'로 되어 있으나, ≪牧民心鑑≫ 林秀一의 설에 의거하여 '輩'로 바로잡았다.

되면 곧 자기의 衣食을 도모하고 한번 임용되면 곧 사사로운 꾀를 이루니, 일이 이루어지지 않을 뿐만 아니라 도리어 일에 해롭다. 이런 자들이 온 세상에 넘쳐나니 그렇다면 어떻게 해야 하는가? 오직 평소에 사람들의 賢否를 살펴두었다가 일에 임했을 때에 사람들의 장단점을 헤아려서 큰일을 해낼 수 있는 사람에게는 큰일을 맡기고 작은 일을 꾸릴 수 있는 사람에게는 작은 일을 맡겨야 한다. 그렇게 하고 나서 간곡하게 가르치고 인도하여 功을 이루도록 지도하고, 반복해서 타일러 폐단을 짓지 않도록 경계시킨다. 명령대로 한 자는 후하게 칭찬해서 그 뒷사람을 권면하고, 명령을 어긴 자는 징계하여 다스려서 나머지 사람들을 경계시킨다. 참으로 이와 같이 하면 일을 위임하는 데에 적임자를 얻지 못하는 경우가 없을 것이다.

事無大小히 有必任人而後行이라 人有賢愚하니 貴必詳審而後用이라 蓋人之賢者는 一加委任이면 即副我心하야 不假公以營私하고 不傷人而愛物이라 其不肖者는 得一委면 即爲其衣食하고 得一用이면 即遂其私謀하니 非惟事不能成이라 反爲事之蠹害라 若此者滔滔也라 然則如之何오 惟於平日之中에 審定人之賢否라가 至於臨事之際에 斟酌人之短長하야 可以辦大事者는 委之當大事하고 可以營小差者는 俾之當小差하야 丁寧指教하야 以訓其成功하고 反覆開諭하야 以戒其作弊하야 如令者는 優奬以勸其後하고 違令者는 懲治以戒餘人이라 誠如是면 未有所委不得其人者也라

11. 사람을 사귀는 도리 交人

이 편은 지방관으로서 사람을 사귀는 도리를 기술하였다. 전체적인 내용을 개략적으로 요약하면 다음과 같다. 동료 간의 情誼와 前任과 後任과의 관계는 형제의 의리가 있어서 직위가 높은 자는 형이 되고 직위가 낮은 자는 아우가 되니, 한 관서 안에서 서로 화합하여 서로 공경하고 겸양하며 인내해서 처음부터 끝까지 한결같이 誠心으로 서로 대해야 한다. 정무를 시작한 뒤에는 곧바로 이웃하는 고을이 어디인지 물어서 예를 갖추어 편지를 보내 내가 공경하는 뜻을 보여야 한다. 이는 뒷날 정무상 서로 저촉되는 일이 있을 때에 공정하게 논의할 수 있고, 일에 의심나거나 어려움이 있을 때에 참작해서 살필 수 있으며, 백성 간에 다툼이 있을 때에 서로 審理할 수 있으며, 상대방 고을에 좋은 것이 있으면 모방해서 행할 수 있고, 나쁜 것을 보면 그것으로 경계 삼을 수 있으니, 이것이 이웃 고을과 친목을 다졌을 때 유익한 점이다.

士君子로서 어진 사람이 찾아오거나 관할하는 境內에 賢者가 살고 있거든 마음을 다해서 극진히 예를 차리고, 그들이 곤궁에 처했거든 성심으로 구제해주어야 한다. 그리하여 저들의 善을 나의 선이 되게 하고, 저들의 재능을 나의 재능이 되게 해야 하니, 이것이 현자를 예우하고 선비에게 자신을 낮춤으로써 얻는 이익이다. 사람이 환난 가운데에 있는 것은 깊은 샘 안에 빠진 것과 같아서 다른 사람이 손을 내밀어 꺼내주는 도움을 받지 못하면 나올 수 없다. 그러므로 곤궁에 처한 사람이 찾아오거든 그가 평소 어떤 사람인지를 살펴서 접대하는 禮를 경솔하게 해서는 안 된다.

信義란 百行의 근본이다. 백성의 위에 있는 사람은 말 한 마디와 행동 하나를 사람들이 法則으로 삼고, 한 가지 政事와 한 가지 政令을 백성들이 모두 따라서 행하는 것이니, 백성들의 위에 있으면서 성실하지 않고 미덥지 않으면 그 惡이 小人보다 더욱 심할 것이다. 사람이 겸손하지 않으면 반드시 교만해지니, 교만은 凶한 德이다. 흉한 덕이 몸에 있으면 禍가 미치지 않는 경우가 있지 않다. 옛날 堯임금은 大聖人으로서 天子가 되었지만 史官이 그 德을 기술하기를 "진실로 공손하고 능히 겸양하였다."라고 하였으니, 더구나 凡人은 말할 것이 있겠는가. 그러므로 나라의 녹봉을 받는 자들은 삼가서 爵位를 가지고 남에게 교만해서는 안 된다.

사람에게 선이나 악이 있으면 그에 대한 公論은 자연 덮을 수가 없다. 자기에게 악이 있으면 사람들이 어찌 비난하지 않을 수 있겠으며, 자기에게 선이 있으면 사람들이 어찌 칭찬하지 않을 수 있겠는가. 옛날에 舜임금이 이르기를 "너는 능력을 뽐내지 않지만 천하에 너와 능력을 다툴 자 없으며, 너는 공을 자랑하지 않으나 천하에 너와 공을 다툴 자 없다."라고 하였고, 顔淵 또한 말하기를 "자신이 잘하는 것을 자랑함이 없으며, 공로를 과시함이 없고자 합니다." 하였으니, 성현의 큰 덕을 배우지 않아서는 안 된다.

나를 찾아온 자들 중에는 어진 자와 어질지 못한 자가 섞여 있으므로 그들을 구분해내야 한다. 승려나 도사, 邪術을 부리는 자, 무당이나 博數, 娼妓, 지나치게 정교한 물건을 만드는 자, 괴이한 짓을 하는 자들은 모두 위로는 국법을 어기고 아래로는 민심을 현혹시켜서 재앙을 초래하는 자들이다. 이런 자들은 모두 禁絶하여 나의 門下에 이르지 못하게 해야 하고, 감히 어기는 자가 있으면 곧바로 법으로 다스려야 한다. 일을 처리할 때에 혹 생각이 미치지 못해서 일이 잘못되었거나 동료나 吏胥로 말미암아 죄를 지은 책임이 있게 되면 당당하게 나서서 자기가 책임지고 허물을 자신에게 돌려야 한다. 만약 나로 인하여 실패했거나 그 계책이 내 생각에서 나왔는데 자기의 과실을 文飾해서 다른 사람에게 책임을 전가하여 다른 사람이 그 죄를 떠맡게 한다면 어찌 마음에 부끄러움이 있지 않겠는가. 이런 짓은 결코 해서는 안 된다.

동료들과 화합할 것 和同寅

옛사람이 이르기를 "동료 간의 情誼와 前任·後任과의 관계는 형제의 의리가 있어서 그 자손에 이르러서도 대대로 화목하게 지낸다."[1]라고 하였으니, 이것은 무슨 말인가? 공경을 함께한다는 것은 임금의 祿을 함께 먹고, 같은 곳에서 벼슬하며, 같은 문서에 서명하고, 그 책임을 같이 지고, 그 정무를 같이 관장하며, 그 백성을 같이 다스리는 것이다. 따라서 마음을 함께하고 뜻을 함께하고 생각을 함께하고 꾀하는 것을

1) 동료……지낸다 : 宋나라 呂本中(1084~1145)의 ≪官箴≫에 보인다. ≪小學集註≫ 〈嘉言〉에는 이 내용이 여본중의 또 다른 저술인 ≪童蒙訓≫에 나온다고 하였으나, 현전하는 두 저술 가운데 ≪官箴≫에서만 확인할 수 있다.

함께하여, 善이 있으면 아름다운 이름을 함께 세우고 허물이 있으면 그 허물을 함께 나누어 져야 한다. 털끝만큼이라도 彼我를 나누어서는 안 되며, 한 가지 일이라도 서로 미루어서는 안 된다. 직위가 높은 자는 형이 되고 직위가 낮은 자는 아우가 되니, 그 禮를 겸손히 하고 그 말을 겸손히 하여 한번 움직일 때에도 공경하고 화목하여 진실하고 성실하게 해야 하고, 한 관서 안에서 봄바람처럼 화기로워서 온화하고 화락하여 吏胥나 奴僕들이 털끝만큼이라도 이간하는 말을 절대로 할 수 없게 해야 한다. 그렇게 한 뒤에야 官의 정사가 이루어져서 不善한 일이 없고, 백성들이 보고 느껴서 不和한 풍속이 없을 것이니, 이것이 至善의 道이다.

古人謂同僚之契와 交承之分은 有兄弟之義라 至其子孫하야도 亦世講之라하니 其說何邪오 蓋同寅者는 同食君祿하며 同仕一處하며 同署其牘하며 同任其責하며 同掌其政하며 同莅其民하니 則宜同心同志同慮同謀하야 有善則同立美名하고 有過則同分其咎라 不宜分纖芥之彼我하며 不宜有一事之相推라 職高者卽兄이요 職卑者卽弟니 謙其禮遜其言하야 一動之間에 恭敬和睦하야 以實以誠하고 一堂之中에 藹(애)然春風하야 以和以樂하야 使吏胥皁隷之輩로 絶無分毫可間之言이니 然後官政所成이 無不善之功하고 下民觀感에 無不和之俗이니 此至善之道也라

요즈음 사리에 어두운 사람들을 보건대 이 이치를 미루어 생각하지 못해서 그 직위가 높은 것을 으스대기도 하고, 자기의 능력을 과시하기도 하며, 자기의 강한 권세를 멋대로 휘두르기도 하고, 약한 자를 속이기도 하며, 남의 단점을 꼬투리잡기도 하고, 남의 청렴함을 질투하기도 한다. 그래서 왕왕 말과 얼굴은 화목한 것 같지만 마음은 실제로 화목하지 않아서 한 가지라도 잘못이 있으면 서로 헐뜯고 비방하며, 심하면 公堂에서 서로 목소리를 높이고 욕하기를 마치 원수라도 되는 것처럼 하여 백성이 비웃는 것을 돌아보지 않는 것이 시골의 匹夫와 같다. 더 심하면 공문서를 올려 서로 상대의 잘못을 論告해서 마침내 禍를 일으켜 妻子에게까지 미친다. 그리하여 의당 죽은 뒤에야 그칠 것이니, 이것은 모두 화목하지 않은 소치이다. 《書經》에 이르기를 "공경을 함께하고 공손을 함께하여 典禮를 調和롭게 하소서.[2]"라고 하였으니, 세상의 동

---

2) 공경을……하소서 : 이 말은 舜임금의 신하인 皐陶가 禹에게 정치를 하는 道를 논하면서 한 말로, "君臣이 공경을 함께하고 공손을 함께하여 典禮를 調和롭게 하소서.〔同寅協恭 和衷哉〕"라고

료 된 자들이 서로 화합하여 서로 공경하고 서로 겸양하며 서로 인내해서, 못하는 자가 있으면 잘 가르쳐주고 잘못한 자가 있으면 완곡하게 말해주어 겉과 속이 같고 처음부터 끝까지 한결같이 誠心으로 서로 대한다면, 이것이 지극히 선한 것이다.

比見昧理之人컨대 不推是理하야 或恃其職之高하며 或(聘)〔騁〕[3]其己之能하며 或肆其强하며 或欺其懦하며 或持其短하며 或妬其廉이라 往往言貌如睦이나 心實不和하야 一有過差에 互相毁訐하며 甚則公堂之上에 彼此厲聲하고 出言詬罵를 有若仇敵하야 不恤下民之恥笑하야 有同村野之匹夫라 又甚則動公文하야 或相論告하야 遂致禍生하야 以及其妻子하니 宜至死而後已리니 皆不和之所致也라 書曰同寅協恭하사 和衷哉하소서라하니 世之同寅者 果能協和하야 彼此恭敬하며 彼此謙讓하며 彼此含忍하야 有不能者어든 則善以敎之하고 有過差者어든 則宛曲以語之하야 使表裏始終을 一以誠心相交면 斯盡善矣니라

이웃 고을의 관장과 친목을 다질 것 睦隣屬

이웃 나라와 친목을 다지고 우호를 맺는 것은 ≪春秋≫의 大義에 쓰여 있다. 국토를 맞대고 국경을 공유하여 백성들의 同族이 함께 산다. 患難이 있을 때에 서로 구원할 수 있고, 財物을 서로 융통할 수 있으며, 급한 일이 있을 때에 서로 도울 수 있고, 정치와 교화를 서로 보고 익힐 수 있으므로 군자가 중시한다. 그러므로 정무를 시작한 뒤에 곧바로 이웃하는 고을이 어디인지 물어서 예를 갖추어 편지를 보내 내가 공경하는 뜻을 보여야 한다. 이렇게 하면 뒷날 정무상 서로 저촉되는 일이 있을 때에 공정하게 논의할 수 있고, 일에 의심나거나 어려움이 있을 때에 참작해서 살필 수 있으며, 백성 간에 다툼이 있을 때에 서로 審理할 수 있고, 상대방 고을에 있는 좋은 것을 보면 모방해서 행할 수 있고, 나쁜 것을 보면 그것으로 경계 삼을 수 있으니, 이것이 이

한 말을 인용한 것이다. 서경에서는 임금과 신하 간에 서로 공경하고 공손하는 것을 말하였는데, 여기에서는 同僚 간에 서로 공경하고 공손하는 의미로 사용되었다. 衷은 ≪書經集傳≫ 蔡沈의 註에 典과 禮로 풀이하였다.(≪書經≫ 〈皐陶謨〉)

3) (聘)〔騁〕: 저본에는 '聘'으로 되어 있으나, ≪牧民心鑑≫ 林秀一의 설에 의거하여 '騁'으로 바로잡았다.

웃 고을과 친목을 다졌을 때 유익한 점이다.

睦隣修好는 春秋之大義所書라 接壤共郊하야 人民之(挨)〔族〕[4]類同處라 患難可以相濟하고 有無可以相通하며 急緩可以相須하고 政教可以相習이라 故君子之所重也라 凡署政之後에 宜卽詢及隣邦하야 備禮致書하야 以達吾敬이니 蓋恐他日政有相干에 可以公議며 事有疑難에 可以參詳이며 民有兩爭에 可以交審이며 及見各官之善(惡)[5]者면 可倣而行之하고 惡者則以之爲戒니 此睦隣之益也라

진정한 현자를 중시할 것 重眞賢

士君子로서 어진 사람이, 사방에서 찾아오거나 관할하는 境內에 살고 있거든, 의당 예를 갖추어 대우하여 나의 仁을 보완해야 한다. 나의 재능에 부족한 점이 있거나 나의 학문에 이르지 못한 부분이 있거나, 나의 계책에 미치지 못한 점이 있거나 나의 일에 깨닫지 못하는 의문점이 있을 경우 저들이 모두 나에게 도움을 줄 수 있다. 그러므로 마음을 다해 방문하여 예를 극진히 해서 나의 공손함을 다하고, 저들의 곤궁함을 구제해서 그들의 부족함을 도와주어 저들의 선을 옮겨서 나의 선이 되게 하고, 저들의 재능을 빌려서 나의 재능이 되게 해야 하니, 이것이 현자를 예우하고 선비에게 자신을 낮춤으로써 얻는 이익이다. 周公 같은 聖人도 한번 머리를 감을 때에 세 번이나 머리카락을 움켜쥐고 나왔고, 한번 식사를 할 때에 세 번이나 먹던 음식을 뱉어내고 나왔는데,[6] 하물며 그보다 못한 사람은 말할 것이 있겠는가. 진실로 그 사람의 재능

---

4) (挨)〔族〕 : 저본에는 '挨'로 되어 있으나, ≪官板牧民心鑑≫에 의거하여 '族'으로 바로잡았다.

5) (惡) : 저본에는 '惡'이 있으나, ≪官板牧民心鑑≫에 의거하여 삭제하였다.

6) 周公……나왔는데 : 周公이 아들인 伯禽에게 경계하기를 "나는 文王의 아들이고 武王의 동생이고 成王의 숙부이니, 나의 신분이 천하에서 천하지 않다. 그렇지만 나는 한번 머리 감을 때에 세 번이나 머리카락을 움켜쥐고 나왔고 한번 식사할 때에 세 번이나 먹던 음식을 뱉어내고 나와서 선비를 맞았으니, 그렇게 하고도 천하의 賢人을 잃을까 두려워하였다. 너는 魯나라에 가거든 삼가서 나라를 소유했다고 하여 사람들에게 교만하지 말라.〔周公戒伯禽曰 我文王之子 武王之弟 成王之叔父 我於天下亦不賤矣 然我一沐三捉髮 一飯三吐哺 起以待士 猶恐失天下之賢人 子之魯 愼無以國驕人〕"라고 한 말을 인용한 것이다. 머리 감을 때에 머리카락을 움켜쥐고 나왔다는 것은,

과 덕과 학식이 다른 사람보다 뛰어나다면 의당 위에 천거하여 국가에서 쓸 수 있게 하는 것이 더욱 지극히 공정한 의론이고, 사람들이 또한 나의 어짊을 칭찬할 것이다.

士君子之賢者 或來四方이어나 或居境內어든 宜加禮待하야 以輔吾仁이니라 或吾之才有所未長이어나 或吾之學有所未至어나 或吾之謀有所未及이어나 或事之疑有所未通에 彼皆可以資助於我者也라 故當悉心以訪之하야 致禮以盡吾之恭하고 周急以助其不足하야 使彼之善으로 移爲我之善하고 借彼之能하야 以爲我之能이니 此禮賢下士之益也라 雖周公聖人이라도 猶一沐三握髮하고 一飯三吐哺어든 況其下者哉아 苟其人之才德學識이 過於人者면 則當擧而薦之于上하야 以爲國家之用이 尤至公之論也요 而人亦稱我之賢矣리라

다른 사람의 患難을 구제해줄 것 周患難

사람이 환난 가운데에 있는 것은 깊은 샘 안에 빠진 것과 같아서 다른 사람이 손을 내밀어 꺼내주는 도움을 받지 못하면 나올 수 없다. 대저 곤궁에 처한 사람이 나를 찾아오는 것은, 내가 벼슬에 있고 부귀를 누리고 있으므로 녹봉이 있어서 구제해줄 수 있고 역량이 있어서 꺼내줄 수 있다고 생각하기 때문에 와서 곤궁한 사정을 호소하는 것이니, 어찌 제지할 수 있겠는가. 그러므로 반드시 저 사람이 평소 참으로 어떤 사람인지를 살펴서 접대하는 禮를 경솔하게 해서는 안 되고, 그가 나를 찾아온 마음이 실제로 무엇을 구하는지를 서서히 살펴서 곤궁에 처한 사람을 구제해주는 의리를 아껴서는 안 된다. 대저 否가 극에 달하면 반드시 泰가 되니,[7] 사람의 出處를 어찌 기필할

머리를 감다가 미처 다 감지 않았는데 현자가 찾아오면 현자를 기다리게 하지 않고 감던 머리를 그대로 움켜쥐고 나와서 현자를 맞이했다는 뜻이고, 먹던 음식을 뱉어내고 나왔다는 것은 식사하는 도중에 현자가 찾아오면 음식을 씹어 삼킬 겨를이 없어서 곧바로 뱉어내고 나와서 현자를 맞이했다는 뜻이다.(≪史記≫ 권33 〈魯周公世家〉)

7) 否가……되니 : 이 말은 ≪周易≫ 否卦 上九爻辭에 "上九는 否塞함이 傾覆됨이니, 먼저는 否塞하고 뒤에는 기쁘다.〔上九 傾否 先否 後喜〕"라고 한 것에 대해 〈程傳〉에서 "사물의 이치는 極에 이르면 반드시 돌아온다. 그러므로 泰가 極에 이르면 否塞해지고, 否가 極에 이르면 通泰해진다.〔物理 極而必反 故泰極則否 否極則泰〕"라고 한 말을 인용한 것이다. 否는 꽉 막힌 상황이고, 泰는 막힌 것이 트이는 상황이다. 즉 막힌 것이 극에 달하면 트이는 운수나 상황이 돌아온다는

수 있겠는가. 빨래하는 아낙이 韓信에게 밥을 한 끼 대접하고서 千金의 보답을 받았으니,[8] 사람의 일을 어찌 기필할 수 있겠는가.

人處患難之中은 如墮深井之內하야 非藉他人援而拔之면 則莫能出也라 凡有處困之人이 謁於吾者는 彼以吾在仕途하고 身享富貴하야 有祿可周濟하고 有力可擧揚이라 故來訴情이니 豈得已也아 須察彼人者素誠何人也하야 而延接之禮를 不可以輕이요 徐察其來心實將何求也하야 而周急之義를 不可以吝이라 夫否極必泰니 人之出處를 豈能必哉리오 漂母一飯韓信하야 而獲千金之報하니 人豈能必哉리오

정성과 신의에 힘쓸 것 務誠信

信義란 온갖 행실의 근본이다. 그러므로 聖人이 이르기를 "사람으로서 신의가 없으면 수레에 輗와 軏이 없는 것과 같으니, 어떻게 길을 가겠는가."[9] 하고, 또 이르기를 "사람이 신의가 없으면 설 수 없다."[10]라고 하였다. 天道가 정성과 신의로 운행되기 때

의미이다.

8) 빨래하는……받았으니 : 韓信이 젊었을 때 가난하여 굶주린 채 淮陰城 밑에서 고기를 낚고 있었는데, 빨래하는 아낙〔漂母〕이 그를 동정하여 여러 날 밥을 주었다. 한신이 감사하여 "내가 반드시 후히 갚겠습니다."라고 하자, 부인이 화를 내며 말하기를 "대장부가 끼니도 해결하지 못하기에, 내가 王孫을 불쌍히 여겨서 밥을 주었을 뿐이니, 어찌 보답을 바라겠습니까."라고 하였다. 그 뒤에 한신이 楚王이 되어 빨래하던 아낙을 불러서 千金을 하사하였다.(≪史記≫ 권92 〈淮陰侯列傳〉)

9) 사람으로서……가겠는가 : 孔子께서 이르기를 "사람으로서 신의가 없으면 괜찮을지 모르겠다. 큰 수레에 輗가 없고, 작은 수레에 軏이 없으면, 그 어떻게 길을 갈 수 있겠는가.〔人而無信 不知其可也 大車無輗 小車無軏 其何以行之哉〕"라고 한 말을 인용한 것이다. 輗는 수레의 끌채 끝에 있는 가로로 댄 나무인데 멍에를 묶어서 소를 메우는 것이고, 軏은 수레의 끌채 끝에 위로 구부러진 것이니, 가로로 댄 나무에 걸어서 말을 메우는 것이다.(≪論語≫ 〈爲政〉)

10) 사람이……없다 : 子貢이 孔子에게 정치에 대해 묻자 공자가 대답하기를 "양식이 풍족하고, 군대가 충분하면 백성들이 믿을 것이다."라고 하였다. 이에 자공이 부득이해서 그중에 하나를 버린다면 무엇을 버려야 하는지 묻자 공자가 군대를 버리라고 하였고, 자공이 또 부득이해서 나머지 두 가지 중에 하나를 버린다면 무엇을 버려야 하는지 묻자 공자가 대답하기를 "양식을 버려야 하니, 예로부터 사람은 누구나 다 죽는 것이지만 사람이 신의가 없으면 설 수 없다.〔去

문에 四時가 운행하여 추위와 더위가 바르게 되고, 地道가 정성과 신의로 운행되기 때문에 山川이 편안하고 밀물과 썰물이 호응하니, 氣의 運行이 정성스럽고 미덥지 않으면 어떻게 天地를 이루겠는가. 사람으로서 정성스럽지 않으면 군자가 아니다. 무릇 남들과 교제할 때에 한 마디 말이라도 신의가 없으면 반드시 나를 거짓말하는 무리로 볼 것이고, 한 가지 일이라도 신의가 없으면 반드시 나를 덕이 없는 무리로 볼 것이다. 더구나 백성들의 위에 있으므로 말 한마디와 행동 하나를 사람들이 장차 보고서 法則으로 삼고, 한 가지 政事와 한 가지 政令을 백성들이 모두 따라서 시행하니, 어찌 閭閻의 일반 백성들처럼 성실하지 않고 미덥지 않게 행동할 수 있겠는가. 백성들의 위에 있으면서 성실하지 않고 미덥지 않으면 그 惡이 小人보다 더욱 심할 것이다.

信者는 百行之本也라 故聖人謂人而無信이면 猶車之無輗軏(예월)이니 何以行之오하시고 又曰人無信이면 不立이라하시니라 夫天道以誠信이라 故四時行하야 而寒(署)〔暑〕[11]正하고 地道以誠信이라 故山川寧(無)〔而〕[12]潮(汐)〔汐(석)〕[13]應이니 非氣運之誠信이면 何以成天地哉리오 人而不誠이면 非君子也라 凡與人交에 一言不信이면 必視吾爲虛詐之徒요 一事不信이면 必視吾爲無德之輩라 況居人〔之〕[14]上하야 一言一動을 人將視之爲法則하고 一政一令을 民皆遵之以施行하니 其可若閭閻小民하야 (而)〔不〕[15]誠不信哉아 居人之上하야 而不誠不信이면 其惡이 尤甚於小人矣리라

겸손하고 온화함을 숭상할 것 尙謙和

하늘은 가득찬 것을 싫어하고 겸손한 것을 좋아하기 때문에[16] 해가 中天에 오르면

食 自古皆有死 民無信不立〕"라고 하였으니, 이 말을 인용한 것이다.(≪論語≫ 〈顔淵〉)

11) (署)〔暑〕: 저본에는 '署'로 되어 있으나, ≪官板牧民心鑑≫에 의거하여 '暑'로 바로잡았다.

12) (無)〔而〕: 저본에는 '無'로 되어 있으나, ≪官板牧民心鑑≫에 의거하여 '而'로 바로잡았다.

13) (汐)〔汐(석)〕: 저본에는 '汐'로 되어 있으나, ≪官板牧民心鑑≫에 의거하여 '汐'으로 바로잡았다.

14) 〔之〕: 저본에는 '之'가 없으나, ≪官板牧民心鑑≫에 의거하여 보충하였다.

15) (而)〔不〕: 저본에는 '而'로 되어 있으나, ≪官板牧民心鑑≫에 의거하여 '不'로 바로잡았다.

16) 하늘은……때문에 : ≪周易≫ 謙卦의 〈彖傳〉에 "天道는 가득찬 것을 이지러지게 하고 겸손한

기울고 달이 만월이 되면 이지러진다. 땅은 가득찬 것을 싫어하고 겸손한 것을 좋아하기 때문에 산이 높으면 깎이고 물이 흐르면 반드시 아래로 향한다. 사람이 겸손하지 않으면 반드시 교만해지니, 교만은 凶한 德이다. 흉한 덕이 몸에 있으면 禍가 미치지 않는 경우가 없다. 그러므로 ≪周易≫의 卦 360개 중에 謙卦만 여섯 爻가 모두 吉하니 이것은 무슨 이치인가? 능히 겸손하고 능히 온화함은 지극히 선한 道이니, 이는 仁義禮智 네 가지 德이 그 안에 있기 때문이다. 내가 富貴하게 살고 庶民의 위에 있으면서 능히 겸손하고 온화함으로 선비들에게 자신을 낮추면 누군들 나를 공경하여 나의 어진 덕을 이루어주지 않겠는가. 옛날 堯임금은 大聖人으로서 天子가 되었지만 史官이 그 德을 기술하기를 "진실로 공손하고 능히 겸양하였다."[17]라고 하였으니, 더구나 凡人은 말할 것이 있겠는가. 그러므로 〈謙卦의 爻辭에〉

帝堯圖

것을 더해주며, 地道는 가득찬 것을 변하게 하고 겸손한 데로 흐르며, 鬼神은 가득찬 것을 해치고 겸손한 것에 복을 주고, 人道는 가득찬 것을 싫어하고 겸손한 것을 좋아하니 謙은 높고 빛나며 낮되 넘을 수가 없으니, 君子의 끝마침이다.〔天道 虧盈而益謙 地道 變盈而流謙 鬼神 害盈而福謙 人道 惡盈而好謙 謙 尊而光 卑而不可踰 君子之終也〕"라고 하였다. ≪周易≫ 謙卦의 내용대로 기술하면 "天道는 가득한 것을 이지러지게 하고 겸손한 것을 더해주기 때문에"라고 해야 하는데, 저자는 人道의 내용을 天道와 地道에 적용하여 기술한 것이다.

17) 진실로……겸양하였다 : ≪書經≫ 〈堯典〉에 堯 임금의 덕을 기술하기를 "옛 요임금을 상고해 보건대 사방에 이르지 않는 곳이 없는 큰 공을 세우신 분이니, 공경하고 밝고 文章이 드러나

"겸손하고 겸손한 군자이니 마침이 있으니 吉하다."[18]라고 하였다. 세상에 나라의 녹봉을 받는 자들은 삼가서 爵位를 가지고 남에게 교만해서는 안 된다.

顏子

天은 惡(오)盈而好謙이라 故日中則昃하고 月盈則虧라 地는 惡(오)盈而好謙이라 故山峻者寡하고 水流必下라 人而不謙이면 則必驕傲하나니 驕傲는 凶德也라 凶德在身이면 未有禍不及者라 故易卦三百六十에 而獨謙卦六爻皆吉하니 此何理焉고 夫能謙能和는 至善之道也니 蓋有仁義禮智四德이 存乎其中故也라 吾居富貴之中하고 位庶民之上하야 而能以謙和下士면 則人孰不加敬於我하야 而成我之賢德哉리오 昔唐堯는 大聖人爲天子로되 而史猶書其德 曰允恭克讓이온 況凡人哉아 故曰謙謙君子니 有終이니 吉이라하니라 世之食祿者는 愼不可以爵位驕人也니라

과시하고 자랑하는 것을 경계할 것 戒誇衒

사람에게 선이나 악이 있으면 그에 대한 公論은 자연 덮을 수가 없다. 만약 자기에게 악이 있으면 사람들이 어찌 비난하지 않을 수 있겠으며, 자기에게 선이 있으면 사

고, 사려깊은 것이 자연스러우시며, 진실로 공손하고 능히 겸양하시어 덕의 光輝가 사방 끝에까지 미치고, 위로 하늘과 아래로 땅에 이르렀다.〔曰若稽古帝堯 曰放勳 欽明文思 安安 允恭克讓 光被四表 格于上下〕"라고 한 내용을 인용한 것이다.

18) 겸손하고……吉하다 : ≪周易≫ 謙卦의 初六爻辭에 "겸손하고 겸손한 군자이니 大川을 건너더라도 吉하다.〔謙謙君子 用涉大川 吉〕"라고 한 것과 九三爻辭에 "공로가 있어도 겸손함이니 군자가 끝마침이 있어야 하니 길하다.〔勞謙 君子有終 吉〕"라고 한 것을 하나로 합쳐놓은 것이다.

람들이 어찌 칭찬하지 않을 수 있겠는가. 이것이 불변의 이치이다. 세상의 경박한 자들은 처음 한 가지 일을 행하여 그것이 남보다 조금 낫더라도, 이치에 견주어보면 오히려 완전히 善하지 못한데 곧 사람들에게 과시해서 스스로 그 아름다움을 어둡게 하니, 識者들의 비웃음을 크게 산다는 것을 참으로 알지 못하는 것이다. 옛날에 舜임금이 禹에게 이르기를 "너는 능력을 뽐내지 않지만 천하에 너와 능력을 다툴 자 없으며, 너는 공을 자랑하지 않으나 천하에 너와 공을 다툴 자가 없다."[19]라고 하였고, 顔淵 또한 말하기를 "저는 잘하는 것을 자랑함이 없으며, 공로를 과시함이 없고자 합니다."[20]라고 하였으니, 성현의 큰 덕을 배우지 않아서는 안 된다.

善惡在人에 公論自不能掩이니 如己有惡이면 則人烏得而不毁哉며 己有善이면 則人烏得而不稱哉리오 此常理也라 世之輕浮者는 始行一事하야 差勝于人이라도 較之於理에 猶未盡善이라도 乃輒誇耀于人하야 自眩其美하니 殊不知大爲識者所哂也라 昔帝舜〔稱〕[21]禹曰 汝惟不矜하나 天下莫與汝爭能하며 汝惟不伐하나 天下莫與汝爭功이라하고 顔淵亦曰 願無伐善하며 無施勞라하니 聖賢大德을 不可不學也니라

간사한 무리를 단절할 것 絶邪類

내가 한 지역을 다스리는 임무를 위임받아 生死與奪의 公務를 맡고 있으니 반드시 지극히 공정하고 지극히 바르게 하려는 마음을 가져야 하지, 사특한 道나 지나치게 정교한 물건에 현혹당해서는 안 된다. 무릇 나를 찾아온 자들 중에는 어진 자와 어질지 못한 자가 섞여 있고 玉과 돌이 섞여 있으니, 그것을 구분해내지 못하면 지혜로운 자가 아니다. 그러므로 승려나 도사, 邪術을 부리는 자, 무당이나 박수, 娼妓, 지나치게 정교한 물건을 만드는 자, 괴이한 짓을 하는 자들은 모두 위로는 국법을 어기고 아

---

19) 舜임금이……없다 : 이 말은 舜 임금이 禹에게 攝政을 명하면서 禹를 칭찬한 말이다.(≪書經≫ 〈大禹謨〉)

20) 저는……합니다 : 顔淵과 子路가 공자를 모시고 있을 때에 공자가 두 사람에게 각각의 뜻을 말해보라고 하자 안연이 한 말이다.(≪論語≫ 〈公冶長〉)

21) 〔稱〕: 저본에는 '稱'이 없으나, ≪官板牧民心鑑≫에 의거하여 보충하였다.

래로는 민심을 현혹해서 능히 사람을 유혹하여 재앙을 초래하는 자들이다. 이런 자들은 모두 禁絶하여 나의 門下에 이르지 못하게 해야 하고, 감히 어기는 자가 있으면 곧바로 법으로 처리해야 남에게 현혹되는 것을 면할 수 있을 것이고, 또한 외부 사람들에게 비웃음을 당하지 않을 것이다. 그렇게 하지 않으면 사람들에게 비난받을 뿐만 아니라 또한 반드시 재앙이 미칠 것이니 삼가지 않아서는 안 된다.

吾秉一方之寄하야 司予奪之公하니 必當以大公至正爲心이오 而不可被邪道淫巧惑之者也라 凡人之來見者 或賢否竝進하며 玉石竝居하니 不能明之면 非知者矣라 故若僧道若邪術若巫覡若娼妓若淫巧之流若挾怪之士는 皆上違國法하고 下惑人心하야 能誘累人以召禍者也니 所宜悉禁絶之하야 毋使至吾門下요 敢有違者면 卽置之法이라야 庶免爲人之累하고 亦不爲外人之所指笑焉하리라 否則非惟被人談毁라 亦必有禍及矣니 故不可不愼이니라

자기의 허물을 책임질 것 引己咎

일을 처리할 때에 혹 생각이 미치지 못해서 마침내 일이 잘못되었거나 동료나 吏胥의 잘못으로 말미암아 죄를 지은 책임이 있으면, 진실로 당당하게 나서서 자기가 책임지고 허물을 자신에게 돌려야 한다. 만약 그 일이 해결할 수 있고 사리로 볼 때 말로 해명할 수 있으면 힘을 다해 용맹하게 나서서 그 紛糾를 풀고, 만약 풀 수 없을지라도 사리에 맡겨야 한다. 만약 그 일이 나로 인하여 실패했거나 그 계책이 내 생각에서 나왔는데 나의 잘못을 위장하고 나의 과실을 문식해서 책임을 다른 사람에게 전가하여 다른 사람이 그 죄를 혼자 떠맡게 한다면, 어찌 마음에 부끄럽지 않겠으며, 어찌 神과 사람들이 보고 있지 않겠는가. 비록 한때에는 벗어날 수 있더라도 어찌 훗날까지 끝내 벗어날 수 있겠는가. 이런 짓은 결코 해서는 안 된다.

處事之際에 或有思慮不及하야 遂成過差어나 或由同寅하고 或由吏胥하야 致有罪責이어든 苟能奮然自任하야 引咎自歸니라 使其事有可解하고 理有可言이면 則當一力勇往하야 以解其紛하고 果不可爲라도 亦委之理而已니라 如其事由我敗하고 謀出我心이어늘 而乃文己之非하고 飾己之過하야 移怒他人하야 使彼獨當其罪면 寧不有愧於心乎며 神人寧不鑑之乎아 縱使苟免於一時라도 豈能終免於他日이리오 若此者는 斷不可爲也니라

12. 흉년을 대비하는 도리 備荒

이 편은 지방관이 되었는데 흉년을 만나거나 旱害 또는 水害를 만났을 때에 어떻게 대비하고 처리해야 하는지에 대해 기술하였다. 전체적인 내용을 개략적으로 요약하면 다음과 같다. 흉년을 대비하는 도리는 두 가지가 있는데, 하나는 평상시 미리 방비하는 것이고, 또 하나는 흉년을 만났을 때에 마음을 다해서 대처하는 것이다. 먼저 풍년이 들면 義廩의 제도처럼 백성들의 식구 수에 따라 일정량을 비축하고, 흉년을 만나면 그 비축분을 풀어서 구제하는 것이다. 다음으로 한해나 수해를 만나면 정성을 다해서 神에게 기도하고, 그런데도 효과가 없으면 직접 고을에 나가서 재해 정도를 조사하여 上司에 보고하고, 상사의 재가를 받아서 재해에 대처해야 한다. 또 흉년을 만나서 관할 백성이 다른 고을로 떠나서 遊離乞食하게 되더라도 戶口의 총수는 줄어들지 않기 때문에 각종 差役과 온갖 세금을 남은 백성들이 부담하게 된다. 이렇게 되어 백성들이 견딜 수 없게 되면 일차로 상부 관서에 보고하여 조치를 요구하고, 상부관서에서 조치해주지 않은 뒤에야 조정에 보고해서 상황을 해결해야 한다.

미리 대비할 것 預隄防

정성을 다해 기도할 것 誠祈禱

실제 상황을 보고할 것 申實跡

백성의 어려움을 보고할 것 陳民艱

조정에 賑恤을 청할 것 請賑給

---

*) ≪牧民心鑑≫은 총 13개로 구성된 각 편의 아래에 세 글자로 요약된 하위 章이 나뉘어져 있는데, 다른 11개의 편과는 달리 이곳 12편 〈備荒〉과 13편 〈善終〉은 편 머리에 章名이 한꺼번에 나열되어 있다. 이와 관련된 저자의 기록이 없기 때문에 상세히 알 수 없으나, 적은 분량으로 인해 여러 개의 章名에 들어맞는 내용을 구분할 수 없으므로 이와 같은 편제를 따른 것으로 보인다.

흉년을 대비하는 도리를 논하면 그 방법은 두 가지가 있다. 하나는 평상시에 미리 방비하는 것이고, 또 하나는 흉년이 들었을 때에 마음을 쓰는 것이다. 어떻게 하는 것인가? 풍년이 들었을 때에는 백성들과 의논해서 좋은 법을 만들어 식량을 비축해두어야 한다. 가령 식구가 많은 집은 한 해에 쌀이나 콩, 보리 몇 말을 비축하며, 식구가 적은 집은 몇 말을 비축할지를 義廩의 제도와 같이 해서 흉년을 대비하여 上司에 보고하고, 해마다 비축분을 늘렸다가 한 번 흉년이 들면 즉시 그 전에 비축해둔 수량만큼 스스로 나누어주게 하고 官府에서는 그 일에 간여하지 않는 것이니, 이것이 첫 번째이다.

備荒之道는 其說有二焉하니 一則預防於平常之時요 二則用心於所遭之日이라 何也오 當年歲豊穰之際하야 宜與人民集議하야 立爲良法하야 以積聚之니 如大口歲積穀或豆麥幾斗며 小口積幾斗를 制如義廩하야 以備凶年하야 申達上司하고 歲歲加積이라가 一遇凶歲면 即如舊數自分給之하고 而官府不預其事니 此其一也라

만약 가뭄이 들거나 장마가 지면 반드시 먼저 정성과 공경을 극진히 하고 齋戒하여 神에게 기도하되 기도해도 영험이 없어서 재해가 발생한 뒤에는 직접 고을에 나아가서 한 丘와 한 畝를 직접 踏驗하여 허위로 조사한 보고를 듣지 말고, 그런 뒤에 上司에 아뢰어 上司의 裁可를 받아야 한다. 한때의 功을 세우려고 급박하게 임시변통으로 거칠게 처리해서 부실하게 하면 그 죄가 작지 않으니 이것이 두 번째이다.

如値旱澇之日이면 必先極其誠敬하고 齋潔以禱于神호되 禱而弗靈하야 已成災眚然後엔 躬詣諸鄕하야 躬親檢踏一丘一畝하야 勿聽其虛하고 始可達于上司하야 取上裁라 晝功一時하야 急迫架漏麤疏하야 致有不實이면 厥罪非小니 此其二也라

실제로 흉년이 들어 백성들이 다른 지역을 떠돌면서 다른 지역에서 먹을 것을 구하더라도 이 지역 戶口의 總數는 줄어들지 않기 때문에, 差役은 예전대로이고 온갖 세금이 부과되어 남아 있는 백성들이 반드시 견딜 수 없게 된다. 이렇게 되면 백성들의 어려운 상황을 사실대로 조목조목 진술하여 上司의 담당자에게 보고하고, 上司의 담당자가 구제해주지 않아서 백성들이 극도로 피폐해지면 그때는 조정에 보고하여 백성들의 급한 상황을 해소해주고 나라의 근본을 굳건하게 해야 하니, 이것이 세 번째이다.

果當凶荒之年하야 人民流移他하야 他處趁(진)食이라도 而戶口之總數不減이라 差役如故하며 科賦百出하야 民之不流者 必不能堪이면 則以民艱之情으로 條其實跡하야 申聞所司호되 所司不恤하야 民力疲極이어든 然後由達于朝하야 以解民急하고 以固邦本이니 此其三也라

그러나 일이 어쩔 수 없게 되어 백성들이 극심한 기근을 당한 경우가 아니면 경솔하게 함부로 말해서는 안 되니 신중을 기하는 것이 옳다. 진실로 그 근본적인 대책을 구한다면 평상시에 법을 만들어 미리 대비하는 데에 달려 있으니, 이것이 곧 흉년을 대비하는 도리이다.

然非事出無奈하야 民極飢荒이면 則不宜輕易(이)妄言이니 愼之重之可也라 苟求其本이면 惟在於平常之日에 立法以預防之니 乃備荒之道也라

13. 끝맺음을 잘하는 도리 善終

이 편은 임기가 만료되어 離任할 때에 새로 부임해온 新官을 예우하는 방법과 임지를 떠날 때의 자세에 대해 기술하였다. 전체적인 내용을 개략적으로 요약하면 다음과 같다. 新官이 오는데 館舍와 사용해야 하는 물품이 미비되었으면 자기가 가지고 있는 것들을 신관에게 넘겨주어 사용하게 해야 한다. 또한 자기가 舊任으로서 수행하던 일 중에서 신관이 이어받아야 하거나 조심해야 할 것들을 구두와 책자로 전해서 신관과 구관의 政事가 이어지게 해야 한다. 끝으로 떠나갈 때에 관의 물건은 당연히 신관에게 넘겨주어야 하고, 자기 물건이라도 가져갈 필요가 없는 것은 신관에게 넘겨주어야 한다. 자기 물건이라도 공연스레 가져가서 불필요한 비방을 초래해서는 안 된다. 이렇게 하면 내 마음에도 부끄러움이 없고 옛날의 군자에게도 부끄러움이 없을 것이니, 이것이 끝맺음을 잘하는 도리이다.

新官을 예우할 것 禮新官
舊任의 政事를 알려줄 것 告舊政
行橐을 버리고 갈 것 委行橐

임기가 차서 離任하는 방법에도 세 가지가 있다. 新官이 오는 것은 나를 대신하기 위해서이니 그 館舍가 제대로 갖추어지지 않았거나 여러 물품이 미비되었으면 내가 전에 가지고 있던 것들을 모두 그에게 넘겨주어야 하니, 이것이 첫 번째이다.

考績既及하야 謝政之道도 亦有三焉하니 新官之至는 所以代我니 其行館未周하고 諸物未備면 凡吾之舊有者를 宜悉遺之니 一也라

舊任이 수행하던 政事 중에는 반드시 시행하다 끝내지 못한 것이 있고, 마땅히 거행해야 할 것이 있고, 마땅히 고쳐야 할 것이 있고, 마땅히 경계해야 할 것이 있을 것이다. 이것들을 모두 반드시 하나하나 新官에게 말해주고 책자에 써서 기록하여 신관

이 알아서 행하게 한다면 舊官과 新官의 정사가 어긋나지 않고 일의 처음과 끝이 서로 이어질 것이니, 이것이 두 번째이다.

舊任之政에 必有行未絶者하고 有合擧者하며 有宜改者하며 有當戒者리니 皆須一一爲新官言之하고 書于冊以記之하야 令其知而行之면 庶幾前後之政不詭하고 首尾之事相接이니 二也라

이임하는 날에 관청 안에 관의 물건으로서 넘겨주어야 할 것이 있고 자기 물건이지만 가져갈 필요가 없는 것이 있을 것이다. 이것들은 모두 新官에게 넘겨야 하니, 가져가서 불필요한 비방[1]을 일으켜서는 안 되니, 이것이 세 번째이다.

起程之日에 凡公廨(해)之內에 有官物當交割者하고 有己物不足帶者리라 皆宜付之新官이니 不可持歸하야 以興薏苡之(의이)謗이니 三也라

내가 지방관으로 있은 3년 동안 이미 정사에 마음을 다하였고 백성들에게 착취한 것이 없어서 청렴하고 재능 있다는 명성이 이미 드러났다. 따라서 처음부터 끝까지 분명히 해서 내가 떠난 뒤에도 일마다 사람들로 하여금 보고서 생각나게 하고 물건마다 한 가지라도 비평할 것이 없게 한 뒤에야 내 마음에 부끄러움이 없고 옛날의 군자에게도 부끄럽지 않을 것이다. 이것이 시작을 잘하고 끝맺음을 잘하는 도리이다.

吾在官三年에 旣皆於政盡心하고 於民無染하야 廉翰之名已著하니 始終必當分明하야 使吾去後에 事事令人見思하고 物物無一可議니 然後無愧於吾心하고 亦無愧於古君子리라 此善始善終之道也라

---

1) 불필요한 비방 : 원문 '薏苡之謗'의 薏苡는 율무를 말한다. 漢나라 光武帝의 신하인 馬援이 交趾를 정벌할 적에 율무를 복용하여 남쪽 지방의 瘴氣를 막았는데, 정벌을 마치고 율무의 씨앗을 수레에 싣고 돌아왔다. 그러나 마원의 사후에 신하들이 이것을 고운 구슬·문채 나는 무소뿔〔明珠文犀〕 등의 뇌물이라고 참소하여 봉작이 追削되는 데에 이르렀다. 이후 터무니없는 誹謗과 誣告를 가리키는 말로 사용되었다.(≪後漢書≫ 권24 〈馬援列傳〉)

≪牧民心鑑≫ 발문 牧民心鑑跋文

≪牧民心鑑≫은 牧民하는 자가 마음가짐을 의당 이와 같이 해야 함을 밝힌 책이다. 이런 마음이 있은 뒤에야 이런 政事가 있는 것이니, 마음이 먼저 확립되지 않으면 어떻게 政事에 베풀겠는가.

이 책은 모두 옛날의 循吏[1]나 良吏[2]가 명성을 얻게 된 이유를 기술하였다. 내가 그들과 명성을 나란히 할 수는 없지만 마음만은 그들과 같지 않은 적이 없었다. 내가 일찍이 河間에 있는 寧津의 지방관을 지낸 적이 있고, 이어서 秦과 楚 두 郡을 按察하면서[3] 감히 마음을 다하지 않은 적이 없어서 옛날의 군자에게 거의 부끄러움이 없었다.

이로 인하여 이 책을 지어 나의 同志들에게 주어서 그 是非를 바로잡게 하여 後進들을 일깨우노라. 훗날 牧民하는 자들이 과연 그 마음을 이와 같이 하여 정사에 베푼다면 그들 또한 循吏와 良吏의 명성을 잃지 않을 것이다.

右牧民心鑑者는 **所以明牧民者之立心當如此也**라 **夫有此心然後**에 **有此政**하니 **心不先立**이면 **何以施諸政哉**리오 **此編**은 **皆古循良之吏 所由得名者也**라 **予雖不能與之齊名**이나 **然此心未嘗不同也**라 **予嘗辱宰河間之寧津**하고 **繼兩忝憲節曆秦楚二郡**하야 **罔敢不盡其心**하야 **頗無愧於古君子**라 **因述此編**하야 **貽我同志者**하야 **訂其是(否)**

---

1) 循吏 : 법을 지키고 이치를 따르는 관리이다. 자세한 내용은 175쪽 역주 8) 참조.

2) 良吏 : 정치를 공평하게 하고 송사를 잘 다스려서 백성이 그 田里에 安住하고 탄식하고 원망하는 마음이 없게 하는 관리를 가리킨다.(≪晉書≫ 권90 〈良吏列傳〉)

3) 秦과……按察하면서 : 朱逢吉이 寧津縣을 잘 다스려 湖廣按察司僉事로 승진하였는데, 湖廣 지역에 秦과 楚 두 郡이 소속되어 있었다.(≪萬姓統譜≫ 권9)

〔非〕[4]하야 以啓(復)〔後〕[5]進之士焉하노라 後之牧民者 果能同其心하야 而施諸政이면 亦不失循良之名矣리라

4) (否)〔非〕 : 저본에는 '否'로 되어 있으나, ≪牧民心鑑≫ 林秀一의 설에 의거하여 '非'로 바로잡았다.
5) (復)〔後〕 : 저본에는 '復'로 되어 있으나, ≪牧民心鑑≫ 林秀一의 설에 의거하여 '後'로 바로잡았다.

〔附錄 1〕

索 引

索引凡例 …………………………………… 275

政經索引

1）綜合索引 ……………………………… 281

2）人名索引 ……………………………… 291

3）引用句索引 …………………………… 296

牧民心鑑索引

1）綜合索引 ……………………………… 299

索引凡例

1. 색인의 대상

본 색인의 대상은 ≪譯註 政經·牧民心鑑≫의 原文(本文, 注釋)으로 하였다.

2. 색인의 종류

1) 색인은 〈政經索引〉과 〈牧民心鑑索引〉을 별도로 작성하였고, 각 서목의 특징을 반영한 주제별 색인을 설정하였다.

2) 〈政經索引〉은 ≪政經≫의 본문과 주석에서 색인어를 추출하였고, 주제별 색인으로 〈人名索引〉, 〈引用句索引〉을 작성하여 종합적으로 참조할 수 있게 하였다.

3) 〈人名索引〉에는 ≪政經≫의 본문에서 제시한 人物과 그에 관련된 색인어를 추출하였다. 〈引用句索引〉에는 ≪政經≫의 본문에서 인용한 經傳과 史書의 문장을 색인어로 추출하였다.

4) 〈牧民心鑑索引〉은 ≪牧民心鑑≫의 본문에서 색인어를 추출하였다.

3. 색인 작성 방법

1) 索引語

(1) 색인어는 人名, 地名, 國名, 書名, 官職名 등의 고유명사와 주요 用語 및 특수하게 사용된 語彙 등을 중심으로 추출하였다.

(2) 해당 색인어의 변별력을 높이고 내용을 전달하기 위해 부가정보를 ( ) 안에 표기하였다. 특히 書名, 官職名, 年號, 地名, 國籍 등을 밝혔다.

예) 嘉善大夫(官名)　　江西(地)　　牧民心鑑(書)

西山(號) 蒯聵(春秋 衛)

(3) 〈人名索引〉에는 ≪政經≫에서 다룬 주요 人物의 성명을 추출하였고, 인물의 관직과 발언 등을 종속항목으로 추출하여 참조할 수 있게 하였다.

예) 季羔(春秋 衛)

—— 曰 君子不踰 88

—— 將去……何故哉 88

(4) 〈引用句索引〉에는 ≪政經≫ 전반부에 인용된 각 書冊의 인용구를 추출하였다. 書名은 완칭을 기준하여 한글 가나다 순으로 배열하고, 색인어가 긴 경우 말줄임표(…)를 사용하여 全文의 始末을 기록하였다.

예) 大學(書)

—— 康誥曰 如保赤子……不遠矣 81

—— 詩云 樂只君子……此之謂民之父母 81

荀子(書)

—— 公生明 116(注)

2) 人名

(1) 人名의 경우 ( ) 안에 時代와 國名, 기타사항을 부기하여 同名異人을 구분하였다. 시대가 불확실한 경우에는 人으로 표시하였다.

예) 魯恭(後漢) 悼惠王(漢) 鄧居中(宋)

孟嘗(後漢) 孟子(戰國 鄒) 周宗强(人)

(2) 한 사람의 人名이 다양하게 사용되는 경우, 통용되는 名稱을 대표 인명으로 정하고 異稱, 略稱, 別稱 등을 추출하여 색인어를 상호 참조하게 하였다.

예) 眞德秀(宋)←文忠, 文忠公 文忠, 文忠公→眞德秀(宋)

樊遲(春秋 魯)←樊須 樊須→樊遲(春秋 魯)

陶侃(東晉)←陶威公 陶威公→陶侃(東晉)

(3) 人名이 2인 이상 合稱으로 쓰인 경우 색인어를 따로 뽑아서 상호 참조하게 하였다. 다만 堯舜이 聖君의 의미로만 쓰인 경우 따로 뽑지 않았다.

예) 文景→文帝(漢), 景帝(漢)

3) 書名

(1) 書名 색인어에는 ( ) 안에 '書'라고 부기하였다. 다만 ≪詩經≫, ≪春秋左氏傳≫ 등이 '詩云'이나 '詩曰', '左傳' 등 略稱으로 쓰인 경우 完稱으로 색인어를 뽑았다.

예) 孔子家語(書)　　'詩云'이나 '詩曰'의 경우 : 詩經(書)
孟子(書)　　'左傳'의 경우 : 春秋左氏傳(書)

4) 從屬項目

(1) 종속항목은 人名, 官職, 書名 등의 색인어 중 관련된 내용을 추출하였다.

(2) 人名은 종속항목에 해당 인물의 관직과 발언을 함께 추출하였다.

예) 季羔(春秋 衛)
—— 士師(官名) 88
—— 將去……何故哉 88

顔淵(春秋 魯)
—— 願無伐善 無施勞(論語) 263

(3) 官職은 종속항목에 해당 인명을 함께 추출하였다.

예) 嘉善大夫(官名)
———— 趙明履(朝鮮) 58

(4) 書名은 종속항목에 해당 引用句를 함께 추출하였다.

예) 詩經(書)
—— 父兮生我 母兮鞠我 122
—— 欲報之德 昊天罔極 122

(5) 篇名은 종속항목에 하위 條目을 함께 추출하였다.

예) 謹始(篇名)
—— 度己分 176
—— 立志節 177

—— 克偏見 177
—— 求則法 178

5) 代表 索引語

(1) 대표 색인어는 일반적으로 通用되는 명칭을 기준으로 하였으며, 異稱·略稱으로만 사용된 경우 完稱으로 설정하고 상호참조하게 하였다.

예) 冉雍(春秋 魯)←冉有, 仲弓　　　　仲弓→冉雍(春秋 魯)

(2) 통용되는 대표 색인어가 원문에 포함되어 있지 않은 경우, 대표 색인어를 설정·삽입하여 상호참조하게 하였다.

예) 朱逢吉(明)←朱君　　　　朱君→朱逢吉(明)
諸葛亮(蜀漢)←諸葛公, 諸葛武侯　　　　諸葛公→諸葛亮(蜀漢)

(3) 주요 용어나 개념어에 하위 項目·條目이 설정되어 있는 경우, 이를 대표 색인어로 추출하고 상호참조하게 하였다.

예) 四事←撫民以仁, 律己以廉, 涖事以勤, 存心以公
十害←科罰取財, 斷獄不公, 汎濫追呼, 淹延囚繫, 低價買物,
縱吏下鄕, 重疊催稅, 慘酷用刑, 聽訟不審, 招引告訐

4. 항목 배열 및 표시

1) 색인어의 배열은 한글 가나다 순서를 따랐으며 두음법칙을 적용하였다.

2) 종속항목에는 대표 색인어와 관련된 주요 내용을 담았다.

3) 색인어의 위치는 '面數'의 형태로 하고, 面數는 아라비아 숫자로 표시하였다.

4) 注釋에서 추출한 색인어는 면수 뒤에 '(注)'라고 표기하여, 本文의 색인어와 구별되게 하였다.

5) 색인에 사용한 부호는 다음과 같다.

——: 동일한 표제어 생략 표시
→ : 대표 표제어로 나간 표시
← : 대표 표제어로 모아주는 표시

( ) : 색인어에 대한 부가정보 표시

, : 面數와 面數의 구분

政經索引

1) 綜合索引

【ㄱ】

嘉善大夫(官名)
———— 趙明履(朝鮮) 58
賈熊(宋) 168
嘉定(年號) 108, 109, 110, 145
江陵令(官名)
——— 劉昆(後漢) 100
江西(地) 124
江州(地) 124
蓋公(漢) 89
莒父宰(官名)
——— 子夏(春秋 衛) 77
經筵參贊官(官名)
————— 趙明履(朝鮮) 58
慶元(年號) 110
景帝(漢)←文景 90
季康子(春秋 魯) 72, 73
——— 問使民敬忠以勸……擧善而敎不能則勸(論語) 72
——— 問政於孔子……孰敢不正(論語) 74
——— 問政於孔子曰……必偃(論語) 74
——— 患盜……不竊(論語) 74
季羔(春秋 衛)
—— 曰 君子不踰(孔子家語) 88
—— 曰 君子不隧(孔子家語) 88
—— 將去……何故哉(孔子家語) 88
—— 士師(官名) 88
皐陶(唐虞) 103
考城令(官名)
——— 王渙(後漢) 103
穀陽(地) 95
穀陽長(官名)
——— 召信臣(漢) 96
龔遂(漢) 93
孔子(春秋 魯)
—— 過而不改 是謂過矣(論語) 118
—— 寬則得衆……公則說(論語) 81
—— 己所不欲 勿施於人(論語) 141
—— 莞爾而笑曰 割雞焉用牛刀(論語) 78
—— 可也簡(論語) 72
—— 去兵(論語) 73
—— 去食……民無信不立(論語) 73
—— 恭寬信敏惠……惠則足以使人(論語) 79
—— 苟正其身矣……如正人何(論語) 77
—— 君子惠而不費……威而不猛(論語) 80

—— 近者說 遠者來(論語) 77
—— 其身正……雖令不從(論語) 76
—— 能行五者於天下 爲仁矣(論語) 79
—— 道之以政……有恥且格(論語) 71
—— 道千乘之國……使民以時(論語) 71
—— 無倦(論語) 75
—— 無欲速……見小利則大事不成(論語) 77
—— 不敎而殺……謂之有司(論語) 80
—— 上好禮則民易使也(論語) 78
—— 善哉……恭敬以信矣(論語) 84
—— 善哉……明察而斷矣(論語) 84
—— 善哉……忠信而寬矣(論語) 84
—— 先之勞之(論語) 75
—— 小人哉……焉用稼(論語) 76
—— 吾見其政也……庸盡其美乎(論語) 84
—— 吾不如老農(論語) 76
—— 吾不如老圃(論語) 76
—— 雍也 可使南面(論語) 72
—— 雍之言然(論語) 72
—— 二三子……前言戲之耳(論語) 79
—— 因民之所利而利……斯不亦威而不猛乎(論語) 80
—— 足食足兵 民信之矣(論語) 73
—— 尊五美……斯可以從政矣(論語) 80
—— 知及之……未善也(論語) 78
—— 聽訟吾猶人也 必也使無訟乎(論語) 73
—— 聽訟吾猶人也……此謂知本(大學) 81
—— 片言……子路無宿諾(論語) 73
—— 一朝之忿……非惑歟(論語) 162
孔子家語(書)
———— 季羔爲衛士師……此臣之所以悅君也 88
功曹(官名)
—— 張敞(後漢) 103
科罰取財→十害 116
光祿勳(官名)
——— 劉昆(後漢) 100
蒯聵(春秋 衛) 88
膠西(地) 89
交趾(地) 99, 101
交趾太守(官名)
———— 錫光(漢) 99
仇覽(後漢)
—— 蒲亭長(官名) 103
九眞太守(官名) 99
———— 任延(漢) 99
仇香(後漢)
—— 亭長(官名) 123
國語(書)
—— 鬬子文三舍令尹……非逃富也 87
郡守(官名) 91
—— 蘇瓊(隋) 123
軍州事(官名)
——— 眞德秀(宋) 128
弓手(官名) 118(注), 154
近思錄(書)
——— 一命之士……於人必有所濟 139
汲黯(漢) 91
吉州(地) 124

【ㄴ】

羅邦臣(宋) 168
羅延圭(宋) 168
南安(地) 154

南陽太守(官名)
———— 召信臣(漢) 95
———— 王暢(後漢) 104
駱越(地) 99
魯恭(後漢)
—— 中牟令(官名) 98
老子(春秋 楚) 89
論語(書) 59
—— 孟氏使陽膚爲士師……則哀矜而勿喜 79
—— 樊遲請學稼……焉用稼 76
—— 哀公問曰……則民不服 71
—— 葉公問政……遠者來 77
—— 一朝之忿……非惑歟 163
—— 子貢問政……民無信不立 73
—— 子路問政……曰無倦 74
—— 子路治蒲三年……庸盡其美乎 83
—— 子曰 苟正其身矣……如正人何 77
—— 子曰 其身正……雖令不從 76
—— 子曰 道之以政……有恥且格 71
—— 子曰 道千乘之國……使民以時 71
—— 子曰 知及之……未善也 78
—— 子曰 雍也可使南面……雍之言然 72
—— 子曰 聽訟吾猶人也 必也使無訟乎 73
—— 子曰 片言……子路無宿諾 73
—— 子張問於孔子曰……謂之有司 80
—— 子張問仁於孔子……惠則足以使人 79
—— 子張問政……行之以忠 73
—— 子適衛……曰敎之 76
—— 子之武城……前言戱之耳 78
—— 子夏爲莒父宰……見小利則大事不成 77
—— 仲弓爲季氏宰……人其舍諸 75

【ㄷ】

斷獄不公→十害 116
潭州(地) 109, 110, 113, 122, 138, 167
大學(書) 59
—— 康誥曰 如保赤子……不遠矣 81
—— 詩云 樂只君子……此之謂民之父母 81
—— 子曰 聽訟……此謂知本 81
德州(地) 128
陶侃(東晉)←陶威公 143
陶威公→陶侃(東晉) 143
悼惠王(漢) 89
督郵(官名) 91
桐鄕(地) 92
桐鄕嗇夫(官名)
———— 朱邑(漢) 93
鄧居中(宋) 168

【ㅁ】

蠻貊 139
孟嘗(後漢)
—— 合浦太守(官名) 100
孟子(戰國 鄒, 書)
—— 徒善不足以爲政 徒法不能以自行 84
—— 視民如傷 85
—— 仁言不如仁聲之入人深也……善敎得民心 85
—— 子産聽鄭國之政……焉得人人而濟之 84
—— 生以待旦 116(注)
—— 好勇鬪狠 以危父母 163
毛以大(宋) 168

武當世(宋) 168
撫民以仁→四事 115
武城(地) 79
文景→文帝(漢), 景帝(漢) 91
文帝(漢)←文景 90
文翁(漢)
—— 蜀守(官名) 91
文王(周) 85
文忠公→眞德秀(宋) 54, 56, 113, 169
岷州刺史(官名)
———— 辛公義(隋) 105
澠池(地) 100
密令(官名)
—— 卓茂(漢) 97
密縣(地) 96

【ㅂ】

渤海(地) 93
渤海太守(官名) 93
樊遲(春秋 魯)←樊須
—— 請學稼……吾不如老圃(論語) 76
汎濫追呼→十害 116
弁州刺史(官命)
———— 辛公義(隋) 105
保司(官名) 110, 154
保長(官名) 108, 109, 110, 152
保正(官名) 152, 157, 159, 160
福建(地) 161
福州(地) 162
簿尉→主簿(官名), 縣尉(官名) 140
副正(官名) 152, 156
北史(書)
—— 隋蘇瓊除淸河太守……遂還同居 104
—— 淸河之民……同居如初 123
賁(卦) 69

【ㅅ】

士師(官名)
—— 陽膚(春秋 魯) 79
四事 115, 119, 125
←撫民以仁 115
←律己以廉 115
←涖事以勤 115
←存心以公 115
山陰縣(地) 102
廂官(官名) 145
湘潭(地) 168
湘陰(地) 168
象傳(篇名)
—— 周易(書) 69, 70
湘州(地) 120, 121, 122
上蔡長(官名)
——— 召信臣(漢) 96
湘鄕(地) 168
嗇夫(官名)
—— 朱邑(漢) 93
書經(書) 59, 69
—— 康誥 王曰……懋不懋 60
—— 君牙 爾身克正……民乃寧 64
—— 君陳 王若曰……敬哉 63
—— 呂刑 王曰……具嚴天威 66
—— 又曰 無依勢作威……從容以和 64

—— 又曰 罰懲非死……其審克之 67
—— 又曰 若保赤子 惟民其康乂 60
—— 又曰 獄貨非寶……報以庶尤 68
—— 又曰 要囚……丕蔽要囚 61
—— 又曰 爾無忿疾于頑……允升于大猷 64
—— 又曰 爾惟風……庶言同則繹 63
—— 周官 王曰……惟爾不任 62
西銘(銘)
—— 凡天下之疲癃殘疾……而無告者也 166
西山→眞德秀(宋) 113
犀珠 139
舒縣(地) 92
錫光(漢)
—— 交趾太守(官名) 99
仙居宰(官名)
——— 陳襄(北宋) 115
宣城(地) 110
成王(楚) 87
蘇瓊(隋)
—— 郡守(官名) 123
—— 淸河太守(官名) 104
召信臣(漢)
——— 穀陽長(官名) 96
紹定(年號) 162
宋(國) 54
宋太卿(宋) 153
隋(國) 104
受納官(官名) 152
隋書(書) 86
—— 辛公義除岷州刺史……訟者皆兩讓而止 106
隨會→士會(晉) 104
肅廟→肅宗(朝鮮) 53
舜(唐虞) 104
荀子(書)
—— 公生明 116(注)
丞相(官名) 94
—— 曹參(漢) 89
承信郞(官名)
——— 周宗强(人) 145
詩經(書)
—— 父兮生我 母兮鞠我 122
—— 欲報之德 昊天罔極 122
市令司(官名) 118(注)
辛公義(隋)
——— 岷州刺史(官名) 105
心經(書) 53, 56
心經附註(書) 53
十害 115, 116, 119, 125
←科罰取財 116
←斷獄不公 116
←汎濫追呼 116
←淹延囚繫 116
←低價買物 116
←縱吏下鄕 116
←重疊催稅 116
←慘酷用刑 116
←聽訟不審 116
←招引告訐 116

【ㅇ】

案吏(官名) 152
安化(地) 168
哀公(春秋 魯) 71

若邪山(地) 102
陽膚(春秋 魯)
—— 士師(官名) 79
楊仁老(宋) 168
御史(官名) 94
言偃→子游(春秋 吳) 79
淹延囚繫→十害 116
旅(卦) 69
呂洙(宋) 145
呂刑(篇名)
—— 書經(書) 66
然明→鬷蔑(春秋 鄭) 87
掾史(官名) 97
冉雍(春秋 魯)←冉有, 仲弓
冉有→冉雍(春秋 魯)
—— 既富矣 又何加焉(論語) 76
—— 既庶矣 又何加焉(論語) 76
葉公(春秋 楚) 77
寧國(地) 110
令尹(官名) 87
永州(地) 128
潁川太守(官名)
———— 黃霸(漢) 92
永春(地) 156
芮(國) 104
禮記(書)
—— 王制 凡制五刑……以成之 82
—— 刑者侀也……故君子盡心焉 82
醴陵(地) 110, 168
吳公(漢)
—— 河南守(官名) 91
吳良聰(宋) 146
吳祥(宋) 145
吳十同(宋) 146
溫陵→泉州(地) 129, 148
雍丘令(官名)
——— 劉矩(後漢) 101
王暢(後漢)
—— 南陽太守(官名) 104
王渙(後漢)
—— 考城令(官名) 103
龍世永(宋) 168
虞(國) 104
芸館(官名) 57
袁簡(宋) 168
衛(國) 76, 88
尉司(官名) 154
劉昆(後漢)
—— 江陵令(官名) 100
—— 光祿勳(官名) 100
—— 弘農太守(官名) 100
劉寬(後漢) 98
劉矩(後漢)
—— 雍丘令(官名) 101
劉璣(宋) 145
淯水(地) 84
瀏陽(地) 168
攸邑(地) 168
劉寵(後漢)
—— 會稽太守(官名) 102
劉孝錫(宋) 168
律己以廉→四事 115
隆興(地) 109
乙普明(隋) 104
涖事以勤→四事 115
李嶢(宋) 168

李天覺(宋) 168
任延(漢)
—— 九眞太守(官名) 99

【ㅈ】

子貢(春秋 衛)
—— 問政(論語) 73
—— 必不得已而去……何先(論語) 73
—— 執轡而問曰……可得聞乎 83
子路(春秋 魯)
—— 無宿諾(論語) 73
—— 問政(論語) 74
—— 治蒲三年 83
子産(春秋 鄭)
—— 聽鄭國之政……焉得人人而濟之(孟子) 84
—— 始知然明……其過鮮矣(春秋左氏傳) 87
子桑伯子(春秋 魯) 72
子游(春秋 吳)←言偃
—— 對曰 昔者……前言戲之耳(論語) 78
子張(春秋 陳)
—— 問政(論語) 73
—— 問於孔子曰……惠則足以使人(論語) 79
子太叔(春秋 鄭) 87
子夏(春秋 衛)
—— 莒父宰(官名) 77
—— 爲莒父宰……見小利則大事不成(論語) 77
張歐(漢) 90
長吏(官名)
—— 許丞(漢) 92
張奉世(宋) 168
長沙(地) 113, 138, 165, 168
將作大匠(官名)
———— 劉寵(後漢) 102
張敞(漢) 103
鄭(國) 84
低價買物→十害 116
政經(書) 53, 54, 56
貞觀政要(書)
———— 吾心如稱 不能爲人作輕重 142
丁大謙(人) 168
程敏政(明) 54
亭長(官名) 98
—— 仇香(後漢) 123
齊(國) 89
諸葛公→諸葛亮(蜀漢)
——— 吾心如稱 不能爲人作輕重(貞觀政要) 142
諸葛亮(蜀漢)←諸葛公, 諸葛武侯
諸葛武侯→諸葛亮(蜀漢) 120
趙明履(朝鮮)
——— 嘉善大夫(官名) 58
——— 弘文館副提學(官名) 58
——— 知製敎(官名) 58
——— 經筵參贊官(官名) 58
——— 春秋館修撰官(官名) 58
曹應龍(宋) 168
曹參(漢)
—— 丞相(官名) 89
存心以公→四事 115
縱吏下鄕→十害 116
周(國) 104
周公(周)

—— 不簡不易……民必歸之 69
周官(篇名)
—— 書經(書) 62
周霖(宋) 168
主簿(官名) 139
—— 仇覽(後漢) 103
朱君→朱逢吉(明)
——— 湖廣憲僉(官名) 174
朱逢吉(明)←朱君
周易(書) 59
—— 雷電皆至豐……折獄致刑 70
—— 山上有火旅……而不留獄 69
—— 山下有火賁……無敢折獄 69
—— 訟終凶 163
—— 澤上有風中孚……緩死 70
朱邑(漢)
—— 桐鄕嗇夫(官名) 93
周宗强(人)
——— 承信郎(官名) 145
主學官(官名) 147
仲弓→冉雍(春秋 魯)
—— 問子桑伯子……雍之言然 72
—— 爲季氏宰……人其舍諸(論語) 75
中牟令(官名)
——— 魯恭(後漢) 98
中孚(卦) 70
中庸(書)
—— 改而止 144
重疊催稅→十害 116
曾子(春秋 魯)
—— 上失其道……則哀矜而勿喜 79
知製敎(官名)
——— 趙明履(朝鮮) 58
知佐(官名) 146, 147, 154
知縣(官名) 108, 120, 149, 150, 151
職曹官(官名) 113
秦(國) 104
晉(國) 104
晉江縣(地) 145, 157
眞德秀(宋)←文忠公, 眞文忠公, 西山 53, 54
眞文忠公→眞德秀(宋) 56
溱水(地) 84
陳襄(北宋) 115
陳元(後漢) 102, 123
陳洪範(宋) 168

【ㅊ】

慘酷用刑→十害 116
泉州(地) 128, 129, 138
聽訟不審→十害 116
淸河太守(官名)
———— 蘇瓊(隋) 104
楚(國) 87
招引告訐→十害 116
蜀(地) 91
蜀守(官名)
—— 文翁(漢) 91
蜀郡太守(官名)
———— 文翁(漢) 90
春秋館修撰官(官名)
——————— 趙明履(朝鮮) 58
春秋左氏傳(書)
————— 子産始知然明……其過鮮矣 87

【ㅌ】

卓茂(漢)
—— 密令(官名) 97
太守(官名) 99, 100, 102, 165
通判(官名) 113
鬪子文(楚) 87

【ㅍ】

平帝(漢) 99
蒲(地) 83
蒲亭(地) 103
蒲亭長(官名)
——— 仇覽(後漢) 103
豊(卦) 70
豐城(地) 109
馮楷(宋) 168

【ㅎ】

河南守(官名)
——— 吳公(漢) 91
漢(國) 89
漢書(書)
—— 汲黯治官理民……不苛小 91
—— 文景時循吏……比齊魯焉 91
—— 宣帝卽位……上許焉 94
—— 召信臣補穀陽長……號之曰召父 96
—— 誰謂德難 厲其庶而 119
—— 張敺爲吏……亦不敢大欺 90
—— 朱邑少爲舒桐鄉嗇夫……所至吏民愛敬 93
—— 漢曹參爲齊相……大稱賢相 89
—— 黃霸爲潁川太守……治爲天下第一 92
宣帝(漢) 93
合浦郡(地) 100
合浦太守(官名)
—— 孟嘗(後漢) 101
鄕司(官名) 108, 110, 111
鄕書記(官名) 153
向曉諭(宋) 168
許伯(後漢) 98
許丞(漢)
—— 長吏(官名) 92
縣丞(官名) 150, 155
縣衙(官名) 157
縣尉(官名) 139
惠安(地) 156
湖州(地) 120
弘農太守(官名)
———— 劉昆(後漢) 100
弘文館副提學(官名)
———— 趙明履(朝鮮) 58
黃章(宋) 145
黃帝(人) 89
黃霸(漢)
—— 潁川太守(官名) 92
會稽太守(官名)
———— 劉寵(後漢) 102
孝經(書)
—— 身體髮膚……不敢毁傷 163
—— 用天之道……以養父母 163
崤澠→崤山(地), 澠池(地) 100

崤山(地) 100
後漢(國) 123
後漢書(書)
—— 仇覽爲蒲亭長……故不爲也 103
—— 魯恭拜中牟令……於是吏人信服 98
—— 劉昆爲江陵令……顧命書諸策 100
—— 劉寬典歷三郡……日有所化 98
—— 劉矩爲雍丘令……皆推尋其主 101
—— 劉寵爲會稽太守……受之 102
—— 孟嘗爲合浦太守……去珠復還 101
—— 任延爲九眞太守……聲侔於延 99
—— 卓茂爲密令……吏人親愛而不忍欺之 97
徽州(地) 107
歙縣(地) 108, 111

2) 人名索引

【ㄱ】

賈熊(宋) 168
蓋公(漢) 89
景帝(漢)←文景 90
季康子(春秋 魯) 72, 73
——— 問使民敬忠以勸……擧善而教不能則勸(論語) 72
——— 問政於孔子……孰敢不正(論語) 74
——— 問政於孔子曰……必偃(論語) 74
——— 患盜……不竊(論語) 74
季羔(春秋 衛)
—— 君子不踰(孔子家語) 88
—— 君子不隧(孔子家語) 88
—— 將去……何故哉(孔子家語) 88
—— 士師(官名) 88
皐陶(唐虞) 104
孔子(春秋 魯)
—— 過而不改 是謂過矣(論語) 118
—— 寬則得衆……公則說(論語) 81
—— 己所不欲 勿施於人(論語) 141
—— 莞爾而笑曰 割雞焉用牛刀(論語) 78
—— 可也簡(論語) 72
—— 去兵(論語) 73
—— 去食……民無信不立(論語) 73
—— 恭寬信敏惠……惠則足以使人(論語) 79
—— 苟正其身矣……如正人何(論語) 77
—— 君子惠而不費……威而不猛(論語) 80
—— 近者說 遠者來(論語) 77
—— 其身正……雖令不從(論語) 76
—— 能行五者於天下 爲仁矣(論語) 79
—— 道之以政……有恥且格(論語) 71
—— 道千乘之國……使民以時(論語) 71
—— 無倦(論語) 75
—— 無欲速……見小利則大事不成(論語) 77
—— 不敎而殺……謂之有司(論語) 80
—— 上好禮則民易使也(論語) 78
—— 善哉……恭敬以信矣(論語) 84
—— 善哉……明察而斷矣(論語) 84
—— 善哉……忠信而寬矣(論語) 84
—— 先之勞之(論語) 75
—— 小人哉……焉用稼(論語) 76
—— 吾見其政也……庸盡其美乎(論語) 84
—— 吾不如老農(論語) 76
—— 吾不如老圃(論語) 76
—— 雍也 可使南面(論語) 72
—— 雍之言然(論語) 72
—— 二三子……前言戱之耳(論語) 79
—— 因民之所利而利……斯不亦威而不猛乎(論語) 80
—— 足食足兵 民信之矣(論語) 73
—— 尊五美……斯可以從政矣(論語) 80
—— 知及之……未善也(論語) 78
—— 聽訟吾猶人也 必也使無訟乎(論語) 73

—— 聽訟吾猶人也……此謂知本(大學) 81
—— 片言……子路無宿諾(論語) 73
—— 人無信 不立(論語) 260
—— 人而無信 猶車之無輗軏 何以行之(論語) 260
—— 一朝之忿……非惑歟(論語) 162
仇覽(後漢)
—— 蒲亭長(官名) 103
仇香(後漢)
—— 亭長(官名) 123
汲黯(漢) 91

【ㄴ】

羅邦臣(宋) 168
羅延圭(宋) 168
魯恭(後漢)
—— 中牟令(官名) 98

【ㄷ】

陶侃(東晉)←陶威公 143
陶威公→陶侃(東晉) 143
悼惠王(漢) 89

【ㅁ】

孟嘗(後漢)
—— 合浦太守(官名) 101
孟子(戰國 鄒) 84, 85, 201
—— 徒善不足以爲政……徒法不能以自行(孟子) 85
—— 視民如傷(孟子) 85
—— 頑廉懦立(孟子) 207
—— 不獲乎上 民不可得而治(孟子) 239
—— 仁言……善敎得民心(孟子) 85
—— 子産聽鄭國之政……焉得人人而濟之(孟子) 84
—— 好勇鬪狠 以危父母(孟子) 163
毛以大(宋) 168
武當世(宋) 168
文景→文帝(漢), 景帝(漢) 91
文帝(漢)←文景 90
文翁(漢)
—— 蜀守(官名) 91
文王(周) 85
文忠公→眞德秀(宋) 54, 56, 113, 169

【ㅂ】

樊遲(春秋 魯)←樊須
—— 請學稼……吾不如老圃(論語) 76

【ㅅ】

西山→眞德秀(宋) 113
錫光(漢)
—— 交趾太守(官名) 99
成王(楚) 87
蘇瓊(隋)
—— 郡守(官名) 123

—— 淸河太守(官名) 104
召信臣(漢)
——— 穀陽長(官名) 96
宋太卿(宋) 153
隨會→士會(晉) 104
肅廟→肅宗(朝鮮) 53
舜(唐虞) 104
辛公義(隋)
——— 岷州刺史(官名) 105

【ㅇ】

哀公(春秋 魯) 71
陽膚(春秋 魯)
—— 士師(官名) 79
楊仁老(宋) 168
言偃→子游(春秋 吳) 79
呂洙(宋) 145
然明→鬷蔑(春秋 鄭) 87
冉雍(春秋 魯)←冉有, 仲弓
冉有→冉雍(春秋 魯)
—— 旣富矣 又何加焉(論語) 76
—— 旣庶矣 又何加焉(論語) 76
葉公(春秋 楚) 77
吳公(漢)
—— 河南守(官名) 91
吳良聰(宋) 146
吳祥(宋) 145
吳十同(宋) 146
王暢(後漢)
—— 南陽太守(官名) 104
王渙(後漢)
—— 考城令(官名) 103
龍世永(宋) 168
袁簡(宋) 168
劉昆(後漢)
—— 江陵令(官名) 100
—— 光祿勳(官名) 100
—— 弘農太守(官名) 100
劉寬(後漢) 98
劉矩(後漢)
—— 雍丘令(官名) 101
劉璣(宋) 145
劉寵(後漢)
—— 會稽太守(官名) 102
劉孝錫(宋) 168
乙普明(隋) 104
李嶢(宋) 168
李天覺(宋) 168
任延(漢)
—— 九眞太守(官名) 99

【ㅈ】

子貢(春秋 衛)
—— 問政(論語) 73
—— 必不得已而去……何先(論語) 73
—— 執轡而問曰……可得聞乎(論語) 83
子路(春秋 魯)
—— 無宿諾(論語) 73
—— 問政(論語) 74
—— 治蒲三年 83
子産(春秋 鄭)
—— 聽鄭國之政……焉得人人而濟之(孟子)

84
—— 始知然明……其過鮮矣(春秋左氏傳) 87
子桑伯子(春秋 魯) 72
子游(春秋 吳)←言偃
—— 對曰 昔者……前言戲之耳(論語) 78
子張(春秋 陳)
—— 問政(論語) 73
—— 問於孔子曰……惠則足以使人(論語) 79
子太叔(春秋 鄭) 87
子夏(春秋 衛)
—— 莒父宰(官名) 77
—— 爲莒父宰……見小利則大事不成(論語) 77
張歐(漢) 90
張奉世(宋) 168
張敞(漢) 103
丁大謙(人) 168
程敏政(明) 54
諸葛公→諸葛亮(蜀漢)
——— 吾心如稱 不能爲人作輕重(貞觀政要) 142
諸葛亮(蜀漢)←諸葛公, 諸葛武侯
諸葛武侯→諸葛亮(蜀漢) 120
趙明履(朝鮮)
——— 嘉善大夫(官名) 58
——— 經筵參贊官(官名) 58
——— 知製教(官名) 58
——— 春秋館修撰官(官名) 58
——— 弘文館副提學(官名) 58
曹應龍(宋) 168
曹參(漢)
—— 丞相(官名) 89
周公(周)
—— 不簡不易……民必歸之 69
周霖(宋) 168
朱君→朱逢吉(明)
—— 湖廣憲僉(官名) 174
朱逢吉(明)←朱君
朱邑(漢)
—— 桐鄕嗇夫(官名) 93
周宗强(人)
——— 承信郎(官名) 145
仲弓→冉雍(春秋 魯)
—— 問子桑伯子……雍之言然 72
—— 爲季氏宰……人其舍諸(論語) 75
曾子(春秋 魯)
—— 上失其道……則哀矜而勿喜 79
眞德秀(宋)←文忠公, 眞文忠公, 西山 53, 54
眞文忠公→眞德秀(宋) 56
陳襄(北宋) 115
陳元(後漢) 103, 123
陳洪範(宋) 168

【ㅌ】

卓茂(漢)
—— 密令(官名) 97
鬬子文(楚) 87

【ㅍ】

平帝(漢) 99
馮楷(宋) 168

【ㅎ】

向曉諭(宋) 168
許伯(後漢) 98
許丞(漢)
—— 長吏(官名) 92
黃章(宋) 145
黃帝(人) 89
黃霸(漢)
—— 潁川太守(官名) 92

3) 引用句索引

【ㄱ】

孔子家語(書)
———— 季羔爲衛士師……此臣之所以悅君也 88
國語(書)
—— 鬬子文三舍令尹……非逃富也 87
近思錄(書)
——— 一命之士……於人必有所濟 139

【ㄴ】

論語(書)
—— 孟氏使陽膚爲士師……則哀矜而勿喜 79
—— 樊遲請學稼……焉用稼 76
—— 哀公問曰……則民不服 71
—— 葉公問政……遠者來 77
—— 一朝之忿……非惑歟 163
—— 子貢問政……民無信不立 73
—— 子路問政……曰無倦 74
—— 子路治蒲三年……庸盡其美乎 83
—— 子曰 苟正其身矣……如正人何 77
—— 子曰 其身正……雖令不從 76
—— 子曰 道之以政……有恥且格 71
—— 子曰 道千乘之國……使民以時 71
—— 子曰 知及之……未善也 78
—— 子曰 雍也可使南面……雍之言然 72
—— 子曰 聽訟吾猶人也 必也使無訟乎 73
—— 子曰 片言……子路無宿諾 73
—— 子張問於孔子曰……謂之有司 80
—— 子張問仁於孔子……惠則足以使人 79
—— 子張問政……行之以忠 73
—— 子適衛……曰教之 76
—— 子之武城……前言戲之耳 78
—— 子夏爲莒父宰……見小利則大事不成 77
—— 仲弓爲季氏宰……人其舍諸 75

【ㄷ】

大學(書)
—— 康誥曰 如保赤子……不遠矣 81
—— 詩云 樂只君子……此之謂民之父母 81
—— 子曰 聽訟……此謂知本 81

【ㅁ】

孟子(書)
—— 徒善不足以爲政 徒法不能以自行 84
—— 視民如傷 85
—— 仁言不如仁聲之入人深也……善教得民心 85

—— 子產聽鄭國之政……焉得人人而濟之 84
—— 生以待旦 116(注)
—— 好勇鬪狠 以危父母 163

【ㅂ】

北史(書)
—— 隋蘇瓊除淸河太守……遂還同居 104
—— 淸河之民……同居如初 123

【ㅅ】

書經(書)
—— 康誥 王曰……懋不懋 60
—— 君牙 爾身克正……民乃寧 64
—— 君陳 王若曰……敬哉 63
—— 呂刑 王曰……具嚴天威 66
—— 又曰 無依勢作威……從容以和 64
—— 又曰 罰懲非死……其審克之 67
—— 又曰 若保赤子 惟民其康乂 60
—— 又曰 獄貨非寶……報以庶尤 68
—— 又曰 要囚……丕蔽要囚 61
—— 又曰 爾無忿疾于頑……允升于大猷 64
—— 又曰 爾惟風……庶言同則繹 63
—— 周官 王曰……惟爾不任 62
西銘(銘)
—— 凡天下之疲癃殘疾……而無告者也 166
隋書(書)
—— 辛公義除岷州刺史……訟者皆兩讓而止 106
荀子(書)
—— 公生明 116(注)
詩經(書)
—— 父兮生我 母兮鞠我 122
—— 欲報之德 昊天罔極 122

【ㅇ】

禮記(書)
—— 王制 凡制五刑……以成之 82
—— 刑者侀也……故君子盡心焉 82

【ㅈ】

貞觀政要(書)
—— 吾心如稱 不能爲人作輕重 142
周易(書)
—— 雷電皆至豐……折獄致刑 70
—— 山下有火賁……無敢折獄 69
—— 訟終凶 163
—— 澤上有風中孚……緩死 70
中庸(書)
—— 改而止 144

【ㅊ】

春秋左氏傳(書)
—— 子產始知然明……其過鮮矣 87

【ㅎ】

漢書(書)
—— 汲黯治官理民……不苛小 91
—— 文景時循吏……比齊魯焉 91
—— 宣帝卽位……上許焉 94
—— 召信臣補穀陽長……號之曰召父 96
—— 誰謂德難 厲其庶而 119
—— 張歐爲吏……亦不敢大欺 90
—— 朱邑少爲舒桐鄕嗇夫……所至吏民愛敬 93
—— 漢曹參爲齊相……大稱賢相 89
—— 黃霸爲穎川太守……治爲天下第一 92
孝經(書)
—— 身體髮膚……不敢毁傷 163
—— 用天之道……以養父母 163
後漢書(書)
—— 仇覽爲蒲亭長……故不爲也 103
—— 魯恭拜中牟令……於是吏人信服 98
—— 劉昆爲江陵令……顧命書諸策 100
—— 劉寬典歷三郡……日有所化 98
—— 劉矩爲雍丘令……皆推尋其主 101
—— 劉寵爲會稽太守……受之 102
—— 孟嘗爲合浦太守……去珠復還 101
—— 任延爲九眞太守……聲侔於延 99
—— 卓茂爲密令……吏人親愛而不忍欺之 97

牧民心鑑索引

1) 綜合索引

【ㄱ】

枷(刑具) 220
嘉興府(地) 175
甲首(官名) 245
建陽邑(地) 174
檢驗 224
謙和 202
戒約 182
沽名 205
故誤 216
庫子(官名) 231
故蹟 211
考績 268
公論 263
公宇 199
公平 216, 217, 218, 229, 233
公廨 269
孔子(春秋 魯) 183
── 人無信 不立(論語) 260
── 人而無信……何以行之(論語) 260
科斂 233
課業 205
科徵←徵科 191, 193, 229
科差 195, 229
官牘 183
官封 221
官府 204, 219, 232, 235, 247, 266
官守 174, 178, 181
官箴(書)
── 同僚之契……亦世講之 255
官刑 221
交人(篇名)
── 和同寅 254
── 睦隣屬 256
── 重眞賢 257
── 周患難 258
── 務誠信 259
── 尙謙和 260
── 戒誇衒 262
── 絶邪類 263
── 引己咎 264
校尉(官名) 231
教令 207
教長 202, 203
教條 184, 201

教化 202, 207, 246
舊事 182
—— 之合催促 190
舊案 198
舊典 183
國法 218, 219, 250, 264
軍需 191, 235
弓兵(官名) 231
勸懲 194, 206
權衡 216
几案 215
饋運 205
極言 251
極刑 193
勤儉 202
謹始(篇名)
—— 度己分 176
—— 立志節 177
—— 克偏見 177
—— 求則法 178
禁令 204
禁獄 199
飢渴 222
耆老 186, 246, 247
起程 269
飢荒 267

【ㄴ】

論告 256
農桑 246, 247
農時 235, 236

【ㄷ】

斷獄 195
壇場 199
大本 213
大學(書)
—— 止於至善 178
對訟 219
到任 198, 201, 227
斗斛 232
斗級(官名) 231
登堂 180, 181, 190

【ㄹ】

鐐(刑具) 220

【ㅁ】

馬驛夫(官名) 230
孟子(戰國 鄒, 書)
—— 頑廉懦立(孟子) 207
—— 不獲乎上 民不可得而治(孟子) 239
牧民忠告(書) 174
牧民←民牧 201, 204, 213, 271
無辜 218
撫民 204, 245
巫祝 186, 209
門禁 186
物欲 249
民力 198, 231, 235, 236

民牧→牧民 207, 209, 211, 246

【ㅂ】

發落 194
發政 194
發號 194
榜文 192
拜命 176
犯法 216
犯罪 219
法令 178
法律 196, 225
法則←則法 260
簿書 198
部屬 240, 249
賦役 191, 202, 227, 229
分爭 225
備荒(篇名) 266, 267
—— 預隄防 265
—— 誠祈禱 265
—— 申實跡 265
—— 陳民艱 265
—— 請賑給 265

【ㅅ】

唆教 214
士君子 192, 258
史記(書)
—— 一沐三握髮 一飯三吐哺 258
使命 199, 239
祠廟→祠宇 199
事上(篇名)
—— 恪守職 237
—— 推誠心 238
—— 加禮貌 239
—— 奉條約 239
—— 絶非謗 240
—— 審悖理 241
詞訟 192
祠宇←祠廟 199
謝政 268
社稷 183, 189
師表 201
三綱五常 202
三等九甲 231
賞罰 194, 206
書經(書)
—— 同寅協恭 和衷哉 256
—— 允恭克讓 262
—— 帝舜稱禹曰……天下莫與汝爭功 263
西臺中丞(官名)
———— 張文忠公(元) 174
胥吏→吏胥 215, 244, 249, 250
署事 182
署政 190, 198, 257
善教 201, 209
善俗堂 202
善政 201, 230, 245
善終(篇名)
—— 禮新官 268
—— 告舊政 268
—— 委行橐 268

宣化(篇名)
—— 厚風俗 200
—— 立敎條 201
—— 明國制 204
—— 重農務 204
—— 崇學校 205
—— 恤貧困 206
—— 戢强慝 206
—— 旌善行 207
—— 禁游惰 208
—— 抑邪術 209
—— 止浮言 210
—— 表先哲 210
疏決 222
訴訟 193, 214
屬僚→僚屬 241
鎖(刑具) 220
收納 232
水馬夫(官名) 230
數目 190, 191, 197, 227
巡徼 198
巡攔(官名) 231
循良 270
循吏(官名) 271
崇德縣(地) 175
崇德縣知縣(官名)
———— 周子冶(明) 175
承事郞(官名)
——— 周子冶(明) 175
施令 194
視政 181
市井 187
訊(刑具) 220
新事
—— 之合發落 190
實跡 203, 247, 267
失政 236

【ㅇ】

牙儈 186
案牘 197
顔淵(春秋 魯)
—— 願無伐善 無施勞(論語) 263
良民 207
馭下(篇名)
—— 處吏胥 243
—— 戒里甲 244
—— 愼耆老 246
—— 嚴隷卒 247
—— 斥讒間 248
—— 絶饋遺 249
—— 杜干請 250
—— 審左使 251
—— 詳委任 251
閭閻 187, 260
驛傳 199
驛遞夫(官名) 230
延蔓 218
廉恥 202
永樂(年號) 175
營繕(篇名)
—— 察緩急 234
—— 審農時 235
—— 立遠圖 236

寧津(地) 191, 270
穢詈 218
預防 266, 267
禮義 202, 213
禮儀 204
禮制 202, 204, 247
禮曹→六曹 189
五穀 207, 232
仵作(官名) 224
五刑 220
吳興潘君(宋)
———— 建陽邑大夫(官名) 174
獄舍 223
獄訟 192, 204
訛言 210
僚屬←屬僚 181, 194, 197
徭役 205
愚戇 219
運所夫(官名) 230
六曹←禮曹, 戶曹 183
律令 202, 204, 247
元(國) 174
儒臣 202
義廩 266
里甲→里長, 甲首 186, 194, 231, 245, 246
異端 209
吏胥(官名)←胥吏 183, 197, 202, 231, 255, 264
里長 245
吏典(官名) 229
里胥(官名) 229
吏卒 221, 224
夤緣 184
人情 196, 218
莅事(篇名)
—— 立規程 189
—— 勤日記 190
—— 身先勞 191
—— 究根本 191
—— 責實效 192
—— 務精思 192
—— 察事情 193
—— 愼發落 194
—— 明賞罰 194
—— 密關防 195
—— 絶奸弊 195
—— 精法律 196
—— 詳案牘 197
—— 覈錢穀 197
—— 驗公器 198
—— 嚴巡儆 198
—— 嚴祀典 199
莅政 183, 196, 202
臨事 252
立法 195, 215, 267

【ㅈ】

爵祿 176, 188
杖(刑具) 220
張文忠公(元)
———— 西臺中丞(官名) 174
掌刑 223
裁斷 221
籍冊 187

典故 189
錢穀←錢粮 192, 197, 198, 205
錢粮→錢穀 191, 229
典章 178, 231
田土 227, 228
正家(篇名)
—— 戒家人 184
—— 訓子弟 185
—— 先孝養 185
—— 愼門禁 186
—— 嚴市買 187
—— 薄自奉 187
—— 厚親族 188
丁粮 191, 229
政務 178, 190, 245
政事 178, 244
停屍 224
濟南(地) 174
祭祀 192
提調 206
皁隷(官名) 186, 231, 248, 255
祖宗 188, 219
罪囚 199, 219
朱君→朱逢吉(明)
———— 湖廣憲僉(官名) 174
周禮(書)
—— 王使雖微 序於諸侯之上 239
朱逢吉(明)←朱君
周易(書)
—— 謙謙君子 有終吉 262
—— 否極必泰 259
—— 天惡盈而好謙 262
周子治(明)
——— 崇德縣知縣(官名) 175
——— 承事郎(官名) 175
州縣 203, 245
中道 239
秦(地) 270
陳訴 225
執法 196, 218
徵科→科徵 192, 246
徵科(篇名)
—— 原賦役 226
—— 平需求 229
—— 均力役 230
—— 善收納 231
—— 量限期 232
—— 戒多取 233
徵收 189, 233
懲治 245, 247, 252

【ㅊ】

差役 203, 208, 231, 267
察事
—— 以至明 196
—— 究情 224
讒間 248
參謁 181, 183
倉庫 199
處事 244, 264
—— 以至公 196
廳堂 219
聽對 215
聽訟 219

聽訟(篇名)
—— 弭訟源 212
—— 察初情 213
—— 和聽納 214
—— 詳推讞 215
—— 審重輕 215
—— 分故誤 216
—— 別善惡 217
—— 存公平 217
—— 戒延蔓 218
—— 止穢詈 218
—— 恕愚贛 219
—— 謹刑具 219
—— 愼鞭扑 221
—— 早疏決 222
—— 親視獄 222
—— 重視屍 223
—— 緩親訟 224
遞運所夫(官名) 231
楚(地) 270
初政(篇名)
—— 愼登堂 180
—— 正禮儀 181
—— 重言語 181
—— 明戒約 182
—— 詢舊事 182
—— 誓神詞 183
推讞 192, 215
出納 191
忠信 202, 208
槜李(地) 174
治獄 218
則法→法則 178

【ㅌ】

笞(刑具) 220

【ㅍ】

鞭撻 214, 221
偏徇 216
平日所守 217
鋪兵(官名) 231
表儀 186, 211
風俗 192, 201, 204, 246
被論 214, 215
被害 245

【ㅎ】

河間(地) 270
學校 205
虐民 182, 245, 246
漢(國) 175
限期 232
漢書(書)
—— 臣門如市 臣心如水 186
鄕老 209
刑具 220, 222
刑法 207, 221
刑人 222
刑憲 233
湖廣(地) 190
湖廣憲僉(官名)

——— 朱君(明) 174
戶口 267
戶曹→六曹 189
酷法 213
化俗 201
畫定 227
患難 257, 259
荒田 209, 227
賄誘 249
孝養 185
孝弟 202, 247
訓化 202
黠吏 184, 251

〔附錄 2〕

≪政經・牧民心鑑≫ 圖版目錄 및 出處

(1)〈眞德秀〉, 狩野常信(日), ≪賢哲肖像≫, 일본 동경국립박물관 소장 / 5

(2)〈康誥圖〉, 孫家鼐(淸) 等 編, ≪欽定書經圖說≫ / 59

(3)〈若保赤子圖〉, 孫家鼐(淸) 等 編, ≪欽定書經圖說≫ / 60

(4)〈服念要囚圖〉, 孫家鼐(淸) 等 編, ≪欽定書經圖說≫ / 61

(5)〈尹玆東郊圖〉, 孫家鼐(淸) 等 編, ≪欽定書經圖說≫ / 62

(6)〈民怨暑雨圖〉 孫家鼐(淸) 等 編, ≪欽定書經圖說≫ / 65

(7)〈民怨祁寒圖〉 孫家鼐(淸) 等 編, ≪欽定書經圖說≫ / 65

(8)〈明啓刑書圖〉, 孫家鼐(淸) 等 編, ≪欽定書經圖說≫ / 68

(9)〈冉雍〉, 呂維祺(明) 編, ≪聖賢像讚≫ / 72

(10)〈子路〉, 呂維祺(明) 編, ≪聖賢像讚≫ / 74

(11)〈樊須〉, 狩野常信(日) 繪, ≪賢哲肖像≫, 일본 동경국립박물관 소장 / 75

(12)〈冉有〉, 呂維祺(明) 編, ≪聖賢像讚≫ / 76

(13)〈葉公問政〉, 邵以仁(明), ≪聖蹟全圖≫ / 77

(14)〈子張〉, 呂維祺(明) 編, ≪聖賢像讚≫ / 78

(15)〈子貢〉, 呂維祺(明) 編, ≪聖賢像讚≫ / 79

(16)〈子夏〉, 呂維祺(明) 編, ≪聖賢像讚≫ / 83

(17)〈子産〉, 王圻(明) 撰, ≪三才圖會≫ / 84

(18)〈汲黯〉, 顧沅(淸) 撰, ≪古聖賢像傳略≫ / 91

(19)〈龔遂〉, 顧沅(淸) 撰, ≪古聖賢像傳略≫ / 93

(20)〈卓茂〉, 張士保(淸) 繪, ≪雲臺三十二將圖≫ / 97

(1)

(11)

(21) 〈周處擊蛟圖〉, 작자 미상, 대만 국립고궁박물원 소장 / 126

(22) 〈諸葛亮〉, 張飌(明) 繪, 1654, 대만 국립고궁박물원 소장 / 141

(22)

(23) 〈上元嬰戲圖〉, 작자 미상, 대만 국립고궁박물원 소장 / 156

(24) 〈笞와 杖과 訊杖〉, 寺島良安(日) 編, ≪和漢三才圖會≫ / 219

(25) 〈帝堯圖〉, 孫家鼐(淸) 等 編, ≪欽定書經圖說≫ / 261

(23)

(26) 〈顏子〉, 田琦(朝鮮) 畫, ≪萬古際會圖像≫ / 262

責任飜譯者

洪起殷

復齋 奉奇鍾 先生과 松潭 李栢淳 先生 師事
民族文化推進會 國譯硏修院 및 常任硏究院 卒業
朝鮮大學校 史學科 卒業
成均館大學校 大學院 史學科 碩士課程 卒業
高麗大學校 大學院 古典飜譯協同科程 博士科程 修了
韓國古典飜譯院 責任硏究員(現)

論文 및 譯書

〈日省錄의 毁損과 그 復元에 관한 연구〉
譯書 ≪檢身錄≫ ≪明齋遺稿≫ ≪鹿門遺稿≫
共譯 ≪葛庵集≫ ≪記言≫ ≪大山集≫ ≪樊巖集≫
≪星湖全集≫ ≪日省錄≫ ≪承政院日記≫ 등 多數

共同飜譯者

全百燦

慶山大學校(現 大邱韓醫大學校) 漢文學科 卒業
啓明大學校 大學院 漢文學科 碩士課程 卒業
慶北大學校 大學院 漢文學科 博士課程 修了
韓國古典飜譯院 先任硏究員(現)

論文 및 譯書

〈泰齊 柳方善의 詩世界〉
〈목관 이언진의 작가의식〉〈鄭齊斗 경학의 철학적 기저〉
譯書 ≪竹巖日記≫
共譯 ≪日省錄≫ ≪星湖全集≫ ≪竹石館遺集≫
≪滄溪集≫ ≪誠菴文集≫ ≪謙齋文集≫ 등 多數

東洋古典譯註叢書 110

譯註 政經·牧民心鑑　　정가 27,000원

2018년 12월 30일 초판 발행
2019년 03월 29일 초판 2쇄

著　　者 眞德秀 朱逢吉
責任譯者 洪起殷
共同譯者 全百燦
諮問委員 吳圭根
潤文校訂 南賢熙 李孝宰 郭成龍
編　　輯 東洋古典飜譯編輯委員會
發 行 人 李啓晃
發 行 處 社團法人 傳統文化硏究會

서울시 종로구 삼일대로 428 낙원빌딩 411호
전화 : (02)762-8401　전송 : (02)747-0083
전자우편 : juntong@juntong.or.kr
홈페이지 : juntong.or.kr
사이버書堂 : cyberseodang.or.kr
온라인서점 : book.cyberseodang.or.kr
등록 : 1989. 7. 3. 제1-936호

인쇄처 : 한국법령정보주식회사(02-462-3860)
총　판 : 한국출판협동조합(070-7119-1750)

ISBN 979-11-5794-190-2 94910
978-89-85395-71-7(세트)

※ 이 책은 2018년도 교육부 고전문헌 국역지원사업 지원비에 의해 초판(비매품) 간행.

전통문화연구회 도서목록

基礎漢文教材 - 懸吐完譯 成百曉 譯

四字小學 / 習字教本 7,000원/4,000원
推句·啓蒙篇 / 習字教本 6,000원/4,000원
明心寶鑑 8,000원
童蒙先習·擊蒙要訣 14,000원
註解千字文 13,000원
原文故事成語 15,000원

漢文讀解捷徑시리즈

漢文독해기본패턴 고전교육연구실 著 15,000원

東洋古典國譯叢書

大學·中庸集註 - 개정증보판 成百曉 譯註 10,000원
論語集註 - 개정증보판 成百曉 譯註 25,000원
孟子集註 - 개정증보판 成百曉 譯註 28,000원
詩經集傳 上·下 成百曉 譯註 28,000원
書經集傳 上·下 成百曉 譯註 33,000원
周易傳義 上·下 成百曉 譯註 38,000원
小學集註 成百曉 譯註 28,000원
古文眞寶 後集 成百曉 譯註 28,000원

五書五經讀本

大學·中庸集註 李光虎·田炳秀 譯註 15,000원
論語集註 上·下 鄭太鉉 譯註 22,000원

東洋古典譯註叢書

〈經部〉

十三經注疏
周易正義1~3 成百曉·申相厚 譯註 30,000원/32,000원
尙書正義1~5 金東柱 譯註 25,000원~35,000원
毛詩正義1~2 朴小東 譯註 32,000원/35,000원
禮記正義 中庸·大學 李光虎·田炳秀 譯註 20,000원
論語注疏1~3 鄭太鉉·李聖敏 譯註 25,000원/30,000원
孝經注疏 鄭太鉉·姜珉廷 譯註 35,000원
春秋左氏傳1~8 鄭太鉉 譯註 18,000원~35,000원
禮記集說大全1 辛承云 譯註 25,000원
東萊博議1~3 鄭太鉉·金炳愛 譯註 25,000원/35,000원

〈史部〉

思政殿訓義 資治通鑑綱目1~12 辛承云 外 譯註 18,000원~35,000원
通鑑節要1~9 成百曉 譯註 18,000원~30,000원
貞觀政要集論1~4 李忠九 外 譯註 25,000원~32,000원

〈子部〉

近思錄集解1~3 成百曉 譯註 25,000원/35,000원
大學衍義1~5 辛承云 外 譯註 26,000원~30,000원
說苑1~2 許鎬九 譯註 25,000원
荀子集解1~5 宋基采 譯註 25,000원~30,000원
心經附註 成百曉 譯註 35,000원
揚子法言1 朴勝珠 譯註 24,000원
老子道德經注 金是天 譯註 30,000원
莊子1~4 安炳周·田好根 共譯 25,000원~29,000원
顔氏家訓1~2 鄭在書·盧瞭熙 譯註 22,000원/25,000원
墨子閒詁1 李相夏 外 譯註 32,000원
韓非子集解1~2 許鎬九 外 譯註 32,000원
武經七書直解
孫武子直解·吳子直解 成百曉·李蘭洙 譯註 35,000원
六韜直解·三略直解 成百曉·李鍾德 譯註 26,000원
尉繚子直解·李衛公問對直解 成百曉·李蘭洙 譯註 26,000원
司馬法直解 成百曉·李蘭洙 譯註 26,000원

〈集部〉

古文眞寶 前集 成百曉 譯註 28,000원
唐詩三百首1~3 宋載卲 外 譯註 25,000원~30,000원
唐宋八大家文鈔 韓愈1~3 鄭太鉉 譯註 22,000원/28,000원
〃 歐陽脩1~4 李相夏 譯註 25,000원~30,000원
〃 王安石1~2 申用浩·許鎬九 共譯 25,000원
〃 蘇洵 李章佑 外 譯註 25,000원
〃 蘇軾1~5 成百曉 譯註 22,000원
〃 蘇轍1~3 金東柱 譯註 20,000원/22,000원
〃 曾鞏 宋基采 譯註 25,000원
〃 柳宗元1~2 宋基采 譯註 22,000원

東洋古典新譯

당시선 송재소·최경렬·김영죽 편역 22,000원
손자병법 성백효 역주 14,000원
장자 안병주·전호근·김형석 역주 13,000원

동양문화총서

동양사상 해설과 원전 정규훈 外 저 22,000원
화합의 길 - ≪중용≫ 읽기 금장태 저 20,000원

문화문고

경전으로 본 세계종교 그리스도교 이정배 편저 10,000원
〃 도교 이강수 편역 10,000원
〃 천도교 윤석산·홍성엽 편저 10,000원
〃 힌두교 길희성 편역 10,000원
〃 유교 이기동 편저 10,000원
〃 불교 김용표 편저 10,000원
〃 이슬람 김영경 편역 10,000원
논어·대학·중용/맹자 조수익·박승주 공역 10,000원
소학 박승주·조수익 공역 10,000원
십구사략1~2 정광호 저 12,000원
목민심서 이계황 엮음 10,000원
무경칠서 손자병법·오자병법 성백효 역 10,000원
〃 육도·삼략 성백효 역 10,000원
〃 사마법·울료자·이위공문대 성백효 역 10,000원
고문진보散文選 신용호·조수익 공역 10,000원
당시선 송재소·최경렬·김영죽 편역 10,000원
한문문법 이상진 저 10,000원
한자한문전통교재 조수익·이성민 공역 10,000원
士小節 선비 집안의 작은 예절 이동희 편역 12,000원
名說과 字說 신용호 편역 10,000원
儒學이란 무엇인가 이동희 저 10,000원
동아시아의 유교와 전통문화 이동희 저 13,000원
현대인, 동양고전에서 길을 찾다 이동희 저 10,000원
100자에 담긴 한자문화 이야기 김경수 저 12,000원
대한민국 국무총리 이재원 저 10,000원
우리 설화1~2 김동주 편역 10,000원